VENDAS B2B

COMO NEGOCIAR E VENDER EM MERCADOS COMPLEXOS E COMPETITIVOS

Dados Internacionais de Catalogação na Publicação (CIP)
(Jeane Passos de Souza – CRB 8ª/6189)

Romeo, Renato
　　Vendas B2B: como negociar e vender em mercados complexos e competitivos / Renato Romeo – São Paulo: Editora Senac São Paulo, 2017.

　　Bibliografia.
　　ISBN 978-85-396-1234-5

　　1. Administração – vendas   2. Vendas : Técnicas de trabalho I. Título.

17-507s   CDD – 658.81
                                           BISAC BUS058010

Índice para catálogo sistemático
1.Administração – Vendas   658.81

Renato Romeo

Editora Senac São Paulo – São Paulo – 2017

ADMINISTRAÇÃO REGIONAL DO SENAC NO ESTADO DE SÃO PAULO
Presidente do Conselho Regional: Abram Szajman
Diretor do Departamento Regional: Luiz Francisco de A. Salgado
Superintendente Universitário e de Desenvolvimento: Luiz Carlos Dourado

EDITORA SENAC SÃO PAULO
Conselho Editorial: Luiz Francisco de A. Salgado
Luiz Carlos Dourado
Darcio Sayad Maia
Lucila Mara Sbrana Sciotti
Luís Américo Tousi Botelho

Gerente/Publisher: Luís Américo Tousi Botelho
Coordenação Editorial: Ricardo Diana
Prospecção: Dolores Crisci Manzano
Administrativo: Verônica Pirani de Oliveira
Comercial: Aldair Novais Pereira

Edição e Preparação de Texto: Vanessa Rodrigues
Coordenação de Revisão de Texto: Janaina Lira
Revisão de Texto: Vera Lúcia Pereira, Patricia B. Almeida
Coordenação de Arte: Antonio Carlos De Angelis
Projeto Gráfico, Editoração Eletrônica e Capa: Thiago Planchart
Coordenação de E-books: Rodolfo Santana
Impressão e Acabamento: Gráfica Visão

Todos os direitos desta edição reservados à:
Editora Senac São Paulo
Av. Engenheiro Eusébio Stevaux, 823 – Prédio Editora
Jurubatuba – CEP 04696-000 – São Paulo – SP
Tel. (11) 2187-4450
editora@sp.senac.br
https://www.editorasenacsp.com.br

© Editora Senac São Paulo, 2017

SUMÁRIO

Nota do editor, 7

Agradecimentos, 11

Apresentação, 13

1. Vender é um processo, 21

2. O ciclo de vida de uma venda complexa, 43

3. As habilidades essenciais de um vendedor profissional, 75

4. Preparação de contatos e visitas de vendas, 101

5. A estratégia de uma oportunidade de venda, 141

6. Prova de retorno sobre o investimento, 175

7. Elaboração de propostas eficazes, 233

8. O processo de negociação, 267

9. O fechamento, 311

10. O *pipeline* e o balanceamento das vendas, 337

11. Gerenciamento de contas-chave, 371

12. Sucesso na implementação de processos de vendas, 411

Palavras finais, 443

Bibliografia, 445

Índice geral, 449

NOTA DO EDITOR

A realização de um negócio *business-to-business* tem características que a distinguem totalmente de uma venda para o consumidor final. Nas transações B2B, os clientes muitas vezes possuem departamentos técnicos, de compras, financeiros, todo um modelo de atuação criado para racionalizar ao máximo uma decisão de compra – o que pode significar uma operação exaustiva para quem vende.

Vendas B2B busca auxiliar quem atua no complexo mercado corporativo apresentando uma abordagem processual que permite ao vendedor analisar e compreender o estágio em que se encontra no ciclo da venda. Responsável por treinamentos no setor, o autor explica como entender os aspectos comportamentais e psicológicos dos indivíduos e das organizações e, então, sincronizar as atividades da venda com esses aspectos. O fechamento do negócio, geralmente um evento temido, torna-se um "não evento" – é apenas consequência de uma cadeia de ações estruturada e consistente.

Com a presente obra, o Senac São Paulo contribui para o aprimoramento não só de profissionais de marketing e vendas, mas também de todos que desempenhem funções relacionadas à geração de resultados para uma organização.

Ao meu nono Emílio, um jornalista que me deu o exemplo da leitura e da escrita. Ao meu pai, Renato, um vendedor que o tempo não me permitiu ajudar. À minha mãe, Alzira, que me mostrou o caminho da fé, da dedicação e dos estudos. Aos meus filhos, Angelo e Bruno, as verdadeiras sementes que plantei. À minha filha, Marina, uma pérola que Deus pôs na Terra. À minha querida esposa, Joana, minha guerreira, meu amor e porto seguro. E aos Espíritos de Luz, que sempre iluminaram meu caminho.

AGRADECIMENTOS

Publicar um livro exige esforço. Muito esforço. Primeiro, tem que haver uma boa ideia. Depois, tem que se conseguir uma editora que aposte nessa ideia. E a aposta não será apenas na ideia, mas na sua viabilidade em termos de vendas e lucros. Será preciso colocar a ideia "no papel" e ter a paciência de escrever e reescrever as próprias palavras até que as considere dignas de serem entregues. Isso exigirá isolamento, abnegação e amparo, principalmente familiar. Será necessário acordar antes do que sempre se acordou e dormir bem depois do que é de costume. Finais de semana, feriados e férias terão que ser esquecidos. Então, quando se pensar que todo o trabalho terminou, perceber-se-á que não se está nem na metade. Virão os conselhos, sugestões e cortes dos editores. Será necessário, então, novamente reescrever o texto, ou sendo mais exato, partes dele. Antes de ser impresso, o livro terá sido lido tantas vezes por seu autor que este jurará nunca mais abrir suas páginas, a não ser para autografá-lo.

Difícil, certo? Mas tudo isso nem chega perto do que é relançar um livro! Principalmente por outra editora. Isso porque, desta vez, não será apenas a ideia e o texto que serão avaliados. Já existe um livro e ele tem sua própria história. Não se trata mais de uma simples aposta, mas de uma constatação. Há quanto tempo ele já foi lançado? Está ultrapassado? Quantas cópias foram vendidas? Qual é a opinião dos seus leitores? E das livrarias? Ele ganhou citações, prêmios ou recomendações? Consta de bibliografias de trabalhos ou teses? E sabe a promessa de não mais se abrir o livro? Terá que ser esquecida, pois o livro precisará ser relido, palavra por palavra, para corrigir falhas, expandir algumas ideias e acrescentar outras.

Este livro passou por tudo isso e se agora ele está em suas mãos é porque teve êxito em todos os crivos aos quais foi submetido. Porém, se de um lado por si só isso já seja um indicativo da qualidade da obra, por outro, de forma alguma é mérito somente do autor, visto que esta é uma jornada que não se percorre sozinho. Por isso, é imprescindível agradecer. Primeiro, a Deus e a todos os Espíritos de Luz, sejam quais forem os nomes que se deem a Ele e às Suas Energias. Em segundo lugar, à minha amada esposa,

Joana, e a nossos filhos, companheiros de todas as horas. Sem o apoio da fé e da família, jamais teria tido forças para chegar até aqui.

É preciso agradecer também aos milhares de leitores da edição original. O prestígio de vocês foi peça fundamental na decisão de relançar a obra, tornando o *Vendas B2B* o que ele é hoje. Vocês agora estão merecidamente representados pelos leitores que colaboraram com os relatos selecionados para a construção dos casos de estudo que enriquecem esta edição ampliada: Avi Zins, Eduardo Luis Vieira, Hilton de Nicola, José Augusto Rafael, Leandro Premoli, Luiz Felipe Donati, Marcel Sampaio Magalhães, Paulo Nereu Alves, Rodrigo Perdigão, Sueli Rodrigues e Wander Sena. O meu muito obrigado a todos vocês!

Agradeço também ao Maurício da Silva Pedro, uma pessoa que reúne duas qualidades que julgo essenciais em um executivo: muita competência no que faz e um enorme coração. Obrigado, Maurício, por ter me aberto as portas da Editora Senac. Por meio de suas palavras, tive a oportunidade de firmar parceria com uma instituição de primeira linha, conhecendo excelentes profissionais dos diversos setores envolvidos no processo editorial, como prospecção, edição, arte, diagramação e revisão. Agradeço a todos pela confiança depositada.

Não posso deixar de permanecer grato a todos que me ajudaram na edição original do livro. Entre eles, Débora Freire, Roger Trimer, Anna Lúcia França, Eduardo Larangeira Jácome, Ivana Orichio e Pedro Ivo de Campos Moraes.

Quero ainda agradecer aos diversos autores cujos trabalhos ajudaram a fundamentar os conceitos aqui expostos. Espero sinceramente poder fazer para outros autores o que vocês fizeram por mim.

Por fim, o meu obrigado aos milhares de alunos e clientes com os quais tive a oportunidade de conviver e aprender desde que fundei a SaleSolution. Vocês foram os meus melhores professores, pois me ajudaram a aperfeiçoar e refinar cada uma das ideias e dos conceitos expostos nesta obra.

Minha eterna gratidão a todos vocês!

Renato Romeo
romeo@salesolution.com.br

APRESENTAÇÃO

No início de 1996, assisti a uma palestra de Gene Kranz em Orlando, Flórida. Kranz foi o diretor de voo da Nasa na Apollo 13. Era ele quem estava no comando da missão quando o astronauta Jim Lovell, imortalizado pelo ator Tom Hanks, pronunciou a célebre frase *"Houston, we have a problem!"* ("Houston, temos um problema!").

Nessa época, eu trabalhava em uma multinacional norte-americana que tinha por tradição enviar os profissionais que haviam superado suas metas para uma viagem ao exterior na qual se misturavam um pouco de lazer e um pouco de trabalho. Esse programa de incentivo, que tinha a denominação oficial de "Hundred Percent Club" ("Clube Cem Por Cento"), era chamado por todos apenas de "Clube".

Na sessão principal do Clube, onde se reuniam todos os profissionais da América Latina, todos os anos se repetia o mesmo ritual. Primeiro, saudavam-se e ovacionavam-se os presentes por terem ultrapassado as metas. Em seguida, apresentavam-se os números para o próximo ano. Isto é, as novas metas – que, em geral, eram uns 30% a 40% superiores às do ano que havia terminado. Por último, sempre havia um palestrante para motivar a plateia frente aos novos desafios recém-anunciados. Naquele ano, quando Gene Kranz foi o convidado do Clube, todos nós ouvimos o relato detalhado de como os tripulantes da Apollo 13 foram trazidos de volta à Terra pela equipe que ele comandava.

Lembro-me com clareza de uma das principais frases ditas por Kranz a sua equipe. Algo como "Nós nunca perdemos um norte-americano no espaço! Estejam certos de que não perderemos um em meu turno! Falhar não é uma opção!". Era esta última frase que dava título à palestra de Kranz: *"Failure is not a option!"*.

Era uma palestra motivacional que deixava claro a todos os presentes o recado de que falhar em relação à nova meta do ano que se iniciava também não seria uma opção. A pergunta que se formou na minha mente naquele momento foi a seguinte: o que devo fazer para não falhar? E aí está o grande problema de ações puramente motivacionais: elas não ensinam o "como fazer", ou seja, o passo a passo que deve ser seguido para obtermos melhores resultados. Naquele exato momento, nascia na minha mente o conceito da empresa que fundei dois anos depois, quando deixei aquela multinacional: a SaleSolution.

Na verdade, muitas das ações motivacionais subvertem o princípio da ação e reação, contrariando o que Isaac Newton nos deixou em suas leis da física. Motivar seus vendedores os fará obter melhores resultados, certo? Errado! Vendedores ficam desmotivados por não alcançarem os resultados esperados. Vendedores ficam desmotivados por não venderem efetivamente. Embora resultados baixos desmotivem os profissionais de vendas, motivação pura e simples não fará com que eles obtenham resultados melhores. E existe uma razão bem simples para isso: alcançar resultados melhores depende de uma compreensão que vai muito além da motivação. Vender mais e melhor depende de ações efetivas e focadas no "como vender", isto é, no que fazer para efetivar uma venda.

Embora um esforço motivacional possa gerar algum impacto inicial, tudo isso será anulado em um curto espaço de tempo se o vendedor continuar a cometer os mesmos erros de sempre, pela forma com a qual ele sempre atuou. Isso porque, com uma ação meramente motivacional, ele não aprenderá a fazer nada diferente daquilo que sempre fez. Ou pior: essa ação poderá até acentuar ainda mais as ineficiências, pois os erros estarão sendo cometidos com mais intensidade e, às vezes, em pior grau. Por exemplo, um vendedor despreparado, mas muito motivado, fará mais visitas ruins e desperdiçará mais recursos de sua empresa em visitas e contatos infrutíferos.

Pense da seguinte maneira: você faria uma cirurgia cardíaca com um leigo motivado? Guardadas as devidas proporções e com as necessárias desculpas à excelente reputação de Gene Kranz, se os engenheiros de sua equipe não estivessem bem capacitados para equacionar os problemas que surgiram naquela missão, nem com toda a motivação ou toda a sorte do mundo a nave de número 13, lançada às 13 horas e 13 minutos e com previsão de entrar na órbita da Lua no dia 13 de abril, teria retornado à Terra.

Na prática, o que acontece é que motivação é importante, mas preparação é fundamental. E os processos com os quais as pessoas vendem muitas vezes são esquecidos. Para agravar a situação, no Brasil a palavra "processo" muitas vezes acaba soando quase como um sacrilégio, por se confundir com burocracia.

Chegou a hora de banir esse pensamento, e a alta gerência das empresas tem papel fundamental nessa mudança. Está comprovado que o jogo de cintura, o jeitinho brasileiro e a motivação funcionam bem até o segundo capítulo. Quando a coisa aperta mesmo, se não houver processos claros e definidos, o vendedor, assim como qualquer outro profissional, poderá não ter as corretas ferramentas para desenvolver seu trabalho com a eficiência necessária.

Nesta edição atualizada do *Vendas B2B*, revista e ampliada após uma década do primeiro manuscrito, continuo a demonstrar o caminho que veio de forma clara à minha mente naquela manhã de 1996, durante a palestra de Kranz. Pois é, já se passaram mais de vinte anos desde então, período em que os processos, as técnicas e os conceitos que aqui abordo ajudaram a mim e a milhares de profissionais relacionados direta ou indiretamente com vendas a terem mais resultados – e, por que não dizer também, uma melhor qualidade de vida. Venda pode ser, sim, vista como um processo, e este livro demonstra isso.

Ele é destinado àqueles que trabalham – ou pretendem trabalhar – nas áreas de vendas e marketing de empresas que comercializam produtos, serviços ou soluções para outras organizações, ou seja, àqueles que fazem parte do mercado corporativo ou *business-to-business*. De qualquer maneira, caso você não trabalhe com vendas, mas suas funções estejam diretamente relacionadas com a geração de resultados para sua organização, também encontrará aqui o passo a passo necessário para conduzir e entender diversas atividades essenciais para o ganho de eficiência em vendas. Nesse sentido, professores e alunos de cursos de graduação e pós-graduação nas áreas de administração, marketing ou vendas também poderão utilizar esta obra como ferramenta em sala de aula.

Vale ressaltar que, embora o conteúdo da presente obra tenha sido elaborado enfocando venda para uma "empresa", se sua atividade envolver venda para um "consumidor final", você também encontrará nestas páginas informações e conceitos que poderão trazer maior eficiência a seu dia a dia. O foco do livro é o "como fazer" das principais atividades que levam a esses resultados melhores, por meio de conhecimentos, habilidades, técnicas e comportamentos que tenham aplicabilidade imediata a qualquer profissional da área.

Com base nessa meta, o conteúdo de cada capítulo foi organizado da forma mais independente possível. Minha sugestão é de que você leia o livro pela primeira vez na sequência. Isso o ajudará a ter uma melhor compreensão das ideias e abordagens construídas ao longo de toda a obra. Após ter concluído a primeira leitura, volte aos capítulos que lhe interessaram mais, a fim de se aprofundar em seus conceitos, para então poder aplicá-los rapidamente. É claro que em seu dia a dia você também poderá rever cada um dos 12 capítulos à medida que precise de alguma orientação específica sobre uma situação que está vivenciando. Esses capítulos, organizados de maneira lógica, tratam dos assuntos a seguir.

- **Capítulo 1** – Neste capítulo, é abordada a visão processual de vendas. Explico como razões históricas e mitos impactam negativamente os resultados de vendas das empresas e dos indivíduos que nelas trabalham. Também abordo os benefícios que processos estruturados de vendas podem trazer para todos e por que a implementação desses processos deve ser planejada de forma modular e evolutiva.

- **Capítulo 2** – No segundo capítulo, explico o ciclo de vida de uma venda. Para tanto, mostro como as organizações realmente compram e de que maneira diversas pessoas exercem diferentes papéis de influência ao longo do processo de adoção de um produto, um serviço ou uma solução. Além disso, esmiúço como as necessidades evoluem na mente de cada influenciador e podem estar estruturadas de forma diferente em momentos distintos. Por fim, demonstro como buscar um melhor alinhamento com o cliente durante a execução das diversas atividades envolvidas na prospecção, na qualificação e no fechamento de uma venda.

- **Capítulo 3** – Partindo de jargões normalmente usados sem muito critério – como "o vendedor tem que ter boa comunicação", "o vendedor tem que conhecer o negócio do cliente", "o vendedor tem que conhecer aquilo que vende", "o vendedor tem que saber vender" –, chego nesse capítulo a um correto entendimento da habilidade essencial que um vendedor deve ter e de como ela pode ser integrada em seu dia a dia.

- **Capítulo 4** – A partir da compreensão do processo pessoal de tomada de decisão que ocorre na mente dos indivíduos, mostro neste capítulo como um contato, uma visita ou uma prospecção de vendas devem ser planejados de modo que o vendedor consiga se posicionar com maior credibilidade e obter não só informações de melhor qualidade como também compromissos mais firmes por parte de seus clientes, evitando objeções e encaminhando a venda para o fechamento.

- **Capítulo 5** – Neste capítulo, concentro-me na aplicação correta de um pensamento estratégico em oportunidades de vendas. O objetivo aqui é ajudá-lo a aumentar sua probabilidade de sucesso em cada negócio, por meio de um processo de análise das principais variáveis externas e internas que podem influenciar as ações a serem implementadas durante o ciclo de uma venda.

- **Capítulo 6** – Abordo neste capítulo um assunto denso, mas extremamente necessário nos dias atuais – como provar o retorno sobre os investimentos que os clientes terão ao comprar nossos produtos, serviços e soluções. Para tanto, apresento um processo que leva em conta o levantamento das necessidades do cliente, a coleta de dados, hipóteses e projeções de melhorias, os custos envolvidos na aquisição e a análise do cliente para tomada de decisão – que geralmente envolve a verificação de indicativos como ROI potencial, *payback*, valor presente líquido e taxa interna de retorno.

- **Capítulo 7** – O foco deste capítulo é a elaboração de uma proposta comercial eficaz. O fato é que, muitas vezes, a primeira demonstração concreta da qualidade de um fornecedor – e de tudo o mais que está por vir – é a proposta que ele entrega, e infelizmente essa importante tarefa deixa a desejar por ser relegada a um segundo plano. Assim, apresento um processo que o auxiliará a integrar os aspectos lógicos e psicológicos relacionados à preparação de uma proposta comercial, fazendo dela um persuasivo instrumento de vendas.

- **Capítulo 8 –** Neste capítulo, abordo o processo de preparação para uma negociação bem-sucedida, mostrando a origem de muitos dos erros cometidos durante as negociações e apresentando um processo lógico para que você alcance o que realmente almeja nessas situações. Discorro também sobre os principais aspectos que você deve analisar antes de ir para uma mesa de negociação, além do modo como deve estruturar e conduzir suas discussões. Por fim, mostro os principais truques e manobras de negociação e como você pode superá-los por meio de uma abordagem racional e integrativa.

- **Capítulo 9 –** Neste capítulo, apresento as vantagens de tornar o fechamento algo natural, um "não evento". Caso esse momento típico de pressão ocorra, explico como o profissional de vendas pode se preparar para se posicionar de forma mais adequada diante dele. Trato, ainda, de como dar a certeza ao cliente de que ele está fazendo um bom negócio sem, para isso, abdicar de suas margens e lucratividade.

- **Capítulo 10 –** Muitas empresas convivem com altos e baixos no fluxo de geração de receitas – e, também, com uma grande correria no final dos meses, trimestres ou anos, em busca dos números fixados para as metas ou as cotas. É por isso que neste capítulo falo sobre o *pipeline* de vendas, seu balanceamento e o gerenciamento das atividades de vendas, apresentando formas de construir, analisar e gerenciar uma carteira de oportunidades, de modo que se obtenham resultados mais constantes e previsões mais confiáveis.

- **Capítulo 11 –** Neste capítulo, trato de um assunto-chave: o relacionamento com os clientes. Partindo do princípio de que a forma como o cliente percebe a contribuição do fornecedor determina as bases nas quais se dará a relação entre as duas empresas – bem como a relevância de fatores como o preço e a concorrência –, explico o passo a passo para a formulação de um plano de gerenciamento desse relacionamento, levando em consideração desde a seleção de contas-chave até a formação do time de conta, a coleta de dados e a análise das informações mais relevantes.

- **Capítulo 12 –** No último capítulo, ofereço algumas orientações adicionais para que os processos, as técnicas e os conceitos abordados ao longo do livro sejam corretamente integrados ao dia a dia do vendedor e de sua organização. Em especial, trato da utilidade da técnica de *coaching* como ferramenta para que essa integração ocorra de forma mais efetiva. Além disso, abordo outros temas importantes – e espinhosos –, como suporte gerencial, abordagens imediatistas, planejamento incorreto de recursos, não envolvimento de todas as áreas relacionadas à função de vendas, barreiras culturais e atitudes das pessoas.

Acredito que, com esta nova edição, renovo a promessa feita a muitos clientes e alunos que, ao longo dos primeiros dez anos de vida da SaleSolution, perguntaram-me quando eu colocaria esses conceitos sérios e embasados nas páginas de um livro. Acredito também que cumpri uma missão pessoal: coloquei à disposição uma ferramenta que pode ser muito útil àqueles que desejam ser verdadeiros vendedores.

Boa leitura!

CAPÍTULO 1
VENDER É UM PROCESSO

A visão de que vender é um processo ainda é nova para a maioria dos profissionais e empresas que disputam um lugar no mercado. Para ter uma ideia, pesquisa realizada em 2005 pela SaleSolution, minha empresa, mostrou que menos de 5% dos profissionais ligados à área de vendas têm conhecimento de que processos podem ajudá-los a obter melhores resultados em vendas. E o que é pior: até o presente momento não temos nada que nos leve a crer em uma mudança significativa desse quadro.

Se olharmos para organizações que operam globalmente, perceberemos que essa situação não é diferente em outros países, sejam eles desenvolvidos, sejam em desenvolvimento, já que são poucas as empresas que contemplam em seus orçamentos o aprimoramento das capacidades de vendas de seus colaboradores. É verdade que algumas delas até proporcionam certa dose de treinamento a seus profissionais; contudo, na maior parte das vezes são ações pontuais, ou com cunho meramente motivacional ou focadas estritamente nos produtos e serviços. Outro comportamento comum dos gestores das empresas é pensar que um programa de treinamento, e apenas um, resolverá todas as questões de ineficiência comercial de uma equipe.

Frustrados com os resultados, vendedores, executivos e donos de empresas em todo o mundo resignam-se a justificativas – como veremos mais adiante – que remontam ao período do surgimento do que hoje chamamos de força de vendas ou que são baseadas em falsas premissas, em mitos, sobre o que faz uma pessoa vender bem.

Nesta obra, buscamos demonstrar ao profissional de vendas e a sua organização, independentemente do setor em que atue – comercial, industrial ou de serviços –, que existe um caminho seguro para o aumento da eficiência em vendas. Esse caminho é denominado processos de vendas. Quem compreender e adotar primeiro esse conceito adquirirá inúmeras vantagens competitivas sustentáveis que o tornarão capaz de concorrer de modo mais adequado em mercados nos quais as vendas são cada vez mais complexas e disputadas.

PROCESSOS DE VENDAS

Processos são atividades sequenciais, predeterminadas, sistematizadas e repetíveis que visam transformar uma coisa em outra com maior eficiência. Quando falamos em processos de vendas, estamos falando em transformar nossos esforços de vendas em resultados mais eficientes, ou seja, aumentar receitas, melhorar lucros e reduzir o custo da venda de uma organização por meio de atividades que aprimoram nosso desempenho e ampliam nossas probabilidades de sucesso.

Na maioria das profissões, as pessoas usam processos em seu dia a dia para garantir que o resultado final de suas ações apresente melhor qualidade e que a forma escolhida para chegar a tal resultado seja mais segura, consistente e eficiente. Um cirurgião utiliza-se de processos nos procedimentos que realiza. Um piloto de avião, por mais horas de voo que possua, usa processos para decolar, voar e pousar. Pense bem, você já imaginou o que seria ser conduzido por um comandante que adora voar de improviso? Vender sem processos traz os mesmos riscos para indivíduos, organizações e clientes. Um processo, ou uma metodologia de vendas, deve ser visto como um guia que nos permite analisar e mensurar onde e como estamos situados durante o ciclo de determinada venda. Por meio de processos, escolhemos melhor o próximo passo a ser dado, gerenciando expectativas e mantendo um alinhamento com os clientes. Isso resulta na maximização de nossas chances de vitória.

> **Um processo, ou uma metodologia de vendas, deve ser visto como um guia que nos permite analisar e mensurar onde e como estamos situados durante o ciclo de determinada venda.**

Acontece que, muitas vezes, a palavra "processo" é relacionada de imediato com burocracia, um trabalho adicional e sem sentido que, no final, irá somente tirar do vendedor mais de seu precioso tempo útil. Porém, quando se diz que vender pode ser visto como um processo, não se está falando do preenchimento de papeladas sem sentido ou algo que o valha, mas do alinhamento das atividades de vendedores e suas organizações com o comportamento de compra de seus clientes. Tal alinhamento ocorre quando entendemos os aspectos comportamentais e psicológicos dos indivíduos e de suas organizações ao tomarem a decisão de adquirir produtos ou serviços e sincronizamos nossas atividades com esses aspectos. Isso é o que chamamos de um processo de venda realmente eficaz, alinhado com a maneira como o cliente compra, e não com o modo como a empresa deseja vender. Portanto, não se trata de burocracia, mas de inteligência competitiva.

Basear as atividades de vendas de uma organização no comportamento mental de compra de seus clientes, e não na burocracia interna da empresa, faz com que os profissionais de vendas, a partir da compreensão dos princípios psicológicos presentes em todo processo de compra, mantenham-se em sincronia com as preocupações e o modo de pensar de seus clientes potenciais. Nesse sentido, é importante entender que os vendedores adotarão um processo estruturado para vender somente se perceberem que isso tornará seu trabalho mais produtivo e lhes permitirá ganhar mais dinheiro.

Processos devem ser vistos como mapas que orientam nossas atividades durante o ciclo da venda, e não como algo que as engessa. Analise a figura 1.1: a empresa que municia sua equipe de vendas com sequências lógicas de atividades a serem seguidas durante o ciclo de vida de uma oportunidade e as utiliza para gerenciar o que está realmente acontecendo no campo, além de obter informações de melhor qualidade para as projeções de vendas, consegue identificar as deficiências de habilidades e comportamentos dos vendedores, podendo auxiliá-los na melhoria dessas discrepâncias.

FIGURA 1.1

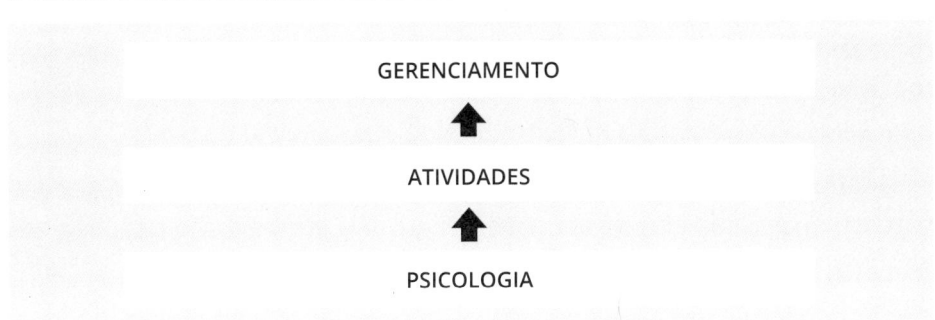

A relação entre processos, gerenciamento e conceitos psicológicos

Se vender bem é resultado de arte ou experiência, processos estruturados de vendas devem, então, ser compreendidos como a codificação dessa arte ou dessa experiência acumulada. Tais processos, quando baseados em princípios universais da psicologia da compra, ou melhor, na maneira como as pessoas geralmente pensam, sentem ou agem quando estão envolvidas em uma decisão de compra, podem fazer com que a grande maioria dos vendedores alcance, ou mesmo supere, os resultados daqueles tidos como possuidores de um dom natural, uma maior capacidade de improvisação ou uma maior experiência.

RAZÕES HISTÓRICAS

Existem razões históricas para a não utilização de processos de vendas dentro das organizações. Equipes de vendas organizadas da maneira como conhecemos hoje só foram possíveis a partir do momento em que começaram a existir mercados de massa, os quais surgiram somente a partir da invenção da estrada de ferro, nas primeiras décadas do século XIX. De fato, com a infraestrutura proporcionada pelas ferrovias, mercados locais e fragmentados deram lugar a mercados mais unificados, viabilizando o surgimento de equipes de vendas, que se deslocavam de um ponto a outro para falar de seus produtos.

Nessa época, os mercados eram mais demandadores do que ofertantes. Fazia sentido, portanto, ter vendedores que se deslocassem para outras cidades e que possuíssem uma boa oratória. Tudo o que as empresas precisavam era ter um indivíduo que soubesse falar bem sobre seus produtos. Quem nunca viu em um filme ou documentário uma cena em que um caixeiro-viajante chega a uma cidade e, de cima de um engradado, começa a falar para uma pequena multidão de curiosos sobre o novo xarope para tosse que cura também queda de cabelos ou demonstra como uma serra elétrica é mais eficiente do que um simples machado?

Quando falamos de mercados demandadores, em expansão, parece não ser necessário dar muita atenção a quão eficazes são nossos vendedores ou mesmo se estão gerenciando adequadamente sua carteira de oportunidades de vendas. Os objetivos e cotas são atingidos independentemente da eficácia e da eficiência de nossa área comercial. Contudo, diante de uma economia mais instável e de crescimento mais vagaroso, orçamentos começam a ficar mais curtos, e, dentro das empresas, os influenciadores do processo de decisão tornam-se a cada dia mais cautelosos e avessos a riscos. Decisões de compra que podem trazer impactos significativos para uma organização ou que somam um alto valor de investimento passam a ser mais racionais e têm de ser intensamente justificadas, o que acaba prolongando o ciclo das vendas e tornando-as mais complexas.

Assim, mais do que vendedores que saibam falar sobre seus produtos e serviços, as organizações precisam de profissionais que tenham uma clara compreensão do processo de compra de seus clientes para que se mantenham alinhados a eles. No entanto, ainda hoje, o que mais presenciamos, até mesmo em organizações de peso, é a atividade de compra e venda sendo tratada como se os mercados ainda fossem demandadores, fruto de interações não controláveis e dependentes da improvisação e do talento natural dos vendedores.

Quando olhamos para as diversas ondas de melhorias que assolaram as organizações a partir da década de 1980, tais como *downsizing*, *rightsizing*, reengenharia e terceirização, percebemos que os pensamentos dos teóricos – e das organizações que os adotaram – concentraram sua atenção na obtenção de maiores lucros por meio da redução do custo, e não do aumento da receita.

Melhorar o lucro pela redução dos custos, todavia, é de aplicabilidade reduzida, pois, no limite, a empresa de custo zero não existe. Alcançar maiores lucros pela melhoria da forma como obtemos nossas receitas abre uma nova perspectiva para as empresas. Quando uma empresa usa corretamente processos e "melhores práticas" para executar suas funções de vendas, aumenta o desempenho de seus profissionais e a previsibilidade de seus negócios. A excelência em vendas é um caminho seguro para o crescimento empresarial, para a obtenção de maiores lucros e para a diferenciação perante a concorrência.

Implementar processos de vendas significa apoiar nossa equipe de campo em relação a suas habilidades e seus comportamentos de vendas, seja na identificação de oportunidades, seja em seus contatos diários, seja na estratégia usada para conduzir e fechar um negócio, seja em suas negociações, seja no relacionamento com seus principais clientes.

Quando baseamos nosso processo de vendas no modo como nossos clientes compram e proporcionamos o suporte e o reforço gerencial adequados em sua implementação e supervisão, criamos a estrutura básica para que as estratégias empresariais sejam realmente executadas, trazendo mais receitas, maiores lucros e vantagens competitivas sustentáveis. Ter uma organização com excelência em vendas, que consiga fazer uma correta abordagem de soluções, requer uma abordagem processual de vendas.

MITOS EM VENDAS

Em uma equipe de vendas, a maioria dos vendedores não rende o que poderia render. Se tirarmos uma fotografia da produtividade de uma equipe comercial, provavelmente encontraremos o efeito descrito pelo economista italiano Vilfredo Pareto no início do século passado: 80% dos resultados são produzidos por apenas 20% dos vendedores. Mas o que será que esses 20% de profissionais de alto desempenho têm que falta aos outros 80%?

Com exceção dos fatores sorte e trabalho duro, geralmente sobram três explicações "gerais": vender bem é um dom natural, vender bem exige muita capacidade de improvisação e vender bem é fruto da experiência. Essas explicações, entretanto, são mitos que funcionam como justificativas para que não seja procurado um caminho mais objetivo para fazer melhor e que abalam de maneira significativa as organizações que realmente desejam alcançar sucesso em vendas. Afinal, é tecnicamente impossível conseguir sucesso e crescimento duradouro apenas contando com uma pequena fração de colaboradores capazes de levar com eficácia seus produtos e serviços ao mercado.

Vender precisa ser entendido como técnica e ciência, algo passível de ser incorporado e apreendido por todos aqueles que almejam sucesso. Infelizmente, quase ninguém ainda adota processos para vender. E em mercados complexos e altamente competitivos isso pode ser fatal.

O MITO DO DOM NATURAL

Muitos ainda pensam que vender é arte. Enxergam vendas como uma capacidade especial, uma habilidade natural, um dom recebido ao nascer. Ou o indivíduo nasceu para vender ou não. Se você é uma dessas pessoas, ou trabalha para alguém que pensa assim, precisa primeiro entender melhor o significado de arte para que, então, possamos desmistificar isso e demonstrar que tratar vendas como um processo pode resultar em benefícios valiosos para as organizações e para as pessoas que nelas trabalham, tanto em termos profissionais como pessoais.

Vender é arte ou ciência? Muitos respondem a essa pergunta como se essas palavras tivessem significados opostos. Acredito que quem vê arte como oposição à ciência pensa em arte como capacidade especial, habilidade natural ou dom. Nesse sentido, dizer que vender é arte trata-se de mais um sintoma do que podemos chamar de terceirização da responsabilidade: se vender é um dom natural, nada posso fazer. Contudo, arte é também uma habilidade adquirida, isto é, controlada e racional. Dominar uma arte significa dominar um conjunto de princípios e técnicas característico de uma profissão. Ou, ainda, utilizar competências, de modo dirigido e consciente, para a execução de uma finalidade prática ou teórica.

As artes são exercidas por meio da inteligência e de conhecimentos sistematizados, como a arte do médico, a do arquiteto e a do advogado. Até artistas usam técnicas sistematizadas no exercício de suas atividades. Métodos e estudos utilizados na concepção de obras artísticas estão expostos em museus pelo mundo todo comprovando isso. E, nesse sentido, arte tem o mesmo significado que ciência, que é um grupo de técnicas e conhecimentos lógicos e sistematizados, voltados para determinado ramo de atividade.

Mesmo os vendedores que acreditam que vender é uma arte e obtêm excelentes resultados no seu dia a dia, na verdade, utilizam o que podemos chamar de competências inconscientes no exercício de suas vendas. Ou seja, lançam mão de algum tipo de processo intuitivo em seu trabalho. Só que esses métodos particulares não estão mapeados de modo que possam ser analisados e replicados por toda a organização, o que é fundamental para termos a produtividade necessária à atuação em mercados complexos e altamente competitivos. Além disso, esses métodos inconscientes não podem ser comparados a outras formas de vender, não assegurando, assim, que o caminho adotado em determinada situação seja o mais eficiente. Torna-se, então, complicado o gerenciamento de tais atividades, pois não há comparação do que está sendo feito com o que podemos chamar de melhores práticas.

Vale a pena assinalar que arte também está relacionada com jeito, travessura ou traquinagem. Assim, quando se fala que vender é uma arte, também existe no subconsciente das pessoas o mito de que para ser um bom vendedor é preciso ter jogo de cintura, saber seduzir, fascinar ou mesmo, se for preciso, enganar. Isso acaba redundando em uma difícil realidade: a maioria dos clientes julga que seus vendedores não são merecedores de confiança e que, a qualquer descuido, tirarão proveito deles.

O MITO DA IMPROVISAÇÃO

Em qualquer lugar do mundo, vendedores adoram improvisar. Em seus bate-papos entre amigos e companheiros de profissão, uma situação frequente é a troca de "histórias de guerra": cada um procura demonstrar o quanto é bom. Na maior parte dos casos, a improvisação é um tema recorrente, que aparece como demonstração cabal da qualidade de um excelente vendedor.

No Brasil, isso é impulsionado ainda mais pelo culto ao jogo de cintura e à ginga, que estão presentes em vários aspectos de nossa cultura: o carnaval, o samba, a capoeira e o futebol. O jeito do brasileiro – ou, como é mais conhecido, o "jeitinho brasileiro" – está ligado à malandragem, ao drible e à criatividade: "Se sou criativo, para que me preparar?".

A capacidade de improvisação parece estar ligada à inteligência criativa. Mas será mesmo? Como um vendedor poderia ter mais produtividade sem se fiar apenas na esperança de que tudo dará certo no final? A resposta a essa questão está na maior capacidade de preparação dos vendedores, pois a maioria não dedica tempo suficiente ao planejamento de suas atividades.

Por não terem um passo a passo que os oriente na preparação e na execução de diversas atividades pertinentes à função de vendas, os vendedores acabam optando pela improvisação. Muitos deles, inclusive, nem imaginam que existem meios de tornar seu trabalho mais eficaz e aumentar a probabilidade de sucesso de seus esforços de vendas.

A história a seguir foi contada por um de meus clientes algum tempo atrás. O pai dele, vendedor, chegou um dia ao escritório e encontrou seus colegas de equipe bastante preocupados com um cliente que relutava em fechar um pedido. Seus colegas lhe disseram que já haviam tentado de tudo para obter a venda, sem qualquer sucesso. Ele, então, pediu para fazer uma última tentativa, e foi se encontrar com o cliente, que parecia sentir certo prazer em maltratar os vendedores que precisavam do pedido para fechar a cota. Diante do sujeito, o pai desse meu cliente fez a seguinte proposta: "Eu queria fazer uma aposta com o senhor: vou pegar essa moeda e jogá-la no ar com meu polegar direito. Quando ela estiver caindo, vou chutá-la com meu pé direito, ela vai subir de novo e cair bem aqui, no bolso esquerdo da minha camisa. Se eu conseguir fazer isso, o senhor fecha o pedido?". O cliente aceitou, pois a tarefa parecia improvável. O vendedor fez exatamente o que disse e levou o pedido para casa. Meu cliente disse que seu pai passava horas treinando esse pequeno malabarismo e adorava dar seu show em festas da família e rodas de amigos.

Embora a improvisação esteja fortemente presente nesse caso, ele nos faz perceber quão importante é estarmos bem preparados. A improvisação e o nosso jeitinho permitem uma certa eficiência. Mas a pergunta que precisa ser respondida é: "Será que podemos aumentar essa eficiência?". O desempenho é resultado de processos e mecanismos intrínsecos ao ser humano. Se o desempenho das organizações deriva do desempenho individual, como melhorá-lo? Uma abordagem processual de vendas pode tornar a vida dos profissionais de vendas mais agradável, e seus bolsos, mais "contentes".

> **A improvisação e o nosso jeitinho permitem uma certa eficiência. Mas a pergunta que precisa ser respondida é: "Será que podemos aumentar essa eficiência?".**

O MITO DA EXPERIÊNCIA

Muitos julgam que a experiência é um fator que lapida o profissional de vendas. Sim, isso é verdade, mas será que é o caminho mais eficaz ou mesmo o mais eficiente em termos de custos? Ou ainda: quem garante que o resultado dessa lapidação é o mais correto, isto é, que não teremos um vendedor com vícios e ampla experiência em cometer sempre os mesmos erros?

A experiência é uma professora cara que não prepara o vendedor para se adaptar a novas situações, pois a habilidade do ser humano de adaptar suas experiências anteriores a circunstâncias totalmente novas é, em geral, limitada. Quando o vendedor se depara com uma situação nova e adquire um novo comportamento por meio de tentativa e erro, as organizações pagam um preço por isso, uma vez que erros têm um custo.

Muitos anos atrás, quando ministrava um de meus programas para uma equipe de corretores de seguro, havia um participante que aparentava já ter passado dos seus 60 anos e chamava a atenção por sua cultura e sofisticação (enquanto durou o treinamento, ele aproveitava um piano no saguão do hotel para entreter a turma durante o intervalo do almoço). Ao final do curso, ele deu o seguinte depoimento:

> *O que me deixa mais feliz é ver essa garotada jovem e bonita aqui na classe tendo acesso a toda essa informação. Se eu tivesse tido essa oportunidade trinta anos atrás, quando comecei a trabalhar com seguros, certamente teria chegado a um outro ponto na minha vida. Espero que vocês aproveitem o que nos foi transmitido pelo instrutor.*

Não sei se foram essas as exatas palavras que ele usou, mas era esse o sentido, e o tom usado era visivelmente de emoção e sinceridade.

Somente a experiência não garante resultados positivos, pois ela é limitada a situações já conhecidas. Apesar de muitos vendedores experientes serem eficazes em circunstâncias específicas, quando o contexto muda, sua experiência pode passar a ser um fator prejudicial. Assim, um profissional de vendas que tenha um histórico excelente com um tipo de cliente ou mercado pode enfrentar problemas quando passa a trabalhar com um novo perfil de cliente, um novo produto ou em uma nova situação. As estratégias usadas anteriormente podem não funcionar, por exemplo, diante de novos cenários econômicos ou políticos. E, nesse contexto, somente a experiência não dá ao profissional de vendas as habilidades necessárias para analisar criticamente as situações com as quais ele se depara.

À medida que o vendedor adquire experiência, aprende padrões eficazes de comportamento, adequados a momentos específicos, mas não necessariamente é capaz de generalizar esse conhecimento para novas situações. Independentemente dos resultados obtidos, não é possível comparar o curso das ações adotadas com os resultados das alternativas que não foram selecionadas. Além disso, é necessário certo tempo para esse tipo de aprendizagem. Isso supondo que o vendedor agirá prestando atenção em seus resultados e buscando analisar esses resultados, para saber como proceder em situações semelhantes que surjam em seu dia a dia. Ou seja, pelo custo, pelo tempo e pela necessária capacidade de abstração e inferência, podemos concluir que aprender por experiência não é o caminho mais eficiente.

Outro aspecto importante está no fato de a experiência ter baixa "transmissibilidade". Quando perguntamos a um profissional como se tornou um grande vendedor ou obteve determinado resultado positivo, muitas vezes ele não sabe responder ou diz que foi por meio da prática. No entanto, o que ocorre é que ele realmente não consegue explicar suas habilidades.

Se um vendedor com mais experiência não conseguir articular a razão de seu sucesso ou de suas habilidades, consequentemente, terá dificuldades em compartilhar seus conhecimentos com outros vendedores. Dessa forma, quando uma organização se baliza somente na experiência de seus vendedores para alcançar o sucesso em vendas, ela tem menor probabilidade de alcançá-lo, pois está limitada por sua capacidade de transferir e permear de maneira eficiente os conhecimentos necessários. Para uma organização que almeja a excelência no assunto, isso é altamente prejudicial.

Outro aspecto prejudicial de se fiar somente na experiência para obter resultados em vendas é que a informação fica armazenada na memória, sendo resgatada para uso em situações posteriores somente pelo indivíduo que a detém. São comuns os casos de profissionais que pedem demissão ou são demitidos e levam consigo todo o relacionamento com sua carteira de clientes. Quais riscos e prejuízos esse tipo de situação pode trazer para uma organização?

O fato de que os vendedores aprendem por experiência é inquestionável. Contudo, aprender somente a partir disso não produz o tipo de compreensão necessária para adquirir verdadeira *expertise*, isto é, perícia em vendas. Muitos vendedores têm bastante experiência, mas isso, por si só, não garante melhores resultados em seu dia a dia.

Para transformar experiência em perícia é necessário compreender aquilo que se experimentou, distinguir o que torna uma experiência de sucesso diferente de outra ruim e desenvolver uma compreensão conceitual da venda. Vender por meio de processos pode ajudar um indivíduo e sua organização a obterem essa capacidade analítica. A perícia não é o oposto da experiência, mas uma grande aliada dela.

IMPACTOS ORGANIZACIONAIS

Como a falta de consistência na abordagem comercial cria grande variedade de problemas para as organizações, não é somente a área de vendas que pode ser beneficiada pela implementação de processos estruturados de vendas. Quando um vendedor ou uma equipe não conseguem atingir seus objetivos, toda a organização sofre, pois seus impactos se alastram pelas outras áreas da empresa. Os executivos de uma empresa precisam entender vendas como um processo – e otimizá-lo, além de implementar e apoiar esse processo nas diversas equipes organizacionais: presidência, finanças, marketing, recursos humanos, etc. Devem isso a seus vendedores, funcionários e clientes.

Presidentes e dirigentes de empresas sempre são pressionados a satisfazer seus acionistas e, é lógico, pelas bonificações que escapam de suas mãos quando as metas não são atingidas. Melhorar a satisfação dos acionistas talvez seja a principal preocupação do CEO de uma empresa. E o que os acionistas desejam? Querem que os clientes estejam satisfeitos no longo prazo, para que seus investimentos não sejam voláteis; desejam que sua empresa tenha uma boa imagem no mercado, a fim de que haja diferenciação perante a concorrência e, assim, as margens sejam mantidas; almejam aumentar a participação no mercado e expandir seus negócios; e esperam, no final das contas, que seus investimentos deem lucro para que haja dividendos. Para que isso ocorra, as organizações precisam aumentar suas receitas e reduzir seus custos. Com as possibilidades cada vez menores de aumentar o lucro por meio da redução dos custos, a nova fronteira para expandir o lucro é o aumento da receita por meio da eficiência dos processos de vendas.

Os executivos financeiros das empresas também são diretamente afetados pelo mau desempenho em vendas. Abordar vendas como um processo pode trazer benefícios para esses executivos, pois, além de aumentar as receitas e melhorar o fluxo de caixa, essa abordagem traz redução nos custos das vendas e melhoria nas margens. É importante lembrar que a matéria-prima de um executivo financeiro é a informação. Quando o orçamento anual é definido, faz-se uma série de pressuposições sobre os gastos da empresa, projetando-se os lucros sobre as receitas esperadas. Quando uma projeção de venda não se confirma, uma série de decisões é colocada em risco. Com projeções de vendas mais precisas e confiáveis, um executivo financeiro acaba tendo melhores informações para a tomada de decisão. Adicionalmente, com a redução nos ciclos comerciais proporcionada pela eficiência de vendas advinda dos processos, temos antecipações no fluxo de caixa, reduções nos custos financeiros e potenciais ganhos nas aplicações desses montantes.

> **Com as possibilidades cada vez menores de aumentar o lucro por meio da redução dos custos, a nova fronteira para expandir o lucro é o aumento da receita por meio da eficiência dos processos de vendas.**

Os executivos de marketing, por sua vez, também sofrem impactos quando uma organização não investe em uma abordagem processual em vendas, pois no espaço que separa um vendedor de seu cliente é finalizada a maioria das estratégias de marketing de uma empresa. A decolagem de novos produtos, o acesso a novos mercados e a diferenciação perante os concorrentes são impactados pelo fato de os vendedores usarem abordagens particulares durante a venda. Muitas vezes, a empresa gasta milhões no reposicionamento de sua empresa e de suas marcas no mercado, e a forma como o vendedor se posiciona diante do cliente continua a mesma. A falta de um alinhamento entre as estratégias de vendas e marketing de uma organização se traduz em muito dinheiro desperdiçado. Além disso, quando um executivo de marketing trabalha com um extenso leque de produtos ou serviços ou com uma base muito grande de clientes, sempre existe o risco da falta de diferenciação se os vendedores vendem e se posicionam de seu próprio modo diante dos clientes. Em situações como essa, é comum a abordagem ficar superficial ou direcionada aos produtos dos quais o vendedor tem maior conhecimento técnico ou facilidade de vender. Ou seja, sem um foco real no negócio de cada cliente. Processos estruturados de vendas podem aproximar marketing e vendas, aumentando a eficiência de ambos.

Já os executivos de recursos humanos sofrem quando uma equipe de vendas apresenta baixo desempenho, porque a falta de lucros e de capital de giro engaveta aumentos de salários, novas contratações, programas para o aperfeiçoamento dos funcionários e melhoria do clima organizacional. Vendedores de baixo desempenho são convidados a contribuir em outro lugar, e aqueles que ficam, desmotivados, começam a procurar outras empresas para trabalhar. O mau desempenho em vendas também dispara ações imediatas de demissões por toda a organização, gerando uma carga monumental de atividades operacionais. E, quando um colaborador sai da empresa, perdem-se todos os investimentos realizados em seu aperfeiçoamento. Isso sem falar nas requisições de contratações, todas para ontem, que começam a se acumular sobre as mesas, diante da escassez de profissionais qualificados disponíveis no mercado. Além disso, quando um novo vendedor é contratado, demora para que ele atinja velocidade de cruzeiro – tempo este que geralmente não é compatível com a urgência esperada por resultados. A implementação de processos de vendas pode ajudar a área de recursos humanos a homogeneizar rapidamente a cultura de vendas de uma equipe, fazendo com que seus vendedores atinjam independência e tragam resultados de forma mais rápida. Ao contrário de ações meramente motivacionais, processos de vendas podem acelerar a curva de aprendizagem de novas contratações e o refinamento dos colaboradores atuais.

Assim, presidentes, dirigentes de empresas, executivos financeiros, de marketing e de recursos humanos, entre outros, podem ser diretamente beneficiados com a implementação de processos estruturados de vendas em uma organização. Infelizmente, as pressões do dia a dia acabam empurrando para debaixo do tapete o esforço real para compreender a dinâmica do processo de vendas.

BENEFÍCIOS DE PROCESSOS ESTRUTURADOS DE VENDAS

Quando decidimos adotar uma abordagem processual para vender, além de fortalecermos nossa habilidade em gerenciar eficazmente situações complexas de vendas, reduzindo uma série de incertezas durante todo o ciclo comercial, passamos a ter uma série de outros benefícios, como detalhado a seguir.

- **Velocidade nos negócios.** Ao entender corretamente como as preocupações dos clientes variam ao longo de um processo de decisão e o papel de cada um nesse processo, conseguimos nos alinhar e controlar corretamente o processo de vendas, reduzindo nossa ansiedade e o ciclo da venda, bem como adotar posturas e atitudes mais adequadas em cada fase do ciclo comercial.

- **Melhoria dos resultados.** Isso se dá pelo tamanho do valor de cada negócio, pelo número de oportunidades fechadas ou pela redução de concessões desnecessárias. Quando passamos a construir valor, por meio da correta identificação das necessidades de cada influenciador do processo de compra, de seus motivos e de seus impactos ao longo de toda a organização, conseguimos enxergar – e fazer com que o cliente também enxergue – onde nossos produtos e serviços podem ser utilizados, aumentando, assim, o escopo de nossas vendas.

- **Maior exatidão nas previsões de vendas.** Ao conduzir de forma mais adequada nossa carteira de oportunidades, administramos melhor nosso tempo e nossos esforços, compreendendo a qualidade de nossas oportunidades e nossas reais probabilidades de sucesso. Processos podem ajudar uma empresa a ter uma força de vendas com maior capacidade de organização e planejamento, gerando informações com mais qualidade e proporcionando um gerenciamento e um controle mais eficazes.

- **Unificação da linguagem de vendas.** Quando adotamos processos estruturados de vendas, adquirimos uma mesma linguagem interna sobre vendas, melhorando a comunicação organizacional, seja entre gerentes, vendedores e demais colaboradores, seja com nossos clientes. Melhorando a comunicação por meio dessa linguagem comum, reduzimos ineficiências e erros. Além disso, quando todos falam a mesma língua e compreendem claramente o processo da venda, aumentam a cooperação e a integração entre as pessoas e, portanto, a coordenação e a alocação de recursos.

- **Redução dos custos das vendas.** Se um ciclo de venda precisa de muitas visitas para ser concluído, o custo de vender pode facilmente corroer as margens de um negócio. Vender por meio de processos estruturados pode ajudar uma organização a reduzir seu ciclo de vendas e minimizar os desperdícios de recursos humanos e financeiros.

- **Maior capacidade de inspeção e controle.** Ao entendermos as etapas necessárias à condução de uma venda, conseguimos criar mecanismos de controle tanto das atividades executadas pelos vendedores como das reações dos clientes com relação a essas ações. Dessa forma, ao implementarmos processos de vendas, ganhamos uma maior capacidade de inspeção da equipe de venda e de conquista de resultados.

- **Melhor qualidade de vida.** Durante muito tempo se apregoou a conquista de mais resultados em vendas por meio de mais esforços – trabalhar algumas horas a mais por dia, fazer mais visitas e assim por diante. E isso tem seu preço: menos tempo livre e mais estresse, o que acaba resultando em piores resultados de vendas. Logo, o caminho para melhores resultados não precisa ser, necessariamente, fazer mais. É possível simplesmente fazer melhor.

- **Melhoria do relacionamento com os clientes.** Quando uma organização de vendas vende por meio de processos, aumenta sensivelmente a satisfação de seus clientes, pois os vendedores passam a basear suas abordagens nos processos mentais e psicológicos da tomada de decisão, adquirindo maior capacidade de compreensão da pessoa que está diante deles.

MELHORIA MODULAR E EVOLUTIVA

Quando partimos para a adoção de processos estruturados de vendas, um ponto que precisa ser corretamente compreendido é que essa é uma abordagem modular e evolutiva. Para migrarmos de uma abordagem transacional de vendas, na qual o foco é apenas a transação de compra e venda no curto prazo, para a construção de uma organização com excelência em vendas, temos que atuar em diferentes focos de aperfeiçoamento, de forma paulatina, até conseguirmos as efetivas mudanças de comportamentos, habilidades e atitudes de toda a força de vendas.

Uma das vantagens de ver vendas como um processo está no fato de que processos são subdivisíveis, ou melhor, o processo de venda é, na verdade, composto de vários subprocessos. Para traçarmos um caminho seguro, gradual e contínuo no refinamento de nossa forma de vender, precisamos primeiro entender que algumas entidades estão sempre envolvidas em uma venda e que cada uma delas acaba por determinar subprocessos ou pontos distintos de aperfeiçoamento.

- **Cliente.** Uma empresa tem um ou mais clientes.
- **Oportunidade.** Em cada cliente, estão envolvidas uma ou mais oportunidades de vendas, ou seja, poder vender algo para alguém em determinado momento por determinada quantia.
- **Contato.** Para cada oportunidade, um vendedor tem que fazer um ou mais contatos de vendas.

Seguindo esse raciocínio, podemos estabelecer vários focos em que processos de vendas podem começar a ser implementados, a fim de ajudar um vendedor ou uma organização a ganhar maior produtividade em suas ações, como mostra a figura 1.2. Por exemplo, uma organização pode iniciar seu processo de melhoria aperfeiçoando a capacidade de seus vendedores de se prepararem para seus contatos e visitas de vendas, a fim de gerar um melhor entendimento da situação vivenciada por cada cliente, criar melhores conexões entre o que eles têm para vender e as necessidades dessas pessoas e, assim, conseguir maior comprometimento dos clientes para que a venda seja encaminhada.

FIGURA 1.2

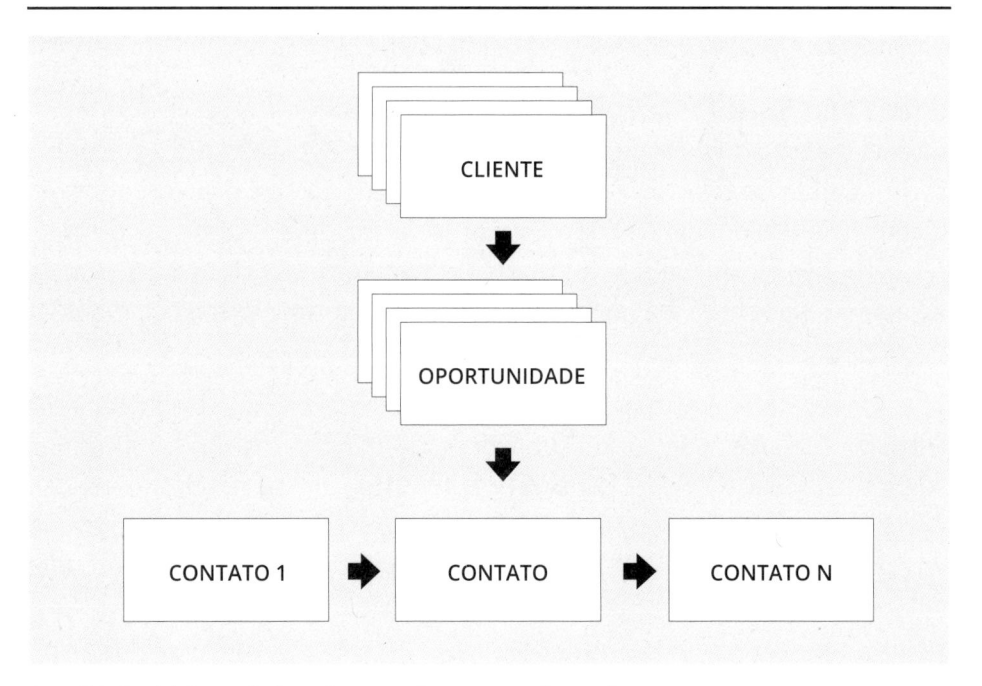

As entidades básicas relacionadas aos subprocessos de vendas

Outras vezes, a melhor maneira de iniciar a implementação de processos pode ser dirigir o foco para a capacidade de um vendedor ou de uma equipe comercial de analisar estrategicamente suas oportunidades de vendas e traçar um plano de ação, com a finalidade de ter maior probabilidade de sucesso em cada uma delas.

Em outros casos, o foco inicial de melhoria pode ser o gerenciamento do relacionamento com determinado cliente, classificado como chave. Para nossas grandes contas, aquelas responsáveis pela maior parte da receita recorrente em nossa empresa, podemos estabelecer um processo para que todas as pessoas envolvidas com o seu relacionamento possam se reunir e analisar a situação atual desses clientes e assim, juntas, traçar um plano para blindar cada conta contra os inevitáveis ataques da concorrência e aumentar a participação em seu orçamento total.

Como podemos ver, não existe um caminho único para iniciar a implementação de processos com vistas a melhorar a produtividade em mercados de vendas complexas ou altamente competitivas. Porém, seja qual for o início escolhido, os envolvidos nessa decisão precisam saber de antemão que a melhoria deve ser obtida passo a passo. Devem ser escolhidos os processos mais importantes a serem melhorados, com a certeza de que, após essa fase, novas lacunas de competências serão abertas e deverão ser paulatinamente trabalhadas até que os vendedores atinjam a excelência em vendas. Em mercados de alta competitividade, as diferenças entre ganhar ou perder são bem sutis, e o que dá essa vantagem é o grau de refinamento na maneira como uma organização entende vendas. Não é um caminho fácil nem rápido, mas é compensatório e duradouro.

> **Em mercados de alta competitividade, as diferenças entre ganhar ou perder são bem sutis, e o que dá essa vantagem é o grau de refinamento na maneira como uma organização entende vendas.**

MAIOR VALOR PARA OS ACIONISTAS

José Augusto Rafael é um profissional de vendas com mais de vinte anos de experiência no setor em que atua: o de serviços da indústria de tecnologia da informação. Em 2006, então como gerente de marketing e vendas de uma pequena empresa integradora de *softwares* do interior do estado de São Paulo, ele participou de um de meus treinamentos, patrocinado por um fornecedor, uma das maiores empresas de *software* do mundo.

Segundo Augusto, ele e sua equipe não compreendiam corretamente o porquê de tantos clientes não fecharem negócio. Vários de seus clientes potenciais simplesmente "desapareciam" logo depois de receberem as propostas emitidas por sua equipe. Além disso, os preços informados eram sempre "massacrados" nas duras negociações das quais participavam.

Ao retornar do programa de capacitação, Augusto buscou obter o aval de sua diretoria, bem como o tempo necessário, para instalar processos robustos a fim de guiar a atuação de sua equipe. Iniciou-se, assim, a implantação de uma nova cultura de vendas que, segundo ele, mudou a cara da empresa e a levou para um novo patamar.

Os negócios cresceram de forma exponencial. O acesso ao nível executivo dos clientes ficou mais rápido e direto. O número de negócios fechados dobrou quase que prontamente. Em seis meses, o valor médio das oportunidades fechadas havia aumentado 20%. A transformação ocorreu também no tamanho da operação, saindo de um número original de quinze colaboradores para mais de duzentos em dois anos e meio.

Tal crescimento atraiu os holofotes, e a história da empresa acabou sendo divulgada em vários veículos de comunicação regionais e nacionais. Porém não foi apenas a atenção da mídia que todo aquele sucesso despertou: um grupo de investidores fez uma oferta pela empresa e ela foi vendida!

Augusto compara sua jornada como a de alguém que aprende a falar uma nova língua e fica cada vez mais fluente à medida que o tempo passa. Isso se refletiu também em sua ascensão pessoal, e hoje ele integra a equipe de vendas de uma das maiores fabricantes de *softwares* empresariais do mundo, tendo obtido prêmios e reconhecimentos por seu desempenho e superação de metas, tanto em termos de receitas como de margens.

PERGUNTAS PARA REFLEXÃO E DISCUSSÃO

1. O capítulo 1 apresenta os benefícios que podem ser obtidos pela implementação de processos estruturados de vendas, bem como impactos organizacionais positivos que se alastram por diversas

áreas da empresa. Esse relato traz uma particularidade adicional: o próprio valor da empresa. Relacione esses benefícios potenciais e impactos com o valor da empresa, bem como os interesses de acionistas e investidores.

2. O texto deste capítulo traz as questões dos mitos existentes sobre vendas, além da necessidade de uma abordagem modular e evolutiva na implementação de processos estruturados de vendas. No caso apresentado, o gerente de marketing e vendas pediu o aval de sua diretoria e um prazo adequado para promovê-los antes de iniciar as mudanças pretendidas. Isso é necessário? Quais os riscos de assim fazer, ou de assim não fazer? Quais barreiras podem ser encontradas, interna e externamente, nesse tipo de mudança cultural?

3. O autor defende que vendas é mais ciência do que arte. Qual é a sua opinião sobre essa questão? Houve alguma mudança em sua visão após ler os argumentos apresentados no capítulo?

CAPÍTULO 2
O CICLO DE VIDA DE UMA VENDA COMPLEXA

Após entendermos que processos de vendas podem não apenas nos ajudar a ser mais produtivos e a conquistar um sucesso mais duradouro em nossa profissão como também trazer mais receitas e lucros para nossas organizações, a primeira coisa que precisamos compreender é o ciclo de avaliação e resolução das necessidades em uma organização dentro de uma venda complexa. Afinal, como foi exposto no capítulo anterior, um bom processo de vendas deve nos manter alinhados com o modo como seus integrantes tomam decisões de compra.

Estar alinhado em um ciclo de venda complexo significa coordenar nossas atividades para estarmos atentos a alguns fatores básicos:

- Estamos falando com as pessoas corretas na hora certa? Para que uma venda seja eficaz, você deve conhecer e ter acesso ao nível correto de poder dentro das organizações, pois só podemos vender para quem pode comprar. Sem poder, não há vendas.

- Temos que identificar uma necessidade que esteja ativa na mente dessa pessoa com poder ou, então, ativar uma necessidade. Se um problema ou uma oportunidade não estiverem ativos na mente de uma pessoa com poder de decisão, não haverá interesse por parte dela em obter informações sobre nossos produtos ou serviços.

- Essa pessoa deve visualizar que, por meio daquilo que nosso produto ou serviço tem a capacidade de fazer, ela poderá alcançar um novo estágio de equilíbrio, sanando o problema ou tirando proveito da oportunidade em questão.

- Para tomar uma decisão de compra, seu cliente potencial deve perceber retorno sobre seus investimentos. É literalmente impossível tomar uma decisão de compra quando não se percebe o valor de uma oferta.

- Devemos manter o controle sobre o processo de vendas. Quando o profissional de vendas não compreende o que precisa ser feito a cada fase do ciclo da venda, existe uma grande chance de ela não acontecer ou, pior, acontecer para a concorrência.

Vou propor um exercício mental árduo para todo vendedor: pense em uma grande venda que você perdeu. Se você analisá-la com cuidado, vai perceber a ausência de pelo menos um desses fatores. Em uma venda complexa e altamente competitiva, não lidar corretamente com esses elementos resulta em desperdício de seus esforços de vendas.

Mas o que realmente torna uma venda complexa? Embora a complexidade de nossas ofertas, ou mesmo da organização para a qual estamos vendendo, possa influenciar de alguma forma a dificuldade de uma venda, o fator preponderante para o aumento da sua complexidade é a presença de mais de uma pessoa opinando sobre ela e influenciando-a.

Por exemplo, a venda de um limão, extremamente simples em uma banca de feira, assume nova complexidade quando é realizada para uma cadeia de supermercados. Os atributos vistos na venda para o supermercado são diferentes dos vistos na feira. Entram em jogo fatores como logística, margens, serviços que serão colocados no processo de fornecimento e assim por diante. A venda de um carro para uma única pessoa é diferente da venda do mesmo carro para um casal. Se você já foi comprar um carro com sua esposa ou seu marido, sabe bem o trabalho extra que o vendedor precisa ter. Imagine-o falando para o marido que o carro em questão acelera de 0 a 100 quilômetros em cinco segundos enquanto a esposa pensa na segurança de seus cinco filhos. Ou ele demonstrando o espaço do bagageiro para a esposa, enquanto o marido pensa em como irá estacionar aquela "barca" no centro da cidade.

O ciclo de uma venda complexa – ou seja, o tempo decorrido entre o início da prospecção de uma nova oportunidade e seu fechamento – é maior, pois os clientes acabam conduzindo processos complexos de avaliações técnicas, legais e administrativas, com o objetivo de reduzir o risco da decisão de compra e ter mais certeza de estar fazendo o melhor negócio. Além disso, sempre existirão diversas empresas concorrendo com produtos e serviços similares e sendo comparadas pelos múltiplos influenciadores do processo de decisão. Diante da homogeneidade das ofertas, resultante de maior número de empresas voltadas para um mesmo mercado, entender as diferentes preocupações e necessidades dos diversos influenciadores do processo de decisão se torna uma das principais habilidades de um profissional de vendas. Já que a decisão de compra é sempre feita por meio da diferenciação, quando o produto ou serviço não traz diferenciais relevantes perante a concorrência, o vendedor e sua forma de vender se tornam o diferencial final desse processo.

COMO AS ORGANIZAÇÕES COMPRAM

Em que lugar dentro de uma organização nascem as necessidades que têm maior probabilidade de se tornarem oportunidades concretas de vendas para você? Podemos chamar esse lugar conceitual de *sala C*. É onde fica a alta gerência de uma organização: diretores, vice-presidentes, presidentes e proprietários, todos os cargos que, por força do anglicismo, hoje têm denominações do tipo CEO (de *Chief of Executive Officer*), CFO (de *Chief of Financial Officer*), COO (de *Chief of Operating Officer*), CIO (de *Chief of Information Officer*), e assim por diante. É na sala C que são desenvolvidas as estratégias de negócio e definidas as iniciativas que visam reduzir as lacunas existentes entre a situação atual de determinada organização e a situação futura que seus dirigentes almejam. É nela que encontramos as pessoas com real poder de decisão sobre nossas vendas. Pessoas com a autoridade e a influência necessárias para dizer sim a nossas ofertas.

> **Já que a decisão de compra é sempre feita por meio da diferenciação, quando o produto ou serviço não traz diferenciais relevantes perante a concorrência, o vendedor e sua forma de vender se tornam o diferencial final desse processo.**

Para termos maior eficiência em vendas, precisamos saber que, em toda oportunidade de vendas, teremos a presença de um influenciador, que, com o papel de obter resultados por meio do uso eficiente dos recursos da empresa, dará a aprovação final para a compra. Com cautela e ponderação, seu foco é o retorno sobre os investimentos que serão realizados para reduzir a lacuna identificada, a fim de que a empresa alcance seus resultados e objetivos. Podemos falar que essa pessoa tem o papel de influenciador econômico dessa oportunidade.

Como membro da sala C, nos assuntos pertinentes a sua área de autoridade ou influência, o influenciador econômico pode dizer sim quando todos dizem não ou dizer não quando todos dizem sim. Isto é, ele tem poder de veto e de aprovação sobre nossa venda. Além disso, detém o poder de uso "discricionário" sobre o orçamento, podendo utilizá-lo ou realocá-lo de acordo com suas prioridades e seus desejos, sempre pensando no resultado final e nos impactos organizacionais do projeto em questão.

Conforme mostra a figura 2.1, após a conscientização da existência de uma necessidade específica para que a organização desenvolva sua estratégia de negócios, esse assunto irá descer para níveis mais abaixo da estrutura organizacional, em que serão envolvidas outras pessoas, com a missão de fazer as revisões técnicas, legais e administrativas, a fim de determinar os requisitos necessários para lidar com a situação em questão, avaliar as opções disponíveis e, por fim, encaminhar as soluções selecionadas novamente para a sala C.

FIGURA 2.1

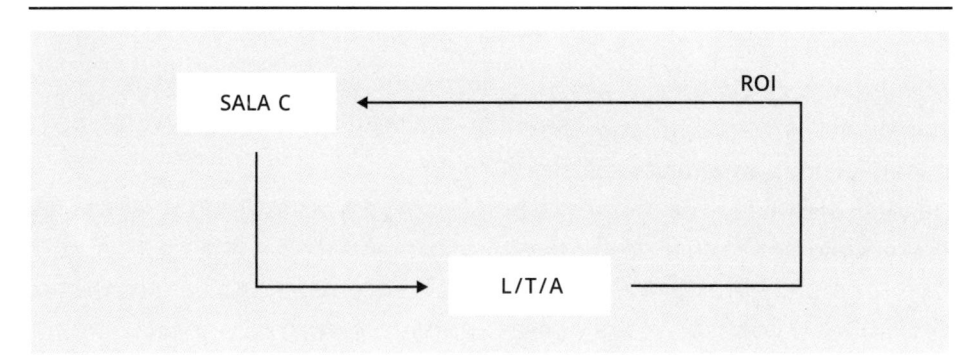

```
SALA C  ◄──────────────────  ROI
  │                           ▲
  │                           │
  └──────────►  L/T/A  ───────┘
```

O ciclo organizacional de decisões estratégicas

Quando acontecem as revisões legais, técnicas e administrativas, entra em cena outro tipo de influenciador do processo de decisão: o influenciador técnico. Ele tem a missão de analisar se as soluções disponíveis no mercado atendem a determinados padrões e especificações em suas respectivas áreas de atuação. Geralmente, em uma única oportunidade de vendas, são envolvidos vários influenciadores técnicos, como especialistas, engenheiros e advogados.

É interessante notar que, muitas vezes, esse tipo de influenciador é confundido com o influenciador econômico, que é quem realmente toma a decisão. Isso ocorre por erro de percepção do vendedor, ou mesmo por jogo de cena do próprio influenciador técnico, que age como "porteiro" e finge ser o real decisor do processo de venda. Contudo, embora ele tenha poder de dizer não para sua oferta – geralmente com a justificativa de que o produto, o serviço ou a solução não atendem a um critério ou a um padrão específico –, é importante ter muito claro que esse tipo de influenciador não pode dar a aprovação final para a compra.

Um dos casos clássicos de confusão de papéis é o vendedor enxergar profissionais da área de compras de uma empresa como influenciadores econômicos do processo de venda. É importante perceber que a área de compras exerce apenas uma influência técnica no processo de decisão, ou seja, quando uma proposta está sendo discutida em termos de preço, prazo e demais condições comerciais, o que está em jogo é o fato de a proposta atender ou não a determinados critérios definidos para essa aquisição. Embora (como os demais influenciadores técnicos) eles possam dizer não, eles não podem dizer sim para sua venda. Esse sim é dado muitas vezes antes mesmo de sua reunião com esse comprador, e não por ele, mas pelo real influenciador econômico do processo.

Depois de selecionada a solução, provavelmente ainda haverá atividades burocráticas que visam equacionar questões contratuais ou administrativas para finalizar o processo de aquisição e serem iniciadas a implementação do projeto e a mensuração dos resultados obtidos. E é no momento da implementação que entra em cena um terceiro influenciador de suas vendas: os influenciadores usuários de seus produtos e serviços.

Toda pessoa que usa ou supervisiona o uso de seus produtos ou serviços dentro de uma empresa pode exercer esse tipo de papel, dependendo do nível de autoridade e influência. Note que esse tipo de influenciador entra em ação após sua venda ser feita, sem praticamente nenhum poder de veto ou aprovação anterior sobre ela. Entretanto, como esse influenciador avalia os impactos de sua oferta no desempenho de suas tarefas no dia a dia, ele pode afetar suas próximas vendas. Dessa forma, mesmo que você consiga vender sem considerar esse influenciador, não atentar para ele durante o processo de decisão de compra pode abrir sua guarda para potenciais sabotagens.

Outro ponto que precisa ser corretamente entendido por vendedores que trabalham com vendas corporativas é que usuários com conhecimentos sobre uma questão específica, chamados para opinar durante a etapa de avaliação legal, técnica e administrativa de determinado projeto de aquisição, devem ser vistos como influenciadores técnicos do processo, pois, além de olharem os impactos da oferta sobre o desempenho de suas tarefas, analisam a aderência da solução às especificações desejadas. Assim, uma mesma pessoa pode exercer mais de um papel em um processo de compra. Similarmente, um influenciador econômico que também usará seu produto ou serviço no dia a dia analisará não só o retorno do projeto, mas também, sob uma ótica pessoal, como será a utilização de sua oferta.

Infelizmente, na maior parte das vezes, o vendedor não é proativo, falhando por não acessar a sala C no momento em que ocorre a conscientização de uma necessidade específica para que a empresa execute sua estratégia. Perde-se, por isso, a grande oportunidade de participar do ciclo de compra desde o início. Para piorar as coisas, o vendedor também não se envolve com a questão de retorno sobre os investimentos (ROI) ou o acompanhamento do sucesso do projeto após a venda. Na verdade, o que mais se vê por aí são vendedores reativos, que participam do ciclo de compra apenas quando são chamados durante as etapas de avaliações legais, técnicas e administrativas (L/T/A) de um projeto já iniciado. Essas falhas resultam em uma falta de diferenciação perante os concorrentes e no desalinhamento com o ciclo de compra do cliente.

Ao constatar a existência de diferentes papéis de compra durante o processo de aquisição em uma organização, o profissional de vendas passa a entender que suas ofertas devem ser posicionadas de maneira diferente para cada um deles. Um produto ou serviço, quando tratado com o influenciador econômico, deve ser posicionado em relação a sua capacidade de trazer retorno sobre os investimentos a serem realizados. Quando trabalhado junto aos influenciadores técnicos, deve-se pensar na maneira de demonstrar que esse produto ou serviço atende aos critérios que estão sendo avaliados – ou, melhor ainda, em como definir as capacidades dessa oferta como os critérios que serão usados para as comparações com os demais concorrentes. Já com os influenciadores usuários deve-se salientar de que modo esse produto, esse serviço ou essa solução tornarão o cotidiano mais prático e eficaz.

EVOLUÇÃO MENTAL DAS NECESSIDADES

Poucos prestam atenção a um fato extremamente relevante para quem deseja vender de forma eficaz: as necessidades não estão sempre no mesmo estágio de elaboração na mente das pessoas. Para cada influenciador do processo de decisão, uma necessidade pode simplesmente não existir, estar latente, estar ativada ou já pode haver uma imagem de solução para determinada necessidade.

AUSÊNCIA DE NECESSIDADES

O ser humano vive em busca de um estado de equilíbrio, ou melhor, não ter lacunas entre a situação atual vivenciada e uma situação almejada. Quando estamos em equilíbrio, não temos necessidades ativadas em nossa mente. Simplesmente não pensamos sobre determinado assunto, um problema, um desejo ou uma oportunidade.

Porém, como somos interdependentes de outros seres humanos e de inúmeras outras variáveis externas (o ambiente no qual vivemos, nossa sociedade e tantos outros fatores), esse estado de equilíbrio, ou de ausência de necessidades, não é permanente. A todo momento, fatores externos interagem conosco, provocando desequilíbrios que criam novas necessidades.

Suponha que você more em um bairro tranquilo e seguro e que nunca tenha julgado necessário adotar qualquer medida para garantir a segurança de sua casa. Em determinado momento, contudo, chega a seus ouvidos a informação de que duas casas em seu quarteirão foram assaltadas na última semana. Quais pensamentos surgem nesse momento em sua cabeça? É muito provável que, mesmo que por alguns instantes, essa informação nova tire você do equilíbrio e o faça pensar em uma maneira de aumentar a segurança de sua família e de seus bens.

De forma similar, o presidente de uma organização que esteja extremamente satisfeito com o relatório sobre os resultados do trimestre, ao se deparar com um artigo no jornal sobre fraudes orçamentárias e governança corporativa, pode ficar desconfortável no que se refere aos procedimentos e controles usados em sua empresa e à veracidade dos resultados contidos nos relatórios. Ao ser estimulado por um fator externo, ativou em sua mente uma necessidade específica.

NECESSIDADES LATENTES

O ser humano é insaciável. A menos que você seja um monge ou um ermitão, como ser humano terá necessidades e desejos ilimitados. O problema é que nossa capacidade de processamento simultâneo de informações, esta sim, é limitada. Ou seja, em determinado momento, não são todas as necessidades que estão ativadas em nossa mente.

Vamos fazer um teste: de bate e pronto, de quantas marcas de sabão em pó você se recorda neste momento? Provavelmente, você se lembrou de cinco a nove marcas. Repita o teste se quiser: de quantas marcas de salsicha você consegue se lembrar? Se não tiver feito um esforço mental mais intenso, provavelmente chegará a um número entre cinco e nove marcas, isto é, em um intervalo de sete mais ou menos dois (ou, de forma simplificada, 7±2).

Quer fazer outro teste? Elabore uma lista de quinze a vinte produtos que encontramos geralmente em um supermercado: creme dental, pilhas, cerveja, leite, azeite, etc. Chame alguém que estiver perto de você. Peça-lhe que vá ao supermercado e dite os produtos de sua lista. Não entregue a lista, apenas diga os itens em voz alta. Imediatamente após terminar de dizer a lista, peça para a pessoa repetir os produtos. Dos quinze ou vinte que você disse, de quantos produtos acha que a pessoa vai se lembrar?

O limite de 7±2 para as capacidades sensoriais do ser humano implica que, mesmo tendo uma quantidade ilimitada de necessidades, não serão todas que estarão ativas em nossa mente ao mesmo tempo. Assim, muitas pessoas estão em equilíbrio não pelo fato de não terem atentado para uma condição mais aprimorada de existência, mas porque as soluções para as necessidades anteriormente ativadas e analisadas foram julgadas de difícil implementação, de alto risco, muito caras ou com baixo retorno sobre os investimentos. Quando isso acontece, as necessidades são sublimadas, ou melhor, ficam latentes no subconsciente das pessoas.

Uma necessidade latente, tecnicamente falando, não é a mesma coisa que a ausência de uma necessidade. Uma pessoa em equilíbrio desconhece a existência de uma necessidade, mas, no caso de uma necessidade latente, ela sabe que a tem, apenas não se incomoda constantemente com isso. Contudo, para os fins da venda, podemos dizer que o resultado é o mesmo, ou seja, a pessoa não se preocupa em procurar informações para entender mais a respeito de sua necessidade nem das potenciais soluções para ela. Uma pessoa com uma necessidade latente, da mesma forma que uma pessoa com ausência de necessidades, está em equilíbrio. E isso se manterá até que algum fator externo rompa esse equilíbrio e traga à tona essa necessidade.

A compreensão do estado de equilíbrio e das necessidades latentes abre uma nova perspectiva para o profissional de vendas, pois demonstra que o território potencial para a prospecção de novas oportunidades é conceitualmente muito amplo. Quando o profissional de vendas percebe que prospectar significa encontrar pessoas que não estão procurando seus produtos ou serviços (ou sentindo necessidade deles) e que ele deve ser o fator externo que ativa as necessidades em seus clientes potenciais, ganha uma vantagem competitiva muito forte: a de ser o primeiro a sugerir o que pode ser feito para equacionar essa necessidade recém-ativada e, com isso, começar a definir as regras pelas quais os seus concorrentes serão comparados.

NECESSIDADES ATIVAS

O principal indício de que uma necessidade está ativa na mente de uma pessoa é a busca por informações. Quando um problema ou uma oportunidade são ativados em nosso consciente, iniciamos um processo de cognição e entendimento sobre as causas ou os motivos dessa necessidade para podermos, em seguida, procurar potenciais soluções.

Como um profissional de vendas, você precisa ter bem claro em sua mente que, pela quantidade de concorrentes existentes no mercado, em uma venda complexa e altamente competitiva como é a venda corporativa, é praticamente impossível que você seja a primeira pessoa a ser consultada quando uma necessidade se torna ativa na mente de um influenciador do processo de compra. Com a existência de tantos concorrentes, esperar por isso é jogar com a sorte. E sorte, infelizmente, não deve fazer parte do arsenal de técnicas e ferramentas de um profissional com excelência em vendas.

Por isso, o vendedor deve ser proativo e procurar sempre ser o primeiro a ativar uma necessidade na mente de seus clientes. Somente a partir do momento em que uma necessidade está ativa em um cliente potencial é que o vendedor pode fazer sugestões em relação às maneiras como seus produtos ou serviços podem beneficiar essa pessoa. Antes disso, não haverá atenção e interesse suficientes para que ela receba informação de um produto, um serviço ou uma solução. E essa é uma das grandes falhas existentes em vendas. Quem já não recebeu uma visita ou um telefonema inoportuno de alguém querendo vender algo pelo qual não há o menor interesse?

Contudo, como não conseguimos ler a mente das pessoas, para que consigamos ter algum indício de que uma necessidade está ativada é preciso que ela seja verbalizada. Somente após o cliente declarar que tem uma necessidade é que podemos passar a fazer sugestões de como ela pode ser equacionada e, assim, começar a construir uma imagem de solução dessa necessidade ativada. Consegue-se a verbalização de uma necessidade por meio de um bom posicionamento, técnicas de questionamento e a utilização de clientes referência, como será visto no capítulo 4, quando tratarmos da preparação de contatos e visitas de vendas.

IMAGEM DE SOLUÇÃO

O ser humano sempre raciocinou por meio de imagens. Nosso cérebro está acostumado a processá-las. Se for dita agora a palavra "elefante", das duas, uma: você visualizará ou as letras dessa palavra ou o robusto paquiderme em sua mente. O fato de o ser humano raciocinar por meio de imagens mentais tem uma implicação fundamental em vendas: para que uma pessoa deseje seu produto ou serviço, ela deve primeiro visualizar como seria se já o possuísse.

Mas do que é composta uma imagem mental? Ela possui três componentes básicos: *quem*, *o que* e *quando*. Dessa forma, quando o seu cérebro constrói uma imagem, alguém ou algo (quem) está fazendo alguma coisa (o que) em determinado momento (quando). Por exemplo, digamos que o dono de uma clínica médica esteja preocupado – isto é, fora do estado de equilíbrio – com o fato de estar perdendo pacientes por causa da demora e da qualidade nos atendimentos. Diversos produtos ou serviços podem sanar essa situação: equipamentos clínicos digitais que permitam maior velocidade e exatidão nos exames, treinamentos que reciclem e capacitem de maneira mais adequada os especialistas, médicos e atendentes da clínica, uma reorganização logística no processo de atendimento ou mesmo um *software* aplicativo, entre outras tantas soluções.

Independentemente do produto ou serviço que queremos vender para essa pessoa, ela primeiro precisa imaginar-se novamente em equilíbrio, visualizando os pacientes (quem) satisfeitos por estarem sendo bem atendidos (o que), no momento em que forem realizar seus exames (quando). Esse empresário (quem) precisa também visualizar suas receitas crescendo, em virtude do aumento da capacidade de atendimentos (o que) realizados em sua clínica (o quando aqui está implícito, ou seja, a todo momento). Quanto mais capacidades essa pessoa imaginar, mais consistente será sua imagem mental.

Para sermos mais eficientes em vendas, precisamos entender que produtos ou serviços são adquiridos por suas utilidades, ou melhor, pelas capacidades que entregam a seus compradores. As pessoas não compram nossas ideias, produtos ou serviços; compram as sensações que experimentam quando se imaginam de posse daquilo que temos a ofertar. A chave mental para despertar o desejo de compra em uma pessoa é fazê-la imaginar o que poderá ser feito com o que temos para lhe vender. E, quanto mais "capacidades", mais forte será a imagem e mais comprometida essa pessoa estará em participar do processo de avaliação de seu produto ou serviço.

Durante o processo de venda, você precisa ajudar seus clientes a reconhecerem seus problemas e suas oportunidades (isto é, ativar suas necessidades) e a visualizarem como seus produtos ou serviços podem ser postos em ação para que passem para um novo e melhor estado de equilíbrio. Quem construir primeiro uma imagem forte na mente de um cliente adquirirá uma sensacional vantagem competitiva: definirá os requisitos e regras pelos quais os outros concorrentes serão comparados ao longo de todo o ciclo da venda.

> Quem construir primeiro uma imagem forte na mente de um cliente adquirirá uma sensacional vantagem competitiva: definirá os requisitos e regras pelos quais os outros concorrentes serão comparados ao longo de todo o ciclo da venda.

INTERDEPENDÊNCIA ORGANIZACIONAL

Como em uma empresa existem uma estrutura hierárquica e uma interdependência funcional entre seus colaboradores, as necessidades também são interdependentes: a necessidade de uma pessoa gera necessidades em outras que estão a seu lado, no mesmo nível hierárquico e em níveis organizacionais mais acima. Por exemplo, um vendedor que não possua as corretas habilidades e os adequados comportamentos de vendas faz com que seu gerente não atinja suas metas de vendas. O fato de esse gerente não atingir seu resultado afeta o fluxo de caixa da empresa, gerando necessidades tanto para o diretor financeiro como para o presidente, que não conseguem alcançar a lucratividade esperada pelos acionistas.

A percepção dessa interdependência organizacional é fundamental para que o vendedor consiga acessar e abarcar corretamente todos os influenciadores de determinado processo de vendas, atingindo o nível certo de poder em uma oportunidade de vendas. Entretanto, pelo fato de cada cargo ter suas próprias atribuições e as pessoas que os ocupam terem, geralmente, uma visão restrita ao seu próprio mundo, mantendo-se isoladas em suas funções, muitas vezes as relações de causa e efeito não estão claras em suas mentes.

Por exemplo, o gerente de marketing de uma empresa pode não estar ciente de que as verbas para as suas campanhas e ações mercadológicas poderiam ser maiores caso os vendedores tivessem competências de vendas mais adequadas. De forma semelhante, o gerente de recursos humanos dessa mesma organização pode estar enfrentando dificuldades para dar aumento aos seus funcionários por causa de restrições orçamentárias. No passado, ele até percebeu que aperfeiçoar as competências em vendas de seus colaboradores poderia garantir o "colchão" financeiro necessário para implementar uma série de melhorias na área de recursos humanos, no entanto todas as soluções disponíveis que avaliou se mostraram ineficazes, de alto risco ou com custo inadequado. Como resultado, essa necessidade foi desativada, ficando latente em sua mente.

O CICLO DA VENDA

Quando falamos das atividades necessárias para um vendedor fechar uma venda complexa, podemos geralmente dividir tais atividades em três grandes fases: prospecção, qualificação e fechamento, como vemos na figura 2.2.

FIGURA 2.2

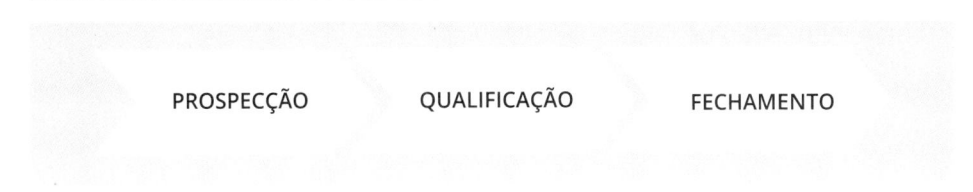

PROSPECÇÃO → QUALIFICAÇÃO → FECHAMENTO

As principais fases do ciclo da venda

Essas fases deveriam ser encaminhadas de forma sequencial, saudável e sem problemas pelo vendedor junto ao cliente potencial. Contudo, não é isso o que geralmente acontece. O que mais vemos por aí são oportunidades de vendas sendo conduzidas sem planejamento pelos vendedores, que, não tendo uma correta compreensão de como ocorre o processo de decisão na mente dos diversos influenciadores do ciclo da venda, acabam trabalhando em oportunidades mal qualificadas, entrando tarde demais no ciclo da compra, falando estritamente com influenciadores técnicos do processo (que muitas vezes somente estão interessados em receber informações e instrução gratuita de vendedores bem-intencionados, mas sem estratégia), dando descontos desnecessários e por aí afora.

A FASE DE PROSPECÇÃO

Estamos falando das atividades para identificar um influenciador de uma oportunidade nova de vendas, seja em um cliente atual, seja em um novo cliente.

Nessa etapa, os dados que temos em mãos apenas sugerem uma potencial adequação entre nossas ofertas e aquele cliente. Prospectar significa encontrar um influenciador do processo de decisão e identificar ou ativar uma necessidade que poderá ser equacionada por meio de nossos produtos ou serviços.

A FASE DE QUALIFICAÇÃO

Por meio de reuniões, ligações e entrevistas, o vendedor tenta entender corretamente as necessidades e as causas das necessidades daquele influenciador, bem como seus impactos em outras pessoas e áreas organizacionais. Além disso, sua missão é identificar os demais influenciadores do processo de decisão dessa oportunidade, bem como os processos legais, técnicos e administrativos que serão usados para avaliar se as capacidades de seus produtos, serviços, soluções – e até mesmo as de sua organização – terão condições de atender às necessidades em questão.

Nessa etapa, os dados de que o vendedor dispõe devem indicar a possibilidade de uma compra ser realizada. É o momento em que o vendedor deve procurar conhecer e entender os papéis, as necessidades específicas – bem como suas causas ou seus motivos – de todos que estão sendo impactados pela situação atual ou que serão envolvidos no processo. Os dados coletados com relação a essas pessoas devem confirmar a potencial adequação entre a situação levantada e as capacidades dos produtos ou serviços ofertados.

A FASE DE FECHAMENTO

Nesta etapa, as ações para que o cliente chegue à conclusão sobre a efetivação da compra devem estar claramente definidas. A melhor forma de fazer isso é, desde o início do ciclo da venda, definir um plano de ação em conjunto com o influenciador econômico da compra, para que tanto a organização vendedora como a compradora possam coordenar esforços e recursos para a conclusão positiva do processo.

O CICLO DA COMPRA

Entender as diversas fases pelas quais uma organização passa durante um processo complexo de aquisição pode fazer com que o vendedor reduza sua tensão e evite erros de desalinhamento, por saber onde exatamente se encontra no ciclo da venda e quais atividades proporcionarão maior probabilidade de sucesso nessa oportunidade de vendas. Também podemos dividir o ciclo da compra em três fases: conscientização das necessidades, avaliação das soluções e tomada de decisão, como mostra a figura 2.3.

FIGURA 2.3

| CONSCIENTIZAÇÃO DAS NECESSIDADES | AVALIAÇÃO DAS SOLUÇÕES | TOMADA DA DECISÃO |

As principais fases do ciclo da compra

A FASE DE CONSCIENTIZAÇÃO DAS NECESSIDADES

O ciclo de uma compra começa com a ativação de uma necessidade. A pessoa que estava em equilíbrio por não reconhecer uma necessidade específica, ou por esta se encontrar apenas latente em sua mente, por força de algum evento externo passa a ficar preocupada com determinada questão. Adicionalmente, no mesmo momento em que surge a preocupação em relação a uma necessidade específica, emerge outra preocupação: o custo de atender a essa necessidade.

Coloque-se na posição do cliente e lembre-se da última aquisição importante que fez. Ou melhor, vamos usar como exemplo uma transação de compra e venda que, embora não seja demasiadamente complexa, evidencia os mesmos raciocínios existentes em todo processo de compra, mesmo os mais complexos. Digamos que, por obra do destino, sua sogra venha a passar um longo período em sua casa. Ela adora ver novelas, e você, programas esportivos, mas na sua casa só há um aparelho de televisão. O que fazer?

Dentre as tantas soluções possíveis, digamos que você comece a pensar em comprar outra televisão. No momento em que surge a necessidade de adquirir outra TV, surge também a preocupação em relação a quanto isso vai lhe custar. Digamos que você tenha R$ 1 mil na poupança. Quanto estará disposto a gastar em uma televisão nova?

O orçamento mental para determinada solução não depende somente da liquidez monetária. Depende também da propensão ao endividamento, da capacidade e da disponibilidade de crédito e de estarmos olhando a solução de uma forma global, ou seja, se há a necessidade de outros produtos e serviços adicionais para colocar a solução em funcionamento. Uma pessoa que deseja uma TV e tem R$ 1 mil em mãos pode definir que irá gastar R$ 100, R$ 500, R$ 1 mil ou R$ 10 mil. Ela pode pensar apenas na TV, mas pode pensar também na assinatura da TV a cabo, nos custos de frete, na instalação, no aparelho de vídeo, etc. Pode pensar em pagar tudo à vista ou assumir uma dívida parcelada.

O importante é que, a partir do momento em que uma pessoa define um orçamento mental para uma necessidade específica, a preocupação em relação ao custo da solução cai drasticamente. Reflita um pouco sobre isso: quando definimos que vamos gastar R$ 3 mil em uma TV nova, por exemplo, não ficamos pensando a todo momento "Eu vou gastar R$ 3 mil, eu vou gastar R$ 3 mil, eu vou gastar R$ 3 mil". De fato, depois de definido um orçamento mental, nossa preocupação em relação à necessidade é que fica mais intensa. Em nosso exemplo, você provavelmente teria pensamentos como os descritos a seguir.

- Eu preciso realmente de uma TV adicional?
- De que tipo de TV eu preciso?
- Quais são os motivos para que eu deseje essa nova TV?
- Essa situação impacta outras pessoas além de mim?

A preocupação em relação à necessidade se intensifica até o momento em que for construída em nossa mente uma imagem de solução, visualizando o que precisa ser feito – por quem e em que momento – para sanar a situação vivenciada. Se isso acontecer, o ciclo da compra continuará; caso contrário, a necessidade em questão será sublimada e se tornará latente, pois as soluções visualizadas se mostraram muito complicadas, ou de alto risco, ou muito caras, interrompendo-se o ciclo da compra.

Após termos alcançado uma boa compreensão daquilo que nos está afetando, por meio de um processo de cognição de nossa necessidade, de suas causas e suas consequências, a preocupação em relação à necessidade em si diminuirá e nossa atenção se voltará, nesse instante, para uma nova questão: a existência de uma solução viável.

A FASE DE AVALIAÇÃO DAS SOLUÇÕES

A compra é emocional, mas precisa ser racionalizada em um segundo momento. O que ocorre na fase de conscientização das necessidades, quando o vendedor participa dela e consegue construir uma imagem de solução na mente de um comprador potencial, está relacionado tipicamente com a emoção. Entretanto, nessa segunda fase, o cliente será mais racional, acionando um processo mental denominado divergência, que implica buscar informações, compará-las e descartar as que não são adequadas à situação e às necessidades que estão sendo avaliadas. Nessa fase, em que a preocupação maior do cliente é a solução para seus problemas e oportunidades, o vendedor precisa ajudá-lo a se certificar de que a imagem criada em sua mente é realmente passível de implementação. Os melhores vendedores são aqueles que não usam seus produtos e serviços para vender, mas para provar que aquilo que eles vendem realmente existe, funciona e dá resultados.

Voltemos ao exemplo da sogra. Depois de você ter concluído que a melhor forma de lidar com a situação é realmente comprar uma TV nova, que custe em torno de R$ 3 mil, seu próximo passo será olhar os aparelhos disponíveis no mercado. Provavelmente você acessará a internet, perguntará a amigos e irá a diversas lojas em busca de modelos, preços e marcas. Você buscará informações sobre o que as televisões existentes no mercado oferecem, bem como as diferenças entre modelos e marcas.

Nessa fase, é importante saber que sua busca por soluções será norteada por seu orçamento mental, idealizado na fase anterior do ciclo da compra. Assim, uma pessoa que deseja comprar um carro no valor de R$ 30 mil provavelmente não entrará em uma loja da Mercedes, da Jaguar ou da Porsche.

Isso não quer dizer que não possa haver mudança em um orçamento anteriormente definido na mente de um cliente. Mas qualquer alteração no custo da solução deve ser naturalmente associada a uma mudança de escopo – ou conjunto de benefícios – que ele deseja obter. Nessa fase, pagar mais por uma solução significa um escopo maior, da mesma forma que pagar menos implica um escopo reduzido. O foco agora está voltado mais para o retorno do investimento que se espera dessa aquisição. Não se está raciocinando em termos de preço, e sim de custo. Embora esses dois termos possam parecer sinônimos em um primeiro momento, quando analisarmos a fase de tomada de decisão, mais adiante, veremos que significam coisas bem distintas em termos de preocupação para um cliente.

Após termos uma imagem de solução em nossa mente, nossa preocupação volta-se para a solução. Em nosso exemplo, quando iniciamos a procura por uma televisão mais adequada a nossas necessidades, algumas questões certamente ocuparão nossa mente.

- Existe realmente uma TV que seja adequada a minhas necessidades?
- Quais alternativas eu tenho?
- Essa TV se encaixa em meu orçamento?
- Eu consigo pagá-la?

Provavelmente, você entrará em mais de uma loja, desejará ver as TVs funcionando e escutará, com mais ou menos paciência, as respostas dos vendedores para as perguntas que você fará e, com toda a certeza, mais um monte de informação de que você não precisa ou mesmo não compreende. Ao final desse processo de divergência, você terá coletado uma série de informações, descartado parte delas e, finalmente, saberá de quem deseja comprar – como também de quem não deseja comprar. Você estará pronto para tomar uma decisão o mais racional possível e, portanto, prestes a entrar na última fase do ciclo da compra, na qual faltará apenas mais uma coisa a ser discutida: o preço.

A FASE DE TOMADA DA DECISÃO

Nessa etapa, nossa mente passará para um novo processo mental, denominado de convergência, pois chegaremos a uma conclusão sobre qual solução deve ser escolhida. Como clientes, ao finalizarmos a fase de avaliação das soluções disponíveis para um conjunto específico de necessidades, duas preocupações se intensificam em nossa mente: o risco da tomada de decisão e o fato de estarmos realmente pagando o melhor preço pela aquisição em questão.

Após decidir qual TV comprará, qual será seu comportamento natural? Muito provavelmente, você vai dizer ao vendedor como está caro aquele aparelho e pedir um desconto para fechar, não é mesmo? Pois é, apesar de o vendedor ter lhe dado toda a atenção do mundo e tê-lo tratado como membro da família real inglesa, você vai querer espremer ao máximo o preço. Mas por que fazemos isso? Será que, quando pedimos um desconto dizendo que o preço está alto demais, realmente estamos buscando um desconto?

É interessante analisar o comportamento de um cliente nessa fase. Note: dissemos anteriormente que a busca por soluções na segunda fase do ciclo da compra está lastreada em termos do orçamento mental definido no início do ciclo. Dessa forma, a menos que sejamos insanos, quando começamos uma barganha por preço, na realidade temos condições financeiras para fazer a compra levando em conta o preço informado. Mais ainda, quando um cliente pede um desconto e o vendedor concede, o que o cliente faz em seguida? Se você respondeu "Pede mais desconto", acertou.

Essa espiral mortal de pedir, conceder e pedir novamente, que solapa as margens e a paz de tantos profissionais de vendas, só termina quando o vendedor deixa absolutamente claro ao cliente que realmente não há mais concessões a fazer. E não adianta apenas dizer. O cliente precisa ver o vendedor praticamente de joelhos, pedindo desculpas por ter nascido. Mas por que o cliente só para de pedir descontos quando tem completa certeza de não haver mais descontos a extrair?

> **Quando o cliente pede um desconto, o que realmente está querendo obter é a certeza de que está fazendo um bom negócio. E, quando o vendedor concede um desconto, ele não está transmitindo essa sensação ao cliente.**

A resposta a essa questão é simples: quando o cliente pede um desconto, o que realmente está querendo obter é a certeza de que está fazendo um bom negócio. E, quando o vendedor concede um desconto, ele não está transmitindo essa sensação ao cliente. Essa certeza só surge quando o cliente não recebe o desconto solicitado, isto é, ela vem mais do não dado do que do sim.

Toda decisão traz seu risco, e o ato de comprar é uma decisão. A questão do risco de não obtermos aquilo pelo qual estamos pagando surge em qualquer compra, independentemente dos valores envolvidos. Por exemplo, quando colocamos uma moeda ou ficha em uma máquina de autoatendimento para comprar um salgadinho, um doce ou um refrigerante, no momento em que apertamos o botão para que o produto caia e possamos pegá-lo não ficamos com um estranho medo de o produto escolhido não cair? É porque nossa preocupação em relação ao risco da decisão se intensificou ao máximo – e estamos falando de uma decisão envolvendo uma ninharia.

Quando escolhemos o produto ou serviço que desejamos adquirir, nossa atenção se volta para o preço e o risco da decisão que estamos prestes a tomar. Em nosso exemplo, na tentativa de manter a relação com sua querida sogra o mais amena possível em sua aprazível e prolongada estada em seu lar, algumas perguntas poderão passar por sua cabeça.

- Eu realmente devo comprar essa TV?
- Se eu não comprar essa TV, o que acontecerá?
- E, se eu comprar, o que vai acontecer?
- Esse é o melhor preço que eu posso conseguir por ela?

Essa fase de decisão pode ser rápida ou demorar algum tempo, dependendo do estilo de cada pessoa e do grau de meticulosidade com que o processo de análise foi conduzido até esse ponto. Pensando no exemplo da TV, você pode até querer voltar para casa para pensar mais um pouco. Em aquisições mais complexas, essa fase pode demandar períodos de reuniões internas e introspecções que não serão compartilhadas com o vendedor. O silêncio e a ausência de contatos do cliente, naturais nessa fase, devem ser corretamente compreendidos pelo vendedor, até porque são causas de enormes desalinhamentos em inúmeros processos de vendas.

ALINHAMENTO ENTRE OS CICLOS DA VENDA E DA COMPRA

O desalinhamento entre vendedores e clientes durante os respectivos ciclos da venda e da compra explica vários erros que ocorrem ao longo do ciclo de vida de uma venda complexa. Para vender de forma mais eficaz, precisamos entender como as organizações compram e manter nossas atividades de vendas alinhadas com a variação das preocupações dos clientes, conforme vemos na figura 2.4.

FIGURA 2.4

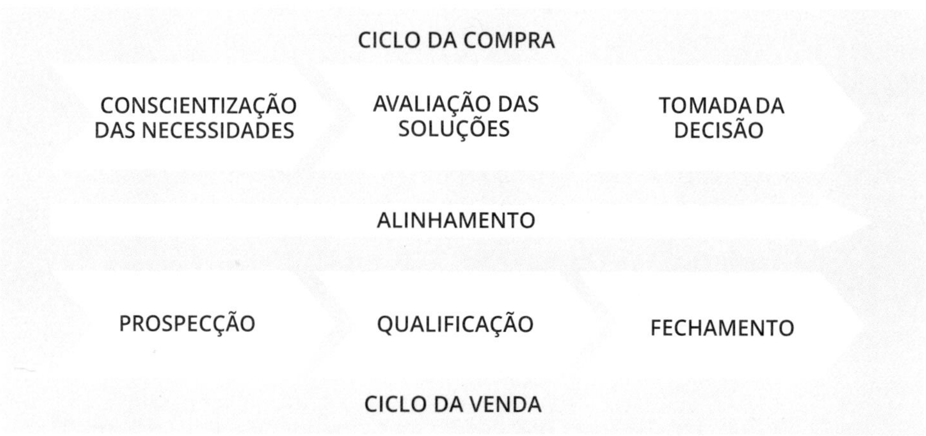

CICLO DA COMPRA		
CONSCIENTIZAÇÃO DAS NECESSIDADES	AVALIAÇÃO DAS SOLUÇÕES	TOMADA DA DECISÃO

ALINHAMENTO

PROSPECÇÃO	QUALIFICAÇÃO	FECHAMENTO
	CICLO DA VENDA	

Alinhamento entre o ciclo da venda e o ciclo da compra

ALINHAMENTO NA FASE DE CONSCIENTIZAÇÃO DAS NECESSIDADES

Quando um vendedor encontra um cliente que está disposto a compartilhar problemas ou oportunidades vivenciados por ele e sua organização, frequentemente tenta acelerar artificialmente o processo de compra, focando as características, as vantagens ou os pretensos benefícios de suas ofertas, em vez de construir uma imagem de solução da qual esse cliente participe e na qual possa visualizar-se e estar comprometido com o retorno ao equilíbrio. Essa postura equivocada do vendedor, que não examina com profundidade a situação de seu cliente, impede que este compreenda a possibilidade de ajuda oferecida. Isso explica por que muitas vezes o cliente responde a abordagens de vendas com respostas do tipo "Não estou interessado" ou "Não estou precisando".

O que acontece quando um vendedor chega tarde a uma oportunidade de vendas e não participa da fase de conscientização das necessidades de um cliente potencial? Ele perde a chance de ser aquele que tira a pessoa do equilíbrio ou recupera uma necessidade latente na mente dessa pessoa, ativando-a. Como o maior indício de que uma necessidade está ativa na mente é a busca por informações, em mercados altamente competitivos é pouco provável que esse vendedor seja o grande sortudo a ser procurado em primeiro lugar pelo cliente e tenha, assim, a oportunidade de construir primeiro a imagem de solução na cabeça dele.

Um vendedor reativo, que espera que os clientes liguem para comprar dele, trabalha na maior parte das vezes com pessoas que já têm imagens formadas e balizadas pelas capacidades de seus concorrentes. Quando um cliente entra em contato com um vendedor, perguntando se seu produto ou serviço "faz isso ou aquilo", é importante perceber que ele não mais está tratando da "problemática", ou melhor, a necessidade não está mais estruturada apenas no nível de uma necessidade ativa. Esse cliente já está operando em termos da "solucionática", isto é, questionando o que sua oferta faz, para indivíduos e para situações já analisadas (o que, quem e quando).

Por causa de sua reatividade, o vendedor passa então a lidar com oportunidades já trabalhadas pela concorrência, tendo que comparar seus produtos ou serviços, característica por característica, e competir por preço como última arma na busca por diferenciação. Chegar tarde, não se alinhando nem participando dessa fase inicial do ciclo da venda, acaba sendo uma armadilha na qual se corroem margens, comissões e o futuro das empresas e da carreira dos profissionais de vendas.

A falta de compreensão dessa fase inicial gera outro erro muito comum: a entrega prematura de propostas comerciais no ciclo da venda. Quando um vendedor encerra um primeiro contato com um cliente potencial, é comum ele escutar "Você poderia me enviar uma proposta?". Animado com a reação do cliente potencial e sem ter uma correta percepção do que essas palavras realmente significam, o vendedor acaba despendendo horas para desenvolver uma proposta sem ter o correto alinhamento ou uma melhor compreensão da situação daquela organização e dos influenciadores reais daquela oportunidade de vendas.

É importante entender que, quando o cliente solicita uma proposta nessa fase inicial do ciclo da venda, na verdade ele está tentando obter apenas a informação sobre o custo da solução, a fim de preencher seu orçamento mental, conforme comentamos anteriormente. Porém, caso o vendedor a entregue nessa fase, certamente não terá condições de elaborar uma proposta correta e eficiente, pois faltarão dados e informações que demonstrem o correto entendimento da situação e das necessidades de todas as pessoas envolvidas no processo e por ele impactadas. Para manter um alinhamento certo, o vendedor deve fazer seu cliente potencial compreender que apenas terá condição de elaborar uma proposta comercial adequada após entender e avaliar correta e tecnicamente a situação que está sendo discutida. Apenas a partir de um escopo bem definido, e depois de entender corretamente o processo de compra de cada organização, é que temos condições de elaborar uma proposta comercial realmente aderente à situação específica de cada cliente.

Muitos vendedores informam os custos de um projeto sem ter o escopo técnico da solução finalizado e confirmado pelo cliente, ficando assim "encaixotados" em orçamentos curtos, definidos por eles mesmos. Uma abordagem mais refinada e alinhada com a variação das preocupações dos clientes durante o ciclo da venda é usar, no início de uma primeira visita, uma história de sucesso de outro cliente como referência para esse que estamos prospectando. Quando um vendedor diz a um cliente potencial que ajudou outro cliente em uma situação semelhante e que esse cliente, com um investimento de "x" reais, obteve um retorno de "y" reais, o cliente potencial passa a perceber tanto o investimento típico feito em seus projetos como o retorno dele esperado. Usando essa abordagem, você estará projetando valor na cabeça do cliente desde o início do ciclo da venda, além de lidar com a preocupação daquele indivíduo com seu orçamento mental, sem o perigo de ficar preso a valores maldefinidos.

Como dito anteriormente, outro equívoco muito frequente em ciclos longos de vendas é o vendedor não se preocupar, desde o início, em entender e qualificar o processo de compra daquele cliente. Muitos vendedores vão verificar os processos internos de uma organização somente após ouvirem o "Está fechado!". Por essa falta de alinhamento, acabam prolongando desnecessariamente o ciclo da venda e passando datas e previsões erradas de fechamento para as próprias organizações, abalando a exatidão das projeções de vendas e sua credibilidade profissional.

Na fase de conscientização das necessidades do cliente, o vendedor, além de se preocupar em ganhar sua confiança para entender corretamente os motivos e impactos dessas necessidades e criar ou reconstruir uma imagem de compra baseada nas capacidades de seus produtos e serviços, deve qualificar o processo de compra daquela organização, entendendo corretamente as revisões legais, técnicas e administrativas pelas quais certamente irá passar na segunda fase do ciclo de venda.

ALINHAMENTO NA FASE DE AVALIAÇÃO DAS SOLUÇÕES

Nessa fase, o vendedor e sua organização devem buscar provar que seus produtos ou serviços realmente atendem à imagem de solução construída na mente do cliente potencial. É por isso que somente nela a organização fornecedora deve empregar seus recursos técnicos. Isso chama nossa atenção para um erro comum em diversas organizações: muitas vezes, profissionais como engenheiros, pré-vendas, técnicos e especialistas de produtos, processos ou setores de indústria são envolvidos cedo demais no ciclo da venda, ainda na fase de conscientização e entendimento das necessidades.

Se você trabalha com vendas corporativas, certamente já ouviu falar ou participou de situações em que profissionais técnicos acompanham vendedores em uma primeira visita de prospecção. Além de ser um desperdício de recursos organizacionais, essa prática pode atrapalhar a criação de uma imagem adequada em um influenciador do processo de decisão que não seja técnico, por envolver conversas demasiadamente "tecnicísticas", recheadas de informações sobre características e especificidades de um produto ou serviço. Adicionalmente, essa duplicação de esforços acaba drenando os recursos técnicos das empresas, que poderiam ser usados em oportunidades que já estivessem na fase de avaliação das soluções. Quem já não passou pelo desespero de não ter disponível a agenda de um técnico na hora em que mais precisava?

Ao pensarmos no alinhamento necessário entre vendedores e compradores durante o ciclo da venda, percebemos que recursos e ações técnicas devem ser sincronizados e aplicados preponderantemente nessa segunda fase do processo de venda. Nesse momento, entram ações que visam provar o conceito, ou melhor, a imagem criada na primeira fase do ciclo. Demonstrações, palestras técnicas, visitas a clientes e projetos pilotos são ações bem conhecidas das organizações que operam com vendas complexas. Infelizmente, por não terem uma correta compreensão do processo de vendas, muitas vezes elas aplicam essas ações na hora errada e sem o devido comprometimento dos reais decisores do cliente. As empresas e seus profissionais de vendas devem compreender que ações de prova de conceito têm a função de fortalecer a imagem criada, e não a de atrair a atenção e o interesse do cliente.

Nessa fase, o vendedor também tem como objetivo ajudar o cliente a justificar os custos de aquisição da solução. É literalmente impossível uma empresa fazer uma aquisição que envolva grande soma de dinheiro ou que gere alto impacto organizacional sem analisar cuidadosamente o retorno sobre os investimentos a serem realizados. Como foi comentado anteriormente, embora no início do ciclo a compra seja tipicamente emocional, deve ser racionalizada nessa segunda fase, mesmo porque é dever dos gestores da empresa-cliente proteger os recursos organizacionais. Esse entendimento nos ajuda a sanar outro erro comum de vendedores: tentar forçar um fechamento antes do tempo.

A ausência de uma carteira de oportunidades saudável leva, invariavelmente, a uma corrida de fim de mês, trimestre ou ano em busca dos fechamentos necessários para alcançar as metas. Contudo, quando um vendedor pressiona o cliente para uma tomada de decisão na hora errada, duas coisas geralmente acontecem: ou ele diz não, ou pede algo em troca. O efeito final é o mesmo: a empresa e seu vendedor perdem receitas e margens. Para evitar esse tipo de resultado, além de uma carteira mais equilibrada com um maior número de oportunidades bem qualificadas e "maduras", o vendedor precisa entender que a urgência do cliente dependerá de ele perceber que está perdendo dinheiro, ou deixando de ganhar, por ainda não ter adquirido o seu produto ou serviço. Ou seja, ajudar o cliente a identificar custos que podem ser cortados ou evitados e receitas que podem ser adicionadas caso ele adquira sua oferta e apoiá-lo na produção de uma análise do retorno sobre o investimento a ser feito, além de criar a racionalização necessária para a avaliação da solução, contribuirá para acelerar o ciclo da venda e antecipar os resultados.

Outro ponto que também precisa ser corretamente compreendido é que, por força da necessidade de racionalização da decisão, o cliente sempre chamará outras empresas para fazer uma comparação nessa fase do ciclo da compra. Isto é, em um processo complexo de vendas, há algo que não podemos mudar: sempre haverá concorrentes. Não adianta lamentar, toda venda tem concorrência e você nunca estará sozinho, pois o cliente sempre poderá comprar de outra empresa, decidir alocar o dinheiro em outro projeto, fazer o trabalho por conta própria ou simplesmente não fazer nada.

Mas, ainda que não possamos evitar a existência de alternativas à nossa solução, há algo que podemos fazer: definir a regra pela qual as soluções concorrentes serão comparadas. Veja que o cliente precisa racionalizar sua decisão e, para isso, deve comparar os requisitos daquilo que necessita com o que há disponível no mercado. Um instrumento comumente usado pelas empresas quando decidem realizar uma compra é fazer uma lista das características e funcionalidades desejadas, relacionar a importância ou o peso de cada item e comparar pelo menos três fornecedores. Se você opera com vendas complexas, já deve ter visto isso um sem-número de vezes.

Agora, de onde essa empresa-cliente tirou o conhecimento para montar sua lista de requisitos? Sejamos francos: como os produtos e serviços se atualizam cada vez mais rapidamente e têm um ciclo de vida muito curto, é comum que nem mesmo os próprios vendedores conheçam todas as minúcias de suas soluções. A explicação para isso é simples: quem chegar primeiro e, de forma competente, criar a imagem de solução na mente dos envolvidos no processo de decisão de compra criará as regras pelas quais seus concorrentes serão comparados no processo comercial.

ALINHAMENTO NA FASE DE TOMADA DA DECISÃO

Na fase de tomada da decisão, muitas vezes a organização-cliente corta sua comunicação com seu fornecedor potencial, o que pode desencadear grandes desalinhamentos do vendedor. É importante entender que, se você veio conduzindo o ciclo da venda com o correto alinhamento até esse momento, pode haver duas razões lógicas pelas quais o cliente interrompe a comunicação: ou ele está refletindo sobre o risco da decisão, ou ele quer testar sua ansiedade e iniciar manobras específicas para redução do preço. Muitos vendedores, no entanto, metem os pés pelas mãos e tentam provocar contatos com seus clientes nessa fase.

Imagine que você esteja refletindo sobre o risco da decisão de comprar de determinado fornecedor. Que sinal o vendedor lhe passaria ao tentar provocar um contato com você? A ansiedade e o temor do vendedor em perder a venda somente farão aumentar ainda mais a percepção do risco do cliente em comprar dele: "Por que ele está tão aflito? Será que eles não estão vendendo o suficiente?"; "Bem, se ele precisa tanto fechar essa venda, com certeza eu posso obter alguma vantagem adicional!"; "Com essa pressa toda, talvez não seja tão bom assim...".

> **É necessário perceber que, já que o controle é vital para a venda e não pode ser exercido sobre o cliente, devemos controlar o processo, e não as pessoas.**

Controle é um dos itens fundamentais para a realização de uma venda. Entretanto, as pessoas não gostam de se sentir controladas. Sentir pressão por parte de um vendedor é o caminho certo para o desalinhamento e a perda de margens. Todo profissional de vendas precisa entender que tentar fechar antes de ser "fechável" é um erro fatal. É necessário perceber que, já que o controle é vital para a venda e não pode ser exercido sobre o cliente, devemos controlar o processo, e não as pessoas. Ao compreender as fases do ciclo da compra e nos manter alinhados em cada uma delas, começamos a ver que o silêncio do cliente nessa fase é até um bom sinal, pois demonstra que a preocupação com relação ao risco da decisão aumentou e que estamos finalmente na fase de decisão do ciclo comercial.

Quando sincronizamos nossas ações com as preocupações mentais pertinentes a cada fase do processo de vendas e trabalhamos corretamente as percepções do valor de nossas ofertas, construindo, projetando e comprovando o valor nos momentos certos, temos melhor munição para resistir às pressões por preço e condições comerciais na fase final de nosso ciclo de venda. Nessa fase, combater as pressões do cliente tem muito mais a ver com nossa capacidade de postura do que com nossa capacidade de negociação. Postura, nesse caso, significa a capacidade de resistir aos ataques nos preços promovidos pelo cliente, que anseia ter a certeza de fazer um bom negócio. Isso significa que a capacidade de sustentar seu preço e aguentar tais pressões é fundamental em termos de competências para um bom fechamento.

Aprofundaremos mais essa questão nos capítulos 8 e 9, que tratam de negociação e fechamento, respectivamente. Mas cabe aqui um aviso: caso você esteja lendo este livro pela primeira vez, por favor, resista à tentação de ir direto para esses dois capítulos. Embora eles abordem temas importantes para todo profissional de vendas, uma primeira leitura sequencial dos capítulos anteriores será de extrema valia para a correta compreensão do que é exposto no 8 e no 9.

Neste momento, basta compreender que, para nos mantermos corretamente alinhados nessa fase do processo de vendas, precisamos nos questionar se é a hora certa para o fechamento. Por que ele está comprando agora? Por que nós? Seremos realmente nós que levaremos o negócio? Se houver ainda alguma razão para que essa pessoa não compre, serão altas as chances de estarmos negociando na hora errada e, portanto, fazendo alguma concessão cedo demais, de modo que, quando chegar o momento real de fechamento, poderemos ter de voltar ao tema concessão, só que em um patamar mais baixo de lucratividade. Se você der um desconto, digamos, de 10% no início de uma venda, seu cliente voltará a falar em descontos no final do ciclo, só que, dessa vez, partindo dos 90% restantes.

Outro questionamento importante para nos certificarmos se é realmente de nós que o cliente quer comprar é pensarmos quanto tempo demora o ciclo de venda típico de nossos produtos ou serviços. Se o ciclo típico de nossas vendas leva de três a seis meses, o que pode estar acontecendo quando um cliente nos liga na sexta-feira pedindo uma proposta para segunda, pois a decisão final será na terça? São altas as chances de que o fim de semana que passaremos trabalhando venha a ser útil apenas para que o cliente racionalize sua decisão, comprando de forma mais adequada do concorrente, por ter em mãos uma proposta competitiva. Pense nisso na próxima vez em que uma solicitação urgente como essa cair em suas mãos.

O melhor antídoto para enfrentar pressões por preço é saber o retorno sobre o investimento que nossas ofertas trarão para determinado cliente, como veremos mais adiante, no capítulo 6, que aborda esse tema. Quando temos em mente as consequências de o cliente comprar ou não comprar, a urgência da decisão se torna mais visível para ele. Infelizmente, na grande maioria das vezes, os vendedores só pensam nas consequências que sofrerão, e não nas do cliente, se a venda não for realizada. Uma excelente forma de se dar mal.

GRANDES NEGÓCIOS, CICLOS GRANDES?

Eduardo Luis Vieira é, além de matemático e administrador de empresas, um empresário da região de Campinas, estado de São Paulo, que atua há mais de quinze anos na área de automação industrial. Ele acumula uma vasta experiência em projetos que visam à melhoria da eficiência e da rastreabilidade de linhas de produção para empresas de diversos setores, tais como o químico, o de bens de consumo e o de nutrição animal, entre outros.

Ele nos conta que, ao procurar por respostas para o aumento da produtividade nas vendas de seu próprio negócio – que, coincidentemente, tem também como objetivo a melhoria da produtividade de seus clientes –, deparou-se com a edição original deste livro. O título lhe chamou a atenção, uma vez que a venda que sua empresa praticava era claramente complexa e do tipo *business-to-business*.

Após ler o livro, Eduardo começou a tratar as vendas como um processo e não mais como um evento, buscando aplicar muitos dos conceitos aqui abordados ao longo do ciclo de vida de diversos negócios conduzidos por sua empresa. Uma dessas oportunidades se deu com uma das principais empresas da indústria de bens de consumo que opera em nosso país e que também tem instalações em centenas de outros países. Somente no Brasil, o faturamento anual dessa organização ultrapassa a casa dos R$ 15 bilhões. Tratava-se, pois, de uma excelente oportunidade, tanto em termos de negócios como de projeção.

Ao iniciar as conversas com esse cliente potencial, Eduardo logo identificou problemas com as ferramentas usadas para análises do setor de qualidade daquela organização. Os relatórios não eram em tempo real, e isso prejudicava a detecção de desvios de processo.

A abordagem inicial foi feita com o coordenador de qualidade e o funcionário que estava à frente da linha de produção, que foram muito receptivos ao perceberem que estavam tratando de problemas vivenciados por eles no dia a dia. Segundo Eduardo, durante essa conversa inicial ele não citou nome de quaisquer produtos que comercializava tampouco antecipou qualquer tipo de solução que poderia ser aplicada na situação identificada. Estando convencido de que poderia ajudar realmente aquelas pessoas, ele pediu a seus interlocutores que tivesse acesso a quem ele identificou ser o decisor financeiro daquela oportunidade: o gerente de qualidade da empresa.

O caminho foi aberto. Nas novas rodadas de reuniões que aconteceram, Eduardo buscou incluir outras pessoas que influenciariam o processo de decisão. Nesses contatos, mais detalhes foram paulatinamente sendo coletados e informações mais detalhadas foram sendo trocadas, de ambos os lados. O empresário procurou manter sempre uma postura consultiva. Ele conta que teve que realizar apresentações para os envolvidos no processo de decisão e, com base nos conceitos obtidos com a leitura do livro, decidiu refazer do zero toda a apresentação que costumava utilizar em suas reuniões, resumindo-a em oito telas (ver o capítulo 7, que trata da elaboração de propostas eficazes).

Como resultado, o ciclo de vendas dessa oportunidade foi reduzido pela metade: o ciclo médio para um projeto desse porte costumava durar de três a quatro meses, e a venda em questão foi concretizada em menos de dois meses. O empresário comenta que, a partir desse fechamento, as vendas recorrentes para esse cliente aumentaram, e ele passou a utilizar a abordagem processual e metodológica na venda de seus projetos.

PERGUNTAS PARA REFLEXÃO E DISCUSSÃO

1. A venda relatada por esse empresário foi tipicamente *top-down* (de cima para baixo na hierarquia organizacional) ou *bottom-up* (de bai-

xo para cima)? Por quê? Algo poderia dar errado com a abordagem que foi utilizada? Liste e analise as vantagens e desvantagens desses dois tipos de abordagens.

2. Neste capítulo, o autor descreve o papel dos diversos influenciadores existentes em toda oportunidade de venda. Identifique, no caso apresentado, tais influenciadores, descrevendo seus respectivos papéis.

3. O empresário nos diz que o ciclo de vendas foi reduzido em 50% na oportunidade relatada. Em sua opinião, diante dos conceitos vistos na leitura deste capítulo, quais seriam as prováveis causas desse tipo de redução? Quais são os impactos de haver ciclos de vendas mais curtos para uma organização? E para sua equipe comercial?

CAPÍTULO 3

AS HABILIDADES ESSENCIAIS DE UM VENDEDOR PROFISSIONAL

Após entendermos a importância de encarar vendas como processo e compreendermos como as pessoas e as organizações se comportam durante o ciclo de uma venda complexa, vamos jogar uma luz diferente sobre o que geralmente se diz que um vendedor deve saber para vender corretamente, para que, então, nos próximos capítulos, possamos discutir os diversos processos que podem nos ser úteis no dia a dia das vendas.

Orientações como "conhecer o produto", "conhecer o negócio do cliente" e "ter boa comunicação" para "saber vender" são comumente dadas sem a análise necessária, e o vendedor fica sem entender o que elas significam e como ele pode passar a integrá-las de maneira prática a suas táticas de vendas.

Talvez um aparte seja importante neste momento: independentemente de quais sejam e do que sejam essas habilidades essenciais do ponto de vista da profissão de vendas, a habilidade realmente essencial para o progresso de um ser humano é a de aprender. Quem estiver disposto a aprender e deixar de lado velhos hábitos e práticas, certamente terá maior probabilidade de sucesso na vida, em qualquer profissão que exerça.

CONHECER SUAS OFERTAS

É muito comum dizer que uma das habilidades essenciais de um vendedor é conhecer a fundo o produto ou serviço que representa. Quando perguntamos para os clientes e participantes dos programas da SaleSolution, minha empresa, quais habilidades um vendedor deve ter para ser eficiente, invariavelmente, esse item aparece no topo da lista.

Entretanto, essa questão é mal interpretada na maioria das vezes, pois muitos pensam que conhecer um produto ou serviço é saber de cor e salteado suas características e pretensas vantagens, bem como potenciais benefícios. Quantas vezes as empresas olham para um funcionário que tem boa articulação e dizem "Esse sujeito fala bem, põe ele para vender...". Entregam-lhe documentos repletos de características e, depois de ele ter tudo bem decorado e na ponta da língua, jogam-no aos leões. Cheio de informação para dar, o suposto vendedor não vê a hora de dizer tudo o que sabe para seu cliente potencial. Relatar a incrível lista de todas as características de sua oferta parece constituir o ponto culminante da venda, quando, atônito diante da oitava maravilha do mundo que acabou de ser apresentada, o cliente não tem mais nada a fazer a não ser se render e assinar o pedido. Bem, infelizmente, você sabe que não é bem assim que acontece.

Na prática, quando um cliente escuta as características de um produto ou serviço, acaba pensando e racionalizando se precisa realmente daquilo. E, no processo de racionalização, muitas vezes conclui que o produto é muito complicado ou caro por conter mais coisas do que ele realmente precisa. A abordagem focada em características invariavelmente abre margem a objeções e dificulta a venda. Ou seja, não vende.

Imagine que você seja vendedor de uma impressora para computador, produto bastante comum atualmente. Digamos que ela possua um *software* de gerenciamento de impressão que permita ao usuário digitar uma senha na própria impressora para que a impressão seja liberada. Uma abordagem calcada em características provavelmente faria você dizer:

> — *Nossa impressora XPTO possui um controle de senhas para impressão!*

O que poderia fazer o cliente pensar "Mas para que eu quero isso?". Como foi dito, abordagens focadas em características fazem as pessoas levantarem objeções e ficarem na defensiva.

Quando uma abordagem de venda é focada em adjetivos, em características que descrevem a oferta, a venda se torna menos eficiente. Para melhorarmos nossa eficácia em vendas, é preciso compreender que conhecer bem um produto ou serviço é entender o que ele pode fazer pelo cliente, que está mais ligado a verbos do que a adjetivos. Trocar adjetivos por verbos significa que uma das habilidades essenciais de um vendedor é olhar as características de sua oferta e imaginar cenários de uso para ela: quem pode fazer o que com determinada característica, ou conjunto de características, de seu produto ou serviço? De fato, se pensarmos nos diversos cenários de utilização para um produto ou serviço, seremos capazes de construir perguntas, sugerindo seus potenciais usos.

> **Quando uma abordagem de venda é focada em adjetivos, em características que descrevem a oferta, a venda se torna menos eficiente.**

Por exemplo, ao olhar o controle de senha de sua impressora, você deve imaginar quem poderia usar essa característica e como essa pessoa poderia tirar proveito dela. Digamos que você esteja reunido com o principal sócio de um escritório de advocacia:

— *A questão da segurança de informações é importante para o senhor?*

— *Bem, as matérias-primas deste escritório são informação e sigilo!*

— *E, atualmente, como vocês fazem para garantir que algo sigiloso, sendo impresso, não seja lido por quem não deva ter acesso a essa informação?*

— *Os advogados seniores, que cuidam dos processos mais complicados, trabalham em salas individuais e possuem suas próprias impressoras.*

— *Quantos advogados desse nível o seu escritório possui?*

— *Em torno de vinte.*

— *Isso acaba gerando gastos adicionais?*

> — É lógico, pois preciso ter diversas impressoras, e o espaço do escritório acaba não sendo otimizado, pois preciso disponibilizar salas individuais para cada um trabalhar em paz.
>
> — O senhor tem ideia de quanto gasta a mais?
>
> — Não, pois nunca parei para fazer as contas. Mas sei que é alto.
>
> — Vem cá, deixe-me fazer uma sugestão: seria interessante se, ao lidar com impressões mais sigilosas, seus advogados pudessem enviá-las para um único local de impressão, sem o risco de pessoas não autorizadas terem acesso a elas, evitando-se assim um número exagerado de impressoras e uma má utilização do espaço no seu escritório?
>
> — Sim, como isso pode ser feito?

Note que, nesse diálogo fictício, em vez de simplesmente apresentar uma característica, você pensou em um cenário de uso para ela e utilizou-o de forma adequada para gerar atenção e interesse na "pessoa certa". Friso a questão da pessoa certa, pois, ao falar de redução de custos e melhoria da utilização do espaço com o principal sócio, isto é, o provável influenciador econômico dessa venda, você está preparando o terreno para falar em retorno sobre o investimento, o foco principal de quem ocupa esse papel. Se esse diálogo tivesse sido travado com um dos advogados que, com sua solução, poderia perder sua sala privativa e sua impressora particular, provavelmente esse cenário de uso só lhe traria problemas. Dessa forma, os cenários de uso devem estar relacionados ao papel de cada influenciador de nossas vendas.

Vale destacar que, pelo fato de declarações que descrevam alguma característica de um produto ou serviço serem bastante objetivas, vendedores e técnicos amam usá-las. Contudo, esse tipo de afirmação faz com que esses profissionais acabem falando apenas com os influenciadores técnicos ou os influenciadores usuários de suas ofertas, e estes, embora possam compreender melhor essas informações e esse tipo de abordagem, não possuem o poder econômico de decidir a venda.

Na verdade, quando usamos afirmações de características, as pessoas ficam na defensiva, pois elas não ativam necessidades latentes ou ausentes em suas mentes. Por outro lado, quando essas mesmas pessoas são induzidas a pensar em cenários de uso pertinentes a seus cargos e seus papéis de compra por meio de perguntas e sugestões, a construção de imagens de solução em suas mentes fica facilitada, pois podem imaginar como seria se já possuíssem os produtos ou serviços.

Como já foi dito, conhecer os produtos, serviços e soluções que vendemos significa entender o que podem fazer, quem poderia usá-los e quando isso poderia ser feito – fatores essenciais para a construção de uma imagem de compra na mente de um indivíduo e para vendermos melhor as nossas ofertas. Imagine a área de marketing de uma empresa que, em vez de gastar dinheiro com materiais, folhetos e *merchandisings* repletos de características, entregasse para sua equipe de vendas as perguntas que poderiam ser feitas para sugerir cenários de uso e construir imagens na mente de seus clientes. A meu ver, seria uma forma mais eficaz de utilizar os recursos da empresa.

Antes de sair para a próxima venda, reserve um tempo para pensar nas principais características de seu produto ou serviço. Em seguida, para cada característica, pergunte-se quem poderia ter interesse nela e como poderia ser usada. Finalmente, formule sugestões de uso, indicando o que pode ser feito, por quem e em quais momentos:

> *— Digamos que houvesse uma forma de cruzar os dados de compra de seus clientes, indicando quais produtos devem estar lado a lado nas prateleiras de seu supermercado, facilitando a compra casada. Isso seria útil para aumentar o faturamento de suas lojas?*
>
> *— Deixe-me fazer uma sugestão: ajudaria se seu departamento de pessoal conseguisse fechar a folha de pagamento de forma mais rápida e segura, passando as informações antecipadamente e já consolidadas para sua contabilidade? Haveria uma redução das multas e dos juros sobre os impostos e obrigações atrasados?*
>
> *— Seria interessante se, após uma radiografia ser tirada de um paciente, ela não precisasse ser levada ao médico pelo técnico, para que*

> *se pudesse fazer o laudo? Você acha que com isso poderia haver economia de tempo e redução na fila de atendimento?*
>
> *— Vem cá... E se houvesse uma forma de você obter maior retorno sobre suas aplicações financeiras? Isso seria interessante para você?*

Nada contra você conhecer a fundo todas as características das ofertas que representa. No entanto, usar essas informações para vender, em vez de usá-las para provar que o que você vende realmente existe, é um grande erro. Como dito anteriormente, nossos produtos e serviços – e suas características – devem ser usados somente na fase de avaliação da solução, e não na fase inicial do ciclo da venda, quando acontece a conscientização das necessidades.

Adicionalmente, com o aumento do portfólio de ofertas que um mesmo vendedor representa e com os ciclos de vida de produtos e serviços cada vez mais curtos em decorrência dos constantes avanços e atualizações tecnológicas, conhecer a fundo as características do que está sendo vendido ficou cada vez mais difícil. Por isso, o foco no uso dos produtos e serviços (e não em suas características) pode trazer as habilidades realmente essenciais em termos de conhecimento das ofertas, além de reduzir o custo de capacitação dos vendedores. Desse modo, quando um vendedor aprende a olhar uma oferta e pensar nos potenciais cenários para sua utilização, ele está adquirindo o verdadeiro conhecimento necessário para uma venda profissional.

CONHECER O NEGÓCIO DO CLIENTE

Outro item que surge no topo da lista das habilidades essenciais de um vendedor profissional é conhecer o negócio de seu cliente. Isso aparece e é falado a toda hora, mas, muitas vezes, falta a compreensão de um fato muito simples: quem deve dizer se você conhece o negócio do cliente é o próprio cliente. Mesmo porque, por mais informação que você possua, é o cliente que conhece o próprio negócio. Ou seja, por mais que você esteja inteirado do que acontece em uma empresa, ou mesmo em um setor de indústria, se o cliente não chegar à conclusão de que você conhece o negócio, de nada adiantará esse conhecimento. E o cliente não chega a essa conclusão pelas informações que você lhe fornece, mas pela pertinência das perguntas que você faz.

É sempre uma boa prática, por exemplo, fazer uma pesquisa antes de iniciar a preparação para uma prospecção de uma nova oportunidade ou de um novo cliente. Essa pesquisa tem por finalidade a obtenção de informações que indiquem potenciais necessidades, quem seria a melhor pessoa ou cargo para o contato ser iniciado e, principalmente, quais seriam as melhores perguntas a fazer diante de um provável influenciador do processo de venda. Mas essa preparação deve dar condições ao vendedor de fazer boas perguntas, e não de dizer o que sabe sobre a empresa.

Ao fazê-la, procure coletar o máximo de informações numéricas (cifras, valores e percentuais) sobre a empresa-alvo de sua prospecção. Essas informações podem ser encontradas na internet, no próprio *site* da empresa, em jornais, revistas especializadas ou por meio de terceiros que conheçam o cliente. Veja uma sugestão de roteiro para a sua pesquisa.

- **Estratégia.** Quais são os planos da empresa para crescer, atingir novos mercados, lançar produtos?
- **Lucratividade.** Como anda a lucratividade da empresa? Vem subindo ou caindo em relação a períodos anteriores, ao planejado ou em comparação com os concorrentes?
- **Receitas.** Como está o faturamento da empresa? As receitas vêm aumentando ou ela está perdendo receitas? Os planos e objetivos vêm sendo alcançados?
- **Custos.** Como estão os custos dessa empresa? Vêm caindo ou subindo? Como estão os principais gastos com infraestrutura, tecnologia e folha de pagamento, por exemplo?
- **Estruturas.** Qual o tamanho da empresa? Ela possui filiais, unidades de negócio, escritórios regionais, fábricas? Como é organiza-

da? Como é a estrutura organizacional? É centralizada, descentralizada?

- **Processos.** Como essa empresa é organizada? Como são seus processos internos: manufatura, logística, pesquisa e desenvolvimento, compras?

- **Pessoas.** Quantas pessoas trabalham nessa organização? Em quais departamentos? Qual é o perfil dessas pessoas? Como a empresa desenvolve seus recursos humanos? Existe rotatividade? Como é sua cultura organizacional?

- **Investimentos.** Essa empresa está fazendo, fez ou planeja fazer algum tipo de investimento ou desinvestimento? Em quais áreas?

- **Tecnologia.** Quais tecnologias essa empresa utiliza em fabricação, vendas, informática, comunicação, pesquisa e desenvolvimento de novos produtos? Quem são os fornecedores?

- **Gerenciamento.** Quais são o estilo e a cultura gerenciais dessa organização? São formais ou informais? Como é a hierarquia e quem são seus principais executivos?

- **Concorrentes.** Quem são os principais competidores dessa empresa? Como eles estão posicionados em termos de linha de produtos, preços, participação de mercado, distribuição e estratégia de marketing?

- **Outras.** Que outras informações você conseguiu obter em sua pesquisa que julga importante ter em mãos para o seu processo de prospecção?

Você provavelmente notou que esse tipo de pesquisa não é feito em dois minutos, mas também não deve levar um mês inteiro. O fato é que, sem dúvida, as horas ou os poucos dias que você investir nesse trabalho prévio lhe permitirão saber se essa empresa tem potenciais necessidades às quais seu produto ou serviço possa atender, qual é a melhor porta de entrada e, principalmente, quais perguntas devem ser feitas para identificar as informações necessárias, confirmar as obtidas e transmitir a um provável influenciador do processo de venda que você conhece o negócio dele.

Digamos que você esteja fazendo uma visita de vendas a um diretor de recursos humanos de uma empresa. Por maior que seja o conhecimento que você tenha sobre a empresa dele – seja por meio de sua própria vivência ou experiência na indústria, seja pela excelente pesquisa que tenha feito –, o que aconteceria se você, em vez de despejar seu amplo conhecimento, começasse a fazer perguntas sobre como está a satisfação dos funcionários, a rotatividade de pessoal, o nível de capacitação das pessoas? O que esse executivo de RH pensaria de você? Se você respondeu "Eu conheço o negócio dele", acertou. Mesmo que saiba que essa empresa está com uma rotatividade absurda de 30% da mão de obra, se você, em vez de comentar essa informação, perguntar como está a rotatividade de seus funcionários e, caso ele confirme que está alta, o que tem feito para resolver essa questão, suas perguntas demonstrarão que você navega com espontaneidade em situações que são vivenciadas por ele. Isto é, que você conhece o negócio dele.

> **Os melhores vendedores são aqueles que fazem perguntas mesmo quando já possuem as respostas para elas. Isso porque, ao agir assim, nunca estarão incorrendo no erro de prescrever antes de diagnosticar.**

Os melhores vendedores são aqueles que fazem perguntas mesmo quando já possuem as respostas para elas. Isso porque, ao agir assim, nunca estarão incorrendo no erro de prescrever antes de diagnosticar. Com uma boa entrevista preliminar, ou "anamnese", um médico consegue diagnosticar grande parte dos casos que chegam até ele, mesmo antes dos exames físicos e laboratoriais necessários para confirmar seu diagnóstico. Tal qual um bom médico, um vendedor deve aprender a fazer uma correta anamnese de seus clientes, a fim de entender corretamente suas necessidades.

Vale destacar que, pelo caráter individual das necessidades, é importante você perceber que as potenciais necessidades que um indivíduo pode ter, estejam elas ativadas ou não em sua mente, estão sempre atreladas às situações vivenciadas por ele, a seu cargo e à indústria da qual participa.

Por exemplo, pense em um cargo como o de um diretor financeiro de uma empresa de serviços. Imagine-o chegando de manhã no trabalho. A quem ele se reporta? Quem se reporta a ele? Quem são seus pares? Pelo que ele é cobrado? E ele cobra o que das outras pessoas? Quais são suas principais preocupações? Quais são as situações vivenciadas por ele no dia a dia? Agora, pense em uma pessoa completamente diferente, mas que ocupe também um cargo de executivo financeiro de uma empresa de serviços. Imagine novamente o dia a dia dessa pessoa e faça as mesmas perguntas.

Você concluirá que as pessoas têm preocupações inerentes a seus postos, os quais determinam as potenciais necessidades de quem os ocupa dentro das empresas. Entender essa relação, fazer perguntas pertinentes aos cargos e propor sugestões que relacionem seus produtos ou serviços aos potenciais cenários de uso para um cliente demonstrará que você possui fluência na situação vivenciada e conhece o negócio dele, mesmo não tendo em mãos todos os dados e os mínimos detalhes sobre sua empresa.

Por exemplo, quais são as potenciais necessidades do presidente de uma empresa? Provavelmente, ele está preocupado com questões como participação de mercado, lucratividade, metas e expectativas dos acionistas e investidores, receitas, preço das ações, dividendos, imagem da empresa no mercado e atuação dos concorrentes. E um diretor financeiro? É pertinente que ele se preocupe com o fluxo de caixa da empresa? Questões como exatidão de informações para tomada de decisão, baixa lucratividade, aumento nos custos operacionais e eficiência dos controles são potenciais necessidades que podem estar ativas ou serem ativadas em um executivo financeiro de uma empresa. Quando suas perguntas e seu diálogo são direcionados para essas questões, e não para seus produtos e serviços, você demonstra que conhece o negócio de seu cliente.

Imagine-se conversando com um diretor de marketing ou vendas de uma empresa e fazendo perguntas como:

— Seus clientes estão satisfeitos com o atendimento que recebem e com os produtos e serviços que adquirem de sua empresa?

— Como está a participação de mercado de sua empresa?

— Você poderia me falar um pouco mais sobre as estratégias que seus concorrentes vêm usando?

— E as projeções de vendas? Elas têm se confirmado? Como anda a exatidão delas? Os objetivos de vendas vêm sendo alcançados?

— Atualmente, está sendo fácil lançar e posicionar novos produtos em sua indústria?

Essas perguntas são exemplos de como você pode fomentar um diálogo contextualizado e pertinente ao cargo de uma pessoa. Quando começar a aplicar esse conceito em seu dia a dia, nos encontros com clientes potenciais, e internalizar o hábito de formular suas perguntas com base no cargo de cada um, você passará a demonstrar fluência nas diversas situações vivenciadas e terá muito mais facilidade para travar diálogos com pessoas com maior poder nas organizações. Você será visto como um profissional de vendas que conhece o negócio delas e para o qual sempre existirá espaço em suas agendas.

Por outro lado, quando nosso discurso não é pertinente ao cargo da pessoa com a qual estamos falando, com certeza nosso tempo se esgotará e seremos delegados para níveis inferiores da estrutura organizacional, quando não colocados para fora da empresa. Por exemplo, minha empresa oferece serviços de desenvolvimento de vendas. Se eu estiver em uma reunião com o presidente de uma empresa e falar em treinamento, o que acontecerá comigo? Provavelmente meu tempo se encerrará e serei enviado para falar com algum assistente da área de recursos humanos. Mas e se meu diálogo versar sobre temas como as receitas da empresa, a participação de mercado e a exatidão das previsões de resultado encaminhadas aos acionistas? Talvez nossa entrevista continue, pois estarei demonstrando que "conheço o negócio dele".

TER BOA COMUNICAÇÃO

Ter boa comunicação também aparece como um dos quesitos essenciais de um bom vendedor. E, novamente, é mal interpretado por muitos. Isso porque, quando se diz que um vendedor deve ter boa comunicação, muitas vezes esse pensamento está atrelado à percepção de que vendedor bom é aquele que fala bem. Parece estar incutido no imaginário das pessoas o vendedor *showman*, que sabe como ninguém subir ao palco e motivar a plateia a comprar seus produtos. Ou então aquele ser astuto que sabe convencer a todos com sua boa lábia. Ledo engano.

Walt Disney foi um dos maiores teóricos sobre vendas, pois criou dois grandes ícones: o Mickey Mouse e o Pato Donald. Você certamente se lembra das grandes orelhas do Mickey, não é mesmo? E a boca do Mickey, como ela é? Isso mesmo, bem pequenininha. Bem, e o Pato Donald? Como são as orelhas e a boca do Donald? Se você teve dificuldades para lembrar-se das orelhas dele, a razão é simples: o Pato Donald não tem orelhas. Mas, em compensação, ele tem um baita "bocão"... Você lembra que o Mickey Mouse invariavelmente se dava bem no final de suas histórias? E o que acontecia com o Pato Donald? Pois é, se você se comportar feito um Pato Donald em uma venda, vai terminar como ele.

O fato é que a maioria dos vendedores, tal como o Pato Donald, fala demais e na hora errada. É fácil comprovar que, em seus contatos e visitas de vendas, em geral o vendedor fala mais do que o cliente e, durante o tempo em que fica falando, discorre sobre seus produtos e serviços. Pode verificar: quase a metade do tempo de uma visita de vendas geralmente é utilizada pelo vendedor para falar das características de seus produtos ou serviços. E, como já dissemos anteriormente, falar de características abre margem à rejeição do cliente. Além disso, trata-se de uma utilização lastimável do tempo, já que, desse modo, como um vendedor vai compreender corretamente a situação de seus clientes e os potenciais problemas e oportunidades a ela inerentes?

Quando falamos em ter boa comunicação, estamos falando antes de mais nada em saber ouvir, ter grandes orelhas como o Mickey. Todavia, o fato é que, quando o ser humano se preocupa demais em falar, não se preocupa em ouvir. Ao pensar em nosso discurso, acabamos não ouvindo nossos clientes. Isso porque nosso cérebro trabalha em uma velocidade maior que a de nossa fala. Portanto, fica fácil nos desconcentrarmos e nos envolvermos em outros pensamentos, em vez de simplesmente ouvir de forma genuína quem está à nossa frente.

Saber ouvir é essencial para podermos demonstrar empatia, ou seja, a capacidade de nos colocar no lugar do outro. Entretanto, para ouvir bem, temos que controlar nossa ansiedade de falar e demonstrar nossos conhecimentos, prestando atenção para entender o que o cliente nos diz. Isso implica aceitar o outro, no lugar de argumentar ou antecipar respostas. Assim, é possível evitar um desastre frequente em reuniões de vendas: o vendedor interromper seus clientes enquanto estão falando.

Há um ponto simples para construir uma boa comunicação, que faz o vendedor falar menos e ouvir mais e que é invariavelmente esquecido: saber fazer boas perguntas – novamente elas! Essa é, realmente, a principal habilidade de comunicação do vendedor, pois, ao perguntar, evitamos falar o tempo todo e assim passamos a ouvir. Quando o vendedor começa a prestar atenção nas perguntas que fará em sua próxima reunião, preparando-se para o tipo e a sequência delas, além de seu contexto e sua pertinência ao cargo e ao negócio do cliente, terá adquirido, e demonstrará, sua verdadeira habilidade de comunicação, essencial à eficácia do vendedor profissional.

FAZER PERGUNTAS

Vimos que saber fazer perguntas acaba sendo um denominador comum em termos das habilidades essenciais para o vendedor, seja para evidenciar seu conhecimento sobre seus produtos e serviços, para demonstrar seu conhecimento sobre o negócio do cliente, seja para ter boa comunicação, conforme mostra a figura 3.1. Mais importante que estar preparado para falar e responder às perguntas do cliente, o vendedor profissional deve aprender a formular perguntas. Responder a perguntas é, de certa forma, fácil. Mas, quando o vendedor aprende a construir corretamente suas perguntas, aí sim encontra o correto caminho para seu progresso profissional.

FIGURA 3.1

```
        CONHECIMENTO
         SOBRE AS
          OFERTAS

          PERGUNTAS

   BOA              CONHECIMENTO
COMUNICAÇÃO        SOBRE O NEGÓCIO
                      DO CLIENTE
```

A relação entre as habilidades essenciais em vendas

Manter o foco de nossas perguntas e sua pertinência ao cargo e ao negócio de nossos interlocutores é essencial para ter boa capacidade de questionamento. Contudo, essa capacidade depende também de como você formula as perguntas e de como as indagações são encadeadas durante um encontro de vendas. Para isso, é importante que você tenha conhecimento sobre os diversos tipos de questões que podem ser formuladas e que se prepare previamente, antes dos contatos.

Vale ressaltar que, como vendedores, temos que estar muito atentos ao conforto da pessoa que está sendo entrevistada. Ser inquisitivo pode até ter sua utilidade para um policial, um investigador ou um advogado arguindo uma testemunha no tribunal, mas, certamente, não cabe no ferramental de um vendedor eficaz. E, nessa arena, acredito que um grande modelo a quem podemos recorrer para adquirir maior habilidade de questionamento seja o filósofo grego Sócrates (470-399 a.C.). Ele nasceu em Atenas e era filho de um escultor e de uma parteira. Da profissão de seu pai, dizem ter aprendido a dar forma a coisas sem formas, como é o caso de muitos problemas e questões que afligem a mente de nossos clientes potenciais. Da mãe, diz-se que aprendeu a trazer as pessoas à luz, uma questão essencial quando pensamos que a compra depende, na verdade, da conclusão que uma pessoa pode tirar sobre o que fazer para voltar ao equilíbrio.

Em seu método de questionamento, Sócrates sempre adotava uma postura de quem não sabia nada. Ele iniciava seus diálogos fazendo perguntas para chamar a atenção de interlocutores para seus interesses, problemas e questões. Dessa forma, obtinha informações e pontos de vista da pessoa arguida. Em seguida, por meio de um exame hábil, fazia as pessoas entenderem as diversas relações de causa e consequência contidas na situação analisada, ajudando-as a tomar consciência de seus próprios pensamentos e a chegar às corretas conclusões sobre os problemas em questão.

O resultado do método utilizado por Sócrates é que as pessoas tinham uma sensação de iluminação e de descoberta por terem conseguido dar à luz conclusões que estavam dentro delas, mas de que ainda não tinham a devida consciência. Essa é a sensação que um cliente potencial tem quando, por meio do questionamento do vendedor, consegue formar uma imagem de solução para um problema ou uma oportunidade que está vivenciando.

Também conhecida como maiêutica (sinônimo de obstetrícia), pelo fato de fazer nascer ideias, essa parte do método socrático é uma abordagem para geração e validação de ideias e conceitos baseada em perguntas simples, respostas e mais perguntas, articuladas em um contexto ou uma situação analisada. Para que um vendedor use a técnica socrática e consiga induzir ou estimular seus interlocutores a raciocinarem a fim de chegar às causas, consequências, conclusões e resoluções de seus problemas, ele necessita encadear três tipos básicos de perguntas: abertas, de exploração e de confirmação.

Também conhecida como maiêutica (sinônimo de obstetrícia), pelo fato de fazer nascer ideias, essa parte do método socrático é uma abordagem para geração e validação de ideias e conceitos baseada em perguntas simples, respostas e mais perguntas, articuladas em um contexto ou uma situação analisada.

Podemos dizer que Sócrates, literalmente, viveu e morreu pelas perguntas. Ele não deixou nenhuma obra escrita, pois não dava muito valor às palavras grafadas. Ele acreditava no diálogo como meio de atingir a verdade. Acusado de corromper os jovens, as leis e a religião, foi condenado a beber cicuta. Uma das acusações que levou Sócrates à execução foi a de "investigar debaixo do solo e pelos céus".

Atualmente, essa técnica simples é a base para qualquer processo de análise usado por psicólogos, psiquiatras, *coaches* e terapeutas, melhorando o entendimento da situação discutida, bem como a qualidade e a quantidade de informações obtidas. Quando estamos preocupados em nos manter alinhados com nossos clientes, o uso desses três tipos de perguntas, nessa sequência, pode nos ajudar de forma excepcional.

Adicionalmente às perguntas abertas, de exploração e de confirmação, outros quatro tipos de perguntas completam o arsenal que um vendedor profissional deve compreender e usar em seu dia a dia: perguntas situacionais, de sentimentos, de compromisso e de percepção. Vamos agora entender um pouco melhor o significado e o uso de cada um desses tipos de perguntas.

PERGUNTAS ABERTAS

As perguntas são abertas quando admitem qualquer tipo de resposta. Podem ser usadas para iniciar o entendimento dos motivos das necessidades de uma pessoa ou, tal qual um psicólogo, para fazer as pessoas, por si mesmas, começarem a entender e raciocinar sobre esses motivos. As perguntas abertas são úteis também para entendermos, e fazer com que o cliente entenda, os impactos de suas necessidades – e de seus motivos – em outras pessoas. Em uma venda corporativa, isso é essencial para que o vendedor identifique as outras áreas implicadas em uma situação e os influenciadores que deverão ser envolvidos no processo de decisão. Além disso, questões abertas são úteis para que o vendedor, após compreender as necessidades de seus clientes e seus impactos, comece a trabalhar os potenciais benefícios que seus produtos ou serviços podem trazer para eles e sua organização.

É importante notarmos que uma pergunta aberta, ao ser feita, passa o controle do diálogo para o interlocutor, pois ele pode responder como quiser. No entanto, também é muito importante entendermos que, quando uma pergunta aberta é respondida, seja da forma que for, o controle do diálogo retorna para as mãos de quem fez o questionamento.

Uma das principais qualidades de uma pergunta aberta é deixar o cliente confortável para se expressar. Como, no momento em que uma pergunta aberta é feita, o controle passa para as mãos do cliente, ele não se sente pressionado. Alguns exemplos de perguntas abertas:

— *Fale um pouco mais sobre esse nível elevado de multas trabalhistas que você acabou de citar.*

— *Além de você, quem mais sofre com essa questão de não atingir as metas de receitas? Como essas pessoas são afetadas?*

— *O que você está fazendo para lidar com o aumento da agressividade de seus concorrentes?*

Perceba que, independentemente da riqueza da resposta de nosso interlocutor, uma pergunta aberta abre caminho para que o assunto seja explorado com maior profundidade pelo vendedor. Entretanto, vale notar que, quando o controle é passado para o cliente, ele pode encaminhar a conversa para qualquer direção, desviando-se da situação que desejamos explorar. Quando isso ocorre, o vendedor pode utilizar-se de perguntas situacionais para recolocar o diálogo na rota desejada. As perguntas situacionais serão abordadas mais adiante neste capítulo.

PERGUNTAS DE EXPLORAÇÃO

Após um assunto começar a ser desenvolvido por meio de uma questão aberta respondida por seu interlocutor, você poderá utilizar-se de perguntas de exploração para obter mais informações e detalhes sobre o tópico em questão e, principalmente, para conduzir o cliente por um caminho que o faça entender as relações de causa e consequência de suas necessidades, seus impactos e potenciais benefícios dentro de cenários específicos de uso.

Perguntas com a função de exploração podem ser tanto abertas – admitir vários tipos de respostas – como fechadas, isto é, requerer respostas objetivas, como um simples sim e não, ou números, dados, cifras, percentuais, etc. É importante ter em mente que, no momento da exploração dos motivos, impactos e benefícios pertinentes a uma necessidade, o controle do diálogo está nas mãos de quem faz as perguntas, e estas, quando bem usadas, podem ajudar o vendedor e o cliente a compreenderem o que precisa ser feito, resolvido ou evitado.

Múltiplas perguntas de exploração, quando corretamente sequenciadas e direcionadas, permitem que o vendedor expanda o entendimento sobre a situação abordada para ambas as partes, além de permitir a coleta, o detalhamento e a quantificação de dados, eventos e informações. Tendo o controle da conversa, por meio dessas perguntas, o vendedor consegue delimitar a área do diálogo na qual deseja que o cliente se mantenha. Note que, em cada um dos exemplos a seguir, as perguntas não são feitas todas de uma única vez:

— *Hoje, quantos funcionários você possui nesse departamento? Qual o salário médio dessas pessoas? Durante o mês, em média, quantos funcionários faltam e com que frequência?*

— *Com quantos bancos sua empresa trabalha hoje? Qual é sua opinião sobre o atendimento dessas instituições? Qual o nível médio de recursos que você mantém com elas? Você acredita ter custos desnecessários por gerenciar o relacionamento com essas diversas instituições? Manter suas operações diversificadas para reduzir os riscos, como você havia comentado, pode estar impedindo-o de conseguir crédito com um custo menor ou retornos mais atrativos em suas aplicações?*

— *Essa demora no atendimento, gerada pelas falhas em seus equipamentos, provoca problemas para a imagem de sua empresa? O que seu diretor de marketing acha disso? E seu diretor financeiro? Ele sente algum impacto no fluxo de caixa ou perdas financeiras? Você tem alguma ideia de quanto?*

— *Se houvesse uma forma de fazer com que os vendedores dessem menos descontos para fechar seus negócios, você acredita que a lucratividade geral de sua operação melhoraria? Ajudaria se seus vendedores conseguissem acessar as pessoas de decisão de seus clientes potenciais de uma forma mais rápida e assertiva? Seria interessante se sua equipe comercial conseguisse balancear melhor suas atividades de vendas, para evitar os altos e baixos na geração de receitas? E se seus vendedores conseguissem se diferenciar de modo mais adequado perante seus clientes?*

Perguntas de exploração são úteis para obter novas informações ou esclarecer dúvidas. Contudo, o vendedor deve ficar atento para manter o necessário alinhamento, tomando cuidado com a quantidade de perguntas feitas em uma única sequência ou reunião, para que o cliente não se sinta acuado, com pouco controle da situação.

PERGUNTAS DE CONFIRMAÇÃO

Perguntas de confirmação podem ser usadas em vários momentos durante um diálogo com um cliente potencial: após você obter informações sobre os motivos de uma necessidade, após entender os impactos organizacionais dessa necessidade, após sugerir alguns cenários de uso para seus produtos ou serviços ou mesmo logo no início de uma reunião de vendas.

Uma pergunta de confirmação não serve somente para o vendedor confirmar as informações obtidas ou as ideias discutidas durante uma entrevista. Servem principalmente para demonstrar a seu interlocutor que você o está ouvindo, prestando atenção e mantendo-se alinhado com ele:

> *— Bem, o objetivo deste nosso encontro é continuarmos a ver como minha empresa pode ajudar a sua organização a ter um melhor processo de fabricação. Vocês ainda continuam interessados nisso?*
>
> *— Pelo que acabei de ouvir, o motivo pelo qual você está pagando tantas multas trabalhistas é a falta de integração entre seus sistemas internos de contabilidade e recursos humanos. É isso mesmo?*
>
> *— Deixe-me ver se entendi: quer dizer que o fato de sua equipe de vendas não atingir as metas também está preocupando seu diretor financeiro, pois o fluxo de caixa está sendo abalado, e também seu gerente de recursos humanos, por causa da alta rotatividade de vendedores? É isso?*

> *— Quer dizer que, se houvesse uma maneira de aperfeiçoar o atendimento de seus clientes, reduzindo o tempo de espera e o nível de erros, você conseguiria melhorar a imagem de sua organização e aumentar o nível de faturamento? É isso mesmo?*

Além de validar a exatidão das informações que você acabou de obter, uma pergunta de confirmação faz com que o comprador ouça, repense e reflita sobre o que acabou de dizer. Isso pode revelar discrepâncias, falta de entendimento, informações incompletas ou mesmo trazer informações adicionais que não foram ditas originalmente, abrindo espaço para que você melhore seu entendimento sobre a situação abordada.

Durante uma reunião ou em qualquer outro tipo de contato de vendas, usar perguntas de confirmação de tempos em tempos é um excelente meio para você continuar alinhado com seu interlocutor. Deve-se apenas tomar o cuidado de não usar esse tipo de pergunta toda vez que o cliente disser algo, pois, além de ficar muito estranho, vai parecer que você tem problemas de audição ou alguma doença mais grave.

Quando escutamos um não como resposta ao fazer uma pergunta de confirmação, uma boa maneira para voltarmos a ficar alinhados é usar perguntas de exploração para entender corretamente o ponto que está sendo abordado.

PERGUNTAS SITUACIONAIS

As perguntas situacionais podem ser usadas para direcionar o diálogo para uma situação específica vivenciada pelo cliente, para seu dia a dia e suas necessidades ou para qualquer ponto em que o vendedor acredita haver alguma aderência para seus produtos ou serviços. Podem ser usadas também quando a conversa do cliente desvia-se do objetivo do encontro ou da área que o vendedor está explorando. Alguns exemplos de perguntas situacionais são:

> *— E hoje, como os seus vendedores estão vendendo?*
>
> *— Como vocês fazem seu fechamento contábil?*

— Quando você precisa de serviços bancários, o que faz?

— Como seus pacientes são atendidos quando chegam a sua clínica?

Note que uma pergunta situacional também é aberta, porém direcionada para que o cliente pense ou explique uma situação específica.

PERGUNTAS DE SENTIMENTOS

Perguntas de sentimentos permitem ao vendedor compreender melhor emoções, sentimentos, valores, preocupações, interesses pessoais, pontos de vista e atitudes de seus interlocutores, promovendo a empatia entre as partes:

— Isto o estressa?

— Você se sente frustrado com toda essa situação?

— Alguma coisa está aborrecendo você?

— Como você se sente com todas essas perdas?

Perguntas que focam sentimentos de nossos interlocutores ajudam-nos a identificar as questões reais ou pessoais que estão por trás da situação vivenciada por eles.

PERGUNTAS DE COMPROMISSO

Como veremos mais detalhadamente no próximo capítulo, toda reunião de vendas deve terminar com algum tipo de compromisso por parte do cliente, para que consigamos levar o processo de vendas adiante. Perguntas de compromisso podem nos ajudar a obter tais acordos e comprometimentos, bem como indicar em que momento você realmente está no ciclo da venda:

— Você estaria disposto a considerar minha empresa como sua fornecedora?

> — Podemos agendar uma próxima reunião com sua diretoria?
>
> — Qual sua decisão em relação ao que falamos?
>
> — Vamos fechar?

Note que uma pergunta de compromisso visa obter ações específicas por parte do cliente e deve estar adequada tanto ao nível de poder de nosso interlocutor quanto ao estágio do ciclo da venda no qual nos encontramos. Pedir um fechamento com um influenciador usuário ou em uma fase de reconhecimento das necessidades ou de avaliação da solução é um erro grave ao qual um vendedor profissional não pode se dar ao luxo de incorrer.

Esse tipo de pergunta nos ajuda a determinar onde estamos dentro do processo de vendas, pois, quando notamos que o cliente hesita em aceitar um compromisso, mesmo que o que estejamos pedindo seja o mínimo aceitável para continuarmos investindo tempo e recursos no processo de vendas, devemos reavaliar a estratégia que está sendo usada, verificar se estamos falando com as pessoas certas ou, mesmo, considerar se essa é uma oportunidade de vendas real.

PERGUNTAS DE PERCEPÇÃO

Em geral, quando um cliente não compreende corretamente o que lhe foi exposto ou as informações necessárias para essa compreensão não foram transmitidas de forma clara, podem ocorrer diferenças entre a percepção do vendedor e a do cliente sobre um mesmo assunto. O que para o vendedor pode parecer óbvio e vantajoso, para o cliente pode parecer algo pouco atrativo ou mesmo um absurdo.

Percepções diferentes sobre seus produtos e serviços, ou mesmo sobre você ou sua empresa, bem como sobre as informações e os temas abordados em seus contatos com seus clientes, podem causar falta de comprometimento ou objeções. Barreiras psicológicas e culturais podem originar julgamentos tendenciosos. Estilos de comunicação diferentes, pontos de vista, *status* e mesmo etnocentrismos podem fazer as pessoas terem visões pessoais distintas sobre uma mesma situação.

Como uma venda visa tirar um cliente de um desequilíbrio, cobrindo a lacuna existente entre a situação na qual ele se encontra e a situação que idealiza, ou seja, proporcionar um ganho para ele, se as percepções são diferentes, o cliente pode estar enxergando, na verdade, perdas na contratação dos produtos ou serviços por meio de você ou de sua empresa.

Perguntas de percepção nos ajudam a entender os motivos de a venda estar parada, a revelar problemas ocultos e a descobrir o porquê da falta de comprometimento do influenciador da venda:

> — Parece-me que você está um pouco desconfortável... Está acontecendo alguma coisa?
>
> — Estou sentindo que você está meio confuso com o que falamos agora. Algo o incomoda?
>
> — Você não me parece muito seguro em tomar essa decisão... Há algum problema?
>
> — Você tem alguma dúvida quanto a isso? O que está lhe causando medo?

Perguntas de percepção são muito úteis para usar quando um cliente diz "não" diante de uma solicitação de compromisso. Em geral, uma negativa revela diferenças de percepção entre seu ponto de vista e o do cliente. Por meio desse tipo de pergunta, podemos revelar essas diferenças e, assim, iniciar o trabalho com quaisquer objeções que estejam no meio do caminho. Falaremos mais sobre como tratar objeções no próximo capítulo.

SABER VENDER

O que significa saber vender? É saber integrar comportamentos e habilidades específicas durante o processo de vendas, como mostra a figura 3.2. Comportamentos estão relacionados com a execução, com o ato de fazer, ao passo que habilidades têm a ver com a técnica, com o saber fazer. Quando vendedores são capazes de alinhar as habilidades e os comportamentos necessários, por meio de processos de venda eficientes, com seus clientes e com o nível necessário de conforto para a decisão de compra, estão construindo a credibilidade e a confiança necessárias para que aceitem sua ajuda.

FIGURA 3.2

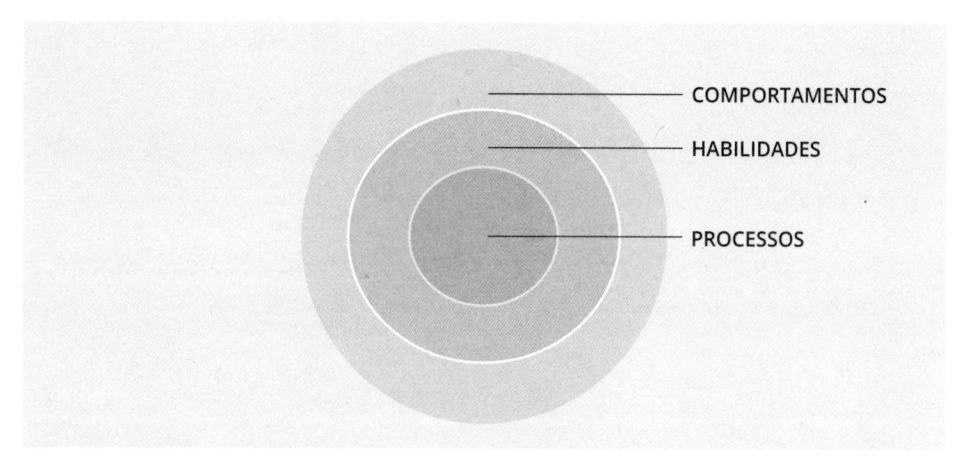

[Diagrama de círculos concêntricos: COMPORTAMENTOS (círculo externo), HABILIDADES (círculo intermediário), PROCESSOS (círculo interno)]

A relação entre comportamentos, habilidades e processos

Não controlamos e não podemos controlar nossos clientes. Apenas podemos influenciá-los enquanto nos preocupamos em fazer a coisa certa e na hora certa para ajudá-los a perceber os diferenciais que estamos oferecendo. Quanto mais os auxiliarmos a fazer as conexões corretas e compreender as relações existentes entre o que temos para lhes vender e o que podem precisar, mais fácil e eficiente será nossa venda. A decisão de compra é feita sempre por diferenciação, e, no mundo comoditizado no qual vivemos, se você não se diferenciar perante o cliente, ele buscará essa diferenciação por conta própria ou com a ajuda de seus concorrentes. Cabe a você fazer essa escolha e deixar de lado a diferenciação por preço. Processos podem ajudá-lo nessa jornada, como veremos nos próximos capítulos.

UM GRANDE FUTURO

Leandro Premoli é de São Paulo, capital. Atualmente ele trabalha em uma empresa de comunicação, relacionamento e produção de conteúdo que atua exclusivamente para clientes selecionados do mercado de saúde. A função de Leandro é gerenciar uma equipe de atendimento a grandes contas, entre elas, uma das maiores operadoras independentes de hospitais do Brasil, costurando acordos de patrocínio e ações cooperadas de marketing e negócios.

Ele ainda é um profissional jovem, com pouco mais de uma década de experiência. Eu o conheci em 2004, quando Leandro era estudante de direito e não imaginava que viria a cursar, depois, outra faculdade – desta vez de propaganda e marketing – e, logo em seguida, uma pós-graduação em gestão da comunicação e marketing digital. Naquele ano, ele participou de diversos programas meus, que foram contratados por uma empresa de mídia na qual ele acabara de ingressar.

Leandro conta que, naquela época, assim que saía de um daqueles treinamentos, começava a aplicar o que havia visto na carteira de clientes que tinha recebido: duzentos nomes de empresas, chamados por todos de "clientes da geladeira" – ou seja, os mais frios possíveis em termos de possibilidades concretas de negócios. Tirando leite de pedra e usando o que aprendeu, Leandro pôde trazer bons e surpreendentes negócios, que a própria diretoria da empresa não esperava.

Logo depois, Leandro trocou de empresa, mudando completamente tanto de ramo como de produto que vendia: ele foi convidado para trabalhar em uma empresa de terceirização de serviços e segurança privada. Segundo ele, na nova empresa, a área de vendas não tinha processo algum, fosse de prospecção, de controle e mapeamento dos decisores ou mesmo de controle do *pipeline* de vendas. Ali, ele viu uma oportunidade de crescer.

Aplicando os conceitos que aprendeu nos treinamentos, Leandro conta que em menos de dois anos assumiu a gerência comercial de uma nova filial da empresa, na cidade de Campinas. Uma das realizações mais marcantes dessa época foi ter conseguido trazer um dos grandes sonhos de seus novos empregadores: o primeiro shopping center como cliente. Leandro mapeou os decisores daquela organização, obtendo acesso e ficando próximo ao diretor geral do shopping e de outros fortes influenciadores, como o chefe de segurança e o gerente que cuidava do processo de análise de valores e custos (ver os capítulos 4 e 5 para mais informações).

A partir dessa venda, Leandro diz que conseguiu desbancar grandes concorrentes naquele setor, fazendo com que sua empresa colocasse definitivamente os pés no ramo de shoppings centers e na nova região de Campinas, além de ter aberto diversas outras oportunidades de negócios.

PERGUNTAS PARA REFLEXÃO E DISCUSSÃO

1. Alguns dizem que, quando uma pessoa não dá certo em uma profissão, sempre pode ainda ser vendedora. Você concorda com essa afirmação? Explique, pensando e relacionando suas conclusões também com as vendas do tipo B2B.

2. Em sua opinião, o que levou esse profissional de vendas, após ter se formado em direito, a buscar uma nova formação na área de publicidade e marketing e a ter sucesso em sua carreira de vendas? Relacione sua hipótese com o que viu no capítulo que acabou de ler.

3. Baseado no que foi apresentado neste capítulo, o que permitiu a esse profissional mudar completamente de ramo e continuar a obter sucesso?

CAPÍTULO 4

PREPARAÇÃO DE CONTATOS E VISITAS DE VENDAS

A falta de preparação e o costume de contar com a improvisação em contatos e reuniões de vendas abalam a eficiência de profissionais da área de vendas e suas organizações. Responda sinceramente a esta pergunta: quantas vezes você já se preparou para uma reunião importante dentro de seu carro ou em um táxi, a caminho do escritório de um cliente? Duas respostas são frequentes quando se pergunta para vendedores por que eles não se prepararam ou planejaram seus contatos. Primeiro, dizem que não têm tempo para se preparar. Segundo, eles respondem que não sabem "como" se preparar.

O que precisa ser entendido por todos é que a preparação não exige mais ou menos tempo do profissional de vendas, e sim uma alocação diferente de seu tempo, porque, em geral, o tempo que reservamos para nos preparar será economizado no momento da execução, e com dividendos. Reservar um tempo para se preparar para essa atividade fundamental acelera incrivelmente nossos ciclos comerciais, dando eficiência e eficácia a nossas vendas.

No entanto, ver um vendedor sentado e se preparando causa, para muitos gestores, certo desconforto, pois esse comportamento, muitas vezes, é associado à inatividade. "Esse cara fica aí, lendo jornal e acessando a internet, em vez de ir para a rua vender." Certa vez, um cliente meu, vice-presidente de vendas de uma multinacional de terceirização de desenvolvimento de sistemas, perguntou-me o que eu achava sobre sua ideia de acabar com as mesas e cadeiras do departamento de vendas, substituindo-as por uma mesa redonda e coletiva com um número de cadeiras menor do que o necessário para toda a equipe se sentar. Segundo ele, assim, os vendedores se tornariam mais produtivos, pois passariam mais tempo na rua vendendo, e não "enrolando" no escritório.

As tarefas essenciais que um vendedor deve executar durante uma visita ou um contato de vendas são compreender a situação e as necessidades dos influenciadores do processo de compra, bem como seus motivos e implicações, conectar as capacidades de seus produtos, serviços ou soluções a essas necessidades e obter um compromisso mensurável que mova sua venda em direção ao fechamento. Para isso, é necessário que ele compreenda corretamente o processo de decisão individual que ocorre em cada um de seus contatos com seus interlocutores.

Conforme discutimos no capítulo 2, o ciclo de uma compra complexa é dividido em três grandes fases: a conscientização das necessidades, a avaliação das soluções e a tomada de decisão. Pois bem, cada visita ou contato que o vendedor realiza – e que juntos compõem o ciclo da venda – também contém em si três etapas, em que ocorrem fases similares de conscientização, análise e decisão, pois é dessa maneira que nossa mente opera quando necessita equacionar uma situação.

O PROCESSO PESSOAL DE TOMADA DE DECISÃO

Todo contato ou visita de vendas implica uma decisão por parte do cliente. E, para que uma pessoa tome uma decisão, sua mente passa por um processo bastante específico, composto basicamente por três subprocessos: o processo de cognição, o de divergência e o de convergência. Vamos analisá-los nesta seção e, mais adiante, em detalhes.

Na verdade, a própria venda, como já dissemos, é uma grande decisão, dividida em várias decisões menores contidas em cada contato ou cada visita realizados entre um vendedor e um influenciador do processo da venda. Os processos de cognição, divergência e convergência, que ocorrem, respectivamente e de modo macro, durante as fases de conscientização das necessidades, avaliação das soluções e tomada de decisão, também acontecem de modo independente em cada reunião realizada, mesmo após a venda em si, como podemos ver na figura 4.1. A decisão que está em jogo em cada um desses contatos é se o cliente continuará ou não levando o processo de venda – ou mesmo o relacionamento como um todo – adiante e com você.

FIGURA 4.1

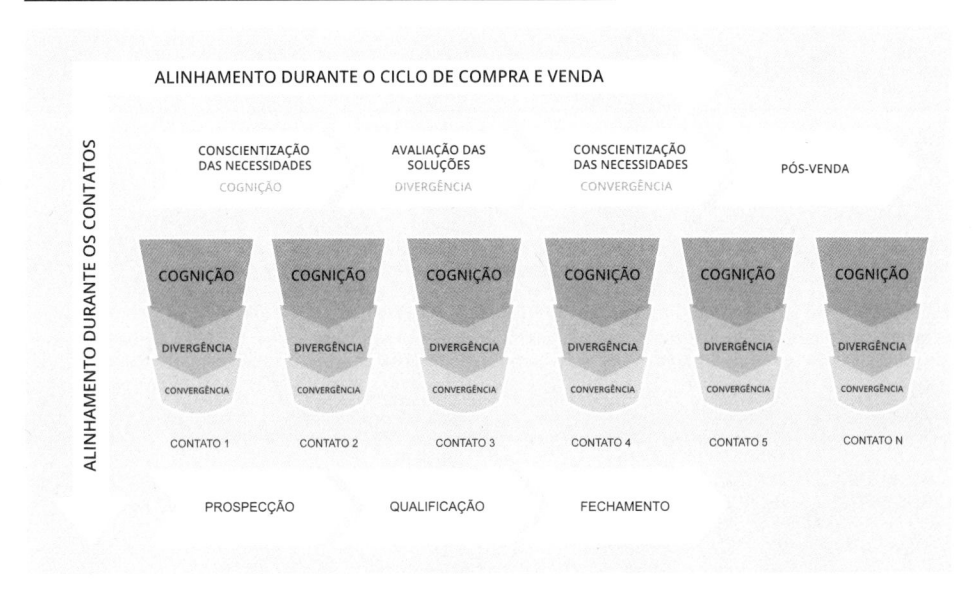

ALINHAMENTO DURANTE O CICLO DE COMPRA E VENDA

O alinhamento com os processos mentais no ciclo da compra e nos contatos de venda

Quando um indivíduo inicia um processo de resolução de um problema ou tomada de decisão, a primeira etapa pela qual sua mente passa é a do processo de produção cognitiva, cujo objetivo é buscar um entendimento sobre o que está ocorrendo em determinada situação. Cognição significa buscar conhecimento ou percepção sobre algo e leva à descoberta, à compreensão e ao reconhecimento de informações e dados, bem como de suas relações e implicações.

Na fase inicial de *cognição* para a tomada de decisão, uma necessidade, oportunidade ou dificuldade é sentida ou observada por uma pessoa. Como resultado dessa fase, localizamos e formulamos a questão que necessitará ser tratada. O pensamento cognitivo implica ter informações e compreendê-las. Assim, quanto mais tempo o indivíduo permanecer nessa fase, mais rápidas e fluentes serão as próximas etapas.

Após a fase de cognição, nossa mente inicia uma nova fase, em que o processo mental que será utilizado é o do pensamento divergente. Na etapa de *divergência*, procuramos obter e selecionar informações que possam nos ajudar a equacionar a situação compreendida na etapa anterior. Divergir significa contrapor informações em busca de diferenças, implicando comparação e descarte de informações, opções e alternativas.

De posse das informações e conclusões obtidas na fase de cognição, durante a etapa de divergência nossa mente passa por um fluxo livre de pensamentos, realizando uma atividade intelectual complexa e criativa, que implica modificar e elaborar com flexibilidade e originalidade as informações e soluções encontradas para a situação em questão.

Na verdade, todo processo genuíno de tomada de decisão e resolução de problemas implica certa parcela de produção criativa, pois, se apenas tivéssemos que procurar e replicar informações, não haveria de fato uma decisão ou resolução a ser tomada. Nessa etapa, as informações disponíveis são obtidas e avaliadas, bem como as possíveis soluções são sugeridas e criticamente examinadas. Novamente, quanto mais tempo o indivíduo permanecer nessa fase, mais rápida e fácil será a seguinte.

Após passar pelas etapas de cognição e divergência, o indivíduo está pronto para tomar uma decisão durante a fase de *convergência*, pois convergir significa chegar a um ponto em comum. A produção de um pensamento convergente envolve uma dedução lógica ou uma inferência convincente. A convergência, ao contrário da divergência, é a função mental que prevalece quando as informações disponíveis e a presença de informações restritivas são suficientes para determinar uma única resposta ou decisão. Na etapa de convergência, consequências são consideradas e uma solução é aceita. Contudo, é importante frisar que as deduções lógicas alcançadas nessa fase são essencialmente dependentes e determinadas pelas informações obtidas nas fases anteriores.

Como o vendedor pode usar esse conhecimento sobre o processo mental de tomada de decisão para obter melhores resultados em suas vendas? A resposta é simples: em seus contatos, reuniões e visitas de vendas, o vendedor profissional que quiser ser realmente eficaz deve se manter 100% do tempo alinhado com o processo mental de tomada de decisão que acabamos de expor.

Isso quase nunca ocorre, simplesmente porque os vendedores não conhecem as informações que acabamos de abordar, o que provoca incontáveis problemas para eles, seus clientes, suas vendas e suas organizações. Em geral, um vendedor inicia seu contato de vendas apresentando as características ou funções de suas ofertas, sejam produtos ou serviços, sem entender primeiro a situação dos clientes, esperando que estes compreendam por si só as possíveis conexões com necessidades presumidas que nem mesmo foram compreendidas. O foco do contato se torna o produto ou serviço, e os recursos utilizados pelo vendedor se resumem a mostrar, falar e explicar. Muito lero-lero, temperado com forçadas de barra e perseverança. Grande desperdício de tempo e recurso.

Quando os processos de cognição, divergência e convergência são compreendidos e respeitados pelo vendedor, mais do que uma postura consultiva em vendas, ele adota uma postura fundamentada em conceitos psicológicos para suas abordagens. Para que um vendedor se mantenha alinhado com o processo mental de tomada de decisão de um cliente, ele deve iniciar sua visita participando da fase de produção cognitiva daqueles com quem se reúne.

E como proceder assim? Simples: fazendo perguntas que tenham sido preparadas previamente. Iniciar uma reunião propondo perguntas durante a etapa de cognição traz dois grandes benefícios para o vendedor. Primeiro, com as perguntas, ele vai obter informações sobre a situação que o cliente vivencia, ficando a par daquilo que esse cliente já compreendeu. Segundo, tal qual um psicólogo, por meio de perguntas ele consegue fazer com que o cliente também compreenda, ou seja, tenha uma cognição daquilo que ainda não compreendeu, fazendo-o ativar necessidades ou entender seus motivos e implicações, bem como potenciais benefícios.

Em seguida, durante a fase de divergência, para que o vendedor continue a se manter alinhado, ele deve apresentar somente as informações que tenham relação com a situação identificada na fase de cognição. Nesse ponto, muitos vendedores erram ao falar demais ou ao querer apresentar tudo que seu produto ou serviço faz. Note: se a fase de divergência implica buscar informação, comparar e descartar, a melhor maneira de ajudar um cliente durante essa fase é fornecer-lhe informações que ele não descarte, ou seja, que realmente tenham relação com o que foi aprendido durante a fase de cognição e que tenham aderência com a situação examinada.

Você provavelmente já comprou alguma coisa e pensou "Isso foi feito para mim!". Se já passou por isso, tente racionalizar essa sensação. Você realmente acredita que o fabricante, ao projetar o produto, pensou "Vou fazer isso para o Zé"? Lógico que não! O produto foi elaborado pensando-se em um mercado-alvo, e não em um cliente específico. Agora, se você teve essa sensação, como explicá-la?

> Você provavelmente já comprou alguma coisa e pensou "Isso foi feito para mim!". Se já passou por isso, tente racionalizar essa sensação. Você realmente acredita que o fabricante, ao projetar o produto, pensou "Vou fazer isso para o Zé"?

A explicação para isso é que, consciente ou inconscientemente, o vendedor que passou as informações sobre o produto ou serviço que você adquiriu escolheu somente as que tinham uma relação com sua necessidade. Como não houve descarte de informações durante a fase de divergência, ou o descarte foi mínimo, a conclusão óbvia a que você chegou foi a de que aquilo que comprou foi feito para você. Quando participamos corretamente da fase de divergência e transmitimos somente informações que tenham conexão com aquilo que foi compreendido na fase de cognição, a sensação que o cliente tem é de que nossos produtos e serviços são feitos para ele.

Por fim, se somente na fase de convergência o cliente chega a uma conclusão, para que o vendedor se mantenha alinhado com o processo mental de tomada de decisão dessa pessoa, ele deve solicitar um compromisso se, e somente se, ele e o cliente tiverem passado de forma satisfatória pelas fases de cognição e divergência. Entretanto, o que geralmente ocorre é que os vendedores são ótimos para assumir compromissos perante seus clientes, mas não se preparam para "obter" compromissos por parte destes para que sua venda caminhe de forma adequada em direção ao fechamento. Pensar sobre o poder daquele com quem estamos nos reunindo e sobre a etapa em que estamos do ciclo da venda é fundamental para planejarmos os compromissos que esperamos de cada visita de venda.

Para se diferenciar no mercado extremamente competitivo em que vivemos, o profissional de vendas deve adotar muito mais a postura de um psicólogo que procura ajudar o cliente a entender as causas de seus problemas e menos a de um doutrinador que tenta, pelo poder da oratória, convencer seus seguidores. Diante da homogeneidade das ofertas e da ausência de diferenciais dos produtos e serviços, a capacidade do vendedor de respeitar o processo mental de tomada de decisão e de fazer uma correta anamnese de seus clientes pode ser um grande diferencial, em contraponto a um simples desconto e consequente perda de lucratividade.

FASE INTRODUTÓRIA DA VISITA

Durante um contato ou uma visita de vendas, antes de iniciar a fase de cognição, existe uma fase introdutória, na qual devem ocorrer duas atividades básicas: a criação do *rapport* e a declaração do objetivo do contato.

Ter *rapport* significa criar uma ponte de comunicação que permita estabelecer um pano de fundo de harmonia e afinidade para o início da comunicação entre as partes. Essa palavra inglesa – *rapport* – tem a mesma origem da palavra "porto": um local onde as embarcações podem descansar em segurança. Muitas pessoas denominam essa fase de "quebra-gelo", e, em várias situações, em vez do gelo, quebra-se a cara ao tentar simular afinidades com interesses pessoais de um cliente potencial a partir de dicas obtidas em seu ambiente, como quadros, fotos e outros objetos pessoais.

Para a criação de um bom *rapport*, uma técnica bastante eficaz, principalmente em seu primeiro contato com essa pessoa, é dar-lhe um bom e seguro aperto de mão, agradecendo a oportunidade da visita, e então ficar completamente calado, olhando nos olhos dele. Chamamos isso de "silêncio de ouro".

Embora essa técnica pareça estranha para quem nunca a utilizou, o fato é que, após três ou quatro segundos de silêncio de sua parte, aquele com quem você está se reunindo se sentirá como que obrigado – ou, melhor dizendo, impulsionado – a falar alguma coisa, nem que seja para convidá-lo a se sentar. Com seu cliente potencial falando "antes", você ganhará a oportunidade de sentir o tom da conversa, isto é, se ele é mais formal, informal ou se é completamente retraído e monossilábico.

Dar a chance para que seu interlocutor fale e reaja primeiro lhe dará a oportunidade de utilizar uma técnica fantástica e altamente eficaz para melhorar o "canal de comunicação" com ele: o espelhamento. Espelhar uma pessoa significa refletir em seus próprios gestos, comportamento e tom de voz a maneira de seu interlocutor agir e falar. Assim, se ele se comportar de maneira formal, seja formal. Se ele falar alto ou de forma pausada, fale também desse modo.

A razão para o uso dessa técnica é que está comprovado cientificamente que as pessoas têm uma sintonia maior com aqueles que se assemelham a elas, ou seja, o "canal de comunicação" é mais aberto e receptivo. Um ótimo teste para saber se o espelhamento está ocorrendo é você, após certo tempo espelhando seu interlocutor, fazer intencionalmente algum gesto – por exemplo, cruzar os braços, cruzar as pernas, inclinar-se para o centro da mesa ou, se estiver em pé, colocar as mãos na cintura. Se ele repetir inconscientemente o mesmo gesto, é sinal de que o espelhamento está ocorrendo.

Por mais esquisita que essa técnica possa parecer para aqueles que estão tendo o primeiro contato com ela, usá-la de forma repetitiva fará com que você a incorpore instintivamente. Utilize-a em seu próximo contato e sinta a diferença que o espelhamento pode dar para o *rapport*, procurando seguir, nessa etapa introdutória, o caminho da conversa oferecido por seu interlocutor.

Não existe limite de tempo para a etapa de *rapport*, mas você não vai querer ficar a reunião toda falando de amenidades ou jogando conversa fora com seu cliente; afinal de contas, você é um profissional de vendas e tem um trabalho a cumprir. A melhor forma de migrar da etapa de *rapport* para uma conversa de negócios é fazer uma declaração do objetivo de sua visita.

Responda a esta pergunta: qual o objetivo de sua visita de vendas? Se você respondeu vender, tirou zero. Lembre-se, vender é a consequência de uma visita ou de uma série de visitas que ocorrem ao longo de todo o ciclo comercial. Para que você planeje e prepare o objetivo de uma visita de vendas, a fim de construir valor desde o início de seu contato, deve exercer um pouco de empatia e pensar qual seria um motivo de negócio válido – do ponto de vista do cliente – para que vocês estejam se reunindo. Digamos que você venda, por exemplo, produtos e serviços de infraestrutura de comunicação para grandes corporações e esteja reunido pela terceira ou quarta vez com um cliente, na fase de avaliação de uma solução. Para definir o objetivo de sua visita, você poderia dizer algo como:

> — Bem, o que eu gostaria de fazer aqui hoje é continuar a analisar como minha empresa pode ajudar sua organização a expandir seus serviços com segurança e qualidade para toda a região Nordeste do país. Vocês continuam a considerar o projeto prioritário e estratégico?

Note que, além de ter sido definido o objetivo da visita em termos do negócio do cliente, foi usada uma pergunta de confirmação para verificar se houve alguma mudança desde o último contato, bem como iniciar o processo de cognição em um nível alto e focado na percepção dos interlocutores sobre a importância do projeto.

Determinar o objetivo da visita em seu início permite que o influenciador compreenda corretamente o motivo pelo qual estamos nos reunindo, além de atrair sua atenção e seu interesse. Um objetivo bem definido, em termos dos interesses do cliente, constrói uma base que permite a todos explorar e compreender as potenciais conexões entre os produtos e serviços que podem ser oferecidos e as necessidades ou oportunidades presentes na situação avaliada. Adicionalmente, um objetivo de visita bem definido ajuda a controlar o contato, direcionando a conversa para a sequência de perguntas que usaremos durante a fase de cognição.

PRIMEIRAS VISITAS

Caso a reunião para a qual você esteja se preparando seja sua primeira visita a um novo cliente potencial, a transição da fase de *rapport* para uma conversa de negócios pode ser feita como no exemplo a seguir:

> — Bem, que tal eu falar um pouco sobre minha empresa e lhe contar sobre outro executivo do setor de saúde com quem já trabalhamos? Em

> seguida, você poderia falar um pouco mais sobre sua situação e seus objetivos aqui na SUMMIT. Assim, teremos condição de decidir se existe alguma possibilidade de negócios entre nossas empresas. O que você acha?

Ao determinar o objetivo de nossa primeira visita da forma que foi exemplificada, ganhamos alguns benefícios interessantes. Primeiro, ganhamos o controle sobre a maneira como o diálogo se desenrolará, pois estabelecemos de modo simples que primeiro iremos falar, em seguida ele irá falar e somente depois haverá uma decisão, de ambas as partes, sobre a existência ou não de possibilidade de negócio em conjunto. Assim, conseguimos estabelecer uma igualdade de poder, pois a decisão será de ambos os lados, o que é um fator sutil, mas relevante, pois sabemos que pessoas com poder preferem acoplar sua agenda com pessoas que também têm poder.

Segundo, por termos ganhado o direito de falar primeiro, conseguiremos posicionar ou reposicionar nossa empresa perante aquela pessoa. Note que, quando orientamos você a falar primeiro, não estamos lhe dizendo que seja prolixo e fale sem parar, em vez de fazer perguntas e deixar que o cliente fale em seu lugar. É importante perceber que estamos na fase introdutória dessa primeira visita e que aquilo que será dito tem como objetivo criar, metodologicamente, as condições necessárias para que o cliente confie em você, fique aberto para discutir de modo franco as situações que esteja vivenciando e pense em necessidades que possam não estar ainda ativadas em sua mente.

Digamos que o cliente concorde com a sequência que você sugeriu: você fala, ele escuta; ele fala, você escuta; então vocês decidem se existe negócio. Você poderia posicionar sua empresa dizendo qual valor ela entrega a seus clientes e mencionando alguns fatos relevantes para esse influenciador potencial. Por exemplo, na SaleSolution costumamos usar o seguinte posicionamento:

> — O foco da SaleSolution é ajudar organizações e indivíduos que operam em mercados complexos ou altamente competitivos a obterem

> *melhores desempenhos em vendas. Estamos no mercado desde 1998 e possuímos uma completa linha de metodologias de vendas. Até este momento já capacitamos mais de oito mil profissionais no Brasil e em outros países da América Latina, em empresas como... Uma história que pode ser de seu particular interesse é sobre outro diretor de vendas do setor...*

Como você pôde ver, posicionar corretamente sua empresa não exige que você fale sem parar por incontáveis minutos. Pelo contrário, quanto mais simples, objetivo e conciso você for, mais estará demonstrando fluência com uma pessoa de poder. Caso essas informações não sejam suficientes, seu interlocutor pode sempre pedir que você detalhe o que acabou de dizer. Isso significará que você alcançou um dos principais objetivos dessa etapa introdutória de sua primeira visita: obter a atenção e o interesse daquele com quem está reunido.

Para declarar o valor de sua empresa, você deverá preparar uma frase simples que explique como sua organização ajuda seus clientes. Como se trata de uma declaração única para sua empresa ou sua unidade de negócios, ela deve ser formulada de forma corporativa, com a participação de colaboradores de áreas estratégicas, de marketing e de vendas. Formular o posicionamento de valor de uma organização iniciando com as palavras "Nós ajudamos nossos clientes a" ou "Nosso foco é ajudar nossos clientes a" pode ser extremamente útil para pensar a questão do ponto de vista do cliente.

Conheci, tempos atrás, uma organização da área de tecnologia da informação que gastou milhões para se reposicionar, deixando de ser uma empresa fornecedora de *softwares* para banco de dados e passando a ser uma fornecedora de aplicações e soluções empresariais. Entretanto, mesmo após todo o investimento realizado, seus vendedores continuavam a posicionar a empresa para seus clientes, em cada visita de prospecção, como líder em banco de dados. Com isso, perdiam em cada contato a oportunidade de se posicionar em um nível coerente com a nova estratégia da empresa e em uma escala de valor mais alta para seus clientes.

Em contraponto à declaração sobre o valor de sua empresa, que é genérica, os fatos relevantes que serão falados nesse momento introdutório para seu cliente devem ser específicos para essa situação. Por exemplo, se você deseja citar alguns clientes importantes, escolha os que estejam no mesmo setor desse cliente com quem está conversando. Ou, ainda, se você estiver falando com uma pessoa que esteja mais acima na hierarquia organizacional, talvez informações ligadas a seu faturamento e lucratividade surtam mais efeito em termos de posicionamento.

> Por exemplo, se você deseja citar alguns clientes importantes, escolha os que estejam no mesmo setor desse cliente com quem está conversando.

Para identificar os fatos que possam ser relevantes para um cliente, você deve analisar e focar informações, como seu faturamento, sua participação de mercado, taxa de crescimento, número de clientes, qualidade das ofertas, estruturas que sua empresa possui, premiações obtidas, nomes de alguns clientes importantes, verificando quais informações serão mais adequadas para cada contato. Evite exagerar, selecionando de três a cinco fatos que sejam realmente eficazes, especificamente, para a reunião em questão.

No caso de uma primeira visita, após posicionar sua empresa, e levando em conta o objetivo acordado com seu interlocutor, conte a ele o caso de sucesso que você comentou. Essa etapa tem como objetivo preparar a entrada para a fase de cognição da situação de seu interlocutor, além de fechar com chave de ouro a tarefa de posicionar você e sua organização com credibilidade.

CREDIBILIDADE

A maioria das pessoas julga que vendedores não são merecedores de confiança. Décadas e décadas de orientação e busca incessante por apenas fechar a venda, bater a cota e obter exclusivamente o ganho pessoal, em detrimento da satisfação dos anseios, desejos e necessidades de clientes, acabaram por cunhar esse senso comum: não se deve confiar completamente em um vendedor.

E é exatamente nesse ponto que pode residir uma de suas forças. Podemos nos diferenciar dos outros vendedores que competem por nossa venda por sermos profissionais merecedores da credibilidade de nossos clientes. Pense na credibilidade como algo similar a uma escultura de gelo: demora e dá trabalho para ser construída, mas, quando não são preservadas certas condições de temperatura e pressão, facilmente se destrói.

> **Pense na credibilidade como algo similar a uma escultura de gelo: demora e dá trabalho para ser construída, mas, quando não são preservadas certas condições de temperatura e pressão, facilmente se destrói.**

Estabelecer credibilidade com um cliente é fundamental para que ele compartilhe informações sobre a situação que está vivenciando e, por consequência, potenciais necessidades ou oportunidades inerentes a ela. Além disso, ter credibilidade é essencial para que o cliente confie nas possíveis soluções que você venha a indicar para ele. Sem certo nível de credibilidade entre as partes, é praticamente impossível que haja as condições necessárias para a venda de uma solução.

A credibilidade de um profissional de vendas pode ser transferida tanto por clientes anteriormente atendidos que ficaram satisfeitos com os resultados obtidos como pelas marcas, seja da empresa, seja dos produtos e serviços que ele representa. No entanto, a forma mais sólida de credibilidade é aquela "conquistada" perante o cliente. Quando conquistamos a credibilidade pessoal de um cliente – e ficamos atentos em reforçá-la de forma consistente –, pavimentamos uma estrada confortável e segura para aumentar a velocidade de nossas vendas atuais e futuras com ele.

Ao planejar seu próximo contato ou visita de vendas, é importante você se preparar para estabelecer, verificar ou reforçar sua credibilidade entre os influenciadores do processo de venda com os quais se encontrará. Pode-se fazer isso com uma pergunta simples, do tipo "Como estão as coisas até este momento, está indo tudo bem?", pode-se mostrar uma reportagem em que apareçam os resultados obtidos por outro cliente, pode-se apresentar o último prêmio conquistado por sua empresa, ou uma pesquisa interessante feita na área de interesse dele. Só não se esqueça de incluir alguma ação focada em sua credibilidade em seu próximo contato.

Mas como saber se temos ou não credibilidade com um influenciador do processo de decisão? Você deve analisar seus contatos anteriores com essa pessoa. Se, em suas visitas de vendas, o cliente se mostra monossilábico, na defensiva, questionando suas ideias e sua lógica, é muito provável que sua credibilidade esteja em baixa. Além disso, alguns sinais, como colocar em dúvida as informações que você passa ou tomar atitudes que visam claramente gerar desconforto para você, por exemplo, não deixar você concluir seu raciocínio ou questionar sua competência ou suas credenciais, podem indicar falta de credibilidade do cliente.

Conquistar credibilidade de um influenciador do processo de decisão faz com que essa pessoa se disponha a trocar informações com você e a discutir como seus produtos ou serviços podem ajudá-la a lidar com problemas e oportunidades. Um dos melhores sinais de que você detém a confiança de um cliente potencial é ele lhe confidenciar informações pessoais. E, é lógico, isso raramente acontecerá em um primeiro encontro. Portanto, se o contato para o qual estivermos nos preparando for nossa primeira visita, será melhor assumir que não temos credibilidade suficiente com esse cliente potencial e nos prepararmos adequadamente para conquistá-la.

REFERÊNCIAS

Quando estamos nos preparando para uma primeira visita de vendas, a melhor forma de nos posicionar rapidamente com credibilidade diante do cliente potencial, criar condições para que ele fale sobre sua situação e suas potenciais necessidades ou oportunidades inerentes a ela é contar um caso de sucesso sobre um cliente que possa ser usado como referência.

Nunca temos uma segunda chance de causar uma boa primeira impressão. Além de uma ótima postura e de nossa apresentação pessoal, que devem refletir nosso profissionalismo e estilo, é importante entender que os elementos principais a serem colocados de forma concisa, a fim de gerar credibilidade tática em um primeiro encontro, são perícia, experiência e os resultados positivos que seus clientes obtiveram com sua ajuda.

Na fase inicial de um primeiro contato, procure citar um cliente referência que você ou sua empresa possuam. Tome cuidado para não ser prolixo e contar uma história longa demais, dirigindo o foco apenas para os seguintes elementos: o cargo e o setor em que esse cliente referência trabalhava, as necessidades que possuía, bem como seus motivos e impactos na organização, a imagem de solução criada na mente dele e os resultados obtidos após seus produtos ou serviços terem sido adotados. Usando um primeiro contato da SaleSolution como exemplo, um caso de sucesso poderia ser apresentado da seguinte maneira:

> — *Um caso que pode ser de seu interesse é sobre o diretor geral de uma empresa que também opera no setor de saúde e que comercializa produtos e equipamentos para diagnósticos médicos. Ele nos procurou, pois estava preocupado em alcançar os resultados de vendas de sua divisão. O motivo principal dessa preocupação era o fato de a tecnologia de sua indústria ter mudado radicalmente em um curto espaço de tempo, passando de analógica para digital. Com isso, além de seu portfólio de produtos ter mudado por inteiro, a própria venda se tornou mais complexa. Ele nos disse que precisava de uma forma de desenvolver sua equipe comercial para que ela operasse com maior eficácia de vendas e negociação nesse novo cenário. Como resultado, com um investimento da ordem de R$ 400 mil, suas vendas saltaram de R$ 40 milhões para R$ 90 milhões em apenas um ano de trabalho. Além disso, ele conseguiu, dentre outras coisas, aumentar a margem dos negócios fechados e reduzir o ciclo de suas vendas, batendo a meta do seu ano fiscal ainda no terceiro trimestre! Bem, acho que falei demais sobre minha empresa... Fale-me agora um pouco sobre você e seus desafios aqui na SUMMIT.*

Note que, no exemplo, quando contamos uma história de sucesso de um cliente utilizado como referência, não citamos o produto ou serviço que ele adquiriu. Isso é proposital, pois não devemos abdicar da atenção e do interesse de nossos clientes falando cedo demais sobre nossas ofertas. Como dissemos anteriormente, não use seus produtos e serviços para vender, mas para provar que aquilo que você vende realmente existe.

Ao preparar sua história de referência, lembre-se de que as informações devem ser cuidadosamente lapidadas e formatadas de maneira a gerar credibilidade e chamar a atenção do cliente potencial, exemplificando como sua oferta pode ser usada por pessoas que trabalham em cargos e setores similares aos dele e demonstrando que você tem desenvoltura em situações que ele compreende bem. Lembre-se também de que, embora a menção a nomes de pessoas e empresas seja totalmente desnecessária, você deve buscar a autorização de seu cliente para poder citá-lo como referência em suas futuras vendas.

Uma pergunta que é feita com frequência: o que fazer quando não temos um cliente para usar como referência? Bem, isso realmente é um problema para quem deseja fazer uma venda complexa de alto nível. Contudo, algumas dicas podem aliviar um pouco essa situação.

- Se você não possui um cliente com o mesmo cargo e que opere no mesmo setor que o do cliente que você deseja prospectar, tente buscar similaridade por aproximação. Se você estiver falando com um presidente, mas seu cliente referência era um gerente, tente usar uma frase como "Outro 'executivo' do setor financeiro com o qual trabalhamos...".

- Se você está tentando vender para um setor no qual não tem clientes, tente fazer aproximações do tipo "Uma grande corporação", "Uma organização internacional", "Uma indústria que também produz por processos".

- Busque com outros vendedores que operam em sua empresa, seja na mesma localidade em que você trabalha, seja em filiais ou em outros países, uma história de sucesso que possa ser usada em sua primeira visita. Se você é um distribuidor ou revendedor, fale com seu fabricante. Uma boa prática é iniciar e manter um banco de dados com histórias de sucesso que a equipe de vendas possa acessar e utilizar para suas prospecções.

Se mesmo após tentar trilhar todos esses caminhos você não conseguir um cliente referência, pense na seguinte solução: "compre" um cliente referência. Isto é, avalie a possibilidade de colocar seus produtos ou serviços, mesmo a custo zero, em troca de poder usar esse cliente como referência na venda para outras empresas que pertençam à mesma indústria. Note, não se está dizendo aqui para você simplesmente doar aquilo que tem para vender, mas que seja traçada uma estratégia de alto nível para que uma empresa que possa fazer a diferença em uma indústria concorde em ser usada como "cabeça de praia" para sua investida em determinado mercado.

FASE DE COGNIÇÃO

Para se preparar para a fase de cognição de um contato, seja por telefone ou pessoalmente, você deverá pensar previamente sobre as informações que ainda não tem sobre sua oportunidade de vendas e qual seria a melhor pessoa de contato para obtê-las. De posse dessas informações, você deve pensar nas perguntas que precisam ser feitas e na maneira mais adequada de formulá-las e sequenciá-las. Para formular uma questão, você deve pensar no tipo de pergunta que melhor se encaixa em sua conversa, ou seja, se é melhor usar uma pergunta aberta, de exploração, de confirmação, situacional, de sentimentos, de compromisso ou de percepção, conforme vimos no capítulo 3, quando abordamos as habilidades essenciais de um vendedor profissional.

Uma boa ferramenta para você examinar as informações que precisa obter de um próximo contato é o *brainstorm*. Pense de forma livre sobre o que ainda precisa aprender sobre essa venda potencial, como a necessidade daquela pessoa, os influenciadores que devem e faltam ser cobertos, a concorrência, o processo de compra daquela organização e todas as demais informações que julgar necessárias para fazer um bom contato.

Para ter ideia do quanto você sabe sobre a situação sendo vivenciada por um influenciador, tente responder às perguntas a seguir.

- Qual é a necessidade desse influenciador? O que ele deseja alcançar, melhorar, corrigir, evitar ou manter?
- As necessidades de todos os demais influenciadores dessa venda estão claras?
- Quais são os motivos dessas necessidades?

- Quais são os impactos dessas necessidades nas demais áreas e pessoas dessa empresa?
- Quais resultados organizacionais essas pessoas desejam?
- Que interesses pessoais precisam ser atendidos?
- Como estão inter-relacionadas as necessidades dessas pessoas?
- O que essas pessoas estão fazendo para sanar as necessidades analisadas?
- Quais capacidades são desejadas para resolver a situação?
- Como elas percebem os riscos dessa compra?
- Qual a aderência de suas ofertas às necessidades dessas pessoas?

Se a visita para a qual está se preparando é a primeira, você deverá concentrar seus esforços nos seguintes aspectos: identificar ou ativar uma necessidade nesse influenciador potencial, entender seus motivos e impactos e criar ou reconstruir uma imagem que seja favorável a seus produtos e serviços.

Para saber se você tem uma boa compreensão de todos os influenciadores envolvidos em uma venda, verifique se tem boas respostas para as questões a seguir.

- Quem dá a aprovação final para essa venda?
- Quem usará ou supervisionará o uso de seu produto ou serviço?
- Quem fará ou coordenará as avaliações e revisões legais, técnicas e administrativas nessa compra?
- Qual o grau de influência ou autoridade de cada uma dessas pessoas?
- Qual a percepção e qual a postura desses influenciadores diante da situação vivenciada e suas ofertas?

- Está ocorrendo alguma reorganização interna, surgindo novos influenciadores em sua venda?

Se você não tiver boas respostas para essas questões, é sinal de que perguntas deverão ser elaboradas para obter tais informações.

Ao pensar nas informações que possui sobre a concorrência existente e nas potenciais perguntas que necessitam ser feitas em seu próximo contato de vendas, tente responder às questões a seguir.

- As imagens e capacidades desejadas para equacionar as necessidades dessas pessoas são as de seus concorrentes?
- Como cada influenciador vê seus concorrentes?
- Existe alguma preferência pessoal por soluções alternativas a suas ofertas?
- Como é o histórico de relacionamento de seus concorrentes com essa empresa?
- Existe algum influenciador patrocinando seus concorrentes?

Procure pensar em seus concorrentes reais ou potenciais, bem como em suas forças e deficiências, com o objetivo de procurar possíveis diferenciais que você possa agregar a sua oportunidade de vendas.

Como explicado no capítulo 2, quando analisamos o ciclo de uma venda complexa, a qualificação do processo de compra do cliente é um ponto de controle vital de seu ciclo comercial e deve ser feita o mais cedo possível, ainda durante a etapa de conscientização das necessidades. Para saber o que precisa ser questionado a respeito do processo de aquisição de um cliente durante a etapa de cognição de sua próxima reunião ou seu próximo contato, observe se você consegue responder a perguntas como as mostradas a seguir.

- Haverá alguma revisão legal, técnica ou administrativa?

- Existem cronogramas ou orçamentos já definidos para o projeto em questão?

- Quais serão os próximos passos?

- Quem mais estará envolvido?

- De quem será a decisão final nessa compra?

- De que forma o influenciador com real poder de decisão pretende avaliar sua empresa e seus produtos ou serviços?

- Haverá a necessidade de elaboração de alguma análise de retorno sobre o investimento a ser realizado?

- Qual o momento ideal para a entrega de uma proposta?

Na etapa de cognição de seu contato, tente cobrir todas as demais incertezas ou informações ainda desconhecidas sobre essa oportunidade de vendas, tais como fatores políticos ou econômicos e o histórico de sua empresa com essa organização, tomando cuidado para não exagerar no número de perguntas a fazer. Durante o contato, caso verifique que seus interlocutores já estão ficando desconfortáveis com o volume de informações solicitadas, mantenha-se alinhado e deixe para um próximo contato a obtenção das demais informações necessárias. Lembre-se: as pessoas adoram comprar, mas não gostam de se sentir "vendidas", ou seja, pressionadas.

FASE DE DIVERGÊNCIA

Ao final da fase de cognição, basicamente duas coisas terão acontecido. Primeiro, o vendedor terá obtido informações de seus interlocutores por meio das perguntas que fez. Segundo, também por meio de suas perguntas, ele terá ajudado seus interlocutores a entender melhor a situação vivenciada, bem como suas causas e consequências, além de ajudá-los a obter novas conclusões, pensamentos ou imagem de solução.

Já na fase de divergência, seu objetivo agora será transmitir somente as informações que estejam conectadas com o que foi abordado na fase de cognição. Passar mais informações do que o necessário levará a possíveis descartes por parte de seus interlocutores e a conclusões potenciais de que o que você tem para oferecer não é realmente adequado. Lembre-se: a compra é um ato de tomada de decisão, e para que uma pessoa se decida ela tem que comparar e diferenciar.

Tenha sempre em mente que suas ofertas necessitam ser diferenciadas; caso contrário, a decisão será baseada apenas no preço, e sua oferta será tratada como uma *commodity*. É importante considerar que as pessoas não compram produtos, serviços ou soluções, elas compram aquilo que acreditam ou sentem que suas ofertas farão (o que) para alguém (quem) em determinado momento (quando), isto é, elas precisam enxergar uma relação (imagem) entre os produtos, serviços ou soluções e suas necessidades.

> **Lembre-se: a compra é um ato de tomada de decisão, e para que uma pessoa se decida ela tem que comparar e diferenciar.**

Todavia, para que tenha um bom arsenal de informações para usar durante seu contato ou visita de vendas, você deverá se preparar previamente, como já dissemos no início deste capítulo. Antes de cada contato, pense nos pontos fortes de que dispõe e que poderiam ser utilizados durante a reunião. Mesmo que você não venha a utilizar todas as informações que reuniu, pois o caminho da conversa será determinado também pelo cliente e por suas respostas às perguntas realizadas, a ideia, nesse momento, é recolher o máximo possível de informações antes, para usar somente o necessário durante a fase de divergência. Sorria e não fique chateado se, por exemplo, você tiver levado em seu arsenal mais de vinte pontos relevantes e ter usado apenas quatro ou cinco, pois isso será um sinal de que você fez tanto uma boa preparação antes da reunião como um bom uso da informação durante ela.

Um dos erros mais comuns é o vendedor achar que só de suas ofertas é que vêm os possíveis diferenciais para uma situação de venda. Quanto maiores forem o impacto, o montante a ser investido e o risco organizacional na decisão de aquisição, maiores serão o peso e a importância do profissional de vendas e da organização que ele representa para a decisão. Quando compramos uma goma de mascar em uma banca, vamos embora e deixamos o jornaleiro para trás. Em vendas complexas, o jornaleiro e a banca vão junto com o "chiclete" em seu bolso.

Antes de seu próximo contato, reflita sobre a situação que enfrentará e pense quais pontos fortes poderão ser usados durante o contato. Comece pelas características de seus produtos e serviços, mas vá além. Faça um *brainstorm* sobre o que sua empresa tem para oferecer: a tecnologia que ela utiliza, seus clientes, sua reputação, a capacitação dos profissionais, logística e processos internos e externos, o conhecimento e a experiência que ela detém, a forma de implementação, os serviços de pré e pós-venda que podem ser prestados, e assim por diante.

Uma observação se faz necessária. Muitos vendedores pensam que, por um concorrente possuir algum ponto similar ao de sua empresa, como uma característica ou um grupo de características, ou mesmo um produto ou serviço semelhante, sua oferta terá que, necessariamente, ser tratada – e precificada – como uma *commodity*. Isso é um erro. Note que tudo é passível de descomoditização, ou seja, é possível ter diferenciais além do preço ou da disponibilidade, pois a diferenciação é dada pelo conjunto de informações, e não por fatores isolados. Até mesmo uma mãe de gêmeos univitelinos sabe distinguir um filho do outro.

Digamos que, em uma situação de venda, existam três concorrentes, com os seguintes diferenciais em sua solução.

Concorrente 1	Concorrente 2	Concorrente 3
A	B	A
B	C	C
C	D	D

No exemplo, isoladamente, nenhum dos diferenciais é exclusivo, pois existe sempre um concorrente que também o possui. Porém, caso o cliente deseje as capacidades B, C e D ao mesmo tempo, apenas o concorrente 2 poderá oferecê-las, tornando-se exclusivo na mente desse cliente.

Isso alerta para o fato de que as imagens construídas na mente das pessoas devem ser as mais fortes possíveis, sendo formadas por um "conjunto" de capacidades vistas como benefícios e não apenas por um único ponto. Quanto mais cenários de uso forem discutidos com um interlocutor durante a fase de cognição, permitindo um conjunto mais amplo de conexões a serem realizadas durante a fase de divergência, mais forte será o potencial de sua diferenciação em uma situação específica de venda.

FASE DE CONVERGÊNCIA

Na fase de convergência de um contato de vendas, a mente do cliente chegará a algum tipo de conclusão. Nem que seja a de que ainda é cedo para chegar a alguma conclusão. Contudo, esse momento não é bem explorado por muitos. O fato é que nós, vendedores, temos uma tendência incrível a assumir compromissos com nossos clientes, mas não estamos acostumados – ou melhor, processualmente direcionados – a solicitar que nossos clientes também assumam compromissos durante o ciclo da venda. Isso gera um efeito grave que todos que trabalham com vendas conhecem intimamente: oportunidades que ficam empacadas, mascarando e causando erros em nossas previsões de vendas, além de drenar recursos organizacionais cada vez mais escassos.

Para evitar esse cenário, é preciso ter em mente que cada contato de vendas deve resultar em um maior nível de compromisso por parte de seus interlocutores. Assim, à medida que você aumenta o comprometimento de quaisquer recursos organizacionais, mesmo que seja seu próprio tempo investido na oportunidade, os seus interlocutores também devem aumentar o comprometimento da parte deles.

Fazer o cliente gastar dinheiro ou qualquer outro tipo de recurso durante o processo de avaliação de suas ofertas é uma excelente forma de blindar uma oportunidade contra os ataques dos concorrentes. Imagine quão difícil é para uma pessoa, após alguns meses e uma grande quantidade de dinheiro e outros recursos despendidos na avaliação de uma oferta, explicar internamente a seus superiores que acabou encontrando uma solução mais aderente para o projeto em questão. Pense nela escutando do chefe algo como "Mas você não podia ter chegado a essa conclusão antes de gastar todo esse tempo e dinheiro?". Fazer com que os influenciadores de um processo de decisão aumentem paulatinamente seu nível de comprometimento durante um processo de vendas é uma das melhores táticas diante dos ataques que certamente virão por parte da concorrência.

Ao se preparar para seu próximo contato, pense qual compromisso é razoável solicitar a seu interlocutor, a fim de movimentar essa oportunidade em direção ao fechamento. Solicitar um compromisso do cliente significa fazer uma pergunta que gere uma resposta em termos de ação:

> — *Podemos marcar uma reunião com seu diretor para a próxima semana?*
>
> — *Quando você consegue me enviar essas informações?*
>
> — *Vamos fechar?*

Como vimos no capítulo 3, ao formular a pergunta que trará um compromisso do cliente, você deve atentar para duas coisas muito importantes: o nível de poder da pessoa para quem você está solicitando esse compromisso e o estágio do ciclo da venda no qual você se encontra. Por exemplo, pedir para que um influenciador usuário feche sua venda ou solicitar que uma venda que tem um ciclo médio de seis meses seja fechada em uma primeira visita não faz muito sentido em termos de poder de decisão ou maturação de uma venda complexa.

Embora isso possa parecer óbvio, muitos erros são cometidos por gerentes e vendedores por não atentarem para esses fatores. Todos já devem ter presenciado um gerente de vendas, após seu vendedor voltar de uma primeira visita, fazer a clássica pergunta: "Fechou?". Pois é, esse tipo de pressão exercida sobre o vendedor, incompatível com o ciclo comercial ou com o poder de quem foi contatado, acaba sendo transferido pelo vendedor para o cliente, causando desalinhamentos e perdas de receitas. Isso porque, quando tentamos fechar fora da hora, duas coisas acontecem: ou não fechamos, ou temos que fazer concessões adicionais para isso.

Tente planejar a solicitação de dois compromissos realistas para sua próxima reunião. O primeiro é o que você julga ser o melhor, aquele que realmente deseja. O segundo é o compromisso mínimo para que você continue investindo seu tempo e seus recursos com essa pessoa ou, até mesmo, com essa oportunidade. Por exemplo, após analisar o estágio em que se encontra no ciclo comercial e o poder da pessoa com quem irá conversar, você julga que o melhor compromisso é solicitar o fechamento da venda. Entretanto, caso essa pessoa diga não para essa solicitação, você julga que o compromisso mínimo que ela deve assumir para você continuar a perseguir essa oportunidade é agendar uma próxima reunião para que ocorra o fechamento.

O compromisso mínimo deve servir como um balizador da qualidade de uma oportunidade de vendas. Como dissemos no capítulo 3, ao perceber que um influenciador está titubeando em aceitar um mínimo de compromisso com você e sua organização, é hora de reavaliar sua estratégia. Será que você está falando com as pessoas certas? Será que essa é, realmente, uma oportunidade de vendas para você?

Quando o contato para o qual você estiver se preparando for uma primeira visita, uma boa forma de avaliar o comprometimento e o nível de poder de seu interlocutor é, após a imagem de solução ser criada ou reformulada na fase de cognição, perguntar algo como:

> *— Caso seja realmente possível equacionar essa situação, você está disposto a considerar minha empresa como potencial fornecedora nesse projeto? Quais seriam os próximos passos? Quem mais estaria envolvido?*

Essa sequência de perguntas permitirá que você avalie tanto o compromisso quanto o poder de seu interlocutor. Caso, pela resposta dessa pessoa, você identifique quem seja o real influenciador econômico dessa oportunidade, o melhor compromisso que pode obter nessa reunião é marcar uma nova reunião com o influenciador identificado.

Uma excelente maneira de checar o real comprometimento de um influenciador de uma venda é adotar a prática de enviar, após suas reuniões ou contatos de vendas, comunicações confirmando seu entendimento do que foi discutido. Após cada contato, adote o hábito de enviar um *e-mail* resumindo suas percepções e conclusões, bem como os acordos estabelecidos, solicitando que o cliente confirme se seu entendimento está correto ou não. Ou, ainda, ligue também para ele para obter suas impressões sobre o que você expôs no *e-mail*.

Enviar uma comunicação por escrito após cada contato confirmando seu entendimento, além de garantir maior alinhamento entre as partes – pois, caso sua compreensão tenha sido diferente da de seu interlocutor, você ganhará a oportunidade de corrigir sua percepção –, "espantará" pessoas que possam ter assumido falsos compromissos em uma reunião, sem a intenção de cumpri-los. Por escrito, além de mais profissional, o assunto ficará mais sério. Qualquer que seja o resultado, acabamos aplicando nossos recursos em oportunidades mais bem qualificadas.

A fase de convergência de um contato de vendas deve terminar necessariamente com algum tipo de compromisso por parte do influenciador com o qual você esteja se reunindo, para que sua venda continue a fluir em seu ciclo. No momento em que você solicita seu melhor compromisso planejado, caso seu interlocutor diga não, tente o compromisso mínimo que planejou. Se ele também relutar em se comprometer, é sinal de que diferenças de percepções podem estar ocorrendo.

DIFERENÇAS DE PERCEPÇÕES

Durante o processo de decisão que ocorre ao longo de um contato de vendas, podem surgir diferenças de percepções entre você e seus interlocutores. Percepções diferentes sobre um mesmo assunto ou uma situação podem gerar a falta de comprometimento das pessoas, ou mesmo objeções e sentimentos negativos em relação a você, suas ofertas ou sua empresa, bem como atravancar ou até acabar com sua oportunidade de venda.

O melhor modo de vencer uma objeção é não criá-la, isto é, garantir que informações, entendimentos e percepções estejam uniformes.

> **O melhor modo de vencer uma objeção é não criá-la, isto é, garantir que informações, entendimentos e percepções estejam uniformes, assegurando um processo mental de tomada de decisão confortável para seu cliente.**

mes, assegurando um processo mental de tomada de decisão confortável para seu cliente. Por esse motivo, ao se preparar para seu próximo contato – e durante ele –, você precisará ficar sempre atento e verificar se está alinhado com seus interlocutores.

Lembre-se de que qualquer venda provoca mudanças. Suas ofertas capacitam seus clientes a resolver problemas ou alavancar oportunidades, permitindo-lhes sair de uma situação atual para uma situação mais ideal. Porém, muitas vezes, a percepção de algum influenciador é de que a situação na qual ele se encontra já é a ideal ou mesmo melhor do que a ideal. Isso gera percepções de estabilidade ou superconfiança nessa pessoa, que pode não desejar a mudança que sua venda trará. Possíveis problemas, como perda de poder, controle, segurança e autoestima, ou ser visto como uma pessoa de baixo desempenho ou como aquela que não resolveu um ponto evidente, apenas para citar alguns, podem ser a causa de percepções diferentes e até mesmo de objeções diante das mudanças que sua venda certamente trará.

Durante a preparação de seu contato, ou mesmo durante ele, caso seu interlocutor não esteja se comprometendo com você, analise a possibilidade de problemas estarem gerando diferenças de percepção e tente confirmar sua existência. Uma boa forma de fazê-lo se dá por meio de uma pergunta de percepção. Perguntas de percepção, conforme visto no capítulo 3, ajudam a compreender razões ocultas, permitindo que descubramos o porquê de uma falta de comprometimento.

Você pode usar, por exemplo, uma pergunta como:

> — *Você não parece muito seguro em tomar essa decisão. Está havendo algum problema?*

Como geralmente nessas situações as pessoas tendem a dar respostas socialmente aceitas em vez de falar a verdade, após ouvir com atenção a resposta de seu interlocutor, emende uma segunda pergunta, bem simples:

> — *E, além disso, existe algum outro motivo?*

Em geral, você conseguirá obter a resposta verdadeira com essa segunda pergunta ou, no mínimo, confirmar ou completar a informação obtida.

Utilizando esse tipo de pergunta, você ganhará o direito de se manter alinhado com o cliente, possibilitando um novo ciclo de cognição, divergência e convergência com o seu interlocutor, ou, então, constatará que realmente existe uma objeção clara. Nesse caso, o remédio será o mesmo, pois, como foi dito, a melhor forma de vencer uma objeção é não criá-la, ou seja, manter-se alinhado.

OBJEÇÕES

Quando constatamos a existência de uma objeção real, ao contrário do que muitos pensam, a melhor maneira de vencê-la é não entrar em discordância com o ponto de vista do cliente, nem tentar se justificar, rebatendo com alguma argumentação pré-fabricada. Em vez disso, ao se deparar com uma objeção por parte de um cliente, a melhor coisa a fazer é concordar com ele!

Contudo, você deve concordar com a "essência" do que foi dito, e não com o que foi propriamente dito. Chamamos isso de "reenquadramento". Digamos, por exemplo, que seu cliente faça uma objeção do tipo:

> — *Sua proposta está muito cara!*

Bem, se você trabalha em vendas há pelo menos um dia, provavelmente já escutou isso, certo?

A primeira coisa a fazer diante dessa ou de qualquer outra objeção é escutar atentamente. Use nesse instante o silêncio de ouro, ficando completamente calado – e olhando nos olhos de seu interlocutor, caso o contato seja presencial – por uns três ou quatro segundos. Isso o impulsionará a falar. E, quanto mais ele falar, mais informações você obterá sobre a objeção em questão. Em seguida, promova o reenquadramento da questão. Neste exemplo, um bom reenquadramento seria:

> — Concordo com sua preocupação em obter um bom retorno sobre o investimento!

Note que a questão de ser "caro" foi reenquadrada para obter um "bom retorno sobre o investimento", concordando-se com a essência do que foi dito, mas não com o que foi dito. Em seguida, promova um retorno à fase de cognição de seu contato, fazendo uma pergunta aberta sobre o tema reenquadrado:

> — Hoje, como você faz para garantir que seus projetos tenham um bom retorno sobre os investimentos realizados?

Isso permitirá que você explore e obtenha um melhor entendimento da situação do cliente, possibilitando-lhe dar informações e provas de seus diferenciais e de como o dinheiro do cliente será bem gasto.

POSSÍVEIS REENQUADRAMENTOS PARA OBJEÇÕES COMUNS

Concordar com a essência do que foi dito e não com as palavras que o cliente realmente proferiu é a base da técnica para reenquadrar um ponto de vista ou a percepção de uma pessoa.

Como fazê-lo? Bem, primeiro você terá que ouvir e analisar com atenção o que o cliente disse. Por essa razão é que se torna interessante você utilizar a técnica do silêncio de ouro, permitindo uma parada para reflexão. Além disso, como dito anteriormente, essa técnica incentivará seu interlocutor a falar mais.

A concordância aliada ao reenquadramento do que é realmente essencial por trás de uma objeção permitirá um pano de fundo de maior tranquilidade para que você busque mais informações, ou seja, voltar ou redirecionar a conversa para a fase de cognição, possibilitando que tanto você como seu interlocutor possam ter compreensões e percepções mais alinhadas. Para isso, tenha em mente a importância de fazer sempre mais e mais perguntas.

Certamente, depois dessa etapa de perguntas e explorações adicionais, você terá melhores condições de continuar alinhado com o processo mental de tomada de decisão de seu interlocutor, fornecendo novas informações e obtendo um compromisso como resultado de pensamentos e pontos de vista mais alinhados.

Veja a seguir alguns exemplos de possíveis reenquadramentos para objeções comuns levantadas durante *workshops* conduzidos pela SaleSolution. Analisá-las com atenção e exercitá-las certamente reduzirá o trabalho de reenquadrar "de bate-pronto" objeções feitas por algum cliente em seu dia a dia de vendas.

OBJEÇÕES RELACIONADAS A PREÇO

Exemplos típicos deste tipo de objeção são:

> — *Seu preço está muito alto!*
>
> — *Sua tecnologia é cara!*
>
> — *A taxa de juros que vocês estão praticando é muito alta!*

Qual é a essência de objeções como essas? Ficar discutindo, argumentando ou justificando que seu preço é justo poderá provocar mais desalinhamentos. Como dito anteriormente, assumindo-se que o cliente esteja devidamente qualificado e que tenha porte financeiro ou de crédito para comprar de sua empresa, a essência de não concordar com um preço é o receio de não obter o retorno esperado pelo que está sendo cobrado.

Portanto, como já dito, uma boa saída para esse tipo de objeção é reenquadrar "preço" para o "retorno do investimento" a ser feito. Portanto, faça o silêncio de ouro, por três a quatro segundos. Lembre-se de que apenas com seu silêncio você poderá obter mais informações sobre a percepção do cliente, pois a tendência é ele complementar ou explicar a objeção colocada. Em seguida diga algo como:

> *— Eu concordo com sua preocupação em obter um bom retorno sobre os investimentos que estarão sendo feitos!*

Concordando, dessa forma, com a essência e não com o que foi dito, você evitará discutir ou entrar em argumentações com seu interlocutor. Em seguida, passe a direcionar a conversa para uma nova fase de cognição, fazendo perguntas abertas.

Veja algumas das possíveis perguntas abertas que você pode utilizar:

> *— Hoje, como você faz para garantir que seus investimentos tenham um bom retorno?*
>
> *— Conte mais sobre seus projetos e quais têm sido as taxas de retorno deles.*
>
> *— Fale mais sobre como você está medindo ou pensa medir o retorno sobre o que estamos conversando.*

Esse tipo de pergunta possibilitará extrair ainda mais informações, permitindo que, em seguida, você passe para uma nova fase de "pensamento divergente", dando informações sobre o valor do que ele está adquirindo, demonstrando resultados obtidos, os potenciais benefícios da mudança do sistema atual de trabalho e assim por diante.

OBJEÇÕES RELACIONADAS À LOGÍSTICA

Exemplos típicos desse tipo de objeção são:

> *— Quem me garante que este ano não haverá atrasos?*
>
> *— Esse prazo de entrega está muito longo!*

Minha sugestão é que você busque um reenquadramento para "planejamento" ou "cronograma":

> — *Eu concordo com sua preocupação em manter seus cronogramas dentro do prazo!*
>
> — *Concordo com sua preocupação quanto a manter o projeto dentro do planejado!*

Em seguida, busque utilizar perguntas abertas, como:

> — *Hoje, como vocês estão organizando ou montando seus cronogramas?*
>
> — *Fale um pouco mais sobre como vocês estão planejando suas atividades...*
>
> — *Conte mais sobre como vocês estão trabalhando em termos de cronogramas de entregas com os demais fornecedores.*
>
> — *Fale mais sobre suas necessidades em relação a prazos. Quais os motivos para a determinação dessas datas, especificamente?*

Ao enfrentar esse tipo de situação, você poderá descobrir que, com surpreendente frequência, o cliente também não busca se organizar para se manter alinhado com a capacidade de entrega de um fornecedor. Ou, por outro lado, que muitos vendedores também não se preocupam com alinhamentos desse tipo.

OBJEÇÕES RELACIONADAS AO PRODUTO OU SERVIÇO SENDO VENDIDO

Alguns exemplos desse tipo de objeção são:

> — *O seu produto é uma droga.*
>
> — *Não acredito que esta tecnologia entregue isso que você diz.*
>
> — *Eu não vejo benefícios na tecnologia que vocês usam.*
>
> — *Eu não estou seguro quanto a utilizar seu novo produto.*
>
> — *Seu produto não tem resistência.*

> — *Sua tecnologia não entrega os benefícios que você está dizendo.*
>
> — *Seu produto não entrega os resultados esperados.*

Busque reenquadrar para os temas "qualidade" ou "desempenho":

> — *Eu concordo com sua preocupação em relação à qualidade dos produtos que sua empresa adquire.*
>
> — *Concordo com sua preocupação em relação ao desempenho dos produtos a serem adotados.*

Em seguida, utilize perguntas abertas, como:

> — *Hoje, como você faz para garantir ou analisar a qualidade e o desempenho de um produto em relação às especificações de suas necessidades?*
>
> — *Fale mais sobre quais são os procedimentos e controles que sua empresa adota ao selecionar novas tecnologias.*
>
> — *Fale mais sobre os métodos de trabalho e outras ações que vocês utilizam para garantir os resultados esperados.*
>
> — *Atualmente, o que é feito para garantir que as recomendações de um fabricante sejam seguidas em todas as etapas do processo de...?*
>
> — *Fale mais sobre quais são os métodos e critérios que vocês utilizam para selecionar determinado produto ou determinada tecnologia.*

OBJEÇÕES RELACIONADAS ÀS CONDIÇÕES E PRÁTICAS COMERCIAIS

Exemplos típicos:

> — Sua empresa não tem opções de modalidades comerciais que me atendem!
>
> — Faltam opções de crédito!
>
> — Não concordo com esse modelo de cobrança!

Uma sugestão é buscar o reenquadramento para o tema "flexibilidade":

> — Concordo com sua preocupação em relação à flexibilidade comercial de um fornecedor.

Possíveis perguntas abertas que poderão ser feitas, em seguida, são:

> — Fale mais sobre como você analisa e julga a flexibilidade de um parceiro comercial.
>
> — Fale mais sobre como vocês estão realizando seu planejamento financeiro.
>
> — Hoje, como sua empresa está fazendo para planejar e controlar o fluxo de caixa?
>
> — Como é a estratégia de sua empresa em relação às linhas de crédito?
>
> — Em sua opinião, como seria um modelo comercial adequado que pudesse ser benéfico e equitativo para todos os envolvidos?

OBJEÇÕES RELACIONADAS À EMPRESA

Exemplos típicos desse tipo de objeção podem ser:

> — *A concorrência tem produtos melhores!*
>
> — *Eu não acredito nessa informação.*
>
> — *A sua empresa é muito mal falada no mercado!*

Você poderá reenquadrar essas objeções para a essência "seleção":

> — *Concordo com sua preocupação em selecionar de forma adequada um fornecedor.*
>
> — *Eu concordo com sua preocupação em buscar um fornecedor que seja totalmente confiável!*

Em seguida, faça perguntas abertas, como:

> — *Atualmente, quais são os critérios usados para que vocês selecionem um determinado fornecedor, produto ou tecnologia?*
>
> — *Fale mais sobre como você analisa e qualifica a confiabilidade de um fornecedor...*
>
> — *Como vocês fazem hoje para verificar, constatar ou testar alguma informação ou resultado prometido?*
>
> — *Conte mais sobre como vocês, atualmente, estão buscando informações sobre um determinado produto ou fornecedor.*

Após treinar as situações aqui descritas, procure utilizá-las conforme surgirem a sua frente. Obviamente, a utilização das técnicas não irá garantir seu êxito em todas as ocasiões, mas certamente evitará que você fique desalinhado com seu interlocutor.

Como vimos, adotar uma postura processual para seus contatos de vendas permitirá que você tenha uma abordagem mais consultiva, com foco no entendimento da situação do cliente, e não na "venda" de seus produtos ou serviços. Para isso, devemos adotar um processo mais eficaz de questionamento, a fim de obter melhores informações dos clientes, o que acabará proporcionando maior diferenciação pela melhoria de nossa comunicação. É sempre bom lembrar que, dentro da teoria de marketing, a força de vendas é uma ferramenta que pertence ao composto de comunicação com o mercado, isto é, a tarefa principal de um vendedor é ter uma boa comunicação com os clientes de uma organização, e, para tal, ele deve estar sempre bem preparado.

Por meio de processos, adquirimos maior consistência na preparação de nossos contatos comerciais, nossas negociações e nossas estratégias de vendas. Com uma visão mais clara das etapas necessárias para o fechamento de uma oportunidade e utilizando uma abordagem mais estruturada e alinhada com o processo mental de tomada de decisão de cada cliente, construímos valor mais facilmente, diferenciando-nos e conquistando compromissos de forma mais rápida. Dessa maneira, encaminhamos nossas vendas mais eficientemente em direção ao fechamento. Quando uma organização é unificada em torno de processos simples e intuitivos de vendas, além de vendermos mais, vendemos com menor custo e construímos relações de longo prazo com nossos clientes, reduzindo pressões por preços, protegendo margens e aumentando a lucratividade.

EM CAMPO MINADO

Avi Zins é um profissional de alta senioridade da cidade de São Paulo. Formado em engenharia eletrônica, ele exerceu, ao longo de mais de três décadas de carreira, cargos de comando, direção e gerência de várias multinacionais do setor de TI. Além disso, Avi sempre cultivou presença ativa em associações ligadas a setores diversos, como o de saúde, o automotivo, o aeroespacial, o elétrico e o eletrônico. Atualmente, ele trabalha em uma unidade de negócios com foco no setor de saúde de uma empresa global de negócios e consultoria em TI, que mantém operações em mais de trinta países.

Ele conta que, certa vez, foi chamado por um gerente de contas para tentar ajudá-lo na venda de produtos de *softwares* corporativos para um importante banco do Rio Grande do Sul – que, porém, era base instalada e cliente referência da concorrência. Quem nunca enfrentou uma situação como esta pode ao menos imaginar o tamanho do desafio que é entrar em uma casa onde seu concorrente fincou fortemente sua bandeira e armou suas trincheiras.

Avi, então, estudou cuidadosamente a situação junto com o gerente de atendimento daquela conta e pegou um avião para o sul do país. No dia seguinte, ao chegar ao encontro, sem nem mesmo ter se sentado ouviu do CIO do banco que, se ele tivesse vindo falar de algum produto, que não perdesse seu tempo.

Por um breve momento, ele ficou paralisado diante da recepção franca, mas seca, daquele cliente. No entanto, Avi possui uma capacidade espantosa de angariar a simpatia de seus interlocutores. Assim, rapidamente ele se recuperou e perguntou se poderia ao menos se sentar. Puxando calmamente a cadeira à frente da mesa daquele alto executivo e olhando bem nos olhos dele, Avi fez uma única e simples pergunta:

— *Por quê?*

O CIO, então, retirou de uma gaveta uma pasta enorme e pesada, repleta de papéis e materiais. Colocando-a sobre a mesa, disparou:

— *Por isso!*

Avi, com muita serenidade, pegou a pasta em suas mãos e a abriu. Ao olhar o material, logo percebeu que a maioria absoluta de tudo que estava ali tinha sido elaborada pelos concorrentes já instalados naquela conta.

Contudo, Avi estava preparado e sempre considerou essencial acreditar naquilo que vende. Segundo ele, caso contrário é melhor não o fazer. Assim, passou a refutar, uma a uma, todas as folhas, os estudos e os demais materiais que retirava daquela pasta. Em determinado momento, declarou de forma tranquila, mas resoluta, que aquilo parecia ter vindo da concorrência com o intuito de denegrir os produtos que ele representava.

O CIO, diante da segurança e da perseverança de Avi em defender seus produtos de forma serena, mas sólida, e percebendo nele a firme intenção de olhar tudo o que estava naquela pasta, item por item, bruscamente se levantou da cadeira, arrancou a pasta das mãos do Avi e a jogou inteira na lata do lixo.

Após alguns instantes de silêncio e perplexidade, Avi ouviu a seguinte frase daquele executivo:

> — *Agora podemos falar de seus produtos!*

Como resultado dessa reunião, Avi relata que as portas daquela conta se abriram definitivamente para os produtos que ele tinha ido defender. Ao final daquele mesmo ano, o negócio se concretizou, deslocando a concorrência daquele cliente.

PERGUNTAS PARA REFLEXÃO E DISCUSSÃO

1. No caso apresentado, o executivo de vendas foi diretamente falar com a principal pessoa da área de informática daquela conta. Com base em sua leitura deste capítulo (e dos anteriores), justifique o que pode ter levado esse executivo a tomar tal atitude.

2. Com base na leitura do presente capítulo, identifique, detalhando, quais fases do processo pessoal de tomada de decisão foram cum-

pridas na reunião relatada. O que foi obtido em cada etapa, permitindo a passagem para a fase seguinte?

3. Quais foram os fatores determinantes para que o executivo obtivesse o resultado alcançado?

CAPÍTULO 5

A ESTRATÉGIA DE UMA OPORTUNIDADE DE VENDA

A palavra "estratégia" tem certo charme. Parece algo intimamente ligado aos campos de batalha ou às salas das reuniões supersecretas, destinadas a determinar nosso futuro. E isso tem uma razão de ser: a palavra estratégia vem do grego *estratego*, que designava o cargo do general de um exército. Cabia ao *estratego* coordenar com eficácia as ações de seus comandados, usando os recursos disponíveis e explorando as condições que se apresentavam favoráveis para atingir determinado objetivo de forma vantajosa. Após milhares de anos e muitos filmes de Hollywood, essa palavra acabou por se estabelecer no inconsciente coletivo, causando curiosidade e, ao mesmo tempo, certa reserva que impede pessoas como nós, "simples mortais", de utilizarem seus conceitos no dia a dia.

Em seu trabalho de vendas, você também pode usar processos para criar uma estratégia de venda com o objetivo de aumentar suas probabilidades de sucesso no fechamento de uma oportunidade. Assim, enquanto no capítulo anterior aplicamos o pensamento processual para nos prepararmos para um contato comercial, focando literalmente o que nossos pés precisam fazer ao pisar no chão, neste capítulo nos concentraremos na análise de uma oportunidade de vendas, quando nossa visão tem que se elevar algumas centenas de metros do chão para que possamos idealizar corretamente nossas ações futuras. Por exemplo, se durante a formulação de uma estratégia para uma oportunidade de vendas estabelecermos que uma reunião precisará ser realizada com determinado influenciador do processo de decisão, não será o caso, nesse momento, de prepararmos *ipsis litteris* esse contato. Ao iniciarmos a implementação de nossa estratégia e nos prepararmos para a execução dessa ação, aí sim nossa mente deverá focar o contato, e então poderemos usar processos para planejar especificamente essa reunião.

Ao contrário do que muitos pensam, aplicar o pensamento estratégico em nossas atividades – principalmente na de vendas – é algo simples, "que não requer prática tampouco habilidade". Elaborar uma estratégia nada mais é do que, ao receber um objetivo, analisar o ponto em que nos encontramos, entender nossos pontos fortes e nossos pontos fracos e traçar um conjunto de ações e manobras – isto é, nossas "táticas" – para que alcancemos de modo adequado o objetivo. Nesse sentido, é prudente fazermos uma observação com relação à tendência de lateralização, ou terceirização, de problemas do ser humano. Quando analisamos nossos pontos fortes e fracos, temos a tendência de nos atermos em demasia a nossas deficiências, como "nosso marketing é deficiente", "nosso produto não tem determinada funcionalidade" e por aí afora. É como o indivíduo que se encontra encurralado por um assaltante de 2 metros de altura em um beco sem saída e fica se lamentando por não ter se matriculado no curso de capoeira que sua madrinha queria lhe pagar há quinze anos, em vez de analisar o que pode ser feito diante da situação para preservar sua integridade física. Um bom pensamento estratégico significa planejar ações que foquem os pontos fortes, ou seja, os recursos disponíveis.

Nossas forças nos ajudam a reduzir a sensibilidade de nosso cliente ao preço, além de restringir a concorrência em uma oportunidade. Assim, elas devem ser usadas para tirarmos proveito de oportunidades que estejam presentes em uma situação ou, então, para minimizar ou eliminar nossas fraquezas e ameaças. Não esqueça: você somente poderá encarar alguma coisa como um ponto forte se ela for relevante para a situação específica da oportunidade de vendas sendo analisada. Por exemplo, de que adianta você ter um excelente pacote de crédito e financiamento para um cliente que deseja pagar à vista?

Seja como for, ao longo do desenvolvimento de sua estratégia para uma oportunidade de vendas, você deverá analisar uma série de informações, focando quatro áreas principais:

- o objetivo de sua estratégia;

- o ambiente externo onde sua venda está contextualizada;

- os influenciadores do processo de decisão dessa venda;
- a concorrência existente nessa oportunidade.

Note que a matéria-prima para a elaboração de um bom plano estratégico é a informação. Por isso, antes de pensar em qualquer ação que possa ser feita para aumentar sua probabilidade de sucesso em uma venda, você precisa primeiro analisar as informações que possui e, principalmente, as que ainda não possui.

Tenha em mente que qualquer ausência de informação é, por natureza, um ponto fraco. Assim, informações não claras, influenciadores que você ainda não acessou ou qualquer outro tipo de incerteza devem ser tratados como tal. Também devem ser tratados como pontos fracos as ameaças presentes em sua situação de venda e todos os pontos fortes percebidos por seu cliente em seus concorrentes. Em sua análise, procure sinalizar esses pontos, não ficando constrangido ao identificar mais pontos fracos do que você imaginava ter. Como uma boa estratégia visa minimizar os pontos fracos, identificá-los irá, na verdade, aperfeiçoá-la. Pior que andar por uma estrada cheia de buracos sinalizados é andar por uma estrada em que eles não estejam sinalizados.

> **Pior que andar por uma estrada cheia de buracos sinalizados é andar por uma estrada em que eles não estejam sinalizados.**

Infelizmente, em uma venda altamente competitiva, em que seu cliente potencial tem muitas alternativas e o processo de compra é complexo, com a participação de vários influenciadores na decisão, não existem estradas planas. Diante de uma oportunidade considerada estratégica – seja pelo montante envolvido na compra, seja pelo produto ou serviço que você queira vender, seja pelo cliente ou mercado almejado ou por qualquer outro critério –, você precisará reservar um tempo para formatar um pensamento estratégico antes de agir. Se você não tinha esse costume até este momento, lembre-se de que, provavelmente, o que fazemos para chegar a um lugar não é suficiente para nos manter lá. Esperar resultados diferentes fazendo as coisas sempre da mesma forma é uma boa definição para a palavra "insanidade". No ambiente de vendas complexas, ter pensamento estratégico é pré-requisito para um vendedor profissional.

OBJETIVO DA ESTRATÉGIA

O primeiro passo do processo de elaboração de qualquer estratégia é a definição de seu objetivo. Quando aplicamos esse conceito especificamente a uma situação de vendas, o objetivo de nossa estratégia torna-se, então, nossa oportunidade de vendas, ou seja, vender "alguma coisa" para "alguém", em determinado "momento", por certa "quantia". Essa definição do que é uma oportunidade ou nosso objetivo de venda pode parecer, à primeira vista, demasiadamente simplista. Entretanto, ela carrega uma série de detalhes que devem ser observados logo no início, a fim de que a estratégia de venda seja traçada de maneira eficiente.

Para começar, quando falamos em vender alguma coisa, estamos falando realmente no singular. Seu objetivo deve ser composto pela venda de um produto, um serviço ou uma solução. Pensar em formular uma única estratégia para vender ao mesmo tempo duas ou mais coisas que não estejam conectadas por meio de um pacote de solução levará, inevitavelmente, a erros na formulação de sua estratégia. Digamos, por exemplo, que você esteja na cidade de São Paulo e pare em um posto de gasolina para pedir uma informação ao frentista sobre como chegar a um lugar. Ele provavelmente perguntará "Aonde você quer ir?". Imagine que você então responda "Bem, eu quero ir para a avenida Paulista e para a avenida Faria Lima", duas importantes avenidas de São Paulo que não se cruzam. Ele certamente responderá com outra pergunta "Em qual lugar você quer ir primeiro?". Imagine que você responda "Bem, eu quero ir aos dois lugares ao mesmo tempo!".

É óbvio que para cada lugar você terá um caminho e que, embora algumas ruas a percorrer sejam as mesmas, não poderá chegar a dois lugares ao mesmo tempo. Assim, caso você deseje ou precise vender uma série de coisas para um mesmo cliente, se elas não compuserem uma solução para uma mesma situação, terá que priorizar seus esforços, sob o risco de executar ações que não o levem a lugar algum.

A ânsia de vender tudo o que for possível de uma única vez ou no menor espaço de tempo traz enormes ineficiências ao dia a dia de vendedores e organizações pelo mundo afora. Lembro-me de um participante de um de nossos treinamentos que, ao ouvir o que acabei de comentar, retrucou "Mas, na minha empresa, os vendedores são orientados a fazer uma abordagem de venda de todo o portfólio, pois nossa estratégia é oferecer uma solução total para nossos clientes!". Bem, adotar um posicionamento de venda de portfólio significa ter uma postura diametralmente oposta à de abrir a mala, tal qual um sacoleiro, e mostrar tudo o que temos para vender. Diante de um portfólio amplo, devemos ficar atentos a todas as oportunidades existentes em uma conta e saber criar as imagens corretas, no momento correto e para as pessoas corretas. Essa, sim, é uma abordagem correta.

Ao perceber que seu atual objetivo de venda, na verdade, trata-se de mais de uma oportunidade, desmembre-as, analisando cada uma em separado. Com isso, você terá planos de ação independentes que, além de darem a noção correta de quais atividades podem ser executadas simultaneamente, trarão um senso de prioridade e oportunismo (isto é, qual objetivo é melhor alcançar primeiro), essencial a um bom estrategista.

Em segundo lugar, quando falamos que seu objetivo de venda deve ter o componente "quem", estamos nos referindo para qual empresa ou unidade de negócios você pretende vender. Pessoas compram de pessoas, e a somatória dos comportamentos, valores e atitudes das pessoas de uma organização forma o que podemos chamar de cultura organizacional. Assim, ao analisar seu objetivo de venda, você deverá olhar a organização para a qual está tentando vender e fazer a seguinte questão: o perfil "psicográfico" desse cliente antecipa algum aspecto positivo ou negativo de seu objetivo?

Geralmente, o trabalho de marketing implica algum tipo de segmentação demográfica, a fim de determinar quando uma empresa pode ser considerada um cliente potencial. Ao falar de aspectos demográficos, estamos nos referindo a dados como o tamanho da empresa, o volume de faturamento, o nível de lucratividade, o número de funcionários, a distribuição geográfica, a quantidade de filiais e assim por diante. Contudo, quantas vezes você já passou pela situação de ter que atender uma empresa que, segundo as informações obtidas do marketing, deve ser considerada um cliente potencial, mas que, lá no fundo, você sabe que não é bem assim, que seus esforços seriam muito mais bem aproveitados em outro lugar?

Isso acontece porque a segmentação demográfica não é suficiente para determinar se temos um bom objetivo de venda para trabalhar. Para qualificar melhor nossas oportunidades de vendas, precisamos fazer também um trabalho de segmentação psicográfica do cliente. Ao determinar seu objetivo de venda, procure analisar informações sobre a reputação dessa empresa e de seus funcionários, bem como a atitude em relação às pessoas, sejam elas funcionários, clientes, fornecedores ou parceiros. Eles são éticos e leais, jogando ganha-ganha, ou o histórico de suas ações mostra que eles têm uma postura ganha-perde em seus relacionamentos?

Procure confrontar essas informações com as principais características dos melhores e dos piores clientes que você já teve. Analisar o perfil psicográfico de um cliente no momento de determinar seu objetivo de venda antecipará aspectos positivos e negativos que podem aparecer durante o ciclo de sua venda, alertando-o para ações e fortalecendo sua estratégia.

Em terceiro lugar, não podemos esquecer que sua oportunidade tem que ser concluída em determinado momento, ou seja, que seu objetivo de venda deve conter uma data para fechamento – data esta que deve ser respaldada por alguma evidência obtida do cliente. Note: o cliente sempre comprará por suas próprias razões e no momento em que sentir que deve fazê-lo.

Quando analisamos uma carteira de oportunidades ou uma previsão de vendas, a primeira coisa que devemos verificar é a data indicada para a conclusão de cada oportunidade. Geralmente encontramos um fato curioso: as datas de fechamento para as oportunidades de vendas coincidem com o momento de cobrança de cota, seja ele no final do mês, no final do trimestre, seja no final de ano. Ao perceber isso, pergunte-se "Será que existe algum complô dos clientes? Afinal, todos eles decidiram comprar na mesma hora!".

É lógico que, nesses casos, a coincidência com relação às datas de fechamento indica falta de controle do vendedor sobre a oportunidade que está sendo trabalhada e, por consequência, ausência de evidências extraídas do cliente de quando a compra deve ser realizada. Muitas vezes, ela indica também deficiência do vendedor em provocar urgência no cliente, por não demonstrar o quanto este perde a cada dia que posterga sua decisão de compra – falaremos mais sobre isso no próximo capítulo, quando tratarmos do tema retorno sobre o investimento.

A data planejada para a conclusão de determinado objetivo de venda traz à tona uma análise adicional: ao terminar seu plano de ação, construído por meio de seu processo de análise estratégica, você terá que verificar se as ações estabelecidas são passíveis de executar em tempo. Se você verificar que não é possível, altere a data de fechamento. Colocar em sua previsão de vendas uma oportunidade que você sabe que não fechará na data informada é uma bomba-relógio. Ao dizer que uma venda será fechada em determinada data não factível, você até poderá ganhar alguma sobrevida, mas saiba que essa bomba tem hora marcada para explodir.

Em quarto lugar, ter uma quantia associada a seu objetivo de venda implica primeiro entender corretamente todo o escopo da venda, o que, em geral, exige algum tipo de avaliação mais profunda da situação do cliente. Em vendas mais complexas, isso ocorre somente na fase de avaliação da solução, e não no início do ciclo comercial. Não atentar para essa questão simples faz com que muitas organizações e seus respectivos gerentes cobrem de seus vendedores a quantia associada a uma oportunidade logo no início do trabalho de vendas – muitas vezes, por própria imposição dos sistemas de CRM (de *customer relationship management*, ou gerenciamento do relacionamento com o cliente), ou de gerenciamento de oportunidades que foram implantados nas empresas. Isso é um erro, pois pressiona o vendedor de forma errada e o faz incorporar uma atitude que pode gerar um grande mal: informar o preço de uma solução sem antes entender corretamente o escopo do projeto. Voltaremos a essa questão no capítulo 7, quando tratarmos da elaboração de propostas comerciais mais eficazes.

É importante perceber que, se estamos trabalhando com esses quatro elementos é porque já estivemos envolvidos na prospecção e na qualificação da oportunidade. Portanto, não estamos no início da venda, mas mais à frente do ciclo de vida dessa oportunidade. Analisar estrategicamente uma oportunidade de vendas tem como finalidade garantir que, de modo geral, a última metade do ciclo de vida de sua oportunidade não envolva sorte, e sim uma definição clara das ações que devam ser executadas. Tentar aplicar um processo de análise estratégica a zero minuto de sua venda pode implicar a ausência de uma oportunidade em si, ou melhor, de um objetivo de venda. Não estou dizendo aqui que você não deva ser estratégico desde o início de sua prospecção, mas, como visto no capítulo anterior, que o processo para ser usado na preparação de uma primeira visita de prospecção é outro.

Por último, avalie seus sentimentos em relação a seu objetivo de venda. Se você estiver se sentindo entusiasmado, alegre ou despreocupado demais pelo fato de a venda estar praticamente feita, analise se esse sentimento corresponde realmente à realidade dos fatos. Quando ficamos nesse estado emocional, nossa tendência é não tomar nenhuma precaução, abrindo brecha para a ação da concorrência. Por outro lado, se você estiver extremamente preocupado, temendo pelo sucesso de seu objetivo de venda, pare e lembre-se de que o ser humano tende a ter reações descontroladas quando entra em estado de pânico. Estados emocionais limítrofes não combinam com um pensamento estratégico analítico e eficaz.

> **Estados emocionais limítrofes não combinam com um pensamento estratégico analítico e eficaz.**

Após definir seu objetivo, reserve alguns minutos para entender como você se sente em relação a ele. Bata um papo consigo mesmo e pergunte-se "Por que estou me sentido assim?", anotando as respostas que lhe vierem à mente. Qualquer sentimento que não seja próximo a algo normal ou seguro, tanto do lado positivo como do lado negativo, indica a existência de potenciais pontos fracos em sua atuação nessa venda e, por consequência, que ela deve ser analisada estrategicamente, a fim de aumentar suas probabilidades de sucesso.

AMBIENTE EXTERNO

Após definir o objetivo de sua estratégia, você deve analisar o terreno no qual irá pisar. Enquanto pontos fortes e fracos têm origem eminentemente interna, ameaças e oportunidades vêm do ambiente externo. Entretanto, é importante considerar um fenômeno interessante: oportunidades detectadas no ambiente em que sua venda se contextualizará podem fazer com que suas deficiências se tornem forças. E, como todo bônus traz um ônus, ameaças podem fazer com que seus pontos fortes se transformem em fraquezas. A história das guerras está repleta de exemplos desse fenômeno. Um deles é a Batalha de Agincourt (França, 1415), durante a Guerra dos Cem Anos, quando cerca de seis mil ingleses e galeses, na maioria arqueiros e soldados profissionais, combateram e venceram cinquenta mil franceses, que lutavam em seu próprio solo e contavam com excelentes cavaleiros protegidos por armaduras.

Acontece que os franceses eram pagos pelo "butim" – os bens materiais e escravos que se tomam do inimigo em uma batalha. Como os ingleses estavam fora de seu território, a intenção era aprisionar e exigir resgate dos nobres ingleses capturados. Do outro lado, os ingleses eram soldados contratados sob a ordem de não fazerem prisioneiros, pois, como o inimigo estava em maior número, havia o perigo de um levante posterior dos prisioneiros.

O tempo estava péssimo e tinha chovido na noite anterior, deixando o solo, que era fofo, encharcado. Os cavaleiros franceses usavam armaduras que pesavam vinte quilos e não podiam se deslocar direito em um solo molhado. Os arqueiros ingleses, acometidos de disenteria, tiveram que, literalmente, lutar sem as calças. Apesar de um arco não ser eficaz contra um cavaleiro de armadura, ele é altamente eficiente contra seu cavalo. Arqueiros ágeis por estarem sem calças foram mortais contra cavaleiros atolados diante do peso de suas armaduras. Como resultado de uma estratégia que deu pouca atenção ao ambiente externo, foram mortos aproximadamente dez mil franceses, contra apenas 1.600 ingleses. Dizem que o sinal de "V" da vitória feito com os dedos se originou dos arqueiros galeses após essa batalha.

Seja como for, o fato é que, independentemente de quais pontos fortes e fracos você tenha, para traçar uma boa estratégia terá primeiro que analisar o contexto externo, pois ele poderá alertá-lo sobre suas verdadeiras forças ou deficiências para o objetivo específico em questão. Reserve alguns minutos para analisar o ambiente no qual essas três entidades estão inseridas: sua "empresa", seu "cliente" e os "clientes de seu cliente". Tente identificar qualquer fato ou mudança que esteja ocorrendo para elas, pois, tal qual a tempestade que cai repentinamente sobre um terreno macio, mudanças podem trazer oportunidades ou ameaças para o objetivo de sua estratégia.

Por exemplo, uma mudança no clima que provoca chuvas e inundações mais frequentes, isolando as pessoas, pode ser vista como uma oportunidade para a venda de mais aparelhos celulares. A consolidação de duas empresas que adotam soluções concorrentes para sua infraestrutura tecnológica pode ser uma ameaça para o fornecedor que enfrenta problemas de satisfação com uma das empresas ou uma oportunidade para seu concorrente que construiu um bom relacionamento com a outra empresa. O fato de as pessoas estarem mais preocupadas com a saúde, exercitando-se mais e deixando de fumar, pode ser visto como uma ameaça para um fornecedor de medicamentos. Ao analisar o ambiente externo em que seu objetivo de venda está contextualizado, procure focar as áreas a seguir.

- **Mercado.** Está havendo alguma mudança na oferta e na procura por bens e serviços em que as três entidades operam? Alguma mudança nas relações comerciais dessas empresas está ocorrendo? Existe algum novo tipo de cliente?

- **Economia.** O panorama econômico é de crescimento, declínio ou estagnação? Algo pode mudar, ou pode estar mudando, no arranjo ou modo de funcionar de seus elementos, de maneira gradual ou abrupta?

- **Demografia.** Pense na composição, no arranjo e na localização das empresas e pessoas existentes no ambiente em que essas entidades estão contextualizadas. Está ocorrendo alguma alteração em relação a aspectos como natalidade, mortalidade, abertura de novas empresas, falências, produção econômica, migração, distribuição geográfica, renda, etnia, doenças, casamentos e divórcios? Lembre-se de que as alterações podem ocorrer de forma rápida ou lenta, para melhor ou para pior.

- **Meio ambiente.** Reflita sobre a influência de fatores físicos, biológicos e químicos que afetam as três entidades. Alguma mudança está ocorrendo nesses fatores que pode afetar os negócios das partes envolvidas?

- **Tecnologia.** Novos processos, técnicas, métodos, meios ou instrumentos que estão sendo lançados podem afetar de alguma forma seus negócios, o negócio de seus clientes ou o dos clientes de seu cliente?

- **Política.** Está acontecendo alguma mudança na organização, na orientação ou na administração, tanto em relação ao governo como em relação às empresas?

- **Cultura.** Fique atento aos padrões de comportamento, costumes, crenças e conhecimentos das pessoas e das organizações. Eles estão mudando, mesmo que sutilmente? Essas mudanças podem afetar algum aspecto de seu objetivo de venda?

- **Ofertas.** Algum produto ou serviço está sendo lançado no mercado, por você ou por seus concorrentes diretos e indiretos? E pelo cliente ou clientes e concorrentes dele? Há alguma melhoria de funcionalidade ou novas características incorporadas às ofertas já existentes? Alguma nova forma de pagamento ou de empacotamento, bem como serviço adicional, vêm sendo agregados?

- **Concorrência.** Há notícias de novos concorrentes, diretos ou indiretos? Alguém está saindo do mercado? Algo está mudando em relação a sua concorrência, seja em termos de crescimento ou declínio, seja de forma repentina ou paulatina? Novamente, leve em conta as três entidades.

- **Táticas e estratégias.** Alguma nova prática está surgindo no mercado? As empresas estão usando alguma tática ou estratégia específica que pode abalar esse objetivo de venda?

- **Estruturas organizacionais.** Verifique se não está ocorrendo algum tipo de reorganização, fusão, aquisição, parceria, aliança, ampliação ou redução de atuação, demissão ou contratação nas empresas que compõem seu mercado de atuação. Mudanças nas estruturas de empresas e mercados podem fazer aparecer novos concorrentes ou influenciadores não cobertos do processo de decisão – ou, ainda, fazer sumir velhos amigos. Algo nesse sentido pode afetar seu objetivo, transformando-se em um tipo de ameaça ou oportunidade para sua venda?

Note que essas perguntas servem apenas como uma orientação geral. Você deverá pensar nesses e em outros possíveis aspectos, fazendo suas próprias perguntas. A técnica de *brainstorm* pode ser uma poderosa ferramenta nesse momento.

O importante, no entanto, é que, após as perguntas, você procure separar as informações identificadas em dois grupos: oportunidades e ameaças – lembre-se de que o objetivo de sua estratégia é capitalizar oportunidades e eliminar – ou, pelo menos, minimizar – suas ameaças. Um alerta se faz necessário nesse momento: vendedores têm uma tendência a serem otimistas demais. Talvez pela pressão e pelo estresse do dia a dia. Por essa razão, ao terminar sua lista, verifique se não foram identificadas oportunidades de mais ou ameaças de menos.

Conceitualmente, o que determina se um fator é uma ameaça ou uma oportunidade é seu grau de controle sobre ele. Por exemplo, os especialistas em segurança dizem que dirigir de óculos escuros reduz a probabilidade de você ser assaltado no trânsito, pois o bandido não consegue saber se você percebeu a movimentação dele com antecedência. Por esse motivo, a oportunidade de fazer um assalto bem-sucedido se transforma em uma ameaça de reação da vítima.

INFLUENCIADORES DO PROCESSO DE DECISÃO

É sempre bom lembrar que pessoas compram de pessoas, isto é, a estratégia de venda usada com o cliente deve ser formada por ações direcionadas aos influenciadores do processo de decisão de uma oportunidade específica. Após analisar seu objetivo de venda e o ambiente em que a sua venda ocorrerá, você terá que executar as tarefas a seguir.

- **Acesso e cobertura.** Verificar se todos os influenciadores estão corretamente identificados, acessados e cobertos.

- **Nível de poder.** Analisar o nível de poder de cada um no processo de decisão dessa oportunidade.

- **Percepções pessoais.** Considerar a percepção pessoal sobre a realidade vivenciada por esses influenciadores.

- **Postura dos influenciadores.** Avaliar a postura de cada um deles em relação a você, sua empresa e suas ofertas.

- **Imagens.** Identificar, construir ou reconstruir as imagens de compra de cada um desses participantes do processo de decisão.

No capítulo 2, em que abordamos o ciclo de uma venda complexa, foi comentado que, em toda venda complexa, existem três papéis de influência: o influenciador econômico, que dá a aprovação final após analisar o retorno sobre o investimento a ser feito; os influenciadores técnicos, que analisam a aderência de sua oferta aos padrões legais, técnicos e administrativos, e os influenciadores usuários, que usarão ou supervisionarão a utilização de seus produtos e serviços.

Contudo, não basta você saber da existência desses influenciadores no processo de decisão ou mesmo quem eles são para determinada oportunidade de vendas. Além de identificá-los, você deverá acessar e cobrir corretamente cada um deles, entender seu nível de poder, suas percepções, sua postura e as imagens contidas na mente deles. Nas seções a seguir, entenderemos um pouco melhor cada um desses aspectos.

ACESSO E COBERTURA

Um dos maiores problemas de uma oportunidade de vendas é o vendedor se ater somente aos influenciadores técnicos e aos influenciadores usuários. Ao não buscar acesso e cobrir corretamente o influenciador econômico, o vendedor fica distante das necessidades e prioridades de quem realmente dará a palavra final no processo de venda, tornando o ciclo mais longo e abrindo o flanco para a ação dos concorrentes.

> **Um dos maiores problemas de uma oportunidade de vendas é o vendedor se ater somente aos influenciadores técnicos e aos influenciadores usuários.**

Muitos vendedores julgam que influenciadores econômicos são mais difíceis de identificar e acessar do que os outros participantes de um processo de avaliação. As justificativas para essa dificuldade geralmente têm como base o seguinte: o vendedor não consegue identificar quem é o real tomador de decisão de sua oportunidade de vendas, o vendedor é bloqueado em seu acesso a ele ou o vendedor não se sente confortável em acessá-lo por não conseguir estabelecer um diálogo que seja pertinente ao cargo e aos interesses desse influenciador.

A questão de não conseguir identificar quem é o real decisor em um processo comercial pode ser muitas vezes suplantada pelo hábito de perguntarmos quem é ele ou, de forma menos direta, perguntar sobre o processo de tomada de decisão. Isso envolve perguntas simples, como:

> *— Diga-me uma coisa, quais seriam os próximos passos nesse processo de decisão? Quem mais estaria envolvido?*

Em geral, esse tipo de pergunta revela de forma eficaz quem é o tomador de decisão. No entanto, quando a resposta de nosso interlocutor não nos traz essa informação, podemos ser mais diretos:

> *— De quem será a decisão final nesse processo?*

Como dissemos no capítulo 2, durante o ciclo de uma venda complexa devemos qualificar o processo de decisão o mais cedo possível, a fim de ficarmos alinhados a ele e termos um bom grau de controle sobre o processo de compra. Se essa atividade não foi executada na oportunidade analisada nesse momento, é a hora de identificar esse ponto fraco. Seu plano de ação deverá conter uma atividade específica que aborde o fato de você não saber ou não ter acesso ao real tomador de decisão. Pesquise, busque informações ou converse com quem acha que pode dar-lhe um correto direcionamento para identificar o influenciador econômico de sua venda. Se, ao executar o seu plano, nenhuma dessas atividades lhe mostrar o caminho ao poder, você poderá ainda deduzir ou supor quem o tenha e tentar acessar essa pessoa. Mas, lembre-se, fazer todos os investimentos que uma venda complexa exige sem envolver o real tomador de decisão de sua oportunidade pode ser um grande erro, pois devemos ter em mente que só podemos vender para quem realmente pode comprar.

Muitos vendedores reclamam que não têm acesso ao influenciador econômico de uma venda por serem bloqueados por outra pessoa, seja por secretárias, influenciadores técnicos ou mesmo um influenciador usuário. Isso geralmente acontece porque a pessoa que exerce o bloqueio deseja ter um grau de controle e poder sobre o projeto muito além de seu real poder de decisão. Em alguns casos, a pessoa não se sente confortável em dar acesso ao real tomador de decisão ou, infelizmente, apenas o está utilizando para validar e racionalizar a decisão da compra, que será de outro fornecedor. Há alguns casos, ainda, em que a pessoa apenas o usa para obter informação gratuita sobre sua tecnologia ou seus produtos e serviços.

Seja qual for a razão do bloqueio, sua estratégia deverá contemplar uma ação que mostre como essa pessoa pode ganhar ao liberar o acesso a quem realmente decide. De modo geral, quando você identifica a real necessidade de uma pessoa e consegue construir uma forte imagem de compra em sua mente, diante da falta de poder para dizer sim a sua venda, essa pessoa se tornará sua patrocinadora, dando-lhe o acesso a quem realmente é o influenciador econômico de sua oportunidade. Outras vezes, é necessário você barganhar com ela, oferecendo-lhe algo que deseja

– uma palestra, uma demonstração ou uma visita a um cliente referência, por exemplo – em troca do acesso ao real tomador de decisão.

Diante de um bloqueio, você ainda poderá tomar outras duas decisões: aceitá-lo e continuar trabalhando nessa oportunidade, mesmo sem o correto acesso e cobertura ao influenciador econômico, ou dar um *bypass* nessa pessoa – ou seja, contorná-la –, acessando diretamente o influenciador econômico.

Contudo, é bom ter em mente a consequência dessas duas linhas de ação. Primeiro, quando aceitamos um bloqueio em uma oportunidade, normalmente o resultado de nossos esforços de venda será obter mais informações sobre a conta, seu processo de decisão e o *modus operandi* de seus colaboradores, e não a venda propriamente dita. Dessa forma, os recursos gastos deverão ser tratados como investimentos em vendas futuras, e essa oportunidade em específico não deverá constar de suas previsões de vendas ou mesmo de seu *pipeline* – que veremos com mais detalhes no capítulo 10, quando discutiremos a questão do *pipeline* e do balanceamento das vendas. Segundo, quando ignoramos um bloqueio e passamos por cima de uma pessoa, em geral ganhamos um antipatrocinador. Por essa razão, é importante que tanto o acesso e a cobertura como a imagem criada no real influenciador econômico de sua oportunidade sejam fortes o suficiente para suplantar as prováveis ações de retaliação e o grau de influência e autoridade do bloqueador deixado para trás.

Como você pode ver, as consequências dessas duas estratégias não são lá muito agradáveis. Por isso, do ponto de vista tático, é sempre bom ter em mente a seguinte orientação diante de uma nova oportunidade: mire alto. Mirar alto significa iniciar seu trabalho tentando chamar a atenção e criar interesse pelos resultados que seus produtos e serviços podem trazer para as pessoas no nível de decisão mais alto de uma conta.

É lógico que isso demanda planejamento e preparação, como também implica não ter medo de potenciais rejeições. Ao ligarmos, por exemplo, para o presidente de uma empresa, mesmo que seja a secretária que nos atenda e não consigamos uma reunião com ele, podemos ser encaminhados para um nível organizacional inferior. Como sempre existe uma cadeia de comando organizacional, há grande probabilidade de irmos para o nível imediatamente inferior. Mas, qual seria o nível abaixo ao da presidência? Isso mesmo, a diretoria! Ou seja, nossa tática de mirar alto fez com que iniciássemos nossa venda ainda na sala C.

Acessar em primeiro lugar a sala C não significa deixar de lado os influenciadores técnicos ou usuários de sua venda. Significa entender que, se você não fizer isso, provavelmente enfrentará um ciclo mais longo de venda, envolvido com uma porção de técnicos ou usuários sem o correto poder de decisão, fazendo palestras, demonstrações ou mesmo dispendiosos projetos pilotos e correndo o risco de escutar, ao final de seis meses de trabalho, que a diretoria tomou uma decisão política e optou pelo seu concorrente.

Uma estratégia *top-down* – de cima para baixo – bem feita no início de uma oportunidade de vendas implica, após ter acesso ao influenciador econômico em primeiro lugar, pedir seu apoio para conhecer os demais influenciadores que participarão do processo de avaliação de seus produtos ou serviços. Para isso, uma tática simples é fazer as seguintes perguntas ao influenciador econômico:

> *— Haverá alguma revisão legal, técnica ou administrativa nesse processo?*
>
> *— Quais serão as pessoas que irão liderar ou coordenar essas revisões?*
>
> *— Seria importante, futuramente, que você me apresentasse a essas pessoas. Você pode me apoiar nisso?*

Iniciar uma oportunidade de vendas acessando o influenciador econômico para então, junto com ele, cobrir as demais bases de influência é um excelente antídoto contra pessoas que podem não desejar sua venda. Ao ser apresentado a essas pessoas por quem tem o poder de decisão, potenciais barreiras e antagonismos têm grande probabilidade de serem enfraquecidos, pois, afinal de contas, quem o apresentou foi o "homem".

Finalmente, em relação à questão de o vendedor não ficar confortável diante de uma pessoa com alto poder de decisão, é preciso sempre ter em mente que somos todos seres humanos. Se reservarmos um tempo para nossa preparação, compreendendo corretamente os resultados esperados de uma pessoa que ocupa esse tipo de cargo dentro de uma empresa, conseguiremos fugir do discurso sobre o produto e demonstrar fluência para compreender não só as necessidades e os motivos dessa pessoa, mas também a maneira como nossas ofertas podem ajudá-la. Assim, conseguiremos construir a imagem de solução necessária para que esse influenciador se comprometa com nosso processo de venda.

NÍVEL DE PODER

Após analisar se você está cobrindo corretamente todos os influenciadores de sua oportunidade de vendas, o próximo passo consiste em analisar o nível de poder de cada um deles. Isso porque, se sua estratégia não considerar que os vários participantes de um processo de decisão, independentemente de seus papéis, possuem níveis de poder distintos, você poderá incorrer em algum erro de juízo, fazendo a ação certa para a pessoa errada ou deixando de fazer algo.

Em uma organização, o poder de uma pessoa depende de dois fatores básicos: seu grau de influência e seu grau de autoridade em relação ao processo de decisão de sua oportunidade de vendas.

$$P = I + A$$

Esse esquema simples nos mostra que uma pessoa que não tem influência, mas possui autoridade, detém poder. Mostra também que não ter autoridade formal sobre algum aspecto, mas possuir influência sobre quem o tenha, atribui poder à pessoa. À medida que uma pessoa adquire poder dentro de uma empresa, seja por meio da autoridade inerente a sua função, seja pela influência que seus relacionamentos lhe conferem, ela deixa de ficar imaginando por que as coisas acontecem a seu redor, ou então deixa de simplesmente ver as coisas acontecerem para, como parte da estrutura política de sua organização, fazer com que aconteçam. A partir do momento em que essa pessoa chega finalmente "ao topo da cadeia alimentar", detendo tanto uma elevada autoridade como uma alta influência organizacional, ela deixa de "colocar a mão na massa" e passa apenas a controlar os resultados desejados.

O problema é que, muitas vezes, o vendedor concentra seus esforços em pessoas que não possuem influência nem autoridade sobre o processo de decisão de sua venda – para simplificar, costumo chamar esse tipo de pessoa, em meus treinamentos, simplesmente de "nina": aquele que não tem influência e não tem autoridade. Você provavelmente já se deparou com diversos ninas em sua carreira de vendas, e isso invariavelmente acontece quando a tática de prospecção de uma oportunidade foi *bottom-up* – de baixo para cima. Quando não miramos alto e iniciamos nossos esforços de venda muito abaixo na estrutura organizacional, é certeza de que iremos nos deparar com algum nina.

Não se está dizendo aqui que os ninas devem ser ignorados, que devemos passar por cima deles como um rolo compressor, mesmo porque o nina de hoje pode ser o influenciador econômico de uma oportunidade futura, à medida que ele vai ganhando influência ou autoridade. Contudo, esperar que a venda, nessa oportunidade atual, seja feita para essa pessoa é um grave erro. Lembre-se, você só poderá vender para quem tem o poder de comprar.

Ninas podem ser encontrados em toda organização, tanto em cargos hierarquicamente inferiores como nos escalões mais altos. Independentemente do nível hierárquico que essas pessoas possuam, estamos tratando aqui do poder específico para essa sua oportunidade de vendas em particular. E, nesse sentido, precisamos ter muito cuidado na análise do poder de uma pessoa, pois esse pode ir além das simples aparências. Ninas podem estar camuflados atrás de belas roupas e pomposos cargos em seus cartões de visita. No entanto, geralmente, dois comportamentos básicos podem alertar para a existência de um nina a sua frente.

- **"Quero ser."** Essa pessoa faz questão de demonstrar que tem poder, seja por suas palavras, gestos, comportamento, seja por roupas. Normalmente exerce algum bloqueio para o acesso ao real tomador de decisão ou, então, declara cedo demais que sua venda está feita, quando nem todas as etapas do ciclo comercial foram cumpridas.

- **"Diga mais."** Essa pessoa adora receber informações gratuitamente e pede, a todo momento, dados adicionais sobre sua empresa, seus produtos e seus serviços. Ela simplesmente não consegue resistir a uma nova visita, um folheto técnico, uma palestra ou uma demonstração. Mesmo solicitando uma série de coisas, reluta em assumir compromissos com você.

Para que sua estratégia tenha sucesso, você deverá compreender o nível de poder de cada influenciador de sua venda e desenvolver uma abordagem que considere esse aspecto do processo de decisão. Fique atento a níveis muito baixos de poder: será que essa pessoa realmente exerce influência em sua oportunidade? Note, ainda, que o nível de poder de um influenciador econômico é sempre alto, a menos que ele resolva delegá-lo a outra pessoa. Fatores como o impacto organizacional de seu projeto, prioridades pessoais, distâncias geográficas, políticas internas e o próprio processo decisório podem afetar o nível de poder de um influenciador. Procure não confundir poder com envolvimento nas atividades de seu ciclo de venda. Só porque uma pessoa não está sempre presente durante o ciclo de sua venda não significa que ela não tenha poder sobre ele. Aprenda a ler nas entrelinhas.

Por último, preste atenção às pessoas com níveis elevados de poder, tentando criar um alto grau de credibilidade com elas. Como um nível alto de poder implica, geralmente, credibilidade com os outros influenciadores do processo de decisão, se alguma dessas pessoas desejar sua solução em detrimento das alternativas concorrentes, ela poderá direcionar e agir como mentor em sua venda, patrocinando suas atividades e fornecendo ou interpretando informações valiosas para a composição de sua estratégia.

PERCEPÇÕES PESSOAIS

A realidade e as percepções que as pessoas têm sobre ela podem ser coisas absolutamente distintas. Um exemplo é o caso do sujeito que se atirou do vigésimo andar de um prédio e, ao passar pelo décimo andar e ser questionado "Como estão as coisas?" por uma pessoa que estava na janela, respondeu "Até aqui, tudo bem!".

> A realidade e as percepções que as pessoas têm sobre ela podem ser coisas absolutamente distintas.

Para traçar uma estratégia de venda bem-sucedida para sua oportunidade, você deverá considerar a percepção pessoal da realidade vivenciada pelos influenciadores e desenvolver uma abordagem para cada uma dessas percepções, pois a soma delas é que determinará a urgência na definição de sua venda.

É importante entender que sua venda implicará sempre algum tipo de mudança para as pessoas de uma organização. E é possível haver casos nos quais essa mudança não é bem-vinda, pois os diferentes influenciadores do processo de decisão podem ter percepções diferentes sobre a necessidade dessa mudança.

Basicamente, podemos encontrar quatro tipos de percepções diferentes sobre uma mesma realidade.

- **Melhoria.** Uma pessoa com uma percepção de melhoria vê um potencial de crescimento para a situação que está sendo vivenciada, isto é, existe uma situação ideal que é melhor do que sua situação atual. Há uma lacuna entre a situação vivenciada e a desejada. Se seu produto ou serviço conseguir atender a essa lacuna, você terá um ponto positivo em sua estratégia de venda para com esse influenciador.

- **Recuperação.** Uma pessoa que, vivenciando um problema, vê sua situação atual como pior do que era antes. Também existe uma lacuna entre a situação atual e a ideal, e, se sua oferta puder preencher essa lacuna, levando essa pessoa à situação que ela julga ideal, você terá um ponto extremamente positivo em sua estratégia.

- **Estabilidade.** Uma pessoa com uma percepção de estabilidade acredita que sua situação atual é a ideal, ou seja, não existe motivação para uma mudança imediata. Como não existem lacunas entre a situação vivenciada e a desejada, ela não vê a necessidade de adquirir seus produtos ou serviços nesse momento. Consequentemente, esse tipo de percepção é um ponto negativo em sua estratégia, que deve ser equacionado por algum tipo de ação.

- **Superconfiança.** Uma pessoa superconfiante acredita que está em uma situação muito melhor que a ideal. Como ela está bem melhor do que desejaria estar, não existem lacunas entre a posição atual e a ideal e, portanto, não há nenhuma necessidade de adquirir seus produtos ou serviços.

Diante de uma mesma realidade, é possível haver pessoas com esses quatro tipos distintos de percepções. Em uma empresa que triplica suas vendas em determinado período, pode haver um gerente geral que tenha uma percepção de melhoria, desejando incrementar ainda mais sua posição no mercado. Ao mesmo tempo, o aumento repentino das vendas pode trazer problemas para o gerente de logística, que sonha com o dia em que as entregas voltarão a ser feitas pontualmente e sem erros. Enquanto isso, o gerente financeiro pode estar se sentindo no céu, extremamente confortável pelo fato de seu fluxo de caixa estar em dia, e o gerente de vendas pode estar pensando em se inscrever no concurso de vendedor do ano e não desejar outra vida.

Todas essas percepções determinam urgências diferentes para sua venda. Enquanto uma pessoa com uma percepção de melhoria deseja reduzir a lacuna entre a situação atual e a ideal se possível amanhã, uma pessoa com uma percepção de recuperação deseja seu problema resolvido para ontem, uma pessoa em estabilidade vai fazer negócios com você, quem sabe, algum dia e uma pessoa superconfiante comprará de você provavelmente no dia de São Nunca!

Durante a elaboração de sua estratégia de vendas, analise as percepções individuais de todos os influenciadores do processo de decisão. Em seguida, compare essas percepções com a data prevista para o fechamento de seu objetivo de venda e também com suas projeções de vendas, tentando encontrar algum tipo de incongruência. Se a maioria das percepções – ou as percepções das pessoas com o nível mais alto de poder – for a de recuperação de uma situação problemática, isso indicará que você está trabalhando com uma oportunidade com alta prioridade. Por outro lado, se essas pessoas tiverem percepções de estabilidade ou superconfiança, isso indicará que a prioridade dessa oportunidade é mais baixa. Essa análise poderá lhe trazer algumas descobertas, tais como se você chegou tarde demais ou se está prevendo cedo demais a data de fechamento para essa oportunidade.

POSTURAS DOS INFLUENCIADORES

Qual é a atitude ou o ponto de vista de cada influenciador em relação a seu objetivo de venda? Não estamos aqui falando em termos pessoais, mas em relação a sua venda. Ao cobrir corretamente todos os influenciadores do processo de decisão, você poderá encontrar pessoas que o apoiam e estão entusiasmadas com o fato de você poder "levar o prêmio". Outros, infelizmente, irão preferir que você fique com a medalha de prata ou, então, seja desclassificado da competição, o que, em vendas, dá na mesma.

Para elaborar uma estratégia de sucesso, você deve analisar a postura de cada um dos influenciadores de sua oportunidade de vendas. E, obviamente, para que possa fazer essa análise, já deverá tê-los identificado, acessado e coberto. Analise as mensagens e sinais, diretos ou indiretos, que essas pessoas lhe passam durante os diversos contatos e visitas realizados ao longo de seu ciclo comercial.

O influenciador está entusiasmado com o fato de você efetivar sua venda, apoiando seus esforços ou dando direções para sua estratégia? Se sua análise concluir que ele obterá vantagens tangíveis com sua venda, poderá ser um aliado, inclusive agindo internamente como seu representante. Por outro lado, e se ele se mostra negativo, atuando como um antipatrocinador? Se perceber que um influenciador obterá vantagens tangíveis se você perder esse negócio, ele provavelmente será um inimigo seu nesse processo de decisão. Você deverá mapear o comportamento de cada indivíduo, buscando pontos fortes que podem ser alavancados ou pontos fracos que devem ser eliminados ou, pelo menos, minimizados durante a execução de sua estratégia.

Caso, após sua análise da postura de um influenciador, você chegue à conclusão de que ele tem uma postura neutra em relação a sua venda, tome cuidado! Tal neutralidade é improvável, e essa conclusão deve alertá-lo para o fato de que você simplesmente não tem acesso a essa informação. Nesse caso, é melhor sinalizar que esse é um ponto negativo de sua posição na conta e prever uma ação em seu plano estratégico para obter essa informação, seja diretamente com esse influenciador, seja por meios indiretos, como com outro influenciador que apoie seus esforços.

A análise de poder, em conjunto com a da percepção e da postura de cada um, dará excelentes *insights* – clareza e compreensão – sobre qual caminho sua estratégia deverá percorrer a fim de que você aumente suas probabilidades de sucesso em seu objetivo de venda.

IMAGENS

Toda imagem de solução tem dois componentes: o lado organizacional e o lado pessoal. É preciso ter em mente que, como seres humanos, somos movidos por interesses próprios. Mesmo as pessoas mais abnegadas, que dedicam sua vida a causas humanitárias e a ajudar o próximo, assim o fazem em busca de uma realização pessoal.

Abordamos anteriormente o conceito de imagem de solução, isto é, poder visualizar mentalmente um novo estado de equilíbrio por meio das capacidades que podemos entregar a nossos clientes. Criar imagens de solução utilizando perguntas de sugestões do tipo "Seria interessante se houvesse uma forma de reduzir os descontos concedidos por seus vendedores ao fechar uma venda?" é fundamental para obter o comprometimento de um influenciador em nosso processo de venda.

Contudo, se nossas ofertas podem trazer impactos positivos a processos organizacionais e, com isso, os influenciadores de uma venda podem desfrutar os resultados obtidos, devemos entender que esses resultados também devem atender aos interesses pessoais de cada um. Quando a imagem de solução criada sobre as capacidades de seus produtos ou serviços atende tanto à agenda de negócios como à agenda pessoal de um influenciador, sua posição estratégica é mais sólida. Por outro lado, quando nossa venda traz perdas pessoais ou não atende a um interesse pessoal de um influenciador, com certeza temos um antipatrocinador em nosso processo, e é preciso criar alguma ação para neutralizá-lo.

Em um processo de vendas, resultados organizacionais são tangíveis, quantificáveis e fáceis de mapear. Quando incrementamos as receitas de uma empresa, reduzimos seus custos ou aumentamos a eficiência ou produtividade de algum processo, várias pessoas acabam por compartilhar as melhorias alcançadas. O papel exercido por cada influenciador pode ser um bom caminho para identificar o componente de resultado que sua imagem de solução deve proporcionar. Influenciadores econômicos, por exemplo, buscam resultados como maior eficiência, maior lucratividade, melhor retorno sobre seus investimentos, mais receita e menos custo. Influenciadores técnicos desejam selecionar uma solução que seja aderente aos padrões definidos; buscam maior confiabilidade, menor preço final e melhores condições comerciais. Já os influenciadores usuários estão em busca de resultados que melhorem seu dia a dia – melhor eficiência, maior qualidade, melhoria de sua qualificação profissional e maneiras mais rápidas e fáceis de trabalhar.

Por outro lado, o componente de uma imagem de solução ligado aos interesses pessoais de cada influenciador é um pouco mais difícil de mapear, pois as vitórias particulares não estão diretamente ligadas ao cargo ou ao papel exercido no processo de compra. Conquistas pessoais são mais intangíveis e difíceis de quantificar. Um influenciador pode estar em busca de melhor qualidade de vida, de maior reconhecimento por sua competência profissional, de poder, de autonomia ou, simplesmente, de permanecer em seu atual local de trabalho, que fica a dez minutos a pé de sua residência. Enquanto o papel desempenhado em uma compra determina a procura por resultados organizacionais similares, as vitórias pessoais costumam ser diferentes.

Para elaborar uma estratégia de sucesso, você deve descobrir o interesse pessoal de cada influenciador de sua venda, lembrando-se de não focar apenas os resultados organizacionais. Acostume-se a perguntar para você mesmo: qual é o resultado organizacional específico que minha oferta precisa trazer para que esse influenciador possa pessoalmente ganhar?

Mas como obter tais informações? Observando e perguntando. Talvez não logo de início ou não de forma direta, mas com perguntas do tipo:

> — Se esse projeto der certo, e nós conseguirmos realmente ajudá-lo a trazer esses resultados, o que acontecerá?

> — E você, pessoalmente, o que espera desse processo?
>
> — Quais são seus planos no médio prazo, se tudo der certo?

O compartilhamento de informações pessoais é um dos principais sinais de que você goza de credibilidade com uma pessoa. E credibilidade, como já comentado no capítulo 4, quando tratamos da preparação de um contato, é essencial para uma boa venda.

CONCORRÊNCIA

O próximo passo em sua análise estratégica consiste em avaliar a concorrência existente em sua oportunidade de vendas. O que torna uma venda competitiva é a presença de múltiplos fornecedores no mesmo mercado. E, independentemente de sua proatividade em chegar primeiro, ativar uma necessidade e construir imagens de solução nos influenciadores de seu objetivo de venda, por força da obrigatoriedade de racionalização do processo de uma decisão empresarial, o cliente sempre chamará outros ofertantes para participar do ciclo da venda durante a fase de avaliação da solução. Mais ainda, mesmo que você seja a pessoa mais sortuda do mundo, pois vende um produto ou um serviço para o qual não existem ofertas similares, ao compreender corretamente o que é concorrência, chegará a uma fatídica, porém realista, conclusão: toda venda tem concorrência!

> **Mesmo que você seja a pessoa mais sortuda do mundo, pois vende um produto ou um serviço para o qual não existem ofertas similares, ao compreender corretamente o que é concorrência, chegará a uma fatídica, porém realista, conclusão: toda venda tem concorrência!**

Isso porque concorrência deve ser vista como qualquer alternativa à compra de sua solução. E, sob esse prisma, o cliente sempre terá quatro alternativas básicas antes de comprar de você:

- comprar de outra empresa;

- resolver a situação por conta própria com os meios disponíveis internamente;
- usar os recursos para outro projeto com maior retorno, maior prioridade ou menor risco;
- resolver não fazer nada e tornar latente sua necessidade.

Quando elaboramos nossa estratégia de venda, temos que lembrar que nosso objetivo não é derrotar a concorrência (por mais que isso possa fazer salivar nossa boca), mas conquistar o cliente. Estratégias com foco na concorrência são reativas por definição, pois têm a tendência a ignorar as necessidades do cliente e resultar em abordagens do tipo "Eu também faço isso". Em geral, a percepção que fica na mente do cliente é uma falta de diferenciação entre os fornecedores. No máximo, ele conclui que você faz algo que seu concorrente também faz, mas com um precinho melhor. Ao tentarmos ser melhores que nossos concorrentes, estamos, na verdade, jogando com as regras que foram definidas por eles, o que ressaltará, invariavelmente, nossas fraquezas. Focar demais a concorrência pode ser tão perigoso quanto ignorá-la.

Para aumentar a probabilidade de sucesso em sua estratégia de venda, você deve lembrar que sua missão é alavancar aspectos positivos de sua análise e eliminar ou diminuir aspectos negativos dela. Pontos positivos podem advir de forças ou oportunidades; pontos negativos, de ameaças e deficiências. Enquanto oportunidades e ameaças vêm invariavelmente do ambiente externo, forças e deficiências são internas, isto é, de sua empresa, de suas ofertas ou mesmo de sua atuação nessa conta. Todavia, é muito importante entender que forças e deficiências, embora internas, só o são assim segundo a percepção do cliente. Ou seja, sua análise da concorrência deve partir da ótica dele, e não do que você ou o departamento de marketing de sua empresa pensam a respeito de vocês mesmos ou dos concorrentes. Seu foco deve ser buscar diferenciação pela contribuição percebida pelo cliente.

O primeiro passo para buscar forças e deficiências em relação à atuação dos potenciais concorrentes em seu objetivo de venda é colocar-se na posição do cliente e identificar, sob a ótica dele, os pontos positivos e negativos dessa concorrência. Lembre-se de que seus concorrentes podem ser outras empresas, outros projetos, a tendência de o cliente resolver o problema por conta própria ou simplesmente não fazer nada. Pense nos aspectos a seguir.

- **Imagem de solução.** Quem chegou primeiro nessa oportunidade? A imagem construída na mente dos influenciadores é balizada em soluções concorrentes?

- **Histórico da conta.** Seu cliente já adotou uma solução alternativa antes? Ele obteve os resultados desejados? O cliente prefere comprar de um fornecedor único ou prefere adquirir de múltiplas fontes?

- **Aderência.** Qual é a aderência da oferta? Existem características e aspectos únicos das soluções concorrentes que atendem às necessidades de cada influenciador dessa oportunidade? Existem diferenças em termos dos serviços ou suporte prestados? Existe algum diferencial de preço?

- **Cobertura.** Como os influenciadores estão sendo cobertos pela concorrência? Existe alguém patrocinando a concorrência?

Lembre-se de que seu cliente poderá estar vendo pontos positivos e negativos nos seguintes aspectos das soluções dos seus concorrentes: tecnologia, conhecimento, experiência, reputação, capacitação dos profissionais, logística, processos, serviços e assim por diante. Liste os pontos positivos e negativos de cada uma das prováveis alternativas de seu cliente nessa oportunidade de vendas. Caso você ainda não tenha essas informações, destaque que essa ausência de informação é um ponto negativo de sua análise e estabeleça ações, provavelmente reuniões ou contatos, para obtê-las.

Conhecendo os pontos positivos e negativos de sua concorrência, você deverá aplicar o seguinte raciocínio: todo ponto positivo de um concorrente, sob a ótica de um influenciador de seu objetivo de venda, deve ser considerado uma deficiência sua. Adicionalmente, você deverá analisar os pontos negativos e identificar se eles podem representar alguma força para você, isto é, se existe um meio de serem alavancados. Note que a regra para os pontos fortes de seus concorrentes é direta, enquanto para os pontos fracos é condicional. Isso porque, se você tiver os mesmos pontos fracos, será difícil aproveitar-se dessa deficiência de sua concorrência.

Uma dúvida é frequente nesse tipo de análise: devemos considerar um ponto forte da concorrência, o qual também possuímos, como uma deficiência nossa? A resposta é sim! Isso porque o fato de o cliente estar considerando algo que você possui como um ponto forte de seu concorrente é, na prática, uma deficiência em sua estratégia nessa oportunidade de vendas, visto que não haverá diferenciação por esse ângulo.

Após concluir sua análise sobre seus pontos fortes e fracos perante a concorrência nesse objetivo de venda, você deverá passar para a segunda fase de sua análise estratégica: a elaboração do plano de ação.

O PLANO TÁTICO DE AÇÃO

A estratégia resultante de sua análise deverá ser formada por ações, com responsáveis e datas específicas para sua execução. Essas ações são, conceitualmente, denominadas táticas. Em seu plano de ação, deverá haver pelo menos uma ação para eliminar ou minimizar cada ponto negativo detectado, seja ele uma ameaça, seja uma deficiência, e conter ao menos uma ação para capitalizar os pontos positivos que foram identificados, sejam eles forças, sejam oportunidades.

Ao encerrar seu plano estratégico, suas ações poderão ser agrupadas, de uma maneira geral, em seis tipos de estratégias.

- **Proativa.** Suas ações estão colocando você à frente da concorrência. Você chegou primeiro, identificou corretamente o poder de decisão, ativou uma necessidade nessa pessoa e gerou uma imagem balizada em seus produtos e serviços, criando as regras pelas quais seus concorrentes serão comparados. O foco de suas ações será cobrir adequadamente todas as bases, criar imagens de compra em todos os influenciadores desse processo, gerar e demonstrar valor, controlando corretamente o ciclo da venda.

- **Frontal.** Você não chegou primeiro nessa oportunidade, mas sua análise lhe indicou que seus pontos fortes demonstram uma superioridade perante a concorrência. Suas ações estarão direcionadas para que essa diferenciação se torne clara para cada um dos influenciadores do processo de decisão.

- **Flanqueamento.** Você chegou tarde e já existe uma imagem na mente dos influenciadores do processo de decisão que favorece claramente sua concorrência. Suas ações deverão ser direcionadas no sentido de mudar as regras do jogo, encontrando capacidades não oferecidas por seus concorrentes e, assim, reconstruindo ou expandindo as imagens de solução criadas por eles. Esse é o caso típico, por exemplo, de uma solicitação formal de proposta emitida por uma empresa, usualmente chamada no mundo corporativo de RFP (do inglês *request for proposal*), além de cartas convites ou licitações. Se você souber dessa oportunidade somente ao receber o convite para participar, entenda que está entrando em um jogo cujas regras foram feitas, com enorme certeza, para você perder. Apenas participe desse tipo de processo se lhe for concedido o direito de falar com os líderes dos departamentos que serão diretamente impactados por ele. Caso contrário, sua participação somente legitimará a vitória de seus concorrentes.

- **Fragmentação.** Sua análise indicou que você não tem condições de atingir todo o seu objetivo de venda, mas existe uma clara oportunidade de abocanhar parte dele. Um bom exemplo é o de uma empresa nacional de desenvolvimento de *softwares* para a área de telefonia que, ao perceber que perderia o projeto de uma multinacional para um concorrente de outro país, ofereceu-se para traduzir as telas do sistema. Como se diz, é sempre melhor um pássaro na mão do que dois voando.

- **Retardamento.** Você percebe que não tem condições de ganhar, mas estrategicamente lhe interessa investir recursos para atrapalhar as ações da concorrência. Embora pertençam a uma zona cinzenta da ética, exemplos típicos de movimentações desse tipo de estratégia são oferecer um produto por um período de demonstração ou convidar o cliente para uma viagem para ver o lançamento de uma nova versão de um produto, somente para que a decisão de compra do cliente aconteça após o término do período fiscal da concorrência e, assim, as metas ou cotas do concorrente vencedor não sejam alcançadas no período previsto. Independentemente do que é certo ou errado, esse tipo de ação acontece com frequência no mundo das vendas corporativas.

- **Retirada.** Dizer não para uma oportunidade pode ser uma excelente estratégia. Quando a posição de seus concorrentes é claramente superior a sua, analise se não é estrategicamente mais inteligente recuar, preservando seu tempo e recursos para batalhas mais promissoras. Em vendas, devemos ser racionais. Ficar dois anos tentando vender a todo custo para um cliente pode ser menos vantajoso do que, durante esse mesmo período de tempo, vender para outros dez clientes. Você sempre será um vitorioso se souber o momento de competir e o momento de não competir. Em vendas, ganhar é sempre bom, mas, se você não pode ganhar, a melhor coisa a fazer é perder rápido. Perder devagar consome tempo, foco e dinheiro. Lembre-se: existe uma linha tênue entre ser persistente e usar seus recursos de forma errada.

Contudo, qualquer que seja a estratégia a ser tomada, lembre-se de comunicar internamente a todos os envolvidos. No atual cenário de vendas em que nos encontramos, cada vez mais nosso trabalho deve ser feito em equipe, não havendo espaço para cavaleiros solitários.

NAS AMEAÇAS, OPORTUNIDADES

Hilton de Nicola, de Florianópolis, Santa Catarina, é diretor comercial de uma das principais empresas de embalagens do país, líder nos segmentos em que atua. Engenheiro químico com pós-graduação nas áreas de marketing, recursos humanos e administração, hoje ele acumula mais de 27 anos de experiência como executivo de vendas de importantes empresas dos setores de transformação siderúrgica, de plásticos e de papel.

Ele participou de nossos treinamentos em 2009, quando fomos contratados pela empresa na qual ele era um dos principais executivos de vendas. Hilton sempre demonstrou uma grande visão estratégica de vendas, estando acostumado a lidar com oportunidades que trazem milhões para as organizações em que atua.

Mais recentemente, um de seus principais clientes – uma das maiores empresas multinacionais de alimentos e produtos de higiene e limpeza do mundo – decidiu abrir uma única licitação internacional para o fornecimento de todas as embalagens de suas margarinas produzidas no Brasil, bem como em outros países da América do Sul e da América Central.

Esse cliente era responsável por cerca de 30% do faturamento que Hilton comandava. Durante anos, sua empresa forneceu 100% dessas embalagens no Brasil, além de ter consideráveis participações nesse fornecimento para outras subsidiárias da empresa na América do Sul. Ao longo dos anos, eles haviam construído um ótimo relacionamento comercial, aberto e transparente, com todas as áreas de influência e decisão daquele cliente. Era do conhecimento de todos, naquele cliente, que grandes investimentos haviam sido feitos em termos de equipamentos de última geração, para atender tanto às exigências técnicas como à capacidade de produção demandada por eles. A estratégia com eles sempre foi a de blindagem, com a inclusão de diversos serviços diferenciados que pudessem entregar, além do produto, um conjunto de valores importantes para a competitividade daquele fabricante com seus próprios consumidores finais.

Por tudo isso, a mudança repentina na estratégia de fornecimento daquela organização pegou de surpresa toda a direção da empresa em que Hilton trabalhava. O primeiro pensamento foi simplesmente o de retirar todos os serviços oferecidos e fazer uma cotação com preços baixos, visto que a estrutura de custos deles era competitiva o suficiente para serem mais efetivos que a concorrência local e, talvez, brigarem de igual para igual com os prováveis novos concorrentes internacionais que certamente entrariam no páreo. Contudo, Hilton acreditou que poderia haver outro caminho.

No Brasil, sua empresa tinha dois concorrentes de porte, que poderiam suprir apenas 80% daquela demanda no país e não teriam também como fornecer para as unidades dos demais países incluídos na licitação. Já na Europa, Hilton sabia que havia fornecedores tradicionais daquela empresa que poderiam exportar suas embalagens com preços competitivos. Um deles, inclusive, estudava a possibilidade de instalar uma fábrica em nosso país. Caso os preços dessas empresas europeias fossem tomados como referência pelo cliente, Hilton sabia que, seguramente, teria preços mais elevados e a continuidade do fornecimento para aquele cliente estaria definitivamente em risco.

Para ele, simplesmente jogar os preços no chão não parecia a opção mais adequada, uma vez que os investimentos recém-realizados exigiam margens adequadas para sua amortização e o consequente retorno aos acionistas. Assim, Hilton acabou convencendo seus superiores – entre eles, o presidente da empresa – a adotarem uma estratégia baseada em valor, com uma precificação *premium*, em vez de uma de baixo preço.

Hilton montou uma estratégia com várias opções diferenciadas em termos de níveis de serviços e preços, buscando demonstrar claramente, em sua proposta, todo o valor dos serviços que já eram entregues para aquele cliente e que estavam apenas embutidos nos preços praticados.

Na opção mais básica e com preço mais baixo, seria fornecido apenas o produto, sem qualquer serviço. No próximo nível, seriam incorporados a manutenção e técnicos dedicados. Na opção seguinte, seriam adicionados também os serviços de desenvolvimento de produtos exclusivos; e assim sucessivamente até o último nível, que contemplava exatamente todos os serviços que já eram entregues ao cliente antes daquela licitação. Para cada elevação no nível de serviços, havia um aumento nos preços, até chegar ao último, equivalente ao já fornecido, tanto em termos dos serviços como dos preços a serem praticados.

A estratégia criada por Hilton deu certo, e sua empresa foi a vencedora da licitação, mantendo sua rentabilidade em níveis coerentes e conquistando o fornecimento para novos países antes não atendidos.

PERGUNTAS PARA REFLEXÃO E DISCUSSÃO

1. No capítulo que você acabou de ler, foi abordada a necessidade de analisar os pontos fortes e fracos, tantos seus como da concorrência, para termos condições de elaborar uma estratégia com maior probabilidade de sucesso em uma venda. Destaque, no caso apresentado, quais foram os pontos fortes e fracos que levaram à escolha da estratégia utilizada, tanto para os concorrentes como para a empresa fornecedora. Baseando-se em sua própria análise, você teria alguma abordagem diferente?

2. O caso apresenta duas estratégias de precificação: preços baixos e preços baseados em valor. Em sua opinião, quais são as vantagens, as desvantagens e os riscos dessas duas estratégias possíveis?

3. O diretor comercial comenta que existia um ótimo relacionamento e que o cliente sabia dos investimentos e do valor entregue. Por que, então, foi feita a licitação? Quais dificuldades e erros são cometidos ao comunicar valor aos clientes? Como isso pode ser corrigido?

CAPÍTULO 6
PROVA DE RETORNO SOBRE O INVESTIMENTO

Quanto valem os produtos ou os serviços que você vende? Se você pensou em seu preço, errou, pois estamos falando dos impactos que suas ofertas podem causar no negócio de seus clientes. Muitos profissionais de vendas falham ao demonstrar o valor do que vendem para seus clientes porque não sabem como fazê-lo, porque temem que o retorno daquilo que estão propondo realmente não justifique os investimentos necessários ou, ainda, porque receiam ser cobrados pelo cliente caso o retorno não aconteça.

Conforme dissemos no capítulo 2, quando vimos o ciclo de vida de uma venda complexa, a compra é emocional, mas precisa ser racionalizada em um segundo momento. Ou seja, na fase de avaliação de uma solução, o cliente buscará informações para justificar se a solução analisada é adequada diante da situação avaliada. Nesse momento, é imprescindível que o vendedor seja proativo e ajude seu cliente a certificar-se de que a imagem criada é passível de implementação.

Para racionalizar sua decisão, o cliente necessitará de provas de que a solução proposta realmente funciona. E, para isso, serão necessárias algumas ações, como levar os influenciadores para visitas ou conversas com clientes referência, fazer demonstrações, palestras e por aí afora. Entretanto, saber que sua solução funciona como o esperado não é suficiente: o cliente precisará certificar-se de que os investimentos necessários para sua implantação são justificáveis.

Em linhas gerais, o cliente só vai tirar dinheiro do bolso direito se perceber que irá entrar mais dinheiro em seu bolso esquerdo. Com o aumento da competitividade em todos os mercados, inclusive naqueles para os quais seu cliente vende, diminui cada vez mais a compra com base apenas na amizade e no relacionamento. O que importa para o cliente é certificar-se de que terá retorno sobre aquilo em que investe. Portanto, os vendedores que ainda utilizam abordagens do tipo "Compre para me ajudar" ou "Compre porque você é meu amigo" estão fadados à extinção.

Se você até agora não fez uma justificativa formal sobre o retorno que seus produtos ou serviços podem trazer para seus clientes, prepare-se, porque eles vão acabar lhe pedindo uma. Ou, então, você simplesmente descobrirá que seu concorrente levou o pedido porque a fez. Neste capítulo, apresentaremos um processo que poderá ser usado para demonstrar o valor que você e sua organização podem entregar para seus clientes atuais e potenciais. Como você verá, mostrar com antecedência quanto seu cliente gastará e quanto ele lucrará com seus produtos e serviços é um caminho seguro para obter velocidade no fechamento de mais e melhores negócios.

VENDENDO VALOR

É claro que ter um relacionamento pessoal estreito e positivo com um cliente ajuda ambas as partes a fazerem negócios de forma mais agradável. Mas não podemos contar apenas com o aspecto pessoal. É preciso provar o valor daquilo que entregamos para fechar nossas vendas. Principalmente quando se trata de um novo cliente, com o qual não temos ainda um relacionamento, nem para ajudar, nem para atrapalhar.

A questão é que, independentemente da situação, é dever do vendedor justificar o valor daquilo que entrega. Vender valor, em vez das características dos produtos e serviços, é vital para o profissional de vendas que deseja obter bons resultados em uma realidade de venda cada vez mais complexa e competitiva. Mas o que significa valor?

Podemos entender melhor o conceito de valor por meio da fórmula a seguir:

$$VALOR = \frac{BENEFÍCIOS\ TOTAIS}{CUSTOS\ TOTAIS}$$

Portanto, valor é uma "relação", e ela ocorre em nossa mente. Seu resultado é diretamente proporcional aos benefícios totais recebidos e inversamente proporcional aos custos totais de apropriação desses benefícios. Isso implica que:

- toda vez que se aumentam os benefícios totais recebidos, eleva-se o valor percebido;
- toda vez que se aumentam os custos totais necessários para receber os benefícios em questão, a percepção de valor diminui.

Além disso, podemos também tirar uma conclusão matemática dessa fórmula: uma vez que não há como determinar o resultado de uma divisão por zero, isto é, não existe um resultado definido para essa operação, quando algo não tem custo, também não tem valor. Quantas vezes você já ouviu que, quando damos algo de graça, as pessoas não dão valor? Esse comportamento é matematicamente explicado pela fórmula apresentada.

Certa vez, quando gerenciava os canais indiretos de uma multinacional norte-americana, escutei a seguinte frase de um revendedor sobre um de nossos produtos:

> — Isso é uma droga! Nem quando a gente quer dar de graça o cliente aceita!

A reação do cliente pode ser muito bem explicada por nossa fórmula de valor. Da mesma forma, a falta de compreensão do revendedor sobre a relação de valor trouxe perdas para todos os envolvidos.

Esse tipo de falha é comum em muitos ciclos de vendas. Isso ocorre quando, por exemplo, na ânsia de fechar um negócio, o vendedor coloca algum produto em demonstração ou implementa um projeto piloto sem custo para o cliente. Lembre-se: qualquer coisa dada de graça não tem valor. Se você decidir que oferecer algo gratuitamente a seu cliente é necessário para fechar um negócio, procure gerar custos nesse processo. Nem que seja o custo administrativo ou de supervisão, ao solicitar aos participantes que elaborem periodicamente relatórios detalhados so-

> **Lembre-se: qualquer coisa dada de graça não tem valor. Se você decidir que oferecer algo gratuitamente a seu cliente é necessário para fechar um negócio, procure gerar custos nesse processo.**

bre o acompanhamento do processo e respectivas conclusões. Ao fazer isso, você testará o real comprometimento das pessoas, além de estimular a percepção de valor sobre suas ofertas.

Essa fórmula nos leva também a uma importante conclusão: se aumentarmos os custos totais de apropriação de alguma coisa e elevarmos também os benefícios totais percebidos, só que mais do que proporcionalmente, o valor não irá diminuir e poderá até aumentar.

Essa conclusão chama nossa atenção para a importância de o vendedor entender e demonstrar de forma racional os benefícios totais que seu cliente receberá ao adquirir suas ofertas. Quando um cliente julga um produto ou serviço caro demais, é porque ele não percebeu valor na oferta e não estão claros em sua mente os benefícios que ele receberá, ou seja, o vendedor não fez seu trabalho direito. Ou, então, o cliente sabe, mas está usando de subterfúgios para obter concessões indevidas. Isso novamente nos alerta para o fato de que o vendedor deve fazer seu trabalho corretamente, demonstrando para o cliente que ambos sabem o valor do que está em questão.

Infelizmente, muitos vendedores têm dificuldade em expressar e demonstrar o valor daquilo que desejam vender para seus clientes. Não justificar o valor daquilo que se vende, ou esperar demais para fazer isso, implica enormes riscos para um profissional de vendas. Muitas concessões e descontos desnecessários são solicitados e concedidos pelo fato de não construirmos e demonstrarmos valor ao longo do ciclo comercial. Quando um cliente não compreende o valor daquilo que vendemos, ou sabe que nem mesmo o vendedor compreende corretamente esse valor, ele solicita um preço mais baixo ou, então, escolhe uma alternativa a sua solução. Como dissemos no capítulo 5, no qual foi abordada a estratégia de venda para uma oportunidade, qualquer alternativa a sua oferta deve ser vista como sua concorrente: comprar de outra empresa, decidir fazer por conta própria, usar o dinheiro para outra coisa ou, simplesmente, não fazer nada.

Ajudar seu cliente a elaborar uma justificativa de valor durante a fase de avaliação de soluções do ciclo de vida de sua oportunidade é vital para o fechamento de uma venda corporativa. Nessa fase, os influenciadores de sua venda estarão se perguntando se os custos que envolvem a aquisição de sua oferta são realmente justificáveis, o que é bem diferente de uma simples pressão por preço, que certamente ocorrerá no momento do fechamento de sua venda. Em uma venda corporativa, é importante entender que as pessoas somente irão gastar dinheiro caso percebam que terão retorno. Justificar os investimentos a serem realizados é um importante passo para os influenciadores do processo na decisão de compra.

Assim, construir e provar valor durante o ciclo comercial traz aos profissionais de vendas que reservam o tempo e a atenção necessários para esse trabalho significativas vantagens competitivas, como as apresentadas a seguir.

- **Fechamento de mais vendas.** A venda é impulsionada quando um influenciador tem em mãos uma forma racional e convincente de provar que a imagem de solução que está na mente dele pode ser implementada. Isso porque ele se dá conta do custo de não tomar sua decisão. Além disso, como a maioria das pessoas é conservadora, uma justificativa racional do valor potencial daquilo que entregamos serve para que a sensação de risco, que aumenta ao final do ciclo da venda, seja atenuada.

- **Redução de descontos e outras concessões.** As chances de um influenciador de sua venda esperar ou mesmo solicitar algum tipo de concessão é reduzida quando ele conhece, e sabe que o vendedor também conhece, o real valor daquilo que está em questão. Além disso, o vendedor se sentirá emocionalmente mais protegido contra esse tipo de pressão.

- **Redução do ciclo da venda.** Quando um influenciador não vê valor em uma solução, também não vê razão para tomar uma decisão. Muitas oportunidades ficam paradas e nunca fecham porque o cliente não sente urgência em fechar. Ou, pior, quando ele fecha, decide por uma solução concorrente a sua, opta por outra empresa, resolve a situação com meios internos, aposta em outro projeto com maior valor ou, simplesmente, desativa a necessidade, resolvendo não fazer nada. Assim, iniciar o ciclo de sua venda demonstrando o valor que você já trouxe para outros clientes é uma importante ferramenta para gerar atenção e interesse no seu cliente potencial, acelerando seu ciclo de venda.

- **Aumento da satisfação dos clientes.** Elaborar uma justificativa formal do valor potencial que um cliente pode receber de nós, profissionais de vendas, permite que documentemos e mensuremos, após a venda, se os resultados esperados foram ou não alcançados. Isso propicia maior controle e navegação na conta, abrindo a possibilidade de identificar novas oportunidades naquele cliente.

Em uma venda complexa, em que várias pessoas influenciam o processo de decisão, não estamos lidando com um único indivíduo que tomará a decisão sem comunicar outras pessoas. E, por isso, justificar o que se está pretendendo fazer é um pré-requisito do próprio processo organizacional. Porém, com grande frequência, quem vende deixa essa etapa importante a cargo do próprio cliente. Por não ter um processo que ajude o cliente nessa atividade, o vendedor simplesmente lava as próprias mãos, perdendo o controle sobre sua oportunidade de vendas.

É importante lembrar que, quanto maior for seu preço, mais importante será vender com base no valor de suas ofertas. Ao compreender o correto valor daquilo que ofertamos para nossos clientes, ganhamos entendimento para controlar corretamente o ciclo de nossas vendas e a confiança necessária para diminuir concessões desnecessárias. Com isso, reduzimos nossos ciclos de vendas e aumentamos nossas taxas de fechamentos e nossas margens, incrementando, assim, a lucratividade de nossas operações.

RETORNO SOBRE O INVESTIMENTO

Em uma venda corporativa, o primeiro passo para você se destacar profissionalmente, documentando e apresentando o valor que suas ofertas podem trazer para seus clientes, é entender que uma empresa é um modelo organizacional que visa lucro. E, por definição, o lucro de uma empresa é a diferença entre o total das receitas geradas e o custo total da operação.

LUCRO TOTAL = RECEITA TOTAL − CUSTO TOTAL

Até mesmo as organizações ditas sem fins lucrativos precisam ter mais receitas do que custos para continuar a operar.

Quando falamos que valor é a relação existente entre os benefícios totais e os custos totais de apropriação desses benefícios, pense na seguinte questão: qual pode ser o principal benefício que uma empresa pode esperar? Se você respondeu lucro, acertou. Assim, o retorno que seus clientes esperam daquilo que investem – ou, para usar uma sigla em inglês bastante conhecida, o ROI (de *return on investment*) esperado – é o lucro adicional que as capacidades de seus produtos ou serviços podem trazer para as empresas deles.

Nesse sentido, ROI e valor são sinônimos em uma venda corporativa.

$$VALOR = \frac{BENEFÍCIOS\ TOTAIS}{CUSTOS\ TOTAIS} \equiv ROI = \frac{LUCRO\ TOTAL\ ADICIONAL}{INVESTIMENTO\ TOTAL}$$

Como o lucro depende das receitas e dos custos, podemos entender o mostrado abaixo.

$$VALOR \equiv ROI = \frac{AUMENTO\ DE\ RECEITAS + REDUÇÃO\ DOS\ CUSTOS}{INVESTIMENTO\ TOTAL}$$

Dessa forma, a análise de ROI pode ser usada para documentar e apresentar aos influenciadores de sua venda os potenciais lucros adicionais associados ao uso de suas ofertas, em relação aos investimentos totais incorridos pela organização ao adquiri-las. Trata-se, pois, de uma expressão lógica, matemática e racional do valor que seus clientes poderão receber.

Um ROI na compra de seus produtos ou serviços ocorre quando uma empresa obtém um aumento em suas receitas, ganha uma redução em seus custos atuais ou evita incorrer em um custo futuro como resultado desse investimento, como mostrado a seguir.

- **Aumento de receitas.** Quando as capacidades de suas ofertas causam impactos positivos, por exemplo, no aumento de unidades vendidas, no giro de mercadorias, na elevação de margens, no aumento do valor dos negócios fechados, nas reduções da perda de receitas, na possibilidade de venda de novos produtos ou serviços e na atuação em novos clientes e mercados. Ocorre também quando suas ofertas criam a possibilidade de cobrar um preço maior pelos produtos ou serviços dos clientes.

- **Redução de custos.** Quando as capacidades de seus produtos ou serviços trazem impactos positivos nos custos atuais da empresa, diminuindo a necessidade de mão de obra, reduzindo a utilização de matéria-prima, evitando perdas no processo produtivo e assim por diante.

- **Custos evitados.** Quando as capacidades fornecidas ajudam seu cliente a evitar incorrer em custos futuros, como contratar novos funcionários, pagar algum tipo de multa por não seguir determinada norma fiscal ou aumentar as despesas de marketing. Muitas pessoas não compreendem corretamente esse tipo de categoria, pois sua classificação depende do momento em que se está fazendo a análise. Um custo não evitado em determinado momento pode se tornar um custo a ser reduzido em um momento futuro.

A análise de ROI pode ser usada dentro de uma empresa por diferentes níveis gerenciais durante o processo de escolha entre as alternativas para a alocação de investimentos. O efeito das pressões exercidas sobre a alta gerência das organizações – tanto internas, vindas de proprietários e acionistas, quanto externas, advindas da própria característica concorrencial atual dos mercados – para que ela traga o retorno esperado de suas ações e decisões é um importante direcionador a ser observado e respeitado pelos profissionais de venda durante o ciclo de vida de suas oportunidades.

A relação entre o lucro e os investimentos que geram esse lucro é uma medida de desempenho bastante usada nas empresas. Ao determinar o ROI de um projeto e compará-lo com alternativas de uso do capital, a alta gerência de uma organização pode reduzir a influência de fatores subjetivos no processo de escolha de um fornecedor. Por exemplo, ao comparar dois projetos, um no valor de R$ 50 mil e outro no valor de R$ 55 mil, escolher simplesmente o de menor valor não seria um método gerencial adequado. Por meio da análise do ROI potencial que esses projetos podem trazer, a escolha poderia ser feita por comparação dos resultados. Veja a tabela 6.1.

TABELA 6.1

	PROJETO A	PROJETO B
Lucro potencial adicional	R$ 140.000,00	R$ 180.000,00
Estimativa de investimentos	R$ 50.000,00	R$ 55.000,00
Retorno sobre o investimento	$\dfrac{R\$\ 140.000,00}{R\$\ 50.000,00} = 2,80 = 280\%$	$\dfrac{R\$\ 180.000,00}{R\$\ 55.000,00} = 3,27 = 327\%$

Comparação dos projetos A e B

A razão para o uso frequente de uma análise de ROI é sua simplicidade. Nesse exemplo, enquanto o Projeto A traz R$ 2,80 para cada R$ 1 investido, o Projeto B traz R$ 3,27 para cada R$ 1 investido, ou ainda, 17% mais de retorno que o Projeto A, mesmo sendo necessário um investimento 10% maior.

Outra forma de ler o ROI é pensar no benefício líquido ou no ROI líquido, como mostra a tabela 6.2.

TABELA 6.2

	PROJETO A	PROJETO B
Lucro potencial adicional	R$ 140.000,00	R$ 180.000,00
Estimativa de investimentos	R$ 50.000,00	R$ 55.000,00
Retorno líquido sobre o investimento	$\dfrac{R\$\ 140.000,00 - R\$\ 50.000,00}{R\$\ 50.000,00} = 1,80 = 180\%$	$\dfrac{R\$\ 180.000,00 - R\$\ 55.000,00}{R\$\ 55.000,00} = 2,27 = 227\%$

Comparação dos benefícios líquidos dos projetos A e B

Nesse caso, o raciocínio é que o Projeto A paga cada R$ 1 investido e ainda traz R$ 1,80 adicional, ou 180% de retorno líquido, enquanto o Projeto B traz R$ 2,27, ou 227% de retorno líquido para cada R$ 1 investido. Seja pela análise do ROI bruto, seja do ROI líquido, as conclusões gerenciais serão as mesmas, pois são os mesmos resultados apenas lidos de formas diferentes.

Outro ponto importante: devido ao fato de o ROI ser uma porcentagem, ele normatiza e facilita a comparação de diferentes projetos. Por essa razão, tanto o influenciador econômico quanto os influenciadores técnicos, responsáveis pela análise de viabilidade das propostas, podem adotar esse tipo de medida para decidir e explicar, caso seja necessário, o porquê de suas decisões. Como um profissional de vendas, é vital que você tenha sempre em mente que uma empresa é criada para aumentar sua própria riqueza. Seus acionistas buscam lucratividade em todas as etapas da operação de seu negócio, demandando de seus gerentes que o dinheiro colocado na empresa produza resultados.

Saber provar e medir a contribuição que podemos proporcionar a um cliente, focando os resultados em vez das características de nossas ofertas, fará com que nossa venda seja tratada com a devida prioridade. Quando elaboramos uma análise de ROI, estamos justificando o valor de nossas ofertas, e não apenas o custo delas. Existe uma enorme diferença entre conhecer o valor que podemos entregar a nossos clientes e conhecer somente as características e os preços de nossos produtos e serviços.

A análise do ROI, usada de forma isolada ou combinada com outras medidas – como a taxa interna de retorno, o valor presente líquido e o ponto de equilíbrio de um projeto –, permitirá aos influenciadores de uma oportunidade de vendas tomarem uma decisão mais racional sobre os investimentos a serem feitos, baseada no retorno potencial que estes podem trazer.

Ajudar nossos clientes a reconhecerem o retorno que nossas ofertas trazem é mais um passo da mudança de uma venda

Ajudar nossos clientes a reconhecerem o retorno que nossas ofertas trazem é mais um passo da mudança de uma venda puramente transacional para a excelência em vendas.

puramente transacional para a excelência em vendas. Na verdade, muitas empresas já avaliam a qualidade de seus fornecedores por sua capacidade de justificar os investimentos em suas ofertas. Com o aumento da competitividade, o profissional de vendas que não possuir essa competência estará fora do jogo em breve.

LEVANTAMENTO DAS NECESSIDADES

A primeira coisa que você deve ter em mente é que o ponto inicial para a elaboração de uma análise de retorno sobre os investimentos são as necessidades de seus clientes. Para ilustrar como ocorre a elaboração dessa análise em um processo de vendas, vamos usar um caso real da SaleSolution, no qual suprimimos algumas informações e simplificamos alguns números, a fim de facilitar a compreensão das etapas necessárias e sua explanação didática.

Há alguns anos, nossa organização foi chamada pelo diretor de vendas de uma das divisões de uma empresa que comercializa produtos e serviços tecnológicos para grandes e médias corporações em todo o território nacional. As receitas anuais dessa empresa giravam em torno de R$ 500 milhões. Esse executivo nos disse que os resultados de seus vendedores estavam aquém do previsto e que precisava de uma maneira de desenvolvê-los para que competissem com maior eficácia em seu mercado de atuação, que era extremamente predatório.

Ajudar seu cliente a elaborar uma análise do retorno potencial sobre o investimento a ser realizado requer inicialmente um levantamento consistente das necessidades que ele vivencia. Somente conhecendo bem as necessidades do cliente é que será possível calcular em números os benefícios que poderão ser entregues. Mas como fazer isso? Se você respondeu "Perguntando", acertou.

Quando você constrói o correto *rapport* – conforme comentado no capítulo 4, quando tratamos da preparação de contatos e visitas de vendas – e se mantém alinhado com os influenciadores do processo de decisão, adquire o direito de explorar a situação que está sendo vivenciada por eles por meio de perguntas. Sabendo fazer as perguntas certas, você obterá de seu cliente as informações necessárias para iniciar a análise sobre o tipo de retorno que ele espera de seus produtos ou serviços.

Em nosso exemplo, ao longo da primeira entrevista com aquele executivo, identificamos os seguintes motivos para a falta de eficácia em vendas daquela área.

- **Postura não proativa dos vendedores.** Durante muitos anos, aquela empresa foi detentora de uma incrível presença de marca com seus clientes, o que tornou seus vendedores bastante reativos. Mesmo com o aumento da concorrência e a mudança de muitos dos vendedores, a cultura reativa havia se instaurado na empresa e sido absorvida até mesmo pelos vendedores mais novos. Tornando a situação ainda mais delicada, o perfil deles era bastante heterogêneo: muitos vinham de diferentes empresas e áreas de atuação e não estavam alinhados para uma abordagem de vendas mais profissional e sistêmica.

- **Pouca compreensão do ciclo de uma venda corporativa.** Os vendedores estavam acostumados a falar com as mesmas pessoas, com as quais já tinham relacionamentos antigos e que muitas vezes não eram os reais influenciadores ou decisores de suas oportunidades de vendas. Adicionalmente, ao falar com novos clientes, a maioria se resignava a tratar apenas com os influenciadores técnicos ou usuários, como os funcionários do departamento de compras. As abordagens desses vendedores eram basicamente empíricas, o que dificultava o entendimento e o acompanhamento correto de suas oportunidades de vendas.

- **Oportunidades importantes ficavam paradas na carteira.** Negócios estratégicos e envolvendo grande volume de receitas tinham um ciclo de venda muito longo, por vezes ficando anos parados no *pipeline* de vendas – abordaremos com maior profundidade o conceito de *pipeline* de vendas no capítulo 10. Em muitas situações, essas oportunidades acabavam sendo perdidas para empresas concorrentes ou simplesmente deixadas para trás, pois o cliente decidia por não fazer nada. A qualificação das oportunidades era incompleta, distorcendo a realidade e originando excesso de retrabalhos para refinar o entendimento da situação de cada cliente.

- **Baixa efetividade nas negociações.** Concessões desnecessárias para concluir uma negociação eram frequentes, gerando perda de margens e de lucratividade. A banalização do desconto revelava um descolamento entre a percepção dos vendedores sobre o valor de suas ofertas e o valor real de seus produtos e serviços. Além disso, a falta de uma postura efetiva nas negociações provocava outros impactos negativos, por exemplo, a insatisfação de clientes. Era comum ocorrerem desavenças quando alguma questão tinha que ser negociada na fase de implementação ou no pós-venda.

- **Sobrecarga e ineficácia gerencial.** A falta de habilidades e competências dos vendedores acabava provocando um excesso de intervenção dos gerentes para obterem maior controle e eficácia nas vendas. Quando solicitados a fazerem suas previsões de vendas, estas raramente batiam com o realizado. Era praticamente um hábito, longas e intermináveis reuniões com a equipe de vendas, para que os gestores obtivessem maior controle sobre cada oportunidade sendo trabalhada pelos vendedores. Havia certo controle do *pipeline* de vendas, mas este retratava apenas "opiniões" e "sentimentos", originando avaliações subjetivas que afetavam o controle gerencial – voltaremos a essa questão no capítulo 10, quando abordarmos a questão do balanceamento do *pipeline* de vendas.

Ao final de nossa reunião com aquele executivo, combinamos que iríamos enviar um plano de ação, de forma a coordenar as atividades de ambas as empresas na avaliação de nossa organização como uma potencial fornecedora para o projeto em questão. As primeiras atividades propostas nesse plano eram reuniões com as pessoas envolvidas na situação e com os demais influenciadores do processo de decisão detectados naquele primeiro encontro. De volta a nosso escritório, finalizamos o plano proposto, enviando-o para revisão e confirmação de nosso entendimento da situação, bem como para a aceitação e o patrocínio daquele executivo.

Ao longo das reuniões necessárias para o entendimento das necessidades de um cliente, é importante que você tenha em mente que precisa se preparar previamente para fazer perguntas que o ajudem a quantificar as necessidades, os problemas e as oportunidades que os influenciadores estão vivenciando. É necessário obter números, percentuais e cifras sobre os fatos e demais informações que as pessoas possam compartilhar com você.

Muitas vezes, contudo, uma exploração numérica e minuciosa não é possível em um primeiro encontro. Afinal, é importante nos mantermos alinhados com nossos interlocutores, não transformando uma primeira visita em um interrogatório. Para contornar essa realidade, é interessante colocar em seu plano de ação, quando você já estiver na fase de avaliação de sua solução, entrevistas específicas para levantamento de dados e cálculo do retorno potencial do projeto.

CAPACIDADES OFERECIDAS

Após entender as necessidades, os problemas e os objetivos dos influenciadores de sua oportunidade de vendas, bem como as relações de causa e consequência entre seus motivos e impactos, seu próximo passo será pensar nos benefícios a medir. E isso dependerá das capacidades que seus produtos, serviços ou soluções irão entregar.

Quais capacidades ajudarão esse cliente? Se você não souber responder a essa questão, serão mínimas as chances de que ele queira comprar de você. As capacidades de que o cliente necessitará para resolver a situação em questão vêm majoritariamente do processo de construção da imagem de solução, durante a fase de conscientização das necessidades, conforme vimos no capítulo 2. Quando fazemos uma boa exploração dos motivos e impactos de uma necessidade, temos condição de explorar e sugerir quais habilidades as pessoas dessa organização necessitam para resolver um problema, atingir um objetivo específico ou capitalizar alguma oportunidade.

Em nosso exemplo, algumas capacidades foram sugeridas e exploradas durante nossas entrevistas com o diretor de vendas daquela divisão e com as demais pessoas envolvidas na situação. Após explorar os motivos e os impactos das necessidades avaliadas, as seguintes perguntas foram utilizadas para a construção da imagem de solução:

— Seria interessante que seus vendedores pudessem ser mais proativos, capazes de prospectar e trazer de forma mais eficiente oportunidades adicionais para sua empresa?

— E se houvesse uma forma de fazer com que seus vendedores compreendessem de modo mais adequado a situação de cada cliente, bem como os impactos de suas necessidades em outras áreas da empresa? Você acredita que isso aumentaria o tamanho das oportunidades a serem trabalhadas por esses vendedores?

— Caso seus vendedores pudessem entender melhor o ciclo de vida de suas oportunidades, adquirindo maior velocidade em suas vendas, você acredita que isso ajudaria a diminuir o custo das vendas pela redução do ciclo comercial?

— E se seus vendedores pudessem analisar estrategicamente os negócios mais relevantes em suas carteiras, desenvolvendo um plano de ação com o objetivo de aumentar a probabilidade de sucesso nessas oportunidades? Isso também seria interessante para você?

— Ajudaria se, pela habilidade de demonstrar melhor o valor de suas ofertas, seus vendedores fossem capazes de reduzir ou eliminar os descontos oferecidos para fechar os negócios?

— E se vendedores e gerentes compartilhassem uma linguagem comum em vendas, usando uma forma estruturada de analisar suas oportunidades, elaborar suas projeções e conduzir suas reuniões de vendas? Você acredita que isso reduziria o tempo gasto por gerentes e vendedores em reuniões de revisão de negócios e previsões de vendas?

As capacidades mencionadas foram aceitas pelo cliente, gerando, então, os seguintes pontos de medição para a análise do ROI potencial para essa oportunidade.

- **Aumento de receitas:**
  - prospecções adicionais;
  - ampliação do tamanho médio das oportunidades trabalhadas;
  - aumento da eficácia no fechamento;
  - redução no nível e na frequência dos descontos concedidos.
- **Redução de custos:**
  - diminuição do custo das vendas pela redução do ciclo comercial.

As respostas sobre o que será medido vêm de nossas reuniões de levantamento de necessidades, quando exploramos corretamente uma situação. Desde o início do ciclo de vendas, ainda durante a fase de conscientização das necessidades, é importante você focar os aspectos mensuráveis das necessidades que seu cliente está compartilhando com você. Se um cliente disser que seus custos estão altos, é seu dever saber quais são esses custos, quão altos eles estão, há quanto tempo isso ocorre e assim por diante. Se um cliente diz que estão ocorrendo falhas na produção, você deve conhecer a frequência dessas falhas, quanto elas geram de custos, quanto isso provoca de perda na lucratividade, há quanto tempo elas ocorrem e por aí afora. Lembre-se de sempre buscar números, cifras e percentuais.

Outro ponto: não fique angustiado em buscar esse tipo de informação quantitativa. Se você tiver mirado suficientemente alto e conseguido falar com o influenciador econômico dessa oportunidade – ou mesmo com outro influenciador que também detenha alto nível de poder –, mesmo que ele não saiba, pensará em uma forma de obter essas informações. Se ele não adotar esse tipo de postura, demonstrando o correto comprometimento para com sua venda, é importante que você analise se está falando com a pessoa certa ou se realmente conseguiu construir uma imagem de solução sólida na mente dessa pessoa.

Lembre-se de que, quando você estiver formulando suas questões para analisar e explorar as necessidades de seu cliente, ele também estará analisando você, e estará até mesmo antecipando quais respostas e melhorias seus produtos ou serviços trarão. Por exemplo, se um vendedor perguntar se o tempo de espera de um cliente para ser atendido no *help desk* – setor que presta algum tipo de serviço ou ajuda ao cliente – de sua empresa está adequado, o cliente provavelmente já começará a entender que a oferta em questão irá ajudá-lo a melhorar esse tempo de resposta.

No entanto, é importante também ser conciso. Não podemos entupir o cliente com perguntas que levem a dados desnecessários. Para montar sua justificativa de retorno sobre o investimento, concentre-se nas principais capacidades que levarão um cliente a comprar de você e nas áreas para as quais você pode trazer maior valor no negócio dele. Lembre-se da regra dos 7±2, comentada no capítulo 2.

> **Para montar sua justificativa de retorno sobre o investimento, concentre-se nas principais capacidades que levarão um cliente a comprar de você e nas áreas para as quais você pode trazer maior valor no negócio dele.**

Ao raciocinar sobre a situação de um cliente e organizar as capacidades que foram aceitas por ele, pode começar a ficar claro que alguns efeitos adicionais, não trabalhados durante as reuniões anteriores, podem ser desfrutados por ele. Quando isso ocorrer, você pode incluir tais capacidades em sua justificativa de valor. Com isso, você ajudará seu cliente a descobrir outras necessidades que ainda não estavam tão claras quando vocês iniciaram o ciclo de venda.

Em nosso exemplo, o aumento da taxa de eficácia no fechamento também geraria um impacto positivo na utilização de novas verbas de marketing. Isto é, ao elevar-se a taxa de fechamento, seria evitado o custo de mais campanhas de marketing com o objetivo de aumentar as receitas daquela empresa. Diante dessa conclusão, resolvemos incluir esse item como um custo a ser evitado em nossa análise.

Além disso, o tempo gasto pelos gerentes de vendas e pelos vendedores em reuniões seria reduzido com a abordagem que estávamos propondo. Isso representaria algum benefício tangível em termos de reduzir ou evitar algum custo? Ao falarmos do tempo dos gerentes, pode parecer, à primeira vista, que alguma redução de custos seria proporcionada. Entretanto, o tempo poupado desses executivos seria gasto em outras atividades, e esses profissionais ainda estariam na empresa fazendo alguma coisa e recebendo os mesmos salários e benefícios. Assim, qualquer tipo de economia, mesmo pensando em termos de custos evitados, não poderia ser computado, pois a empresa provavelmente não contrataria novos gerentes para cobrir as atividades não exercidas pelos gerentes atuais pelo fato de eles estarem ocupados em reuniões com seus vendedores. Pareceu muito mais apropriado, então, classificar qualquer economia nesse sentido em termos de benefícios intangíveis, por exemplo, melhoria da qualidade de vida desses profissionais ou redução do estresse organizacional.

Já o tempo poupado dos vendedores, em nosso exemplo, pôde ser computado como economia, pois ajudaríamos a evitar a contratação de reforços para a equipe comercial com o intuito de obter uma melhor cobertura do mercado potencial daquela divisão. De fato, a natureza do trabalho desses vendedores, em contraste com a dos gerentes de venda, nos permitiu incorporar tais benefícios como custos a serem evitados em nossa justificativa de valor.

Ao ajudar seu cliente a elaborar uma justificativa do valor de suas ofertas, você deve ficar muito atento a esse tipo de situação, pois qualquer deslize de lógica que for identificado pelo cliente abalará completamente a credibilidade de seu modelo. Em nosso exemplo, pudemos finalizar a análise dos benefícios a serem medidos em nosso projeto da maneira a seguir.

- **Custos evitados:**
    - redução dos gastos com campanhas adicionais de marketing;

- redução do tempo gasto pelos vendedores em reuniões de revisão comercial – ou, melhor dizendo, contratação de reforços.

Por último, um dos pontos levantados em nossa reunião inicial foi a postura no atendimento e a falta de habilidade de negociação dos vendedores daquela área, que estavam gerando insatisfação nos clientes. Parecia plausível, tanto para nós como para nosso cliente potencial, que uma melhoria na postura de vendas e de negociação dos vendedores os tornaria mais aptos a atenderem melhor e a lidarem com mais desenvoltura com as situações difíceis vivenciadas com seus clientes. Como consequência, esperava-se um aumento na satisfação dos clientes, o que geraria impactos tanto no aumento das receitas como na redução de clientes que optavam por fornecedores concorrentes.

É importante ter em mente que alguns impactos positivos que você pode proporcionar a um cliente são de difícil mensuração, mas podem muito bem ser classificados como benefícios intangíveis em sua justificativa de valor. É óbvio, também, que podemos tratar diversos tipos de valores, à primeira vista intangíveis, tornando-os tangíveis.

Existem, por exemplo, formas de pesquisar e medir a correlação entre nível de satisfação e o número de clientes que deixam de fazer negócios com a empresa em determinado período. Do mesmo modo, existem diversas abordagens para calcular o valor de um cliente no tempo durante o qual ele faz negócios com uma empresa, como trazer a valor presente os lucros médios anuais gerados pelo cliente por certo número de anos. Por essas duas linhas de raciocínio, temos condição de tornar tangíveis os impactos de nossa abordagem em termos de satisfação do cliente.

Todavia, optamos por simplesmente classificar essa questão como um benefício intangível, pois os demais impactos positivos levantados já apoiavam de maneira adequada nossa justificativa de valor. Ao elaborar sua análise de ROI potencial, provavelmente você também passará por alguma situação semelhante à que descrevemos e terá que tomar uma decisão com relação à abordagem que irá empregar.

Em nosso exemplo, destacamos os seguintes benefícios como intangíveis no projeto:

- **Benefícios intangíveis:**

    - melhoria da satisfação dos clientes;

    - aumento da satisfação da equipe de vendas;

    - fortalecimento do relacionamento com os clientes;

    - redução do estresse organizacional;

    - melhoria da qualidade de vida dos funcionários;

    - melhoria da imagem da empresa perante o mercado.

Ao elaborar sua análise de ROI, lembre-se do seguinte: não enfoque apenas redução de custos. Sempre existem maravilhosas oportunidades para computar benefícios quando olhamos para o aumento de receitas ou mesmo para os custos evitados.

Finalmente, preste sempre atenção se você não está contabilizando algum tipo de impacto mais de uma vez. Isso porque qualquer duplicação do que será medido abalará a credibilidade de sua justificativa de valor.

FONTES DE INFORMAÇÕES

O próximo passo na montagem do ROI potencial para sua venda consiste em determinar as melhores pessoas para fornecer os dados para a elaboração de sua justificativa. Note: se você construir sozinho sua análise de ROI e, como em um passe de mágica, apresentá-la para o influenciador econômico de sua oportunidade, certamente a credibilidade de sua análise será nula. É vital que seu cliente participe e sinta "propriedade" sobre a análise para que ela seja crível.

Como fazer isso? Simples: encontre os principais executivos que serão impactados por seu projeto e concentre-se neles para a obtenção dos dados quantitativos e para a formulação das hipóteses sobre quanto será possível melhorar em cada ponto a ser analisado. O ROI potencial de seu projeto terá maior credibilidade se sua análise derivar de dados que venham dos próprios responsáveis pelas áreas afetadas.

Identificar os influenciadores que serão afetados por seu projeto aumentará sua área de cobertura e atuação naquela conta, permitindo-lhe trabalhar suas bases de forma mais adequada. Além do mais, isso o ajudará, mais tarde, a obter as corretas mensurações sobre os impactos que seu projeto poderá trazer – etapa essencial para chegarmos aos benefícios monetários de que o cliente usufruirá.

Em nosso exemplo, após identificar as capacidades que seriam mensuradas, listamos quem poderiam ser as melhores pessoas para fornecer as informações quantitativas necessárias. Obviamente, por sua própria natureza, os benefícios intangíveis identificados na fase anterior não precisaram ser mensurados. O quadro 6.1 lista as fontes de nosso exemplo.

QUADRO 6.1

CAPACIDADES	FONTE
Aumento de receitas	
Prospecções adicionais	Diretor de vendas
Tamanho das oportunidades	Diretor de vendas
Eficácia no fechamento	Diretor de vendas e gerente de vendas
Redução de descontos	Diretor de vendas e diretor financeiro
Redução de custos	
Diminuição do ciclo da venda	Diretor financeiro
Custos evitados	
Despesas de marketing	Diretor de marketing
Reuniões de revisão comercial	Diretor de vendas e gerente de vendas

Exemplo de fontes de informação

A credibilidade de todo o trabalho de análise de ROI escorrerá pelo ralo caso o influenciador econômico de nossa oportunidade de vendas não saiba de onde vieram os números ou ficar em dúvida se os resultados planejados realmente são viáveis. Se isso acontecer, é certo que sua oportunidade morrerá nesse instante ou, então, você apenas será usado para balizar e racionalizar a escolha de outro fornecedor.

Por outro lado, quando o influenciador econômico for questionado por seus pares ou superiores sobre de onde vieram os números e ele responder que vieram dele e que a análise de retorno é extremamente conservadora e factível, você terá alcançado o seu principal objetivo da fase de avaliação da solução em seu ciclo de venda.

COLETA DE DADOS

Durante a etapa de levantamento de dados quantitativos, é importante ter em mente que seu cálculo de ROI potencial dependerá da quantidade de informações que seu cliente estará disposto a fornecer, além da qualidade desses dados. Lembre-se de que, para isso, é fundamental manter o alinhamento, o *rapport* e a credibilidade desde o início do ciclo comercial. Todas as informações usadas em seu modelo devem ser obtidas do cliente ou aceitas por ele. Como dissemos, essa é uma ocasião favorável para que você estreite os laços com os corretos influenciadores de sua oportunidade. E, como também já dissemos, os dados poderão ser coletados desde o início de seu ciclo comercial, durante suas primeiras visitas, ou em reuniões específicas, planejadas com esse objetivo. Seja como for, procure sempre usar as fontes mais seguras para a obtenção dos números e das estimativas. A posição das pessoas dentro da organização em questão, no que se refere a sua autoridade ou influência, garantirá a aceitabilidade dos dados coletados.

Em geral, a coleta de dados para uma prova de retorno sobre um investimento deve focar informações que representem resultados, custos, tempo e qualidade.

- **Resultados.** Quantidades produzidas, itens vendidos, faturamento, processos aprovados, giro de estoques, clientes atendidos, itens enviados, número de clientes, preço praticado, margens, lucros, prejuízos, etc.

- **Custos.** Custos unitários, custos fixos, custos variáveis, despesas operacionais, salários, benefícios, custos extras, despesas de vendas, de marketing, custos de atender um cliente, novos custos a serem incorridos e assim por diante.

- **Tempo.** Horas extras, tempo de entrega, atrasos nas entregas, espera no atendimento, filas, tempo de produção, paradas de equipamentos, demoras para completar tarefas, atrasos, faltas de funcionários, etc.

- **Qualidade.** Erros na produção, acidentes, desvios, desperdícios, itens rejeitados, retrabalhos, multas, índices de falhas, obsolescências, tarefas não cumpridas adequadamente e por aí afora.

Ao planejar suas reuniões para coleta de dados, faça um *brainstorm* pensando nos quatro pontos mencionados. Seu foco nesse momento consiste em planejar corretamente as questões para que os dados numéricos necessários a sua prova de valor sejam corretos e objetivos. É fundamental, para a credibilidade de sua análise, que você faça perguntas relevantes, obtendo os dados necessários.

Voltando ao nosso exemplo, as informações do quadro 6.2, na página a seguir, foram obtidas dos entrevistados.

QUADRO 6.2

Faturamento anual da empresa	R$ 500.000.000,00
Faturamento anual da divisão	10% do faturamento da empresa
Tamanho da equipe de vendas	1 diretor
	3 gerentes de vendas
	30 vendedores
	6 especialistas de produtos
	2 especialistas de marketing
	8 especialistas de serviços
Tamanho médio das oportunidades de vendas	R$ 250.000,00
Duração média do ciclo da venda	8 meses
Lucro líquido	10%
Taxa de fechamento das oportunidades abertas	15%
Desconto médio concedido para fechamento	12%

(cont.)

Frequência de concessão dos descontos	80% dos fechamentos
Orçamento de marketing	8% do faturamento da divisão
Salário médio anual	Diretor: não informado Gerentes: R$ 100.000,00 Vendedores: R$ 60.000,00 Especialistas: R$ 72.000,00
Benefícios	40% do salário anual
Tempo médio gasto em reuniões de vendas	Duas horas por semana
Custo operacional das vendas	30% das vendas

Dados obtidos nas entrevistas

Durante a etapa de coleta de informações, muitas vezes seus interlocutores não terão os valores exatos para lhe fornecer, pois a empresa não possui em seus sistemas os dados históricos necessários. Quando isso ocorrer, peça a melhor estimativa dessas pessoas. Lembre-se de que você está apenas ajudando seu cliente a construir uma justificativa racional para que, assim, ele tome uma decisão de compra. Diante disso, não se deve tentar ser "mais realista que o rei". Trabalhe com as estimativas dadas pelo cliente, pois, a partir do instante em que ele lhe fornecer uma estimativa, esse número passará a ser a verdade em seu modelo.

Quando determinado dado não for fornecido, tente chegar a ele por outras vias. Por exemplo, em nosso caso, era importante sabermos o número total de oportunidades que entravam no *pipeline*. Infelizmente, o cliente não tinha nenhuma estimativa sobre esse dado. Contudo, com o faturamento total da divisão, a taxa de fechamento e o valor médio das oportunidades fechadas, conseguimos facilmente chegar a uma boa estimativa para essa informação.

R$ 500.000.000,00 (faturamento total) × 10% (faturamento da divisão) ÷ R$ 250.000,00 (oportunidade média) = 200 oportunidades fechadas

200 (oportunidades fechadas) ÷ 15% (eficácia no fechamento) = 1.333 oportunidades sendo abertas por ano

Caso você não consiga mensurar algum impacto necessário para seu modelo de ROI, seja de forma direta, perguntando ao cliente, seja de forma indireta, por meio de outros dados fornecidos por ele – como acabamos de exemplificar –, a melhor decisão provavelmente será tirar esse impacto de sua análise. Seu objetivo deve ser sempre fazer a análise mais aceitável possível, mas entendendo, porém, que muitas vezes ajustes serão necessários dentro das restrições e das incertezas naturais presentes em qualquer levantamento de dados. O importante é manter um foco prático, sem perder de vista a credibilidade necessária para a montagem do ROI de sua venda.

Todos os dados coletados nessa fase deverão ser guardados, incluindo a fonte e as reuniões em que eles foram levantados. Uma boa prática é incluir essas informações como um anexo de sua análise de ROI, denominando-o, por exemplo, de "memória de cálculo".

CÁLCULO DAS MELHORIAS POTENCIAIS

Seu próximo passo consiste em fazer com que os influenciadores concordem sobre quanto será possível melhorar a situação analisada. Para que os resultados produzidos por suas ofertas sejam aceitos, as melhorias projetadas deverão vir, literalmente, "da boca do cliente".

Quanto é possível adicionar de lucro na operação do cliente? Lembre-se, seja pelo aumento de receitas ou pela redução de custos, seja por evitar um custo futuro, como a empresa é um modelo que visa lucro, esse deve ser o foco de seus cálculos. Nessa etapa, você deverá convidar seu cliente a contribuir para a discussão, dando a perspectiva dele sobre quais ganhos, em termos quantitativos, ele receberá com suas ofertas.

> **Para que os resultados produzidos por suas ofertas sejam aceitos, as melhorias projetadas deverão vir, literalmente, "da boca do cliente".**

Quanto mais sólida for a imagem de solução criada na mente dos influenciadores de sua venda, mais fortes serão as hipóteses de melhoria usadas para calcular os benefícios potenciais de sua venda. Ofereça parâmetros para que seu cliente dê a opinião dele sobre as melhorias.

Informar faixas de resultados que seus clientes já obtiveram em outros projetos é uma boa maneira de incentivá-los a fornecer suas estimativas. Outras fontes de informação a serem usadas para estimar os impactos podem ser pesquisas de empresas especializadas no setor, artigos publicados, reportagens e dados adquiridos de consultorias especializadas, dentre outras. A internet é uma boa ferramenta para encontrar esse tipo de informação.

Outro ponto importante: seja conservador em relação às estimativas a serem utilizadas. Ao tratar os impactos que a capacidade de sua oferta pode trazer em termos, por exemplo, de redução no número de devolução de produtos, se a faixa de melhoria ocorrida com outros clientes for de 5% a 20%, estimule seu cliente a optar por impactos menores, ou seja, nesse exemplo, em 5%.

Sempre pergunte ao cliente qual é a melhor estimativa dele em relação ao impacto em análise. Se, mesmo que você forneça dados publicados ou oriundos de outros projetos que foram implementados, o cliente ainda achar melhor considerar estimativas fora dos padrões fornecidos, tudo bem. A ideia aqui é que ele se sinta confortável com as estimativas para que confie nelas, e "compre" e "venda" internamente a análise de ROI.

Ainda sobre adotar uma abordagem conservadora, os cálculos dos benefícios sempre deverão ser feitos levando-se em conta o período de um ano. Isso porque as empresas preferem projetos com períodos curtos de retorno, que trazem menor risco. Voltando ao nosso exemplo, as seguintes hipóteses foram criadas, analisadas e aceitas pelo cliente.

1. Prospecções adicionais

A hipótese traçada aqui foi a de que a eficácia proporcionada por um modo mais processual de vender economizaria tempo dos vendedores, que trabalhariam com ciclos de venda mais curtos, deixariam de desperdiçar tempo com oportunidades mal qualificadas e assim por diante. Com essa melhoria de produtividade, quantas prospecções adicionais cada vendedor conseguiria fazer por semana ou por mês?

As primeiras respostas dos participantes pareceram irrealistas: três por dia, duas por dia e uma por dia. Por adotar uma postura conservadora, levamos nossos interlocutores a concordarem com uma oportunidade adicional por semana, isto é, quatro por mês. Em seguida, fomos novamente conservadores e aplicamos um "fator de confiança": "Vamos supor que estejamos apenas 50% certos nessa hipótese?". Assim, reduzimos novamente a hipótese para duas prospecções adicionais por mês.

A partir desse dado obtido das pessoas, que só foi conseguido com nossa intervenção como mediadores do processo, efetuamos o seguinte cálculo para monetarizar o benefício (alguns valores apresentados nos cálculos a seguir foram arredondados).

> 2 (prospecções adicionais mês) × 30 (vendedores) × 15% (taxa de fechamento) × R$ 250.000,00 (tamanho médio da oportunidade) × 10% (lucro líquido) = R$ 225.000,00

A cifra acima deve ser lida como o lucro líquido adicional mensal trazido pela capacidade de prospectar mais clientes. Entretanto, temos que lembrar que o foco de nosso cálculo deve ser o período de um ano, e não de um mês. Bastaria então multiplicarmos o valor encontrado por doze? Não, pois temos que considerar o ciclo da venda. Como o ciclo de venda desses vendedores era de oito meses, durante um período de um ano, apenas as prospecções realizadas durante os quatro primeiros meses gerariam resultados ainda no primeiro ano. É verdade que todas as demais prospecções adicionais fora desse período inicial de quatro meses produziriam resultados, mas eles não poderiam ser computados em nossa análise. Portanto, o benefício dessa capacidade poderia ser calculado como mostrado a seguir.

> R$ 225.000,00 × 4 = R$ 900.000,00

Um comentário adicional ainda precisa ser feito. Note que mantivemos todas as demais variáveis (tamanho médio da venda, taxa de fechamento, lucro líquido e ciclo da venda) com seus valores iniciais, mesmo sabendo que a soma das capacidades propostas no projeto causaria impactos positivos nelas.

Essa abordagem chamada, "em economês", de hipótese *coeteris paribus* (traduzindo do latim, tudo o mais constante) é usada com frequência em análises que envolvem múltiplas variáveis. Isolar e analisar cada variável de forma independente, mantendo todas as demais variáveis fixas, não nos dá um cálculo exato dos impactos potenciais, mas serve perfeitamente para o objetivo de nossa análise: provar que o retorno de nosso projeto será maior que o dinheiro nele investido.

2. Tamanho das oportunidades

Em seguida, levantamos a seguinte pergunta: seria plausível que o tamanho médio das oportunidades aumentasse em função de uma melhor qualificação das oportunidades de vendas e de um maior entendimento das necessidades dos clientes, bem como de seus motivos e, principalmente, impactos? Em caso afirmativo, de quanto seria esse aumento?

Informamos a nosso cliente que outras empresas que já haviam contratado nossos serviços experimentaram um aumento de 10% a 35% no tamanho médio das oportunidades trabalhadas. Após fazer uma série de considerações, o cliente optou por ser conservador, decidindo considerar um aumento de apenas 10% no valor médio das oportunidades.

Poderíamos tomar vários caminhos para o cálculo do lucro adicional a ser trazido por essa capacidade. Um deles, bastante simplista, consistiria em multiplicar o faturamento do período anterior pelos 10% adicionais e, em seguida, aplicar a margem de lucro da empresa.

> R$ 500.000.000,00 (faturamento total) × 10% (faturamento da divisão) × 10% (lucro líquido) × 10% (aumento do tamanho das oportunidades)
> = R$ 500.000,00

Outra abordagem consistiria em considerar quantas oportunidades trabalhadas durante o primeiro ano do projeto poderiam ter seu valor médio aumentado. Calculamos anteriormente que, em média, aquela divisão trabalhava com cerca de 1.333 oportunidades por ano. O aumento no valor médio, no entanto, deveria ser computado somente sobre aquelas que estivessem sendo trabalhadas desde o início por meio da nova abordagem, de modo que deveríamos também considerar o ciclo da venda para que o resultado ainda fosse apurado no primeiro ano de trabalho.

> 1.333 oportunidades abertas por ano ÷ 12 meses × 4 (12 meses − ciclo de venda de 8 meses) × 15% (eficácia no fechamento) × R$ 250.000,00 (oportunidade média) × 10% (lucro líquido) × 10% (aumento do tamanho das oportunidades) = R$ 167.000,00

Note que, ao considerar as 1.333 oportunidades ao ano, estaríamos dizendo que o nível de qualificação das oportunidades permaneceria o mesmo. O que pode não ser necessariamente verdade, pois se espera que os vendedores trabalhem com menos oportunidades em seu *pipeline*, mas com maior qualidade. Porém, seja como for, esses R$ 167 mil seriam o aumento de lucratividade proporcionado apenas pelo nível de prospecção anterior. Se quiséssemos adicionar o impacto do aumento do tamanho médio das oportunidades também sobre as prospecções adicionais, poderíamos computar os valores a seguir.

> R$ 900.000,00 (lucro advindo das oportunidades adicionais prospectadas) × 10% = R$ 90.000,00

Ao somarmos os dois resultados anteriores (R$ 167 mil + R$ 90 mil), chegaríamos a um impacto de R$ 257 mil, que é bem mais conservador que os R$ 500 mil calculados a partir da simples adição de 10% ao faturamento anterior.

Contudo, ao final de toda a nossa análise, em comum acordo com o cliente, resolvemos computar apenas os benefícios de R$ 167 mil como o lucro líquido adicional proporcionado pela capacidade de aumento do valor médio das oportunidades.

3. Eficácia no fechamento

O próximo impacto analisado foi a capacidade de aumentar a taxa de eficácia nos fechamentos dos vendedores. O fato de haver habilidades e fundamentos para controlar o ciclo da venda, construir valor para o cliente, traçar estratégias de vendas mais eficientes e negociar de forma mais adequada traria mais oportunidades a serem fechadas por aquela divisão?

A resposta do cliente foi sim. Mas de quanto seria esse aumento? Lançamos novamente os parâmetros de nossos trabalhos anteriores: elevações de 30% a 100% nas taxas de fechamento. Decidiu-se considerar uma elevação da taxa atual de fechamento de 15% para 20%, isto é, 33% de aumento. Após discussões bem parecidas com as que apresentamos anteriormente, os cálculos ficaram definidos como mostrado abaixo.

> *1.333 oportunidades × 15% (eficácia no fechamento) × R$ 250.000,00 (oportunidade média) × 10% (lucro líquido) × 33% (aumento da eficácia no fechamento) = R$ 1.650.000,00*

Em nossa análise, o valor de R$ 1,65 milhão foi computado como o lucro líquido adicional originado da capacidade de aumentar a taxa de fechamento das oportunidades trabalhadas no primeiro ano de nosso projeto. Como é possível notar, não foi considerado o lucro adicional gerado pelo aumento de eficácia no fechamento das prospecções adicionais, ou seja, seguimos usando a hipótese *coeteris paribus*.

4. Redução de descontos

Em 80% das negociações conduzidas por aqueles vendedores, era concedido um desconto médio de 12%, o que levava a um desconto total aproximado de 10% em todas as negociações. Após todas as considerações pertinentes, o cliente chegou à seguinte conclusão: considerar uma melhoria de 50% nesses valores. Desse modo, os cálculos ficaram definidos como o apresentado a seguir.

> *1.333 oportunidades sendo abertas por ano × 15% (eficácia no fechamento) × R$ 250.000,00 (oportunidade média) × 10% (lucro líquido) × 10% (perda de receita pelos descontos concedidos) × 50% (recuperação de receita pela não concessão de descontos) = R$ 250.000,00*

Em nossa análise, chegamos a um aumento nos lucros de R$ 250 mil apenas no primeiro ano por se reduzirem os descontos oferecidos para o fechamento de negócios.

5. Diminuição do ciclo da venda

A redução do ciclo da venda – proporcionada pela capacidade de uma melhor compreensão desse ciclo, de um maior controle das oportunidades e do foco em influenciadores com maior poder de decisão – diminuiria, consequentemente, o custo operacional das vendas. Assim, concluiu-se que uma redução inicial de 25% no ciclo da venda seria extremamente possível de alcançar, mesmo nas oportunidades que já estavam no *pipeline* no momento de implementação de nosso projeto de desenvolvimento de vendas.

O impacto monetário dessa redução no ciclo da venda traria uma redução no custo operacional das vendas, que era da ordem de 30% das receitas. O meio para medir esse benefício foi considerar que o impacto no custo seria proporcional ao impacto no ciclo. A partir dessa hipótese, chegamos ao cálculo abaixo.

> R$ 500.000.000,00 (faturamento total) × 10% (faturamento da divisão) × 30% (custo operacional de vendas) × 25% (redução do ciclo da venda)
> = R$ 3.750.000,00

Note que, como se trata de uma redução de custos, e não de aumento de receitas, esses valores são adições diretas à linha de lucro líquido da empresa, não sendo necessário aplicar a margem de lucro de 10%.

6. Despesas de marketing

Nosso cliente concordou com o raciocínio de que, com maior eficácia no fechamento das oportunidades de vendas, seria evitado o uso de mais verbas de marketing com o objetivo de elevar as receitas daquela divisão.

As verbas de marketing puderam ser estimadas da forma mostrada a seguir.

> R$ 500.000.000,00 (faturamento total) × 10% (faturamento
> da divisão) × 8% (verba de marketing) = R$ 4.000.000,00

Pressupondo-se que essa verba de marketing impactou positivamente todas as oportunidades fechadas – e usando o número já estimado de 200 oportunidades fechadas –, teríamos os R$ 4 milhões divididos por 200 como o custo de marketing da cada oportunidade fechada, ou seja, R$ 20 mil por oportunidade.

> R$ 4.000.000,00 (verba de marketing) ÷ 200 (total médio de
> oportunidades fechadas) = R$ 20.000,00

Com a elevação de 33% na taxa de fechamento, teríamos o seguinte custo evitado de marketing nas novas oportunidades fechadas.

> 200 (total médio de oportunidades fechadas) × 33% (aumento
> na taxa de fechamento) × R$ 20.000,00 (custo de marketing
> por oportunidade fechada) = R$ 1.300.000,00

Foi computado em nossa análise, em relação aos custos evitados, o valor de R$ 1,3 milhão em despesas de marketing. Novamente, como se trata de custos, o valor entra diretamente como adição aos lucros.

7. Reuniões de revisão comercial

A última análise referente à monetarização dos benefícios potenciais do projeto consistiu em calcular os custos evitados pela diminuição do tempo da equipe comercial gasto em reuniões de revisão de oportunidades e previsão de vendas. A questão levantada – e aceita – foi a de que um maior controle sobre o ciclo comercial, a melhoria da qualidade das vendas e um maior balanceamento das atividades dos vendedores evitariam novos custos para a cobertura correta do mercado?

Para chegarmos a esses benefícios, novamente foi adotada uma postura conservadora, e a suposição levada em conta foi a de que haveria uma redução de apenas 25% no tempo gasto com essas atividades pelos vendedores, isto é, de duas horas semanais para uma hora e meia, o que levaria a uma economia de 88 horas por ano.

> *2 horas (tempo gasto por semana) × 4 (semanas por mês) × 11 (meses por ano, descontado 1 mês de férias) = 88 horas/ano (tempo total gasto)*

Em seguida, valorizamos esse tempo em termos de salários e benefícios recebidos, usando 40 horas semanais.

> *30 (número de vendedores) × R$ 60.000,00 (salário anual médio do vendedor) ÷ 12 (meses no ano) ÷ 4 (semanas no mês) ÷ 40 (horas na semana) × 1,40 (benefícios) = R$ 1.310,00 por hora*

> *16 (número de especialistas) × R$ 72.000,00 (salário anual médio do especialista) ÷ 12 (meses no ano) ÷ 4 (semanas no mês) ÷ 40 (horas na semana) × 1,40 (benefícios) = R$ 840,00 por hora*

Somando o custo dos dois tipos de funções, obtivemos o custo por hora de R$ 2,15 mil (R$ 1,31 mil + R$ 0,84 mil). Dessa forma, chegamos ao seguinte benefício total tendo em vista a maior produtividade nas reuniões.

> *88 horas/ano (tempo total gasto) × R$ 2.150,00 (custo hora) × 25% (redução no tempo gasto nas reuniões) = R$ 47.000,00*

Adicionamos o valor acima em nossa planilha de benefícios diretamente ao lucro da empresa, pois também se trata de custos. É importante lembrar, como comentado anteriormente, que o tempo economizado da gerência – ou mesmo da diretoria – de vendas não foi computado numericamente, sendo classificado apenas como benefício intangível do projeto.

A principal vantagem de usarmos os dados e as estimativas do próprio cliente é que, desse modo, o cálculo dos benefícios potenciais será dos próprios influenciadores da compra e, portanto, será defendido com maior veemência por eles para seus pares e superiores.

Seja com o for, após finalizar o cálculo dos principais impactos de nosso projeto, o próximo passo consiste em considerar o fluxo de entrada desses valores durante o primeiro ano do projeto.

DISTRIBUIÇÃO DOS BENEFÍCIOS NO TEMPO

Mesmo que os benefícios de seu projeto perdurem por mais de um ano, o foco de sua análise deve tentar se limitar aos doze primeiros meses ou, no máximo, a dezoito meses. Isso porque, como dito anteriormente, o valor e o risco do dinheiro mudam em relação ao tempo. Além disso, ter os benefícios distribuídos no tempo ajudará seu cliente a fazer outras análises em conjunto com a do ROI, como a análise do valor presente de seu projeto, sua taxa interna de retorno e seu ponto de equilíbrio ou *payback*.

Em nosso exemplo, a fim de distribuir os benefícios do primeiro ano, usamos um raciocínio bem simples: dividimos o valor total dos benefícios do primeiro ano por quatro e consideramos os valores encontrados como os totais por trimestre do projeto, conforme mostra a tabela 6.3.

TABELA 6.3

Lucros adicionais	1º trimestre	2º trimestre	3º trimestre	4º trimestre	TOTAL
Pelo aumento das receitas					
Prospecções adicionais	225,00	225,00	225,00	225,00	900,00
Tamanho das oportunidades	41,75	41,75	41,75	41,75	167,00
Eficácia no fechamento	412,50	412,50	412,50	412,50	1.650,00

(cont.)

Lucros adicionais	1º trimestre	2º trimestre	3º trimestre	4º trimestre	TOTAL
Redução de descontos	62,50	62,50	62,50	62,50	250,00
Pela redução de custos					
Diminuição do ciclo da venda	937,50	937,50	937,50	937,50	3.750,00
Por custos evitados					
Despesas de marketing	325,00	325,00	325,00	325,00	1.300,00
Reuniões de revisão comercial	11,75	11,75	11,75	11,75	47,00
Total dos benefícios	2.016,00	2.016,00	2.016,00	2.016,00	8.064,00

Projeção dos benefícios tangíveis (valores em R$ 1.000,00)

Ao construir sua análise de ROI em conjunto com seu cliente, lembre-se de que seu foco será elaborar uma ferramenta para a tomada de decisão, portanto aproximações como a que acabamos de mostrar servem perfeitamente para esse fim. Mesmo que os benefícios ocorram em dias ou em meses, tratar os totais no trimestre servirá de forma muito adequada para comparar os benefícios do projeto aos custos nele incorridos.

Você ainda terá que fazer mais uma adequação quando considerar os benefícios de seu projeto em relação ao tempo: incluir o efeito do tempo necessário para a implantação e a decolagem do projeto. Como seu projeto provavelmente demandará tempo para entrar em velocidade de cruzeiro, os benefícios não poderão ser totalmente assimilados desde o início. Você precisará considerar os efeitos de questões como o prazo de entrega, a instalação, o treinamento dos usuários, o tempo para as pessoas se acostumarem a usar seus produtos e serviços e assim por diante.

Voltando ao nosso caso, para considerar esses efeitos, traçamos a hipótese de que os benefícios de cada um dos trimestres seriam fatorados pelos percentuais a seguir.

1º trimestre	2º trimestre	3º trimestre	4º trimestre
0%	25%	50%	100%

Ao zerar os benefícios no primeiro trimestre, estávamos considerando o efeito natural do tempo necessário para o início da implantação. Considerou-se uma curva crescente de apropriação nos trimestres seguintes (25%, 50% e 100%), levando em conta a necessidade de tempo para as pessoas incorporarem os novos processos de vendas e, efetivamente, colocá-los em prática em seu dia a dia. Com esse novo ajuste, chegou-se finalmente ao quadro final de benefícios de nosso projeto para aquela divisão, que podemos ver na tabela 6.4.

TABELA 6.4

Lucros adicionais	1º trimestre	2º trimestre	3º trimestre	4º trimestre	TOTAL
Pelo aumento das receitas					
Prospecções adicionais	0,00	56,25	112,50	225,00	**393,75**
Tamanho das oportunidades	0,00	10,44	20,88	41,75	**73,07**
Eficácia no fechamento	0,00	103,12	206,25	412,50	**721,87**
Redução de descontos	0,00	15,62	31,25	62,50	**109,37**
Pela redução de custos					
Diminuição do ciclo da venda	0,00	234,38	468,75	937,50	**1.640,63**
Por custos evitados					

(cont.)

Lucros adicionais	1º trimestre	2º trimestre	3º trimestre	4º trimestre	TOTAL
Despesas de marketing	0,00	81,25	162,50	325,00	**568,75**
Reuniões de revisão comercial	0,00	2,94	5,87	11,75	**20,56**
Total dos benefícios	0,00	504,00	1.008,00	2.016,00	**3.528,00**

Quadro final de projeção dos benefícios tangíveis (valores em R$ 1.000,00)

Após a redução dos benefícios trimestrais do projeto, o novo valor total considerado para a adição nos lucros totais daquela divisão ficou em R$ 3,53 milhões – uma boa soma, mas 56% menor do que o originalmente calculado. De fato, isso é muito importante para a credibilidade de nosso modelo, pois, mesmo que tenhamos errado em alguma hipótese, reduzir praticamente pela metade os potenciais benefícios do projeto facilitará a compra e a venda interna da justificativa de ROI.

Em sua análise, os influenciadores de seu processo de vendas deverão compreender claramente que, embora seu modelo possa conter imprecisões, considerando as restrições e os recursos de informação e tempo disponíveis, ele representa a melhor estimativa conservadora dos impactos positivos que suas ofertas poderão trazer para aquela organização.

CUSTOS DO PROJETO

Qual é o custo para que seus clientes adquiram seus produtos e serviços? Se você pensou em sua tabela de preços, errou. Assim como pensamos nos benefícios de forma total, temos que nos colocar no lugar do cliente e também pensar nos custos totais a que ele estará sujeito. Sem esse tipo de abordagem, você não conseguirá fazer uma correta análise do retorno dos investimentos necessários para que o cliente usufrua dos benefícios que seus produtos e serviços podem proporcionar.

Deixar de tabular todos os custos necessários para implantar suas ofertas ou subestimá-los abalará a credibilidade de sua análise e jogará por terra todo o trabalho que você desenvolveu pelo lado dos benefícios.

Independentemente do que você esteja vendendo, inclua em sua análise os demais gastos associados com a compra e o uso de seus produtos ou serviços, sejam eles efetuados com sua empresa, com outros fornecedores ou internamente, pelo próprio cliente. Exemplos desses gastos são manutenção, consultoria, *hardware*, *software*, infraestrutura de gerenciamento e comunicação, treinamentos, despesas operacionais, logística e contratação de especialistas.

Voltando ao nosso exemplo, os seguintes custos seriam incorridos com nossa organização.

- **Treinamentos.** Dentro de nossa linha de programas de desenvolvimento de vendas, foram selecionadas quatro metodologias a fim de proporcionar um processo modular e evolutivo de capacitação daquela equipe. Assim, a cada três meses uma nova metodologia seria implementada, segundo estas etapas:

    - **etapa 1:** melhoria da eficácia nas prospecções, qualificações e fechamentos de oportunidades de vendas. Custo: R$ 115 mil;

    - **etapa 2:** análise estratégica das oportunidades de vendas. Custo: R$ 115 mil;

    - **etapa 3:** melhoria dos resultados nas negociações. Custo: R$ 115 mil;

    - **etapa 4:** gerenciamento das oportunidades de vendas. Custo: R$ 115 mil.

- **Consultoria.** Propomos um cronograma de reuniões de *mentoring* e *coaching* com os gerentes e com o diretor, para facilitar o processo de mudança da cultura de vendas daquela divisão. Seria um encontro a cada quinze dias durante os doze primeiros meses do projeto. Custo: R$ 160 mil.

Além dos custos com nossa organização, o cliente incorreria nos seguintes custos operacionais.

- **Instalações para os treinamentos.** Sala, equipamento audiovisual, mesas, flip-charts, etc. Custo: R$ 2 mil/dia × 9 dias (total de dias de treinamento) = R$ 18 mil.

- **Alimentação.** Lanches e refeições. Custo: R$ 100 pessoa/dia × 50 pessoas × 9 dias (total de dias de treinamento) = R$ 45 mil.

- **Hospedagem.** Hotel e extras. Custo: R$ 240 pessoa/dia × 50 × 17 dias (total de dias de hospedagem) = R$ 204 mil.

- **Translado e viagens.** Passagens aéreas e deslocamento dos profissionais de localidades remotas. Custo: R$ 1,5 mil por pessoa × 35 pessoas (70% dos participantes eram de fora da localidade) × 4 (treinamentos) = R$ 210 mil.

- **Estacionamento, quilometragem ou táxi.** Deslocamento dos profissionais de dentro da localidade. Custo: R$ 200 reais por pessoa × 15 (30% dos participantes eram da localidade) × 4 (treinamentos) = R$ 12 mil.

- **Suporte administrativo.** Foi computado o salário anual de um funcionário de recursos humanos para cuidar da logística, da agenda dos participantes, da reserva de hotel e dos demais detalhes operacionais da implementação dos programas. Custo: R$ 50 mil (salário anual médio do funcionário de RH) × 1,40 (benefícios) = R$ 70 mil.

- **Logística e eventos.** Incorporamos em nosso modelo o custo rateado do fornecedor da empresa que cuidava da administração dos eventos e da logística para aquela área. Custo: R$ 3 mil/mês × 12 meses = R$ 36 mil.

- **Outros custos operacionais.** Foi considerada uma margem de 10% sobre os custos anteriores para cobrir erros de estimativa e custos não computados ou não previstos (despesas dos instrutores com viagens, transporte, estadia, frete do material didático, etc.).

Outro ponto muito importante que você deverá considerar no cálculo do ROI são os potenciais custos ocultos incorridos pelo cliente durante o período de sua análise. É importante entender que toda venda provoca uma mudança no cliente, e essa mudança tem custos a ela associados. Você pode até querer ocultar isso, mas seu cliente, mesmo não tendo ideia desses valores, tem consciência de que existem.

Por outro lado, ao considerar os custos ocultos em sua venda, você dará uma incrível demonstração de empatia ao cliente, por propor uma análise do ponto de vista dele. Em mercados altamente competitivos, a diferença entre ganhar e perder reside em detalhes como esse. Alguns exemplos de custos que podem estar ocultos na implementação de seus produtos e serviços são despesas e estruturas administrativas e de apoio, comunicação, obtenção de informações, manutenção, peças de reposição e itens como água e luz. A identificação desses tipos de custos dependerá do produto ou serviço que você está vendendo.

Em nosso exemplo, os custos para os participantes se prepararem e estarem presentes nos treinamentos foram identificados como um custo oculto relevante para o processo de capacitação daquela equipe. Pelas razões comentadas, incorporamos esses valores a nosso modelo, mesmo sabendo que eles acrescentariam uma grande soma a nossa planilha. Esses valores eram os descritos a seguir.

- **Tempo de treinamento e tarefas.** Período destinado às tarefas pré-curso e participação nos treinamentos – total aproximado de 120 horas.

> *30 (número de vendedores) × R$ 60.000,00 (salário anual médio do vendedor) ÷ 12 (meses no ano) ÷ 4 (semanas no mês) ÷ 40 (horas na semana) × 1,40 (benefícios) × 120 horas = R$ 158.000,00*

> *16 (número de especialistas) × R$ 72.000,00 (salário anual médio do especialista) ÷ 12 (meses no ano) ÷ 4 (semanas no mês) ÷ 40 (horas na semana) × 1,40 (benefícios) × 120 horas = R$ 101.000,00*

> *3 (número de gerentes) × R$ 100.000,00 (salário anual médio do gerente) ÷ 12 (meses no ano) ÷ 4 (semanas no mês) ÷ 40 (horas na semana) × 1,40 (benefícios) × 120 horas = R$ 26.000,00*

Após somar os valores acima, o total de R$ 285 mil foi incorporado à análise de ROI como relativo ao tempo destinado aos treinamentos e suas atividades fora de classe. Note que, como o salário do diretor de vendas não foi informado, os custos ocultos relativos à participação dele no processo não foram computados.

Outra questão que precisa ser considerada é o impacto cultural da mudança trazido por suas ofertas. Muitas vezes, pode demorar para serem sentidas as melhorias que seus produtos e serviços trarão a seus clientes. E, nesse ínterim, custos ocultos derivados de retrabalhos, aprendizagem, erros de comunicação e perda de agilidade podem ser percebidos por seus clientes. Se esse for seu caso, você deve encontrar uma forma de estimá-los junto com o cliente. Novamente, a internet e os relatórios ou artigos publicados podem ser boas fontes de informação para esse tipo de estimativa.

Em nosso exemplo, o custo da perda de produtividade inicial dos envolvidos foi colocado na mesa para discussão. Ao mesmo tempo que os novos processos estariam sendo implementados e, portanto, oportunidades mais bem qualificadas estariam entrando no *pipeline* de vendas, as oportunidades anteriores, conduzidas pela forma antiga de agir daquela equipe, ainda estariam presentes. Como computar o custo de mudança cultural em nosso projeto?

A seguinte hipótese foi traçada e aceita pelas pessoas presentes em nossas reuniões de análise do ROI potencial do projeto: durante o próximo ciclo de venda daquela organização – ou seja, oito meses –, os funcionários teriam que fazer certo número de horas extras para conduzir as novas atividades e ainda trabalhar com as oportunidades mal qualificadas. Com base nessa hipótese, chegamos aos números a seguir.

- **Mudança cultural.** O número de horas extras foi estimado em duas horas semanais – isto é, 5% – durante um período de oito meses. A rigor, essas horas devem ser pagas 50% a mais, como mostrado a seguir.

> 30 (número de vendedores) × R$ 60.000,00 (salário anual médio do vendedor) ÷ 12 (meses no ano) × 1,40 (benefícios) × 8 (ciclo da venda) × 5% (tempo extra) × 1,5 (valor da hora extra) = R$ 126.000,00

> 16 (número de especialistas) × R$ 72.000,00 (salário anual médio do especialista) ÷ 12 (meses no ano) × 1,40 (benefícios) × 8 (ciclo da venda) × 5% (tempo extra) × 1,5 (valor da hora extra) = R$ 81.000,00

> 3 (número de gerentes) × R$ 100.000,00 (salário anual médio do gerente) ÷ 12 (meses no ano) × 1,40 (benefícios) × 8 (ciclo da venda) × 5% (tempo extra) × 1,5 (valor da hora extra) = R$ 21.000,00

Assim, o valor de R$ 228 mil resultante da soma das horas extras foi adicionado em nossa planilha de custos, que passou a considerar também o custo oculto da mudança cultural.

Por fim, foi também considerada uma margem de 10% sobre os custos ocultos, a fim de corrigir erros de estimativas e valores não previstos (por exemplo, tempo da diretoria e tempo destinado ao *coaching* dos gerentes e do diretor).

Após todas essas considerações, chegamos finalmente à planilha de custos de nossa análise de ROI, conforme pode ser visto na tabela 6.5.

TABELA 6.5

	1º trimestre	2º trimestre	3º trimestre	4º trimestre	TOTAL
Treinamentos	115,00	115,00	115,00	115,00	**460,00**
Consultoria	40,00	40,00	40,00	40,00	**160,00**
Custos operacionais					
Instalações	4,50	4,50	4,50	4,50	**18,00**

(cont.)

	1º trimestre	2º trimestre	3º trimestre	4º trimestre	TOTAL
Alimentação	11,25	11,25	11,25	11,25	**45,00**
Hospedagem	51,00	51,00	51,00	51,00	**204,00**
Translado e viagens	52,50	52,50	52,50	52,50	**210,00**
Estacionamento, quilometragem ou táxi	3,00	3,00	3,00	3,00	**12,00**
Suporte administrativo	17,50	17,50	17,50	17,50	**70,00**
Logística e eventos	9,00	9,00	9,00	9,00	**36,00**
Outros custos operacionais (10%)	30,00	30,00	30,00	30,00	**120,00**
Custos ocultos					
Tempo de treinamento e tarefas	71,25	71,25	71,25	71,25	**285,00**
Mudança cultural	57,00	57,00	57,00	57,00	**228,00**
Outros custos ocultos (10%)	13,00	13,00	13,00	13,00	**52,00**
Total dos custos	**475,00**	**475,00**	**475,00**	**475,00**	**1.900,00**

Projeção dos custos do projeto (valores em R$ 1.000,00)

Todas as hipóteses e os cálculos relativos aos custos do projeto também deverão constar, junto com os benefícios potenciais do projeto, de sua memória de cálculo, entregue como anexo de sua análise. Os participantes da análise de seu ROI deverão saber quais passos foram seguidos para chegar aos números, como os cálculos foram feitos e que hipóteses foram traçadas. Desse modo, você facilitará a compra interna de sua análise e a aceitação dos números apresentados. Qualquer dúvida ou falta de informação abalará completamente a credibilidade de seu ROI.

Demonstrar os custos totais de seu projeto é uma abordagem muito eficaz para conquistar credibilidade e sinergia com o influenciador econômico de sua oportunidade, que muitas vezes é o próprio diretor financeiro ou o proprietário da organização para a qual você está tentando vender. Para que seu ROI potencial tenha credibilidade, no momento em que ele for apresentado às outras pessoas dentro da organização para a obtenção das aprovações necessárias é importante entender que ele passará por uma série de questionamentos quanto à exatidão das previsões e do método usado para fazê-las. A única forma de termos certeza de que ele resistirá a essas sabatinas é assegurarmos ao máximo que todos os custos foram incluídos.

Adicionalmente, essa abordagem trará duas vantagens de percepção para seu trabalho. Primeiro, o cliente sabe que não serão todos os custos computados em sua análise que representarão saídas adicionais de caixa, pois muitos desses custos – por exemplo, os ocultos – foram simplesmente apropriados ao projeto. Segundo, ao apresentarmos os custos dessa maneira, a relevância dos custos incorridos com a compra de seus produtos e serviços, na verdade, diminui!

Voltando ao nosso exemplo, confira na tabela de custos dos projetos quanto representam os custos dos treinamentos e da consultoria em relação aos custos totais do projeto.

(R$ 460 mil + R$ 160 mil) ÷ R$ 1.900 mil = 33%

Apresentar simplesmente uma conta de R$ 620 mil é bem diferente de dizer que os seus custos representam apenas um terço dos custos totais do projeto. Ao sofrer algum tipo de pressão para redução de seus preços, essa abordagem pode ajudar, e muito, a fazer o cliente perceber que existem outros custos que podem ser reduzidos no projeto e que correspondem a uma parcela bem maior do que aquilo que você está cobrando dele.

ANÁLISE DOS DADOS

O próximo passo em sua análise de ROI é bastante simples: basta você juntar os cálculos dos benefícios e dos custos já realizados para ter como apresentar os benefícios líquidos acumulados ao longo do período analisado. Nessa etapa, responderemos às principais perguntas do cliente.

- Qual é o retorno que obteremos com nossos investimentos?
- Quando eles se pagarão?
- A taxa de retorno esperado é atrativa em comparação com outras possibilidades de investimentos?

Note que, quanto maior for o resultado de seu ROI, mais fácil será passar pelas negociações de preço, que certamente virão. Entretanto, os resultados de sua análise também não poderão ser fantasiosos, pois uma previsão de retorno estratosférica pode abalar a credibilidade dos dados apresentados. Caso a caso, você deverá analisar previamente os valores obtidos para verificar a necessidade de algum tipo de ajuste.

Em nosso exemplo, ao juntar as duas análises anteriores, obtivemos um quadro geral, com os respectivos benefícios acumulados. Nele, podemos perceber que o projeto começa a gerar fluxos positivos já no segundo trimestre, como mostra a tabela 6.6.

TABELA 6.6

	1º trimestre	2º trimestre	3º trimestre	4º trimestre	TOTAL
LUCROS ADICIONAIS					
Pelo aumento das receitas					
Prospecções adicionais	0,00	56,25	112,50	225,00	**393,75**
Tamanho das oportunidades	0,00	10,44	20,88	41,75	**73,07**
Eficácia no fechamento	0,00	103,12	206,25	412,50	**721,87**

(cont.)

	1º trimestre	2º trimestre	3º trimestre	4º trimestre	TOTAL
Redução de descontos	0,00	15,62	31,25	62,50	**109,37**
Pela redução de custos					
Diminuição do ciclo da venda	0,00	234,38	468,75	937,50	**1.640,63**
Por custos evitados					
Despesas de marketing	0,00	81,25	162,50	325,00	**568,75**
Reuniões de revisão comercial	0,00	2,94	5,87	11,75	**20,56**
TOTAL DOS BENEFÍCIOS	**0,00**	**504,00**	**1.008,00**	**2.016,00**	**3.528,00**
CUSTOS DO PROJETO					
Treinamentos	115,00	115,00	115,00	115,00	**460,00**
Consultoria	40,00	40,00	40,00	40,00	**160,00**
Custos operacionais					
Instalações	4,50	4,50	4,50	4,50	**18,00**
Alimentação	11,25	11,25	11,25	11,25	**45,00**
Hospedagem	51,00	51,00	51,00	51,00	**204,00**
Translado e viagens	52,50	52,50	52,50	52,50	**210,00**
Estacionamento, quilometragem ou táxi	3,00	3,00	3,00	3,00	**12,00**
Suporte administrativo	17,50	17,50	17,50	17,50	**70,00**
Logística e eventos	9,00	9,00	9,00	9,00	**36,00**
Outros custos operacionais (10%)	30,00	30,00	30,00	30,00	**120,00**
Custos ocultos					
Tempo de treinamento e tarefas	71,25	71,25	71,25	71,25	**285,00**
Mudança cultural	57,00	57,00	57,00	57,00	**228,00**
Outros custos ocultos (10%)	13,00	13,00	13,00	13,00	**52,00**

(cont.)

	1º trimestre	2º trimestre	3º trimestre	4º trimestre	TOTAL
TOTAL DOS CUSTOS	475,00	475,00	475,00	475,00	1.900,00
RETORNO LÍQUIDO	(475,00)	29,00	533,00	1.541,00	1.628,00
RETORNO LÍQUIDO ACUMULADO	(475,00)	(446,00)	87,00	1.628,00	1.628,00

Análise do retorno potencial (valores em R$ 1.000,00)

Montar uma tabela como essa pode ser extremamente útil para que você e seu cliente visualizem corretamente o fluxo de entradas e saídas de sua solução. Para selecionar a sua dentre as demais alternativas disponíveis, o nível gerencial de seu cliente revisará detalhadamente os resultados previstos em sua análise, verificando alguns aspectos financeiros dela. A primeira análise é bastante simples e já foi abordada anteriormente: o ROI potencial apresentado em sua planilha.

Para selecionar a sua dentre as demais alternativas disponíveis, o nível gerencial de seu cliente revisará detalhadamente os resultados previstos em sua análise, verificando alguns aspectos financeiros dela.

$$ROI = \frac{RETORNO}{INVESTIMENTO}$$

Em nosso exemplo, o ROI potencial pôde ser calculado da maneira a seguir.

ROI = 3.528,00 ÷ 1.900,00 = 1,85 ou 185%

Para cada R$ 1 investido, o projeto retornaria esse R$ 1 mais R$ 0,85. Ou seja, um retorno líquido de 85% apenas no primeiro ano.

Tipos diferentes de projetos têm diferentes tipos de retornos. O que devemos entender é que um cliente pode recusar seu projeto caso ele tenha uma alternativa com retorno maior. Um diretor financeiro pode não investir em um projeto que tenha 25%, pois ele espera ter 30% nos projetos em que investe. Outro cliente pode resolver investir nesse mesmo projeto porque o custo de pedir o capital emprestado é de apenas 20%. No caso que apresentamos, se nosso cliente usasse, por exemplo, o retorno esperado de uma aplicação sem risco como base de comparação, ele provavelmente compararia os 85% de retorno com os de uma aplicação em poupança ou em DI. Ou seja, o ROI de seu projeto sempre será comparado ao custo de capital, às alternativas de investimento e ao retorno comumente obtido por seu cliente.

Outra análise que certamente será aplicada sobre sua solução será a do tempo que levará para o projeto se pagar, isto é, para alcançar seu ponto de equilíbrio: seu *payback*. A análise de *payback* é muito comum e muito simples de ser realizada. Ela apenas verifica quanto tempo é necessário para recuperar um valor investido. Por exemplo, se um projeto necessita de R$ 1 milhão e gera um fluxo de caixa positivo de R$ 300 mil ao ano, o *payback* desse projeto ocorrerá em três anos e quatro meses (R$ 1 milhão ÷ R$ 300 mil = 3,3 anos = três anos e quatro meses). O cálculo do *payback* é exatamente o inverso do ROI.

Em nosso caso, se dividirmos R$ 1,9 milhão por R$ 3,53 milhões, encontraremos o valor de 0,54, que representa a quantidade de anos para retornar o valor investido, isto é, aproximadamente seis meses e meio (0,54 × 12 meses = 6,48 meses).

Teríamos esse mesmo resultado se calculássemos o inverso do ROI encontrado.

> *ROI = 1,85 → payback = 1 ÷ ROI = 1 ÷ 1,85 = 0,54 ano ≅ 6,5 meses*

Isto é, o projeto se pagará entre o sexto e o sétimo mês de sua implantação.

Ao considerar o *payback* de um projeto, o foco da análise é o tempo que levará para que o dinheiro investido volte para casa. Trocando em miúdos, estamos novamente tratando do risco do projeto, pois, conceitualmente, quanto mais longo for esse período, maior será a incerteza do cliente em receber o dinheiro investido.

Nesse sentido, é óbvio que, quanto menor o *payback*, maior a atratividade de sua solução. Para aumentar a probabilidade de aceitação de sua solução, como dito anteriormente, é recomendável que seu projeto tenha um *payback* dentro de um período de doze ou, no máximo, dezoito meses. Muitas empresas para as quais você venderá usam a análise de *payback* como ferramenta de seleção de alternativas de investimento. Caso sua solução esteja dentro do *payback* estipulado pelas diretrizes financeiras da empresa, ela passará por essa fase e sofrerá, em seguida, novas análises.

Outra análise a que sua solução pode estar sujeita é a do valor presente líquido (VPL). Para calcular o VPL do investimento em sua solução, o cliente analisará os saldos das entradas (recursos ganhos) e saídas (recursos gastos) em cada período resultantes da implementação de sua solução. Ele fará essa análise usando uma taxa de desconto (ou de atratividade), levando em conta o valor do dinheiro no tempo – o dinheiro ganho hoje vale mais que o dinheiro ganho amanhã, pois podemos reaplicar esse valor em outros investimentos.

Sendo **Xn** o valor de cada saldo para cada período n, e **i** a taxa de atratividade que trará esse valor ao tempo presente (n=0), o VPL da somatória de uma série de entradas e saídas pode ser calculado da maneira a seguir.

$$VPL = \frac{X_0}{(1+i)^0} + \frac{X_1}{(1+i)^1} + \frac{X_2}{(1+i)^2} + \frac{X_3}{(1+i)^3} + \frac{X_4}{(1+i)^4} \ldots \frac{X_n}{(1+i)^n}$$

Comparar soluções alternativas por meio de seus respectivos VPLs possibilita ao cliente analisar a atratividade de cada uma delas por meio de um único número, que retrata o aumento potencial dos recursos dos acionistas da empresa. Assim, após descontar todas as entradas e saídas pela mesma taxa de juro, as soluções são classificadas da maneira apresentada a seguir.

- Quando o VPL for positivo, a solução será considerada atrativa do ponto de vista financeiro, pois os recursos da empresa aumentarão com sua implementação.

- Se o VPL for negativo, o projeto será considerado não atrativo do ponto de vista financeiro, pois os acionistas perderão dinheiro com ele.

- Se o VPL for igual a zero, seu projeto provavelmente também será considerado sem atratividade, pois os ativos de seu cliente não mudarão, apesar de todo o esforço necessário para a implementação da solução.

Vamos voltar ao nosso exemplo. A empresa para a qual estávamos vendendo tem como norma uma taxa de retorno em seus projetos de, no mínimo, 15% ao mês, de modo que tanto as outras oportunidades de investimentos disponíveis no mercado como a taxa de risco inerente a qualquer projeto são cobertas.

Como as entradas e saídas de caixa em nossa análise estavam em trimestres, a primeira coisa que tivemos que fazer foi encontrar a taxa equivalente ao trimestre da taxa informada ao mês.

$$\text{Taxa trimestral} = (1,15)^3 = 1,52 \rightarrow 52\% \text{ ao trimestre}$$

Em seguida, trouxemos os retornos líquidos de cada trimestre a valor presente, considerando, para simplificar, que os encaixes ou desencaixes ocorreriam sempre no início de cada trimestre, conforme mostrado abaixo. (Valores em R$ 1 mil.)

$$VPL = \frac{-475,00}{(1+52\%)^0} + \frac{29,00}{(1+52\%)^1} + \frac{533,00}{(1+52\%)^2} + \frac{1.541,00}{(1+52\%)^3} \rightarrow$$

$$\rightarrow VPL = -475,00 + 19,08 + 230,70 + 438,80 = 213,58$$

Dessa forma, o projeto seria atrativo ao ser comparando com um investimento que rendesse 15% ao mês, pois nossa solução traria R$ 213 mil a mais para essa divisão. Obviamente, se houvesse outro projeto que desse um VPL maior do que R$ 213 mil ao ser descontado na mesma taxa, provavelmente esse projeto seria escolhido em detrimento do nosso, desde que o montante a ser investido e o risco inerente de ambos fossem semelhantes.

No entanto, a análise do VPL não diz qual será a taxa de retorno do projeto. Em nosso exemplo, sabemos que é maior do que 15% ao mês, mas não sabemos seu valor exato. Para esse tipo de resposta, seu projeto passará por mais uma análise: a análise da taxa interna de retorno (TIR).

A TIR determinará a taxa na qual o valor presente dos fluxos de caixa de sua solução seja igual a zero. Ela representa a taxa de juros máxima que seu cliente deveria pagar se todo o dinheiro necessário para implementar sua solução fosse emprestado de terceiros. Esse é um ponto de análise extremamente interessante para a venda de seus produtos ou serviços, pois, mesmo que seu cliente não tenha os recursos necessários para implementar sua solução, apresentar uma TIR atrativa poderá servir como ponto de decisão para que ele decida investir em seu projeto por meio de financiamentos externos. Afinal, ele poderá pagar os juros cobrados e ainda terá os ativos da empresa valorizados ao final do período de análise de seu ROI.

Em nosso exemplo, a equação que se segue demonstra como a TIR de nosso projeto foi calculada. No entanto, por causa da complexidade de sua resolução, o uso de uma calculadora financeira ou uma planilha eletrônica que contenha a função TIR (ou IRR, do inglês *internal rate of return*) é altamente recomendado, como mostrado a seguir. (Valores também em R$ 1 mil.)

$$VPL = 0 \rightarrow 0 = \frac{-475{,}00}{(1+i)^0} + \frac{29{,}00}{(1+i)^1} + \frac{533{,}00}{(1+i)^2} + \frac{1.541{,}00}{(1+i)^3}$$

$$\rightarrow i = 75{,}45\% \text{ (ao trimestre)}$$

A taxa de 75,45% ao trimestre é equivalente a uma taxa de 20,61% ao mês ($1{,}7545^{1/3} = 20{,}61$), isto é, 37,4% maior do que os 15% ao mês estabelecidos pela empresa como o mínimo de retorno. Isso significa que, mesmo que o capital fosse totalmente emprestado a uma taxa de 15% ao mês, o projeto ainda traria um retorno 37,4% maior.

A TIR considera o valor do dinheiro no tempo e não é afetada pela escala do projeto, ou melhor, pelo valor total nele investido. Por tal razão, ela pode ser usada para comparar a atratividade de diversas alternativas de investimentos. Quando a TIR é maior do que a taxa de retorno desejada, o projeto é considerado financeiramente atrativo; quando é menor, ele é rejeitado.

O CUSTO DE NÃO DECIDIR

Os executivos que analisarão seu estudo apreciarão se você anexar como página de rosto ao seu estudo um resumo, ou seja, um sumário executivo com as principais conclusões sobre o retorno potencial de sua solução. Nessa página, além dos principais benefícios que o cliente pode ganhar, você deverá colocar os principais resultados obtidos. Em nosso exemplo, as principais conclusões da análise realizada foram as apresentadas a seguir.

- Retorno líquido no primeiro ano: R$ 1,63 milhão.
- Custos totais: R$ 1,90 milhão.
- *Payback:* seis meses e meio.
- ROI no primeiro ano: 185%.
- ROI líquido no primeiro ano: 85%.
- VPL (i = 15% ao mês) = R$ 213 mil.
- TIR = 20,61% ao mês.

Contudo, o que muitas vezes realmente impulsionará a decisão de seu cliente não será o retorno sobre o investimento a ser realizado, mas quanto ele perderá caso não tome logo a decisão de investir. Apresentar o custo de não tomar uma decisão – que também pode ser chamado de custo de oportunidade – é uma forma de encurtar o seu ciclo de venda e também de resistir às pressões sobre seus preços no momento de um fechamento. A cada dia que seu cliente posterga sua decisão de compra, ele deixa de usufruir dos potenciais benefícios advindos com a implementação de sua solução.

Como falamos no capítulo 2, na última etapa do ciclo da venda, a maior preocupação do cliente é o risco de tomar uma decisão. É natural, portanto, que nessa fase ele deseje efetuar uma série de diligências para certificar-se de que está tomando uma decisão correta. Entretanto, o tempo que gastará efetuando as análises, a seu ver necessárias, tem um custo. Mostrar o custo dessa demora pode ser um grande acelerador natural para sua venda.

> **Contudo, o que muitas vezes realmente impulsionará a decisão de seu cliente não será o retorno sobre o investimento a ser realizado, mas quanto ele perderá caso não tome logo a decisão de investir.**

Em nosso exemplo, o custo de espera, ou de não tomar uma decisão, pôde ser "demonstrado" trazendo-se os benefícios líquidos do primeiro ano a uma base diária.

Custo diário de espera: R$ 1.628.000,00 ÷ 365 = R$ 4.460,00

Isto é, a cada dia que nosso cliente demorasse a tomar sua decisão, ele estaria deixando de ganhar algo em torno de R$ 4,5 mil. Ao comparar essa quantia com o custo de nossos serviços (R$ 4.500,00 ÷ R$ 620.000,00 = = 0,007), pudemos mostrar que a demora em "bater o martelo" custava o equivalente a 0,7% ao dia – ou 5% a cada semana – do que ele iria gastar conosco.

Isso levantou uma interessante argumentação de vendas e de resistência a pressões:

> *— Você realmente quer uma economia nessa aquisição? Então, em vez de ficar solicitando um desconto sem nexo, tome logo sua decisão, pois, a cada semana que passa sem ela, você está deixando de ganhar o equivalente a 5% da quantia que investirá conosco!*

O custo de não tomar a decisão pode também ser adicionado a seu sumário executivo. Entender corretamente esse custo de espera lhe dará uma importante sustentação em relação às pressões por preços que certamente virão, além de fomentar a urgência tão desejada ao fechamento de seus negócios.

SUCESSO DO PROJETO

Como já tivemos a oportunidade de comentar, o ciclo da venda não termina com o pedido, pois o relacionamento com os clientes é um importante diferencial em mercados altamente competitivos. Saber comunicar corretamente o valor de seus produtos e serviços e certificar-se de que seus clientes estão recebendo esse valor é um fator essencial de sucesso para obter a lealdade deles e, com ela, novas oportunidades de vendas e indicações para outros clientes.

Após o início da implementação de sua solução, você também deverá verificar se seu cliente está recebendo os resultados esperados de seu projeto. Isso fortalecerá seu relacionamento com ele, pois será uma demonstração de seu compromisso para com o sucesso da empresa.

Mais ainda: estar atento aos resultados obtidos abrirá a oportunidade de identificar outras necessidades que devem ser atendidas para que seu projeto inicial realmente traga os resultados esperados. Uma boa analogia é a construção de túneis por políticos em cidades com trânsito caótico. Geralmente, o túnel construído resolve o problema do local, mas transfere o engarrafamento para pontos mais à frente no trânsito. Abre-se, então, a oportunidade de fazer novos túneis para melhorar o trânsito, dessa vez mais adiante.

Medir o sucesso de seu projeto lhe permitirá também coletar dados sobre os resultados que seus clientes obtêm com o uso de seus produtos e serviços – dados estes que poderão ser usados tanto para gerar credibilidade em seus primeiros contatos com novos clientes, conforme comentamos no capítulo 4, como para novas análises de ROI, como parâmetros para as hipóteses a serem traçadas no futuro com outros clientes.

Gerenciar de forma proativa o sucesso de seu projeto também permitirá resolver potenciais problemas de implementação antes que a insatisfação de seu cliente chegue a um nível muito alto. Mesmo que outros concorrentes ofereçam alguma análise de ROI durante o processo de venda, seu comprometimento em demonstrar que deseja mensurar os resultados de seu cliente pode ser outro diferencial para que ele o escolha. Por essa razão, conforme comentado anteriormente, ao estabelecer um plano de ação com o influenciador econômico na fase inicial de seu ciclo de venda, apresente a atividade de definição dos medidores de sucesso de seu projeto. Assim, você dará um excelente sinal de comprometimento para com o cliente, mesmo antes da avaliação técnica de sua solução e mesmo antes de a venda ser fechada.

Usar uma análise de ROI para um cliente em uma nova oportunidade não eliminará o risco de decisão dele, mas certamente o ajudará a perceber quão profissional é sua abordagem em relação à de seus concorrentes e que optar por você será uma excelente forma de reduzir o risco de sua decisão.

UM CAMINHÃO DE DINHEIRO

Wander Sena é um empreendedor da cidade de Divinópolis, Minas Gerais, que possui uma larga experiência na análise de mercados, construída durante décadas em que trabalhou em setores como o de telecomunicações e o de seguros. Atualmente, ele se dedica ao mercado de soluções de gestão e educação para pequenas e médias empresas. Além disso, Wander também é professor de filosofia.

Tempos atrás, quando ainda atuava como gerente geral de uma corretora de seguros, ele adquiriu um exemplar da edição anterior do *Vendas B2B*. Ele nos relata que leu o livro inteiro em uma única "sentada", durante toda uma tarde e uma noite, encerrando a leitura somente quando a manhã seguinte já havia raiado. A partir dos conceitos vistos no livro, Wander iniciou na corretora que dirigia a implantação de um processo de atendimento e prospecção de grandes empresas que utilizassem frotas próprias de veículos em suas operações.

Uma dessas empresas tinha um número tão elevado de sinistros – isto é, acidentes para os quais se utiliza a cobertura contratada –, que já enfrentava dificuldades para renovar a apólice para a frota. O grande problema estava no risco que eles representavam para uma seguradora, fazendo muitas até declinarem de aceitar tal cobertura. Como tornar aquele cliente mais atrativo para uma seguradora?

Ao analisar a situação daquele cliente, Wander decidiu desenvolver um projeto de "Responsabilidade social e empresarial" voltado à segurança no trânsito e o apresentou ao cliente, tanto para adicionar valor a sua proposta como para criar um ambiente de maior segurança, recuperando a atratividade da empresa para as seguradoras. Todavia, ele também sabia que, diante da classificação de risco da empresa, as seguradoras que se dispusessem a aceitar tal cobertura o fariam pelas maiores taxas de mercado. Como demonstrar valor também para aquele cliente?

Wander, então, começou a levantar informações sobre os impactos que aquele cliente sofria em decorrência de sua pouca atenção com a segurança no trânsito. Por exemplo, ao reunir os gastos incorridos apenas com o pagamento de franquias, ele descobriu que haviam sido gastos cerca de R$ 235 mil em um ano. Esse valor, à época, era suficiente para a empresa adquirir um bom veículo.

A abordagem utilizada acabou por convencer o cliente a adotar o projeto proposto e também a aceitar a apólice oferecida, com a consciência de que estaria pagando taxas mais altas por ela. Obviamente, se por um lado, ninguém em sã consciência deseja pagar a mais por qualquer coisa, por outro, houve a compreensão de que uma elevação nos preços seria necessária diante do histórico de alto risco que a empresa apresentava até aquele momento.

Já no ano seguinte vieram as recompensas. Como consequência tanto do projeto de segurança como da própria mudança de atitude da empresa, a renovação da apólice contemplou reduções significativas nos preços pagos anteriormente. Além disso, o projeto idealizado por Wander passou a ser oferecido para outras empresas e disponibilizado à população de uma forma geral, obtendo destaque na sociedade e no próprio setor de seguros. Tudo isso projetou sua corretora e atraiu outras grandes empresas do mercado B2B, que se tornaram clientes.

PERGUNTAS PARA REFLEXÃO E DISCUSSÃO

1. No caso apresentado, foi mencionada apenas uma das diversas variáveis utilizadas para a medição dos impactos que a empresa sofria dada a forma como se tratava a segurança no trânsito. Pensando nas implicações que ocorrem quando um veículo de frota sofre um acidente, liste outras variáveis (quantitativas e qualitativas) que certamente foram medidas, a fim de elevar ainda mais a percepção de valor e de retorno para aquele cliente.

2. O gerente geral da corretora fez a comparação dos gastos com franquias utilizadas pela empresa com o valor de aquisição de um bom veículo. Em sua opinião, qual foi o objetivo de ser utilizada tal comparação com o cliente? Explique.

3. Qual foi o raciocínio utilizado pelo cliente para aceitar pagar mais pelo seguro? Relacione sua conclusão com os conceitos de valor e de retorno sobre os investimentos abordados neste capítulo.

CAPÍTULO 7
ELABORAÇÃO DE PROPOSTAS EFICAZES

Todos os dias, vendedores escrevem propostas comerciais que totalizam milhões em receitas, mas que são perdidas. Por que muitos profissionais não gostam de escrever propostas? Por que é tão difícil escrevê-las? Por que a maioria das propostas é focada em preço e produtos, em vez de ser centrada nos clientes? As propostas não somente tomam muito tempo para serem preparadas como também parecem ser um trabalho extra, um esforço adicional, fora de hora e incômodo.

Como consequência da intensa competição e da complexidade das vendas, o sucesso das empresas e de seus profissionais requer agora um conhecimento mais profundo e processual de como escrever propostas mais eficazes. Clientes que antes tomavam decisões rápidas agora desejam comparar alternativas e estudar suas opções. Eles querem estar certos. Desejam ser convencidos e impressionados. Desenvolver propostas com qualidade e que expressem diferenciação tornou-se imperativo.

Neste capítulo, mostraremos como processos também podem ajudá-lo a desenvolver propostas eficazes tanto do ponto de vista da lógica como em termos de sua abordagem psicológica. Vista como um processo, a elaboração de uma proposta comercial também requer etapas definidas e repetíveis que, se forem seguidas pelos profissionais incumbidos dessa tarefa, possibilitarão maior probabilidade de sucesso.

Com isso em mente, você poderá elaborar propostas comerciais mais criativas, competitivas e persuasivas, que permitam uma comunicação mais alinhada com aqueles que tomam e influenciam as decisões e que tragam maior retorno sobre os investimentos feitos em tempo, dinheiro e esforços necessários a sua preparação.

REALIDADE INEFICAZ

Seja franco, você gosta de escrever propostas? Para a maioria dos profissionais ligados a vendas, desenvolver uma proposta comercial não é uma tarefa agradável. Escrever propostas custa dinheiro – algumas delas, muito dinheiro. Exige dedicação e tempo. E muitas vezes elas têm que ser escritas, ou são deixadas para serem escritas, na última hora. Afinal de contas, durante o dia, todos estão ocupados com outras tarefas mais importantes, não é mesmo? Atire a primeira pedra quem nunca teve que escrever uma proposta durante um final de semana, um feriado ou pela noite adentro.

O fato é que é raro encontrar uma boa proposta. Se você não concorda com essa afirmação, peça a opinião de seus clientes. Não precisa ser sobre a qualidade de suas propostas em específico. Peça-lhes que respondam pensando em todos os fornecedores que já lhes entregaram propostas alguma vez na vida, independentemente do que estavam oferecendo. Elas apresentam várias deficiências, que fazem o cliente simplesmente deixar de lado um fornecedor.

Para começar, muitas propostas não parecem profissionais. São escritas de forma confusa ou incompleta – sofrendo de lógica ou organização pobre – ou possuem estilos e formatos inadequados. Outras são excessivamente técnicas e focadas no produto ou serviço, em vez de serem centradas no cliente. Muitas são o resultado de colagens de propostas anteriores ou são exatamente as mesmas, apenas com o nome do cliente trocado. Isso quando não se esquece de trocar o nome do cliente! Algumas propostas parecem mais informativos sobre a lista de produtos ou mesmo a história da empresa. Não importa o tipo de defeito, o resultado é sempre o mesmo: seus autores não fecharam a venda.

O que faz um profissional de vendas perder uma proposta? Algumas vezes, sim, é o preço, mas nem sempre. Outras vezes, nossas ofertas são inadequadas para determinada situação. Mas, novamente, nem sempre. A verdade é que, com uma frequência muito, mas muito maior do que se imagina, o cliente diz não a uma proposta com base em fatores bem menos óbvios ou tangíveis – quase nunca escritos ou definidos como critérios formais do processo de avaliação e compra pelas empresas –, que se fundamentam muito mais em sua percepção sobre a compreensão do vendedor diante da situação apresentada, no fato de ele estar confiante em relação ao que você escreveu e de acreditar que vocês têm algo em comum, que existe uma compatibilidade entre as duas organizações.

Quem argumenta que preço, produto e capacidade técnica são aspectos fundamentais para fechar uma proposta precisa entender que sempre haverá alguém com um preço menor, com um produto tecnicamente mais avançado ou com mais experiência e conhecimento técnico. Contudo, preço, produto e capacidade técnica são requisitos que apenas lhe permitirão continuar a competir, mas não lhe garantirão chegar em primeiro lugar. Para que ganhemos a medalha de ouro na corrida de vendas, precisamos adicionar outros ingredientes na elaboração de nossas propostas comerciais – ingredientes que, em muitos casos, podem até suplantar alguma deficiência técnica ou fazer com que o cliente deseje pagar mais para garantir que sejamos os escolhidos.

Quando um cliente analisa a qualidade de uma proposta, ele também analisa a qualidade de quem a produziu. Ao lê-la, ele o estará testando, imaginando suas habilidades e as capacidades de seus produtos e serviços. Caso seja um novo cliente, então, sua proposta assumirá um papel ainda mais importante. Ela será o primeiro produto concreto que o cliente terá em mãos, a primeira demonstração clara da qualidade de suas ofertas, de seu atendimento, de sua empresa e mesmo do relacionamento que está por vir.

Não importa que você tenha a melhor solução para determinada situação. Se você não conseguir comunicar isso de uma maneira correta, de forma que todos os influenciadores do processo de decisão possam compreender e aceitar, certamente será colocado para fora do páreo. Ao ler uma proposta, o cliente espera encontrar indícios de que o vendedor compreendeu a situação que ele vivencia. Ele deseja provas de que você ouviu tudo o que foi dito e de que aquilo que está sendo proposto trará resultados. Mesmo que a situação enfrentada por ele tenha sido vista anteriormente por você centenas de vezes com outros clientes, lembre-se: para esse cliente, ela é única! E ele deseja provas de que você compreendeu quão única ela é.

Qual é o objetivo de uma proposta? Por que devemos dedicar tempo e recursos para desenvolvê-la? Por que os clientes a solicitam? Uma proposta, mais do que apenas comunicar, deve ser vista como um veículo essencial de persuasão. Veja: propostas não vendem, apenas confirmam os entendimentos mantidos entre as partes durante todo o ciclo de uma venda. Entretanto, elas ajudam, e muito, a persuadirmos nossos clientes a tomar uma decisão final. Elas são uma ferramenta que tem por objetivo demonstrar nossa capacidade de compreender e satisfazer corretamente as necessidades, as preocupações e os desejos de nossos clientes. E aí está um dos principais pontos de ineficácia das propostas: ao ler uma proposta, na grande maioria das vezes, o cliente não consegue se visualizar dentro dela. Elas são mais centradas nos produtos, nos serviços e em outros pontos do que propriamente no cliente.

> **Um dos principais pontos de ineficácia das propostas: ao ler uma proposta, na grande maioria das vezes, o cliente não consegue se visualizar dentro dela.**

Portanto, seu objetivo ao escrever uma proposta é persuadir. Sua proposta deve comunicar-se com seu cliente de forma clara e lógica, demonstrando seu conhecimento e as capacidades de seus produtos e serviços. Convencer um cliente a tomar uma decisão final demandará de você uma abordagem tanto lógica como psicológica no desenvolvimento de sua argumentação. Clientes desejam ter alternativas e compará-las. Quando eles percebem risco em algum competidor, fatalmente o excluem. Ao analisar sua proposta, eles desejam encontrar provas de que a imagem de solução criada por você nas fases anteriores do ciclo da venda realmente será implementada. Eles desejam se sentir seguros, confiantes, convencidos e impressionados. Seu trabalho é deixar claro que, entre tantas alternativas, você é a melhor opção.

Elaborar corretamente uma proposta comercial vencedora dependerá da utilização de um processo que o ajude a criar um instrumento persuasivo e competitivo. É preciso entender que sempre estaremos à mercê das percepções de nossos clientes. O momento que entregamos uma proposta deve ser visto pelo profissional de vendas como uma excelente ocasião para se diferenciar definitivamente da concorrência, independentemente do preço cobrado ou daquilo que se tenciona vender.

Assim, desenvolver uma proposta eficaz fará mais do que simplesmente aumentar sua probabilidade de fechar uma venda: fará com que você conquiste respeito e credibilidade, trazendo excelentes dividendos no longo prazo. Por outro lado, dar pouca importância a essa significativa etapa de nosso ciclo comercial provavelmente fará você perder muito mais do que simplesmente essa venda.

A LÓGICA DA PROPOSTA

Para entendermos a lógica de uma proposta e nos beneficiarmos dela, a primeira coisa que precisamos compreender é que a palavra "proposta" é um substantivo, ou seja, ela expressa, de forma única e sem o auxílio de outras palavras, sua própria substância ou seu conceito.

Precisamos entender também que nossa mente armazena estruturas, ou representações, para o reconhecimento de substantivos. Essas estruturas contêm os traços essenciais que devem ser detectados para o devido reconhecimento de um substantivo. Por exemplo, quando pensamos em um gato, certos espaços mentais devem ser preenchidos com os traços essenciais de um gato para que tenhamos seu perfeito reconhecimento: quatro patas, rabo, bigode, orelhas pontudas e assim por diante. Alguns traços, no entanto, são mais essenciais que outros. Para verificar isso na prática, vamos fazer um teste: olhe a figura a seguir e diga o que ela representa para você.

FIGURA 7.1

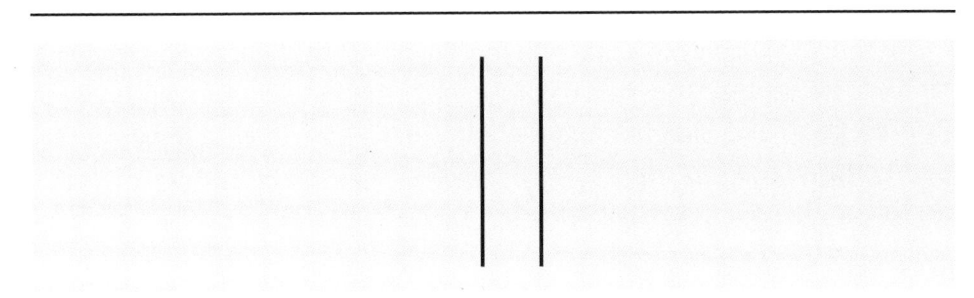

Muito bem. Agora, novamente, diga o que significa para você a figura a seguir.

FIGURA 7.2

Bem, e agora, o que você está vendo?

FIGURA 7.3

Quando um espaço mental não é preenchido com um traço essencial, ou uma informação, nosso cérebro não reconhece de maneira adequada o conceito que está diante dele. Mais ainda: se uma informação não pertinente a uma representação específica for adicionada, nosso cérebro ficará confuso: "O que é, o que é: tem rabo, quatro patas, bigode e uma bolinha com pintinhas amarelinhas...?".

Da mesma forma, quando um cliente analisa uma proposta, determinados espaços mentais devem ser preenchidos para que ele tenha uma perfeita compreensão. Quando isso não é respeitado, o cliente fica confuso e incerto quanto às informações recebidas. E o que é pior: acaba agindo como a maioria das pessoas que se sentem assim – diz, simplesmente, "Não!". A razão pela qual diversas propostas são rejeitadas, demoram a ser aceitas ou ficam indo e voltando em intermináveis revisões é o fato de o vendedor não preencher todos os espaços mentais necessários para que o cliente tenha uma perfeita compreensão lógica de sua proposta.

Como comentado no capítulo 5, quando abordamos a estratégia de uma oportunidade de vendas, os influenciadores do processo de decisão têm percepções próprias sobre as realidades vivenciadas. Eles podem ou não sentir lacunas entre as situações atuais e as que surgirão com a mudança gerada por seus produtos ou serviços. Quando as lacunas existem, e nossos produtos e serviços podem ajudá-los a reduzi-las, temos uma oportunidade de venda. Em linhas gerais, como toda venda provoca algum tipo de mudança para o cliente, uma proposta implica reduzir as lacunas sentidas em sua "situação inicial", levando-o à situação final desejada, na qual usufruirá certos "benefícios". O cliente deseja ver em nossa proposta que compreendemos corretamente onde ele está e aonde precisa chegar, isto é, que entendemos os "objetivos" específicos dessa proposta. Para que possamos ajudar nosso cliente a sair da situação inicial e alcançar os objetivos desejados, precisamos usar certa abordagem, ou método, em que serão usados nossos produtos, serviços e formas de implementação. Em outras palavras, o cliente também deseja entender a "metodologia" que será usada para tirá-lo da situação inicial e levá-lo à situação final desejada. Além disso, ele precisa ter certeza de que temos a correta "qualificação" para usar a metodologia que estamos propondo. Finalmente, nossa metodologia e nossa qualificação implicarão um "custo" para esse cliente, e, como dissemos no capítulo 6, quando tratamos da questão de provar o retorno sobre os investimentos em nossas ofertas, a razão entre benefícios e custos expressará o valor de nossa proposta.

Pelo raciocínio que acabamos de desenvolver, podemos dizer que, para que o cliente entenda de forma sólida o valor de sua proposta, os seguintes espaços essenciais deverão ser preenchidos na mente dele (discutiremos esses espaços mais detalhadamente adiante).

- **Situação inicial.** Seu cliente precisa perceber que você compreendeu claramente a situação vivenciada por ele.

- **Objetivos.** Ele precisa entender que você compreendeu o que ele pretende alcançar, corrigir ou evitar.

- **Metodologia.** É necessário que fiquem claros a abordagem, o plano, os produtos e os serviços usados para atingir o objetivo desejado.

- **Qualificação.** O cliente precisa ter evidências de sua capacidade em implementar a metodologia sugerida.

- **Custos.** Ele precisa saber que o montante que terá de pagar depende diretamente da metodologia utilizada e de sua qualificação.

- **Benefícios.** Ele também precisa saber quais benefícios receberá ao selecionar você, sua empresa e a abordagem proposta, optando pelos custos associados a essa escolha.

Muitos profissionais responsáveis por resultado pensam que elaborar uma proposta trata-se apenas de dizer o que será entregue, o preço e a forma de pagamento. É esse tipo de visão, destituída de uma lógica mais completa, que faz com que o valor real de contratar um fornecedor não seja corretamente percebido pelo cliente, resultando todos os dias na perda de milhões em receitas.

De fato, cada um desses seis componentes traz uma contribuição específica para o processo de decisão do cliente, preenchendo os espaços mentais necessários para que ele compreenda corretamente o que você está propondo. Não respeitar isso fará com que sua proposta seja percebida como ilógica, ou incompleta, ou de baixo valor – ou tudo isto ao mesmo tempo!

Por outro lado, respeitar esses componentes e integrá-los na elaboração de sua proposta – seja ela apenas um e-mail, uma apresentação oral, uma carta de uma ou duas páginas ou um texto mais robusto e complexo – fará com que você maximize suas probabilidades de sucesso.

Trocando em miúdos, independentemente dos nomes dados a esses componentes, a mente de seu cliente precisará detectar essas informações em suas propostas, a fim de que ele perceba que você o compreendeu, entenda o que você está propondo ou mesmo compreenda melhor a própria situação que está vivenciando.

A PSICOLOGIA DA PROPOSTA

Como já dissemos anteriormente, propostas necessitam ser persuasivas para serem vencedoras. Todavia, convencer uma pessoa a aceitar um ponto de vista, a tomar uma ação ou mudar de atitude não requer apenas o uso da lógica. Para que nossas propostas sejam persuasivas, elas também devem ter elementos emocionais especificamente direcionados a seus revisores.

A falta de eficácia de muitas propostas advém do fato de que elas contêm apenas informação ou, no máximo, opiniões. Quando as pessoas apresentam informações, elas tendem a ser diretas e econômicas em sua transmissão. Contudo, se o receptor não compreender corretamente a mensagem, o processo de comunicação terá falhado. Mas, para que possamos persuadir em vez de simplesmente informar, precisamos agir diretamente em suas emoções e no modo como ele pensa, sente e age. Ou melhor: temos que influenciar os desejos, as atitudes e os comportamentos das pessoas que irão analisar nossa proposta e influenciar nossa venda.

O fato é que as pessoas se sentem mais confortáveis em simplesmente apresentar informações. Além disso, quando estamos com pressa ou não temos informação suficiente para o desenvolvimento eficaz de uma proposta, é enorme a probabilidade de passarmos a escrever da forma mais superficial, ou seja, apenas apresentando informações. Quantas vezes você já presenciou alguém dormindo ou olhando para o relógio durante uma apresentação? Persuadir, tanto de forma escrita como oral, requer um alto nível de sofisticação para que nosso público não fique alienado – requer mais do que apenas apresentar informações.

Duas técnicas bastante simples, porém do mais alto nível, podem ajudar você a desenvolver propostas mais eficazes do ponto de vista da persuasão: as relações de causa e efeito e os conceitos temáticos.

RELAÇÕES DE CAUSA E EFEITO

Uma das técnicas extremamente úteis para tornar seu texto mais persuasivo é colocar as informações em um "sanduíche de persuasão", com as devidas relações de causa e efeito, em vez de simplesmente colocar as informações de maneira "pura". Vamos usar um exemplo para mostrar como essa técnica é simples, mas poderosa.

Imagine que você deseje colocar a seguinte informação em sua proposta: "Os sistemas de dados e imagens serão instalados em servidores independentes".

Note que temos nessa frase apenas informação, que, embora possa ser totalmente correta e necessária para que expliquemos nossa solução ao cliente, infelizmente não o influencia. Para persuadi-lo, temos que adicionar as relações de causa, isto é, os "porquês" dessa informação. Além disso, devemos adicionar os efeitos dessa informação, ou melhor, os "o que".

- **Causa.** "Pelo fato de a coleta de informações ocorrer em ambientes fisicamente distintos..."

- **Informação.** "... os sistemas de dados e imagens serão instalados em servidores independentes..."

- **Efeito.** "... com isso, será obtido um melhor fluxo de trabalho, além de uma maior disponibilidade dos componentes da solução em caso de falhas."

Envolver as informações de sua proposta em "sanduíches de persuasão" fará com que as pessoas que a lerem entendam os motivos de algo estar sendo proposto e seus respectivos resultados, o que tornará seu texto muito mais poderoso.

Você se recorda do que comentamos sobre Sócrates no capítulo 3, quando abordamos as habilidades essenciais de um vendedor profissional? Não existe nada mais persuasivo do que demonstrar claramente as relações de causa e efeito de uma situação para uma pessoa. Com elas, as informações coletadas durante o processo de diagnóstico dos motivos e dos impactos das necessidades dos influenciadores de sua venda podem ser claramente integradas ao longo do texto de sua proposta. E isso pode ser feito tanto no nível das frases e informações sobre seus produtos, serviços e soluções, conforme mostrado no exemplo anterior, como no nível das tarefas que compõem sua abordagem e da própria metodologia proposta.

> **Não existe nada mais persuasivo do que demonstrar claramente as relações de causa e efeito de uma situação para uma pessoa.**

Se olharmos com mais cuidado, perceberemos que mesmo a abordagem sugerida para a estruturação de sua proposta (situação inicial, objetivos, metodologia, qualificação, custos e benefícios) utiliza-se das relações de causa e efeito.

- **Causa.** Essa é a "situação inicial" que está sendo vivenciada em sua organização e os "objetivos" que vocês desejam alcançar.
- **Informação.** Aqui estão nossa "metodologia" e nossa "qualificação", bem como os "custos" a elas relacionados.
- **Efeito.** Esses são os "benefícios" que vocês obterão ao nos selecionar.

Ao desenvolver cada uma das seções de sua proposta, procure sempre ser persuasivo no início e no final, deixando as informações que precisam ser apresentadas no meio. Tenha em mente que as pessoas tendem a se lembrar das informações que viram primeiro ou, então, por último. Colocar os "porquês" no início e os "o que" no final – tanto em termos das seções e tarefas como das características ou funcionalidades específicas de seu produto, serviço ou solução – fará com que os revisores de sua proposta não se esqueçam das causas e consequências daquilo que está sendo sugerido.

CONCEITOS TEMÁTICOS

Outra técnica bastante eficaz para aumentar a capacidade de persuasão de suas propostas é a utilização de temas. Temas são ideias, conceitos, palavras ou sentenças breves expressos diversas vezes ao longo do desenvolvimento de seu texto que permeiam todo o seu conteúdo.

Para construir um texto com maior capacidade de influenciar seus leitores, você deverá, ao longo das seções que compõem seu documento ou sua apresentação, reforçar certas mensagens julgadas importantes por meio de sua "repetição". O objetivo do uso da repetição é convencer seu público de que você é aquele que o compreendeu melhor e incutir na mente de cada um seus pontos fortes e diferenciais.

Em geral, os conceitos que servirão como temas de sua proposta advêm basicamente de três fontes:

- dos pontos identificados como "gatilhos pessoais" durante suas entrevistas e reuniões;

- dos requisitos formais do processo de avaliação;

- de suas forças em relação à concorrência.

Durante seus contatos pessoais com cada um dos influenciadores do processo de decisão de sua venda, sua missão é identificar uma necessidade ativa – ou ativar uma necessidade – e criar ou reconstruir uma imagem de solução na mente dessas pessoas, como dissemos nos capítulos anteriores. Nessas reuniões, é muito provável que você peça licença a seus entrevistados para fazer algumas anotações importantes. E é lógico que, em suas anotações, você terá registrado, entre outras coisas, as necessidades dessas pessoas, bem como seus motivos e seus impactos. Contudo, é importante também que você anote os "gatilhos pessoais" de seus interlocutores.

Mas o que são gatilhos pessoais? Bem, digamos que, durante uma entrevista, você perceba que um influenciador enfatizou, com um peso emocional maior, certa palavra ou conceito, como "ferramentas de gerenciamento", "melhores práticas", "qualidade", "estratégico" ou "segurança". Não importa qual palavra seja ou mesmo seu significado particular para essa pessoa. O que importa é que ela tem uma carga psicológica forte para esse influenciador e trata-se, portanto, de um gatilho pessoal que deverá ser tratado em sua proposta.

Na fase final do ciclo de vida de sua oportunidade, o componente emocional ainda é relevante para as pessoas que influenciam sua venda, mesmo em se tratando de uma etapa de racionalização do processo de decisão. O ser humano é emocional, ainda mais quando se trata de necessidades e desejos. E é bom ter em mente um grande segredo que todo bom persuasor sabe: para que uma pessoa acredite no que iremos dizer, basta simplesmente dizer o que essa pessoa deseja ouvir, usando as próprias palavras dela.

Como os diferentes influenciadores de sua venda têm ou podem ter diferentes interesses pessoais, percepções e expectativas, você deverá transmitir em sua proposta que compreendeu o que é particularmente importante e emocionalmente relevante para cada um deles. Fazendo isso, você estará se comunicando de forma centrada no cliente e unindo as diferentes perspectivas desses influenciadores, o que tornará sua proposta bem mais poderosa e eficaz, pois, ao lê-la, cada uma dessas pessoas pensará "Esse cara me compreendeu... Ele entendeu as minhas preocupações!".

Outra fonte para os conceitos temáticos a serem utilizados em sua proposta são os requisitos e os critérios que serão formalmente usados para escrutiná-la. Você se lembra de que no capítulo 2, ao analisarmos o ciclo de vida de uma venda complexa, dissemos que quem chega primeiro e cria as imagens de solução na mente dos influenciadores do processo de decisão ganha a vantagem competitiva de definir os padrões legais, técnicos e administrativos que serão utilizados para comparar os demais concorrentes durante a fase de avaliação de alternativas do ciclo da venda? Nesse capítulo, dissemos também que, quando não somos proativos e chegamos atrasados em uma oportunidade de vendas, diversos critérios poderão já estar definidos para a avaliação dos fornecedores. Nesse caso, a missão do profissional de vendas é encontrar pontos de diferenciação que poderão ser utilizados para reconstruir a imagem previamente estabelecida com base nas capacidades adicionais que seu produto, serviço ou solução pode fornecer. Com isso, estaremos nos distinguindo da concorrência.

Porém, antes de sermos diferentes, precisamos ser iguais, caso contrário criaremos um projeto competitivo, isto é, alternativo, ao já previamente definido. Desse modo, para participarmos com boas probabilidades de sucesso do projeto atual, temos que atender aos requisitos já formalmente estabelecidos, mas também entregar algo a mais, isto é, certas capacidades que não foram discutidas pelos concorrentes que chegaram antes de nós. Tarefa difícil, mas não impossível.

Assim, para que você transmita corretamente em sua proposta que também atende aos critérios formalmente estabelecidos, seja por seus concorrentes, seja pelo próprio cliente, é importante que selecione os critérios mais importantes e que os inclua como conceitos temáticos em sua proposta. A repetição desses temas demonstrará aos revisores de sua proposta sua aderência aos resultados organizacionais que eles procuram.

A terceira fonte da qual podem ser selecionados os conceitos temáticos de sua proposta são seus pontos fortes – suas forças exclusivas em relação à concorrência existente para essa oportunidade. Como comentamos no capítulo 5, os pontos fortes de seus concorrentes percebidos pelos clientes são automaticamente suas deficiências que devem ser eliminadas ou minimizadas. Da mesma maneira, os pontos fracos de seus concorrentes devem ser analisados para que seja possível avaliar se eles podem ou não ser usados como suas forças. Digamos que, por exemplo, você esteja competindo com outro fornecedor que é percebido, de forma positiva, como tradicional e experiente pelo seu cliente potencial. Você poderá atacar esse ponto forte usando como conceito temático a questão da inovação ou, ainda, atrelar a palavra experiência não ao número de clientes atendidos ou ao tempo de mercado, mas ao trabalho com um cliente específico que tenha as mesmas características desse cliente ou que seja um concorrente direto dele.

Vamos supor que você represente uma empresa local e esteja competindo com uma empresa global. Se os profissionais de seu concorrente forem altamente capacitados, mas são estrangeiros e, portanto, não versados na língua de seu cliente, você poderá usar o fato de que seus profissionais falam o idioma de seu cliente como um diferencial contra esse concorrente. Ao repetir esse fato por várias vezes em sua proposta, você minará as potenciais forças advindas da vivência que essa empresa tem em diferentes países.

Note que, ao selecionar o que será usado como tema e, portanto, repetido ao longo de sua proposta, você não estará selecionando uma palavra ou frase em específico, mas um conceito. Ou seja, você não precisará repetir exatamente as mesmas palavras, mas escolher aquelas que expressem as mesmas ideias. Veja alguns exemplos de conceitos temáticos.

- **Segurança.** "Mais seguro", "menor risco", "garantia", "menor probabilidade de falhas" e assim por diante.

- **Trabalho em equipe.** "Envolvimento das pessoas em suas tarefas", "interação e sinergia dos colaboradores em suas tarefas", "trabalho em grupo", etc.

- **Qualidade.** "Exatidão", "menor número de falhas", "produtos mais bem-acabados", "mais adequados" e por aí afora.

Por fim, após analisar as três fontes das quais podem vir os conceitos passíveis de serem usados como temas, você deverá selecionar os mais relevantes (lembre-se da regra dos 7±2), garantindo que exista pelo menos uma frase para cada um deles nas principais seções de sua proposta, como veremos a seguir.

Com isso, você tecerá uma rede de argumentos que tornará sua proposta mais persuasiva e psicologicamente eficaz, mostrando para os influenciadores e seus revisores que você entendeu seus desejos e preocupações, além de se diferenciar em relação à concorrência. Tornará também, dessa forma, sua proposta muito mais aderente e fácil de aceitar, evitando objeções e retrabalhos.

A PREPARAÇÃO DA PROPOSTA

Uma proposta vencedora não é uma coletânea de ideias e informações desconexas nem um conjunto de seções sem interligação entre si. Ela é uma argumentação bem desenvolvida, com começo, meio e fim, pela qual seus leitores conseguem navegar de forma natural por todo o seu conteúdo.

> **Uma proposta vencedora é uma argumentação bem desenvolvida, com começo, meio e fim, pela qual seus leitores conseguem navegar de forma natural por todo o seu conteúdo.**

Assim, mesmo que seu texto final não contenha cabeçalhos que identifiquem cada um dos componentes lógicos de sua proposta, você deverá desenvolver o conteúdo desses componentes para que seu cliente compreenda corretamente o que você está propondo. Ou seja, mesmo em um pequeno e-mail com alguns parágrafos, todos os espaços mentais anteriormente apresentados deverão ser preenchidos. Vamos analisar esses espaços nesta seção.

SITUAÇÃO ATUAL

Quando o cliente começa a ler o conteúdo de uma proposta, o que ele geralmente encontra no início? Se você respondeu algum descritivo, histórico ou qualquer outro tipo de informação qualitativa sobre a empresa que está tentando vender-lhe algo ou sobre os produtos, serviços ou soluções maravilhosas que ela possui, acertou. Como dissemos anteriormente, um dos grandes erros de uma proposta é ela não ser centrada no cliente.

Agora, imagine que você tenha seguido a estrutura lógica que apresentamos. O primeiro contato que o cliente terá com seu texto será a sua compreensão da situação vivenciada por ele. Uma grande demonstração de seu foco no cliente, não é mesmo? Mais ainda, independentemente do que você apresente na seção sobre qualificação, não existe melhor demonstração de sua verdadeira qualificação do que expor claramente a seu cliente quão bem você compreendeu a situação dele e que foi um ouvinte atento, conseguindo capturar de forma correta as necessidades específicas de cada influenciador e relacionar as causas e os efeitos de suas necessidades, seus motivos e seus respectivos impactos.

Você também deverá demonstrar seu conhecimento sobre a organização e a indústria do cliente. Entretanto, não caia no erro comum de realizar uma rápida pesquisa no *site* dele e fazer uma colagem das informações encontradas ali. Isso é para iniciantes e não demonstrará realmente as suas capacidades de compreender a situação de seu novo cliente potencial. Afinal, você estará fornecendo informações que ele já possui – sem dizer que ele provavelmente saberá a fonte da qual você as retirou. Seu trabalho nessa seção da proposta é demonstrar que você conseguiu analisar, sintetizar e contextualizar todas as informações coletadas em suas entrevistas sobre o negócio de seu cliente.

Outro recurso interessante e essencial que você poderá usar nessa seção consiste na formulação de perguntas que devem ser respondidas para resolver a situação do cliente. Quais perguntas precisam ser respondidas para que ele obtenha os benefícios desejados? Formular perguntas fará com que o revisor de sua proposta raciocine e participe de seu texto, estimulando sua curiosidade para a leitura das demais seções, em que ele espera que tais perguntas sejam respondidas.

Mas onde devemos buscar essas questões? Na metodologia que você proporá. Digamos que, por exemplo, você pretenda propor uma forma de integrar todas as filiais utilizando, para isso, seus produtos e serviços. Nesse caso, uma boa pergunta a ser inserida em sua seção sobre a situação inicial do cliente poderia ser a apresentada a seguir.

- Como integrar todas as filiais da ABC de forma centralizada?

Ou, ainda, digamos que seu produto traga menor consumo mensal de energia elétrica para seu cliente potencial. Uma boa pergunta poderia ser a seguinte.

- Como reduzir os gastos da ACME com energia elétrica?

Parece óbvio, não? Mas o óbvio, muitas vezes, é muito difícil de ser percebido. Note o que estamos fazendo aqui: na verdade, as perguntas que você colocará nessa seção inicial construirão uma conexão direta com a seção que mostrará sua abordagem. Ao utilizar esse recurso, você estará envolvendo e preparando os leitores de sua proposta para aceitarem o que será sugerido, isto é, sua metodologia, seus produtos, serviços e soluções. Se o cliente concordar com a importância da questão que você expôs, você terá "vendido" previamente seu método.

Você poderá também usar outras fontes para a formulação de suas questões, como os gatilhos pessoais, os seus pontos fortes e os padrões formalmente estabelecidos para a avaliação dos concorrentes.

- Como garantir que as soluções adotadas sejam seguras e aderentes a padrões abertos?

- De que forma disponibilizar ferramentas de gerenciamento para que a equipe de projetos utilize melhor seu tempo?

- Como aliar os conceitos de inovação e de experiência no projeto em questão?

Saber fazer boas perguntas, como dissemos no capítulo 3, quando falamos das habilidades essenciais de um vendedor, é fundamental para ter mais eficiência em vendas. Ao utilizá-las na seção inicial de sua proposta, você incentivará seu cliente a pensar, desde o início da leitura, sobre o que precisa ser feito para equacionar a situação vivenciada por ele. Além disso, tais perguntas também serão um estímulo para que você próprio se mantenha pensando sobre o tema e permitirão verificar, durante o desenvolvimento do texto, se ele realmente responde às perguntas feitas. Isso fará com que elabore as seções seguintes de maneira muito mais eficaz.

OBJETIVOS

Os objetivos de sua proposta devem indicar quais são os principais resultados dela. A clara definição desses objetivos dependerá do entendimento da situação inicial de seu cliente, além de possibilitar o bom desenvolvimento da abordagem que será apresentada em sua seção específica sobre metodologia.

Basicamente, existem três tipos de situações iniciais nas quais você pode encontrar seu cliente, o que determinará três tipos de objetivos.

- Seu cliente enfrenta uma situação, mas não tem um conhecimento profundo sobre ela e suas respectivas relações de causa e consequência. Antes de tomar alguma decisão, ele deseja entender melhor o que está vivenciando e, para isso, quer contratar um fornecedor que faça uma avaliação e dê as devidas recomendações quanto à necessidade ou não de algum tipo de mudança. O objetivo de uma proposta como essa estará relacionado com as ações de *determinar*, *avaliar*, *compreender* e *identificar*.

- Uma segunda possibilidade é o cliente já ter identificado e compreendido o problema ou a oportunidade que está enfrentando, mas não saber como lidar com a situação vivenciada. Ele deseja que uma organização externa elabore um plano, identificando a melhor forma de planejar essa mudança, resolvendo seu problema ou capitalizando essa oportunidade. Os objetivos desse tipo de proposta estão relacionados com as ações de *desenvolver*, *recomendar* e *definir*.

- Outra possibilidade é que o cliente já saiba o que está acontecendo e também como solucionar a situação que vivencia – como resultado de seu próprio entendimento, do auxílio de outro fornecedor ou mesmo de seus esforços, como vendedor, nos estágios iniciais desse ciclo de venda. Nesse tipo de situação, o cliente deseja contratar uma empresa que implemente a mudança desejada, resolvendo seu problema ou ajudando-o a tirar proveito da oportunidade vislumbrada. O objetivo, nesse tipo de situação, estará intimamente relacionado com questões mais quantificáveis, como *aumentar*, *reduzir*, *aperfeiçoar* ou *melhorar*.

É importante entender que uma mesma proposta pode conter mais de um dos três tipos de objetivos que acabamos de descrever. Em uma mesma situação, o cliente pode desejar que você faça uma avaliação e proponha um plano ou, então, que proponha um plano e sua implementação. Nesses dois casos, sua proposta terá dois objetivos. Outra possível situação é o cliente desejar que você faça uma avaliação, idealize um plano e o implemente. Nesse caso, sua proposta terá três objetivos.

No caso de propostas com mais de um tipo de objetivo, o que acontece com muita frequência é o vendedor não capitalizar corretamente os benefícios intermediários. Por exemplo, em um projeto que envolva a elaboração de um plano e sua implementação, o vendedor foca apenas os benefícios da implementação de seus produtos, serviços e soluções, esquecendo o fato de que o plano de implementação desenvolvido por ele também trará benefícios intrínsecos. Da mesma forma, propostas que envolvam a avaliação da situação atual, a idealização de um plano e sua implementação contêm potenciais benefícios para o cliente em suas três etapas. As ações necessárias para concluir cada uma dessas etapas devem estar contidas em sua seção sobre metodologia, e seus benefícios, claramente explicitados para o cliente.

Outro ponto que vale a pena reforçar é que os objetivos de sua proposta devem indicar algum resultado mensurável. Toda oferta traz algum tipo de impacto positivo aos processos internos de uma organização. Se não fosse assim, as empresas não comprariam seus produtos ou serviços e, com toda a certeza, sua empresa não existiria. Na formulação de seus objetivos, mesmo os que tratam apenas da avaliação de uma situação ou do desenvolvimento de um plano de ação, procure indicar o tipo de resultado que seu cliente obterá, seja ele o aumento de receitas, a redução de custos, seja o aumento de produtividade. Faça isso mesmo que tais resultados aconteçam somente se algo for implementado para alterar a situação atual que está sendo avaliada.

METODOLOGIA

Nessa seção, você deverá descrever quais são suas sugestões para resolver a situação do cliente, explicando sua abordagem para a solução proposta.

É importante assinalar que, provavelmente, o grande erro cometido em propostas pelos profissionais de vendas seja desconsiderar completamente o cliente em seções com esse tipo de finalidade. Como dissemos no início deste capítulo, na maioria das abordagens sugeridas ao cliente, vê-se apenas uma série de informações sobre produtos e serviços que foram coladas de propostas anteriores ou, então, retiradas de descritivos, folhetos e apresentações de marketing, sem as devidas considerações sobre o cliente em específico – ao qual essa proposta deve se dirigir, comunicar e persuadir. Em vez de relacionar quais serão as tarefas e atividades que deverão ser implementadas para atingir os objetivos dessa proposta, o vendedor e sua organização se limitam a apenas apresentar generalidades, sem a correta inter-relação lógica.

De fato, para cada objetivo determinado em sua seção anterior, você deverá comunicar claramente quais serão as ações necessárias para atingi-lo e quais resultados serão obtidos. O nível de detalhamento que você apresentará dependerá do que precisa ser explicado para que o cliente compreenda sua capacidade de ajudá-lo a resolver seu problema ou tirar proveito de uma oportunidade, sempre levando em conta a necessidade de proteger sua propriedade intelectual. Afinal, há o risco de o cliente tentar usar sua abordagem por conta própria ou com outro fornecedor.

Por outro lado, um correto equilíbrio da profundidade das informações expostas também proporcionará uma blindagem dessa oportunidade, pois o cliente verá seus diferenciais como únicos. Isso é válido mesmo quando estamos falando de produtos ou serviços comoditizados, cuja forma de implementação pode ser seu grande diferencial. Nesse sentido, além das ações necessárias para colocar em prática sua abordagem, você deverá listar as atividades ligadas ao planejamento, à comunicação e ao gerenciamento do processo de implantação. Exemplos dessas atividades são reuniões, elaboração de relatórios de resultados, atividades de acompanhamento, palestras de lançamento do projeto e comunicação de seus resultados. Interligar essas atividades com as tarefas referentes a como resolver a situação do cliente tornará sua metodologia muito mais robusta e diferenciada.

No entanto, para se diferenciar, sua metodologia não deve ser apenas lógica: ela deve ser também persuasiva. Cada tarefa e cada atividade expostas em sua abordagem são apenas informações. E, como mencionado anteriormente, elas devem ser circundadas com suas respectivas causas e consequências. Se você estiver propondo a compra ou instalação de um produto, antes de descrevê-lo explique para o revisor de sua proposta o porquê de sua sugestão, ou seja, quais são as causas que levaram a essa necessidade. Após definir esse produto, explique também quais as consequências de sua utilização, isto é, o tipo de resultados que o cliente obterá.

Essa abordagem deverá ser usada não apenas no nível de cada atividade ou tarefa de sua solução, mas também em toda a sua seção sobre metodologia. Com isso, você demonstrará a seu cliente quais são as razões para que você seja o escolhido entre tantas outras possibilidades. Lembre-se de que o cliente deseja reduzir o risco de sua tomada de decisão. E, para o ajudarmos nessa tarefa, devemos deixar claro por que estamos sugerindo determinado produto, serviço, atividade, cronogramas e os demais fatores que compõem nossa metodologia.

QUALIFICAÇÃO

Esse componente da proposta deverá fornecer para seu cliente potencial a razão para que você seja o escolhido entre todas as demais alternativas. Nele, você deverá fornecer suas qualificações e competências para atender às necessidades específicas desse cliente. E aqui, quase sempre, reside o mesmo erro já citado a respeito das seções sobre as metodologias propostas: são textos pré-fabricados que não mencionam aquele a quem você deseja convencer de que é único, de que o compreendeu e de que irá tratá-lo de forma diferenciada – o cliente.

Perceba que, ao seguir o formato que estamos propondo, você já terá demonstrado muito de sua qualificação nas seções sobre a situação inicial do cliente e a metodologia sugerida. Quando seu cliente abrir sua proposta, a primeira coisa que ele captará será sua habilidade de entender as causas e consequências da situação por ele vivenciada, o que é, na verdade, uma das principais qualidades de um verdadeiro solucionador de problemas. Ele também terá contato com as principais questões que precisam ser resolvidas por sua metodologia, o que garantirá a atenção e o interesse para que ele veja em sua abordagem suas reais qualificações para propor uma solução robusta e com baixo risco. Nessa seção específica sobre suas qualificações, resta agora dizer, de forma explícita, por que você e sua organização são as melhores alternativas a serem selecionadas.

Como já dissemos anteriormente, seu cliente não comprará seus produtos, serviços ou soluções *per si*: ele comprará aquilo que acredita que você, sua organização e suas ofertas farão para ele em determinado momento. Nesse sentido, é importante que, nessa seção sobre suas qualificações, você demonstre todos os pontos fortes relacionados especificamente à situação vivenciada por esse cliente que poderão comprovar que você é a melhor alternativa para ele. Você só conseguirá persuadir seu cliente se focar os pontos diretamente relacionados à realidade dele nesse momento. Lembre-se de que seus pontos fortes podem advir não somente de seus produtos, mas também das pessoas que compõem sua organização, dos processos que vocês utilizam, do modo como suas ofertas são implementadas, do conhecimento que vocês retêm, dos serviços de que dispõem, de sua logística, dos clientes já atendidos e de todos os demais pontos que permitem sua empresa ser o que ela é.

Porém, de nada adiantará você dizer que tem anos de experiência com clientes que não pertençam ao mesmo setor de seu cliente potencial, a menos que você demonstre que esses clientes possuem porte, cultura, forma de atuação ou qualquer outro aspecto que se relacione com ele. Da mesma maneira, ser o melhor, o maior, o mais antigo ou o mais barato pode também não trazer diferenciação, caso os influenciadores do processo de decisão não estejam buscando tais qualidades. Os conceitos temáticos que você desenvolveu com base nos gatilhos pessoais de cada influenciador, nos critérios formais de avaliação e em sua potencial concorrência devem ser agora utilizados para que você consiga conectar suas informações ao que realmente importa nessa oportunidade de vendas em específico.

Assim, da próxima vez que você for desenvolver uma seção sobre suas qualificações, pense em quão persuasivo será você simplesmente incluir um trecho-padrão, utilizado para todas as demais propostas. Seu cliente certamente levará em conta o fato de você ter ou não pensado especificamente nele ao ler as informações apresentadas sobre o que o qualifica a trabalhar com ele. Sua decisão em usar ou não um texto-padrão dependerá de quão persuasiva você deseja que sua proposta seja. De qualquer forma, será uma decisão que dependerá tanto de sua estratégia como de sua intenção – ou necessidade – de elevar suas probabilidades de sucesso nessa venda.

CUSTOS

Mais do que simplesmente comparar seus preços com os de seus con-concorrentes, você precisa que seu cliente compreenda que aquilo que você cobra depende da metodologia que será usada para solucionar a situação vivenciada por ele e de suas qualificações para utilizá-la. Tenha sempre isso em mente: os investimentos de seu cliente dependem diretamente da abordagem sugerida e de suas qualificações específicas para implementá-la.

Mesmo que sua estratégia no mercado seja oferecer baixos custos, você deverá demonstrar para o leitor de sua proposta que tem condições de fornecer uma solução de maneira adequada no preço proposto. Até mesmo os clientes que buscam apenas preço baixo desejam provas de que qualquer economia não será em detrimento da qualidade e do desempenho desejado.

> **Até mesmo os clientes que buscam apenas preço baixo desejam provas de que qualquer economia não será em detrimento da qualidade e do desempenho desejado.**

Contudo, independentemente de quais sejam seus preços, sua estratégia em relação a eles ou mesmo a maneira como você irá apresentá-los, um dos grandes erros em relação a esse componente das propostas é não o relacionar corretamente com o retorno sobre os investimentos (ROI) que o cliente obterá.

No capítulo 6, demonstramos como o ROI potencial de seu cliente pode ser calculado. Caso você tenha seguido o processo apresentado, terá agora um importante diferencial competitivo: colocar junto com as informações sobre os preços de suas ofertas tanto o ROI que o cliente poderá obter como os principais índices financeiros de seu projeto – o valor presente líquido, a taxa interna de retorno e o *payback* de sua solução, incorporando o estudo completo realizado em conjunto com seu cliente como um anexo de sua proposta.

Caso seu cliente não tenha dado a devida abertura para o cálculo do ROI de sua solução, não deixe de incluir nessa seção algum direcionamento ou informações, orientando-o a fazer seus cálculos. Com isso, você não apenas dará um sinal concreto de que seu cliente obterá um retorno adequado, como também mostrará que tem consciência desse retorno. Esse cuidado simples o ajudará a evitar concessões desnecessárias caso seu cliente deseje realizar algum tipo de pressão no momento do fechamento.

BENEFÍCIOS

Geralmente, quando um cliente recebe uma proposta, o que ele faz? Se você respondeu que ele vai até a última página para ver os preços, acertou. E ele age dessa maneira porque, na maioria das propostas que ele recebe, é isso que ele encontra ali.

Entretanto, quando relembramos que as informações colocadas em primeiro ou em último lugar são aquelas com maior probabilidade de retenção, torna-se óbvia a seção que deve ser a última de sua proposta: os benefícios que seu cliente obterá ao aceitá-la. Mesmo que ele aja da forma esperada, encontrará nas últimas páginas de nossa proposta as informações que trarão as conclusões sobre o que ele receberá ao nos escolher, em vez de preços e condições comerciais muitas vezes colocados de forma distante e formal.

Para que sua proposta se torne ainda mais persuasiva, você deverá aproveitar a última seção para apresentar todos os benefícios que os principais influenciadores do processo de decisão obterão, tanto em termos organizacionais como em termos individuais. Note: você provavelmente já mostrou, em diversos pontos de seu texto ou de sua apresentação, os benefícios – ou "consequências" – de seu cliente adotar a metodologia proposta. Da mesma forma, os benefícios de ele selecionar você e sua organização também já terão sido abordados quando foram descritas as suas qualificações. Quando desenvolvemos nossas propostas de forma estratégica, lógica e persuasiva, discutimos os benefícios que podemos proporcionar a nosso cliente em todo o texto de nosso documento.

Apesar disso, é importante resumirmos tais benefícios nessa seção específica. Mesmo porque, desse modo, teremos uma conclusão extremamente eficaz para nosso documento. Lembre-se: você iniciou seu documento demonstrando seu entendimento sobre a situação de seu cliente potencial – o "porquê" – e irá fechá-lo demonstrando os resultados que ele obterá ao selecionar você – os "o que". Uma excelente maneira de nos mostrarmos centrados no cliente.

Nessa seção, você deverá listar tanto os benefícios advindos de seus produtos e serviços como os benefícios inerentes ao processo com o qual eles serão entregues. E mais: quando você pensou nos interesses e gatilhos pessoais de cada influenciador do processo de decisão, também adquiriu um excelente conhecimento, que agora deve ser integrado à conclusão de sua proposta.

Sua habilidade em considerar todos os aspectos lógicos e psicológicos de sua proposta certamente lhe trará um diferencial em relação a seus concorrentes. Em mercados extremamente competitivos e complexos, devemos capitalizar todas as oportunidades de nos diferenciarmos; caso contrário, o cliente terá que considerar o preço como a única forma de chegar a sua conclusão final. De fato, o preço se tornará um fator de decisão apenas se nenhum outro diferencial existir entre as propostas analisadas.

A FORMATAÇÃO DA PROPOSTA

Para finalizar sua proposta, você deverá dar um certo formato a ela. Lembre-se: quando se trata de um novo cliente, sua proposta será a primeira demonstração concreta da qualidade de seus produtos e serviços. Portanto, dar uma aparência profissional a seu documento final será vital no processo de sua diferenciação.

Em geral, além do corpo, uma proposta deverá conter uma página de título, um aviso sobre a confidencialidade das informações nela contidas, um sumário, o resumo das ações (sumário executivo) e os respectivos anexos pertinentes.

O título de sua proposta deverá chamar a atenção de seu cliente. Evite um título que apenas diga o óbvio, como "Proposta para a empresa ABC". O título de sua proposta será a primeira coisa que o cliente irá ver, portanto relacione-o com o objetivo, as recomendações, os benefícios e os resultados de sua abordagem. Você poderá também desenvolver seu título em duas linhas – a primeira contendo os benefícios principais e a segunda relacionando especificamente tais objetivos com esse cliente, como nos exemplos a seguir.

- "Criando uma nova cultura de atendimento ao cliente – Uma abordagem segura proposta pela XPTO para a ABC."

- "Otimizando a logística de entrega – A visão da XPTO para a ABC obter vantagens competitivas sustentáveis em seu mercado."

- "Reduzindo os custos operacionais – Nossa percepção de como a XPTO pode ajudar a ABC a obter melhores lucros."

A página de título também deverá conter o nome de quem elaborou a proposta, o nome de seu destinatário, a data de entrega e o "prazo de validade". Uma boa forma de tornar essa página mais atrativa é incluir alguma imagem e a logomarca das duas empresas.

Outro cuidado que deve ser tomado é com relação à propriedade intelectual que a proposta contém. Colocar uma observação quanto ao uso e à violação de seus direitos pode alertar aqueles que inocentemente revelariam seu conteúdo por não terem notado que ele é confidencial, além de levar aqueles que sabem que essa atitude não é correta a pensarem duas vezes antes de agir assim. No entanto, como frases com esse intuito podem trazer um tom negativo a seu documento, procure formulá-las do modo mais profissional possível, colocando-as em uma página em separado. Exemplos desses tipos de frases são as mostradas abaixo.

- "Este documento contém informações confidenciais. Por favor, não revele seu conteúdo para pessoas não diretamente responsáveis pela avaliação dessa proposta sem primeiro obter permissão por escrito da XPTO."

- "As informações contidas nas páginas X a Y desta proposta são confidenciais e não devem ser reveladas a qualquer pessoa que não seja seu destinatário ou seu revisor."

Além de profissional, você certamente deseja que sua proposta seja fácil de ser usada por seus leitores. Assim, o sumário deve conter as principais seções e subseções da proposta. Mais ainda: como você utilizou uma estrutura lógica para o desenvolvimento da proposta, o influenciador que se deparar com seu sumário e analisá-lo terá a sensação de que ela preenche todos os espaços mentais para sua correta compreensão.

O sumário executivo ajudará algum influenciador não muito envolvido com seu processo de venda a ter uma rápida visão dos principais pontos abordados por ela. Procure elaborar um resumo curto, de no máximo uma ou duas páginas, focando principalmente seu entendimento sobre a situação do cliente e os benefícios que ele usufruirá ao aceitar sua proposta. Lembre-se também de incluir nesse sumário os principais índices financeiros calculados em sua análise de retorno sobre os investimentos. Caso esse resumo desperte interesse e faça com que o executivo se pergunte como tais objetivos serão alcançados, ele poderá saber mais a respeito na seção específica sobre a metodologia a ser utilizada. Por fim, não transforme seu sumário executivo em um folheto técnico ou de marketing, que apenas descreva as maravilhosas características ou capacidades técnicas de seus produtos, serviços ou soluções.

Outro ponto importante: evite utilizar cabeçalhos banais ou óbvios. Procure empregar verbos e frases que demonstrem sua compreensão da situação específica desse cliente, bem como os resultados que ele obterá. Seu objetivo é fazer com que o cliente, ao ler apenas o sumário de sua proposta, perceba de forma clara que ela foi construída especificamente para ele. Por exemplo, em vez de escrever apenas "Situação inicial", você poderá escrever "Nossa compreensão da situação da ABC". No lugar de "Metodologia", "Como entregaremos os resultados desejados pela ABC". Você poderá escrever "Provas de que a XPTO atenderá a ABC", em vez de simplesmente "Qualificação" e "Os dez principais benefícios que a ABC obterá" no lugar de "Benefícios". Para nomear as partes que compõem sua proposta, você deve ser criativo, profissional e se colocar no lugar de quem a lerá.

Por último, tente evitar ao máximo usar termos técnicos e jargões. Essas palavras podem ser úteis para demonstrar o conhecimento que você possui sobre algo específico, mas de nada adiantarão se o leitor de sua proposta não as compreender. Ao desenvolver sua proposta, lembre-se de que não serão apenas influenciadores técnicos e influenciadores usuários, com maior conhecimento de sua solução, que a lerão. Com grande probabilidade, o influenciador econômico e outros executivos, que terão uma participação fundamental na liberação dos recursos e na aprovação final de sua venda, também terão acesso ao seu texto, podendo não entender palavras técnicas nele contidas.

Ao finalizar a sua proposta, tenha em mente que um texto focado no produto, desorganizado em sua lógica, mal apresentado, não persuasivo e por demais técnico ou rebuscado apenas a tornará menos eficaz, abrindo o flanco para o sucesso de seu concorrente.

> **Ao finalizar a sua proposta, tenha em mente que um texto focado no produto, desorganizado em sua lógica, mal apresentado, não persuasivo e por demais técnico ou rebuscado apenas a tornará menos eficaz, abrindo o flanco para o sucesso de seu concorrente.**

ASPECTOS ADICIONAIS

Desenvolver uma proposta muitas vezes é um trabalho em equipe. E, como você pôde perceber neste capítulo, não é algo automático de fazer. Contudo, algumas organizações e seus profissionais responsáveis por resultados não têm uma correta compreensão de alguns aspectos envolvidos em sua preparação e entrega.

Por exemplo, em muitas empresas, o desenvolvimento de uma proposta comercial é um trabalho restrito a um grupo de pessoas com maior conhecimento técnico sobre os produtos, serviços e soluções que a empresa representa, não tendo uma participação mais profunda do vendedor que atende o cliente para o qual a proposta será elaborada. Isso acaba originando propostas centradas nas ofertas, sem transmitir ao cliente o quanto a organização fornecedora compreendeu sua situação.

Em outras organizações, a elaboração da proposta é tarefa delegada a profissionais com menos experiência, pois é vista como uma atividade burocrática, que pode ser realizada apenas aproveitando-se propostas anteriores. O resultado desse tipo de abordagem geralmente não passa de meras cotações ou descrições gerais das ofertas e da empresa que as está propondo.

Outro erro comum é elaborar uma proposta cedo demais. Como vimos no capítulo 2, na fase inicial do ciclo de vida de uma oportunidade, após uma necessidade ser ativada na mente de um influenciador de uma venda, a próxima preocupação será em relação aos custos da solução. O cliente geralmente verbaliza essa preocupação solicitando uma proposta ao vendedor. Isso acontece até mesmo durante uma primeira visita de vendas. Entretanto, o vendedor e sua organização devem perceber que entregar uma proposta nesse momento pode ser um erro, pois provavelmente não estarão disponíveis ainda as informações para elaborar uma proposta na qual estejam corretamente delineadas a situação que o cliente enfrenta, a metodologia que atenderá a sua necessidade, e assim por diante. Mais ainda: entregar uma proposta antes do tempo e sem a devida preparação ou planejamento resultará em retrabalhos e revisões, além de poder encaixotar o vendedor em orçamentos definidos sem um adequado aprofundamento técnico.

Da mesma forma, entregar uma proposta tarde demais é um erro e resulta em desperdícios de preciosos recursos organizacionais. Isso acontece, por exemplo, quando o vendedor recebe, de maneira reativa, uma solicitação de proposta de um cliente. Essa solicitação pode vir na forma de um simples telefonema ou e-mail ou em formas mais estruturadas, como uma carta-convite, uma licitação, uma solicitação de proposta (RFP, de *request for proposal*), uma solicitação de informações (RFI, de *request for information*) ou uma solicitação de cotação de preços (RFQ, de *request for quotation*).

Independentemente do nome, que pode variar conforme o mercado, a organização ou a cultura do país onde a solicitação é feita, o profissional de vendas deve ter a adequada noção do que ela representa. Se essa solicitação "caiu no colo" do vendedor, ou seja, não foi ele que identificou a necessidade e construiu uma imagem balizada em seus produtos e serviços, ele está correndo o risco de elaborar uma proposta apenas para racionalizar e tornar lícito o processo de escolha do concorrente que chegou primeiro e construiu a imagem de solução naquele cliente.

As chances reais de fechar uma venda em cima dos requisitos descritos em uma RFP que não tivemos a oportunidade de influenciar são muito pequenas. Comparada com o trabalho, o dinheiro e o tempo necessários para elaborar essa proposta, a solução mais lógica para enfrentar de forma adequada esse tipo de situação é não participar de imediato do processo, a menos que nos seja concedido o direito de falar diretamente com os principais executivos das áreas impactadas pelo escopo da solicitação em questão.

O passo mais importante no desenvolvimento de uma proposta eficaz é uma correta qualificação das necessidades do cliente. Se você simplesmente emitir uma proposta, respondendo à solicitação feita por um cliente que você nunca viu ou para uma oportunidade na qual você não tenha trabalhado previamente, entenda que essa oportunidade não será qualificada para a sua empresa. É importante perceber que algumas oportunidades já estão amarradas a um fornecedor específico. E, nesses casos, esses tipos de solicitação somente têm por objetivo validar, para o nível gerencial dessa empresa, uma decisão que já foi tomada. Isso funciona tanto para empresas privadas como para organizações do governo. Se você não quebrar as regras contidas nesse tipo de solicitação, entenda, pelo menos, que elas provavelmente foram feitas para você perder.

Nesse caso, entre em contato com a pessoa que está coordenando essa solicitação e diga que somente a responderá se lhe for concedido o direito de conversar diretamente com os executivos das áreas afetadas pela descrição do projeto. Somente assim você ganhará a oportunidade de entender corretamente as necessidades dessas pessoas e reconstruir uma imagem balizada em suas ofertas. Caso essa oportunidade não seja concedida, simplesmente diga que não irá participar. Formalize sua posição por meio de uma comunicação por escrito, explicando os motivos pelos quais você não fará parte do processo. Não participar pode ser uma boa forma de tornar o processo menos competitivo e fazer o procedimento de compra voltar atrás. Essa pode ser a melhor opção quando não temos mais nada a perder.

Naturalmente, caso seja concedido o direito de você entrevistar os influenciadores dessa oportunidade, trabalhe para mudar as imagens preestabelecidas na mente dessas pessoas e prepare sua proposta, demonstrando claramente como sua abordagem e seus diferenciais podem sanar a situação do cliente. E lembre-se: se sua proposta responder apenas ao que foi solicitado originalmente, você estará competindo apenas por preço – ou nem mesmo estará competindo.

TAMANHO IMPORTA?

Luiz Felipe Donati é da cidade do Rio de Janeiro e soma hoje mais de trinta anos de experiência nas áreas comercial, técnica e de serviços em setores como os de telecomunicações, finanças, TI e serviços profissionais. Engenheiro eletrônico, ele tem uma notável formação educacional, construída em instituições de primeira linha. É mestre na área de TI, possui pós-graduação em finanças e, adicionalmente, tem um MBA Executivo. Ao longo de sua carreira, Donati ocupou diversas posições comerciais e técnicas como diretor, gerente e executivo de atendimento a clientes. Donati foi meu aluno em 2004, quando fui contratado por uma empresa de telecomunicações, uma das maiores do Brasil, na qual ele gerenciava uma numerosa equipe técnica de profissionais de pré-venda.

Ele nos conta que, certa vez, quando havia acabado de ingressar em uma empresa, foi incumbido de dar andamento a um projeto que estava estagnado no *pipeline* já havia três meses, sem nenhum sinal de vida por parte do cliente. Diante do desafio colocado, ele decidiu que o primeiro passo seria buscar compreender, com o próprio cliente, os motivos pelos quais aquela proposta não evoluía e quais eram os pontos tidos como críticos por eles naquele projeto.

No fundo, Donati pressentia que teria de reiniciar praticamente todo o processo de prospecção, compreensão e realinhamento com aquela empresa. Então, ele buscou contatar o gerente, o diretor e o vice-presidente das áreas impactadas pelo projeto.

Donati logo descobriu que, além de o relacionamento com aquele cliente estar bastante desgastado, a proposta originalmente entregue para aquelas pessoas, com trezentas páginas, não havia sido corretamente compreendida, tanto por causa da sua forma como também pelo conteúdo. O resultado foi que elas acabaram não conseguindo visualizar naquele documento o escopo esperado e assimilar o valor daquilo que estava sendo proposto, julgando alto demais o preço informado.

Donati propôs ao gerente daquela área reescrever o escopo da proposta, agora a quatro mãos, isto é, em conjunto com ele. Todavia, ele igualmente sabia que os demais influenciadores daquela oportunidade também tinham de ficar plenamente confortáveis com a nova abrangência da proposta. O que ele fez? Donati decidiu ajudar o gerente a se preparar melhor para vender internamente o novo escopo, agora mais aderente, a seus superiores. Consciente de que teria de respeitar o tempo de entendimento de cada um, estrategicamente ele foi buscando de forma gradual, mas incessante, a concordância de todos os decisores. Agora, os processos de venda e de compras andavam juntos e com a participação da alta gerência. No final, a nova proposta ficou com apenas dezenove páginas, incluindo a capa e o sumário.

Todo esse esforço consumiu três meses adicionais de trabalho, mas ao seu término Donati trouxe para a empresa que o contratara um negócio de cerca de R$ 3,5 milhões em valores da época.

Ele conclui seu relato reforçando a necessidade de ouvir o cliente para entender suas posições, suas necessidades e seus problemas antes de propor qualquer tipo de abordagem. Ao aliar toda a sua bagagem técnica sobre a indústria na qual aquele cliente operava com um entendimento mais claro sobre o processo de vendas, obtido em meus treinamentos e na leitura da edição anterior do *Vendas B2B*, ficou mais fácil para Donati comprovar para aquelas pessoas o alinhamento existente entre aquilo que vendia e as necessidades daquela área.

PERGUNTAS PARA REFLEXÃO E DISCUSSÃO

1. O caso conta que, em razão da forma e do conteúdo da proposta original, esta não foi compreendida corretamente pelo cliente. Baseando-se na leitura do presente capítulo, liste os possíveis erros de forma e de conteúdo existentes em uma proposta, bem como os cuidados que é preciso ter para evitá-los. Em sua opinião, erros ocorridos como na situação relatada são comuns nas empresas? Explique.

2. A proposta original tinha trezentas páginas e não foi fechada. A nova proposta, com apenas dezenove páginas, foi concluída com

sucesso. Partindo do que você viu no presente capítulo, bem como nos anteriores, explique o que tornou isso possível.

3. Sozinho, ou em conjunto com seus colegas, escolha algo para vender ou convencer alguém a respeito (por exemplo, uma ideia, uma opinião, um projeto, um produto, um serviço ou uma solução). Elabore uma apresentação com cinco a sete telas, no máximo, baseando-se em tudo o que viu no presente capítulo. Convide um amigo ou seu gerente ou um professor para assistir a sua apresentação, pedindo a opinião dele ao final. Faça com que sua apresentação dure, no máximo, quinze minutos.

CAPÍTULO 8
O PROCESSO DE NEGOCIAÇÃO

Negociar faz parte da vida. Aprendemos a fazê-lo quando somos crianças, no primeiro momento em que nossos pais nos propõem uma troca, como "Se você não comer toda a comida, não vai ganhar sobremesa" ou "Você só vai poder brincar se terminar toda a lição de casa". É aí que começamos a entender que as pessoas estão dispostas a fazer coisas, ou deixar de fazê-las, com o intuito de satisfazer algum tipo de interesse próprio.

Entretanto, esse estilo de negociação que aprendemos em nossa infância é o que chamamos de barganha. Barganhar é exigir que alguém faça alguma concessão em troca de algo. Só faremos o que uma pessoa quiser se ela fizer algo em contrapartida, independentemente de qualquer justificativa lógica. Quem em vendas já não ouviu de um cliente algo como "Só fecho o pedido se você me conceder um desconto"?

O fato é que, apesar de nos tornarmos adultos, continuamos ainda a negociar feito crianças. É só reparar com mais cuidado. Quando queremos que alguém nos dê um desconto, por exemplo, o que fazemos? Pois é, tal qual uma criança, "choramos" um desconto. E parece que esse tipo de apelo fala diretamente com a criança que está do outro lado e dentro de todos nós. Soa como perfeitamente coerente termos que fazer algum tipo de concessão para conseguir nossa venda em troca.

Assim, esquecemo-nos de ressaltar o valor de nossas ofertas e procurar os reais interesses daquela pessoa que está solicitando uma concessão. Ou, pior, já prevendo esse tipo de comportamento, colocamos uma "gordurinha" em nossos preços, para saciar o paladar daqueles que só ficarão contentes se levarem alguma vantagem extra. Cria-se então um jogo de cena cíclico, em que todos pedem algo, pois sabem que sempre será colocado algo a mais. A realidade é que a grande maioria daqueles que se julgam ou são tidos como grandes negociadores não passa de excelentes barganhadores, que utilizam técnicas baseadas em conceitos que uma criança de 6 anos já sabe de cor.

Mas o que fazer quando ficamos diante de uma situação de negociação na qual uma barganha é colocada por alguém hábil em utilizá-la? Algum tempo atrás, realizamos uma pesquisa sobre as habilidades de negociação dos profissionais ligados à venda. Nela, mais da metade dos entrevistados, 57%, informou que possuía dificuldades em lidar com pressões por redução nos preços e melhores condições comerciais. De fato, enfrentar pressões e táticas de barganha por parte de clientes e compradores demonstrou ser a maior preocupação dos profissionais pesquisados.

Para vencer essa e outras dificuldades, é importante entender que, embora a barganha possa ter certa eficiência, existe uma maneira mais eficaz de negociar, não somente para você, mas também para a pessoa com quem você estiver negociando: transformar preço em valor.

Transformar preço em valor para os clientes é um grande desafio para o profissional de vendas. Frequentemente, os clientes exigem maior "flexibilidade" dos profissionais de vendas. No entanto, a flexibilidade que é solicitada resume-se quase sempre a uma simples concessão de descontos e consequente redução na lucratividade da venda. Tenha em mente que existem outras formas de sermos flexíveis, além de deixarmos nosso dinheiro na mesa.

Voltando à nossa pesquisa, uma das conclusões mais reveladoras foi que praticamente metade dos profissionais ligados à venda, 47%, confunde o processo de negociação com o processo de vendas. Não é claro para muitas pessoas que esses processos são diferentes e que uma negociação somente acontece quando existem, ao mesmo tempo, interesses comuns e conflitantes entre as partes, conforme mostra a figura 8.1.

A função do processo de vendas é criar interesses comuns nos influenciadores do processo de decisão, isto é, fazer com que o cliente tenha uma imagem de que, com as capacidades que nossos produtos, serviços, soluções ou nossa própria organização podem oferecer, ele conseguirá voltar a um estado de equilíbrio. Se o vendedor se mantiver alinhado com os influenciadores do processo de venda, conceitualmente não haverá interesses conflitantes e, portanto, não ocorrerá negociação. O fechamento tenderá a ser algo natural, um "não evento".

FIGURA 8.1

PROSPECÇÃO   QUALIFICAÇÃO   FECHAMENTO

INTERESSES
COMUNS E OPOSTOS

PROCESSO DE NEGOCIAÇÃO

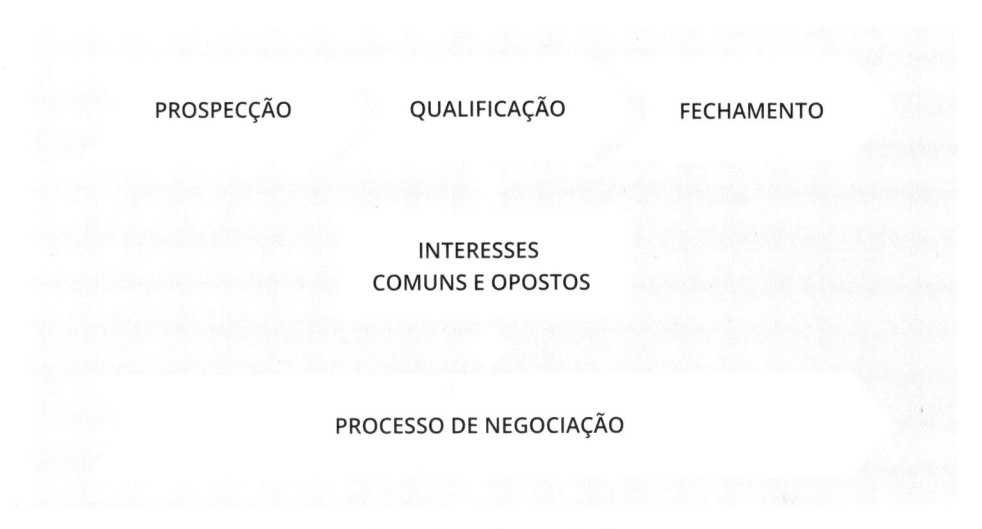

A inter-relação entre os processos de vendas e de negociação

Vamos, então, raciocinar sobre a obrigatoriedade de haver, simultaneamente, interesses comuns e conflitantes como condição *sine qua non* para entrar em ação um processo de negociação. Imagine que você deseje vender uma casa para alguém. Você pergunta a essa pessoa "Depois de tudo que expliquei, você quer comprar minha casa?". Ela responde "Sim!". Você não vai virar para ela e dizer "Bem, então, vamos negociar". Isso somente seria necessário se ela tivesse exposto alguma questão contrária aos seus interesses, condicionando a compra.

Da mesma forma, não existe a necessidade de negociação se não houver algum interesse comum entre as partes. Se você perguntar para uma pessoa "Você quer comprar minha casa?" e ela responder "Não!", não adiantará nada tentar negociar. Na verdade, caso você diga "Mas, espera aí, vamos negociar...", estará realizando um esforço de venda e não de negociação.

Seja como for, o fato é que, para a maioria das pessoas, negociar é uma habilidade inata e não uma competência que pode ser desenvolvida por meio de processos. Essas pessoas não estão cientes de que existem métodos e processos de preparação para uma negociação que podem ajudá-las a ter melhor desempenho em sua vida profissional.

Neste capítulo, vamos abordar primeiro os erros que ocorrem em uma negociação para, em seguida, demonstrar como processos podem auxiliá-lo na preparação de sua negociação, tanto em termos da análise da situação na qual você se encontra como na estruturação de sua reunião de negociação. Por último, vamos mostrar como você pode utilizar o conhecimento adquirido para escapar de truques e manobras criados com o intuito de fazê-lo deixar dinheiro na mesa.

O GRANDE ERRO EM NEGOCIAÇÕES

Negociações em vendas não ocorrem apenas durante a fase de fechamento de um negócio. Desde o início do ciclo comercial, e mesmo após a venda ser concluída, o profissional de vendas poderá ter que usar competências especificamente ligadas ao processo de negociação. Basta haver, como dissemos, simultaneamente, interesses comuns e opostos em alguma situação.

Todavia, quando tais competências são necessárias, vários erros podem abalar a eficiência do vendedor. Dentre todos os erros possíveis, porém, o mais frequente não ocorre durante a negociação, mas antes dela. A falta de preparação e de elaboração de uma estratégia origina a maior parte dos problemas vivenciados durante uma rodada de negociação.

Mas por que, mesmo com tanto dinheiro diretamente envolvido com a atividade de vendas, os vendedores não se preparam corretamente para suas negociações? Conforme comentado no capítulo 4, quando abordamos a preparação de contatos e visitas de vendas, eles dão duas grandes desculpas para não se prepararem. Primeiro, não têm tempo. Segundo, não sabem como.

De fato, poucos percebem que o tempo utilizado na preparação retornará com enormes dividendos na fase de execução. Chega a ser lamentável a quantidade de negociações que são conduzidas por vendedores sem a devida preparação. Parece que um pensamento comum é que ir a uma reunião

> De fato, poucos percebem que o tempo utilizado na preparação retornará com enormes dividendos na fase de execução.

de negócios para "apenas conversar" e ver o que acontece reduz o risco de ocorrência de erros e ineficiências. Tenta-se, dessa forma, resolver o problema apenas pela sua negação.

Essa postura, no entanto, acaba abrindo caminho para diversos desastres. Profissionais de vendas, independentemente de sua experiência, são colocados em situações de pressão para redução de suas margens e, ao não lidarem bem com os truques e as barganhas que são engendrados contra eles, acabam se excedendo em suas concessões para fechar um negócio. Mais ainda: falhas na maneira como conduzem essas reuniões, tanto em termos de sua comunicação como de sua postura, acabam provocando desalinhamentos e rupturas entre os negociadores, além de estresse e frustrações para os vendedores. Questões como falta de empatia, arrogância, discurso demasiadamente longo, falta de discernimento para separar as pessoas dos problemas e adoção de uma postura de adversário diante das outras partes são frequentes geradoras de erros nas negociações.

Além disso, muitas vezes um vendedor não tem êxito em uma negociação porque, anteriormente a ela, não conduziu corretamente as fases de prospecção e qualificação do negócio. Erros como não envolver os corretos influenciadores do processo de decisão, tentar empurrar um produto, falar do preço antes de conhecer direito o escopo da solução, não identificar previamente os concorrentes presentes em uma venda e não perceber a falta de maturidade no negócio para tentar buscar o fechamento são exemplos do que acontece quando o processo de vendas não é conduzido de forma adequada e, mesmo assim, o vendedor aceita entrar em uma rodada de negociação com um cliente.

Outro ponto que também resulta do fato de o vendedor não se preparar é o precário entendimento dos reais interesses das pessoas envolvidas em suas negociações. Não entender as necessidades dos influenciadores do processo de decisão, não detectar nem distinguir interesses pessoais dos organizacionais e não trabalhar adequadamente tais interesses acaba abrindo margem para que o vendedor caia nas estratégias de comoditização impetradas por seus interlocutores. Como não entende os reais interesses de seus clientes, o vendedor não consegue dar o devido valor a suas próprias ofertas.

Da mesma forma que, no capítulo 5, usamos um pensamento estratégico para elaborar um plano de ação para uma oportunidade de vendas, vamos agora utilizar o mesmo tipo de pensamento para nos prepararmos para nossa negociação. O objetivo é analisar os pontos fortes e fracos na situação que será enfrentada, uma vez que a eficácia de sua estratégia de negociação dependerá de quanto você conseguirá alavancar suas forças e capitalizar suas oportunidades e, ao mesmo tempo, eliminar, ou pelo menos minimizar, as ameaças e deficiências detectadas.

PREPARAÇÃO PARA NEGOCIAÇÕES

Os conceitos que envolvem a preparação para uma negociação são bastante simples, mas extremamente profundos. Da correta compreensão de cada um deles dependerá grande parte de sua eficiência em suas próximas negociações.

Em linhas gerais, o processo de preparação para uma negociação pode ser dividido em duas grandes etapas: a de análise da situação atual e a de estruturação da reunião de negociação.

ANÁLISE DA SITUAÇÃO ATUAL

Nesta etapa, você deverá analisar os principais aspectos de uma negociação, a fim de obter uma melhor compreensão do que realmente está acontecendo e conseguir traçar uma estratégia para a sua reunião. Os pontos que deverão ser analisados são:

- os reais interesses das partes envolvidas;
- as opções que poderão fazer as partes chegarem a um acordo;
- os critérios que darão legitimidade às opções propostas;
- as alternativas existentes para o caso de as partes não chegarem a um acordo;
- o que pode ser feito para melhorar a comunicação dos pontos que serão discutidos;

- os cuidados que devem ser tomados em termos do relacionamento entre as partes;
- os compromissos a serem assumidos (e a disposição para tal), tanto por você como por outras pessoas como resultado dessa negociação.

INTERESSES

Podemos chamar de interesses as necessidades, as preocupações, os objetivos e os medos que nos motivam a negociar. Interesse é tudo o que uma pessoa deseja. Eles são os grandes direcionadores de uma negociação.

Embora o conceito seja simples, o fato é que, em geral, os interesses reais das pessoas não são exatamente evidentes. O que quase sempre elas deixam transparecer, ou o que conseguimos perceber, são apenas suas posições – ou interesses aparentes – que assumem em torno de uma questão. Um diz "Eu quero isso"; o outro diz "Eu quero aquilo" ou "Só posso lhe dar isto". Dessa forma, posições podem ser entendidas como as coisas concretas ou as exigências, pensadas previamente por cada parte e defendidas durante uma negociação.

Entretanto, negociar somente com base no que é aparente ou declarado pode limitar a capacidade de um negociador profissional obter um consenso. É importante entendermos que, na verdade, são os interesses reais das pessoas que fundamentam as posições por elas assumidas em suas negociações.

Diante de uma posição declarada por uma pessoa, para conseguirmos chegar aos seus interesses reais, temos que nos acostumar a sempre perguntar e buscar os "porquês" de aquilo estar sendo solicitado. Em meados da década de 1990, fui chamado por uma instituição de ensino que desejava comprar um dos produtos produzidos pela empresa para a qual eu trabalhava. O interesse deles, da forma como expressaram em um primeiro momento, era criar um novo curso de capacitação, com base em nosso produto, para os alunos que procuravam aquela escola em busca de uma formação técnico-profissional. Entretanto, naquela época, esse produto estava perdendo uma grande guerra que havia se instalado no mercado mundial pela definição de um padrão de indústria para os usuários de tecnologia de informação.

A atitude daquele cliente me deixou bastante intrigado. Por que aquela instituição de ensino desejava abrir um curso para um produto que estava tendo dificuldades em se estabelecer no mercado? Resolvi, então, perguntar, de uma forma até mais ou menos direta, por que eles estavam querendo adquirir aquele produto e criar um curso para ele quando ninguém mais no mercado queria comprá-lo e, provavelmente, não haveria uma forte demanda de alunos buscando capacitação em sua operação.

Depois de certa surpresa inicial de meus interlocutores e alguns vaivéns da conversa, consegui entender que o real interesse daquelas pessoas era associar o nome de sua instituição com o nome da empresa para a qual eu trabalhava, usando-o para gerar credibilidade no mercado e alavancar seus negócios. A partir daquele instante, ao entender os reais interesses daquelas pessoas, a negociação assumiu um rumo completamente diferente, culminando, na época, na maior venda já realizada daquele produto em todo o mundo. Quando um profissional de vendas não consegue identificar os reais interesses das partes envolvidas em uma negociação, ele tem grande probabilidade de conduzir sua abordagem de forma errada.

O primeiro passo para que você se prepare adequadamente para uma negociação é verificar se todas as pessoas nela envolvidas foram identificadas. Só assim você terá condição de iniciar a busca e o mapeamento dos reais interesses dos indivíduos. Pense em sua organização, na organização de seu cliente e em outras empresas envolvidas na situação em que a negociação está inserida. Existem pessoas que, mesmo não participando da negociação, podem se importar com o resultado dela e influenciá-la?

De fato, quando sentamos a uma mesa de negociação, não são somente nossos interesses que estão em jogo, mas também os daqueles que dependem de nós e que estamos representando. Quando um vendedor entra para uma negociação, carrega consigo todas as preocupações de seus pares, gerentes e até mesmo de seus familiares. Muita coisa está em jogo naquela hora, o que gera imensas pressões psicológicas. No entanto, é importante entender que, da mesma forma, os influenciadores do processo também têm seus interesses e dependem de outras pessoas, para as quais também devem prestar contas. E isso deve ser levado em consideração para que o vendedor consiga ter um correto controle emocional durante as negociações.

É importante também entender o nível de poder das pessoas com as quais você está negociando. Esse é um ponto interessante. A questão do poder sempre surge quando discutimos o processo de negociação com vendedores. Trata-se de outra grande dificuldade desses profissionais. Identificar o poder da outra parte para assumir riscos ou compromissos e manter o equilíbrio de forças entre os negociadores é vital para aqueles que desejam ter maior eficácia em suas negociações de vendas.

Muitos vendedores também sentem falta de maior autonomia diante de seus clientes. Contudo, é importante analisar com mais carinho esse desejo. Muitas vezes, a autonomia desejada e solicitada pelo vendedor trata-se, simplesmente, de ter maior poder para conceder descontos e ceder às pressões feitas por seus clientes durante o ciclo da venda. O vendedor, geralmente, não percebe que o grande poder em uma negociação reside, na verdade, na autonomia de ser criativo e sugerir opções que possam expandir o valor gerado para ele e para seus clientes.

Mas de onde vêm essas opções que podem criar valor em uma negociação? Falamos anteriormente que uma negociação somente acontece quando existem, ao mesmo tempo, interesses comuns e opostos. Todavia, em uma mesa de negociação, não são somente esses dois tipos de interesses que estão em jogo. Existe um terceiro tipo, ao qual muitos participantes de uma rodada de negociação simplesmente não dão a devida atenção ou importância: os interesses "diferentes".

Acontece que pessoas diferentes dão valores diferentes para coisas diferentes. E um deslize que geralmente acontece em uma negociação é focarmos apenas os interesses comuns ou opostos, esquecendo que as partes têm também, certamente, interesses diferentes. Ao focarmos esse tipo de interesse, ganhamos a oportunidade de agregar mais valor às negociações.

Anos atrás, estive envolvido em um trabalho de consultoria, ajudando um cliente a traçar a estratégia de venda para uma negociação que resultava em uma soma de nove dígitos. Ao analisarmos a situação, verificamos que existia um influenciador técnico com grande poder que mantinha uma postura extremamente negativa em relação ao fato de meu cliente ser selecionado como o fornecedor dessa venda. Como mudar ou neutralizar essa postura tornou-se uma questão-chave para essa negociação.

Explorando um pouco mais a questão com o gerente de relacionamento daquela conta, percebemos que esse influenciador era muito vaidoso em relação a sua capacidade técnica, não perdendo nenhuma oportunidade de frisar que possuía doutorado em sua especialidade. Ficou claro, então, que havia um interesse diferente para essa pessoa que poderia ser atendido de forma a criar valor para a negociação sem afetar os reais interesses de meu cliente. A partir dessa percepção, esse influenciador foi convidado a participar de um programa lançado pela empresa em que ela convidava renomados especialistas para falar sobre tendências de mercado para uma plateia composta por representantes de importantes empresas de seu setor industrial. Com isso, sua postura em relação à empresa mudou radicalmente.

O que se percebe é que os profissionais de vendas encontram problemas em identificar claramente as prioridades e os objetivos – pessoais e organizacionais – de seus interlocutores, restringindo-se a reclamar da falta de transparência deles e dos conflitos de interesses inerentes ao processo de negociação. Ao analisar esse tipo de ressentimento, percebemos que a falta de um processo de preparação para uma negociação faz com que o negociador não seja analítico e criativo, concentrando-se demais nos interesses conflitantes e não dando o foco necessário aos interesses comuns e diferentes, existentes em todas as relações e imprescindíveis para a correta criação de valor para os clientes. Esse é um dos fatores que abrem espaço para que o cliente exerça grande pressão por preços e demais concessões. Por ter dificuldade em entender os reais interesses de seus clientes, o vendedor fica sujeito às táticas e manobras de negociação que visam à obtenção de vantagens indevidas.

Na etapa de análise para a preparação de uma negociação, após identificar todos os participantes e seus respectivos interesses, sejam eles comuns, opostos ou diferentes, priorize a importância de cada interesse para essas pessoas, pois isso aguçará sua percepção daquilo que elas estão dispostas a abdicar em troca de algo a que deem grande importância.

Uma dica: colocar-se no lugar do outro e pensar no que ainda precisa ser descoberto impulsionará significativamente sua eficácia.

Vale assinalar ainda que a melhor forma de você se dar mal em uma negociação é pensar somente no que quer e ficar preso a determinadas posições, em vez de descobrir e focar os reais interesses das outras partes. Ficar discutindo que um quer isso e o outro quer aquilo, sem entender os porquês de seus desejos ou, mais importante ainda, os porquês dos desejos do outro, somente reduzirá seu potencial de argumentação e de persuasão. Confundir posições com interesses e achar que ficar preso a essas posições é a melhor forma de ser bem-sucedido em uma negociação somente abalará sua eficácia.

> **Um bom negociador não é necessariamente aquele que sabe barganhar, mas aquele que sabe a hora e a forma certa de compartilhar seus interesses, fazendo perguntas eficazes para sondar os reais interesses das outras partes.**

Assim, a regra geral para um negociador com excelência é sempre procurar os interesses por trás das posições que as pessoas expressam, sempre abordando, em primeiro lugar, os interesses comuns e, em seguida, os interesses diferentes. Deixar por último os interesses opostos tornará muito mais fácil a obtenção de um acordo entre as partes. Um bom negociador não é necessariamente aquele que sabe barganhar, mas aquele que sabe a hora e a forma certa de compartilhar seus interesses, fazendo perguntas eficazes para sondar os reais interesses das outras partes.

OPÇÕES

Opções são as possíveis formas de as partes envolvidas em uma negociação chegarem a um acordo. É nesse aspecto da negociação que reside a grande oportunidade de criar valor e satisfazer aos interesses das partes, chegando-se a uma solução para uma negociação. É aqui que o profissional de vendas tem uma grande oportunidade de ser flexível, apresentando as opções para as partes chegarem a um consenso sem abdicar de sua margem e de sua lucratividade.

Apesar disso, o que mais se percebe é que o vendedor não usa a criatividade necessária para a geração de opções. Quando lhe perguntam quais opções ele tem em uma negociação, muitas vezes a resposta imediata que vem a sua mente é "Fechar ou fechar!". E, dessa forma, os problemas começam a se acumular, restringindo a eficácia do profissional.

Isso acontece porque, para sermos criativos na geração de opções para uma negociação, temos, em primeiro lugar, que compreender corretamente os reais interesses das pessoas envolvidas e a importância deles para essas pessoas. Se o vendedor não entender quais interesses são comuns e quais interesses diferentes podem ser levados à mesa de negociação, ele não conseguirá ser criativo para propor opções e, consequentemente, não conseguirá fazer com que os interesses opostos percam força e o acordo seja facilitado.

O problema é que os vendedores geralmente negligenciam o valor inerente às diferenças entre as pessoas e adotam um foco muito estreito e unilateral em suas negociações. Quando um vendedor se senta à mesa de negociação com apenas uma proposta de acordo, ele está adotando um foco restrito. Da mesma forma, quando ele entra para a negociação pensando apenas em quanto de desconto pode dar ou como poderá parcelar o preço de sua venda, não está usando sua criatividade.

Alguns anos atrás, em uma negociação com um de nossos clientes, o gerente de canais da empresa colocou sua principal questão para levar adiante um projeto de capacitação em vendas de sua rede de revendedores: o orçamento não comportava o projeto. Independentemente de aquela informação ser verdadeira ou apenas uma manobra para reduzir nosso preço, percebi que aquele era o momento ideal para sermos criativos e gerar opções que pudessem satisfazer ambas as partes. Reduzir o preço do projeto ou simplesmente diminuir seu escopo eram duas opções que certamente não agregariam valor para o relacionamento.

Com isso em mente, coloquei a seguinte questão na mesa:

> — *Seria interessante para você capacitar a quantidade de revendedores que deseja e ainda manter o projeto dentro do orçamento?*

Mesmo não compreendendo aonde queria chegar, a resposta dada foi a mais lógica possível:

> — *Sim, mas como?*

Sabendo que a atenção dele havia sido capturada, em vez de apenas responder procurei aumentar a força da opção que planejava colocar na mesa:

> — *E se você pudesse duplicar o seu orçamento atual de capacitação de canais sem ter custos adicionais com isso? Isso seria interessante para você?*

A resposta foi novamente afirmativa e veio com um aumento de tensão e impaciência de meu interlocutor.

Pelas reuniões anteriores com esse gerente e pela minha experiência pessoal, sabia que, quando um fabricante investe recursos para a melhoria de seus revendedores, uma grande questão é obter o comprometimento dessas empresas com a ação. Resolvi, então, fazer o último esforço para aumentar ainda mais a atratividade da opção que seria posta na mesa:

> — *E se houvesse uma forma de aumentar o comprometimento desses revendedores com o projeto? O que você acha disso?*

Você deve imaginar a resposta que obtive.

A opção colocada na mesa foi que o projeto fosse custeado de forma compartilhada entre o fabricante e os revendedores. Para o fabricante, essa opção aumentaria seu orçamento total. Para o revendedor, faria com que ele tivesse acesso aos serviços com valores subsidiados. Para a minha empresa, proporcionaria um aumento substancial do valor original daquela oportunidade de vendas. É esse tipo de resultado que uma opção criativa deve levar para uma negociação – em vez de dividir o bolo no tamanho que ele está, deve-se aumentar o tamanho do bolo para que todos ganhem mais do que esperavam.

Repare que essa abordagem é completamente distinta da negociação por barganha. Suponha que você deseje vender um produto, um serviço ou uma solução por, digamos, R$ 100 mil, mas aceitaria o negócio se ele fosse concluído por R$ 95 mil. Já imaginando que o cliente pedirá algum tipo de desconto, você decide então iniciar a negociação com um preço de R$ 110 mil.

Do outro lado, o cliente, mesmo imaginando que o preço de sua oferta vá ficar entre R$ 90 mil e R$ 100 mil, sabe que você colocou algum tipo de "gordura" em seu preço e decide fazer uma oferta inicial de R$ 80 mil. Com isso, configuram-se as condições para o início do processo de negociação por barganha, com a zona de preços para um possível acordo ficando delimitada em qualquer quantia entre R$ 100 mil e R$ 95 mil, conforme mostra a figura 8.2.

FIGURA 8.2

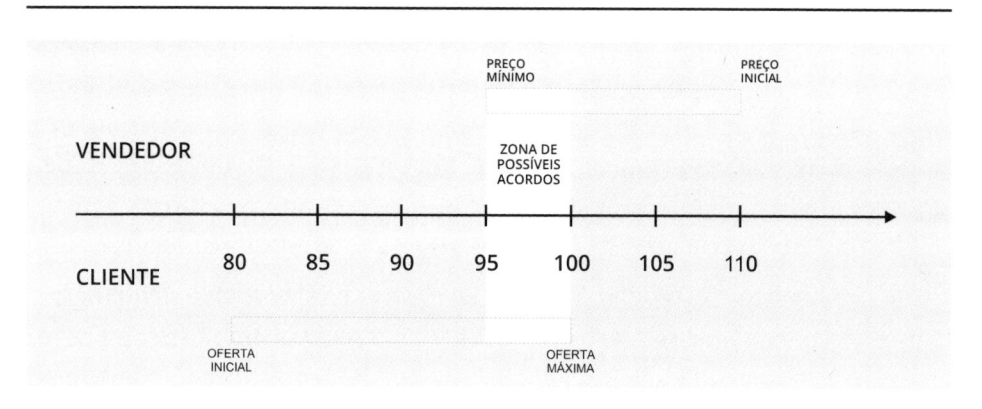

Zona de possíveis acordos

Porém, note o seguinte: mesmo que o consenso seja possível na faixa entre R$ 95 mil e R$ 100 mil, nenhuma das partes terá conseguido o que originalmente desejava, já que, em vez de o bolo ter sido aumentado, ele foi simplesmente dividido. Se as partes concordarem, por exemplo, com um preço de R$ 97 mil para o projeto, ambas sairão, de certa forma, com algum resquício de insatisfação. Uma terá pago mais do que desejava e a outra terá recebido menos do que gostaria. É esse tipo de resultado que a negociação por barganha traz para as partes nela envolvidas: sempre existirá um sentimento de perda.

Ainda com relação às opções, para que você seja realmente eficaz, terá que usar a seguinte técnica: separar a geração criativa de opções da seleção das opções possíveis de propor para seu cliente. Reserve um momento para pensar da forma mais livre possível no que pode ser proposto para chegar a um acordo. Novamente, uma das técnicas mais eficazes para isso é o *brainstorm*. Não seja crítico nessa fase. Uma opção que pareça ser absurda pode originar, com alguma lapidação, uma excelente opção factível e criativa.

Nesse momento, considere e explore os interesses já mapeados de todas as partes envolvidas direta e indiretamente na negociação. Maximize seu potencial criativo gerando o maior número de opções possíveis que possam garantir e expandir os ganhos para todos os envolvidos. Note que ainda não estamos preparando sua reunião e, portanto, não estamos falando de como as opções que você considera viáveis poderão ser levadas à mesa de negociação e expostas para as outras partes.

Quando terminar a fase criativa do processo de geração de opções, seu próximo passo será selecionar aquelas que você, com base nas informações disponíveis até esse momento, julga aceitáveis por todos os envolvidos. Verifique se as opções selecionadas atenderão aos interesses comuns e diferentes de todos, inclusive os seus, compensando os interesses opostos de cada parte que possam não ser atendidos. Selecione as melhores opções, pensando também nos possíveis problemas de implementação que possam surgir caso uma opção seja aceita.

LEGITIMIDADE

A próxima fase de seu processo de preparação para uma negociação consiste em analisar a questão da legitimidade das opções que poderão ser propostas, tanto por você como por seu cliente e pelas outras partes presentes na mesa. A questão da "justiça" daquilo que estamos propondo ou do que está sendo proposto para nós é quase sempre esquecida pelos vendedores, e grandes armadilhas residem nesse importante aspecto de uma negociação.

Um exemplo muito comum ocorre quando existe um apelo para chegar a um meio-termo em relação a uma questão que está sendo negociada.

Digamos que você proponha um preço de R$ 100 mil para algo e seu cliente faça uma contraproposta de R$ 80 mil. Parece que existe um apelo lógico para que se chegue a R$ 90 mil como preço do acordo: "Nem para mim, nem para você. Não é justo?". O ponto intermediário das duas ofertas parece justo aos olhos do vendedor. Contudo, existe uma armadilha nessa situação.

Suponhamos que você, em vez de pedir R$ 100 mil, tivesse pedido R$ 120 mil, e seu cliente, no lugar de oferecer R$ 80 mil, tivesse oferecido R$ 70 mil. O meio-termo entre esses dois valores seria R$ 95 mil, e não R$ 90 mil. Mas qual valor é mais justo, R$ 90 mil ou R$ 95 mil? Nenhum dos dois, pois cada um deles foi, na verdade, o resultado dos respectivos lances iniciais, não tendo absolutamente nada a ver com justiça ou legitimidade da oferta, mas com a estratégia de barganha que cada parte usou.

A legitimidade de uma negociação está, na verdade, relacionada com os critérios externos que podem ser usados para convencer as partes de que não estarão sendo exploradas caso seja escolhida determinada opção. Quando falamos em critérios externos, estamos falando de leis, precedentes, tradição, padrões, informações de mercado, informações da concorrência, estudos, pesquisas, políticas, *benchmarks*, opiniões de peritos, práticas de mercado, valores de mercado, custos, preços e tudo o mais que possa ser usado como fonte para criar uma sólida percepção de justiça ao final de um acordo. Nesse sentido, ignorar a questão da legitimidade em uma negociação pode ser um grande erro. Isso porque é necessário ter em mente que as outras partes terão que justificar o acordo assumido quando voltarem para casa.

Certa vez, um funcionário do departamento de compras de um de nossos clientes ligou para nosso escritório dizendo que não poderia concordar com o aumento de preços que havíamos aplicado sobre nossa tabela. Diante da argumentação daquele comprador, principalmente de uma frase em particular dita por ele, percebi a relevância da questão da legitimidade naquela situação.

> *— Eu não tenho como justificar esse aumento internamente — foram as palavras dele.*

A partir disso, comecei a explicar para ele que nossos preços tinham se mantido os mesmos nos últimos dois anos e que a variação da inflação naquele período havia suplantado, em muito, nosso aumento. Mais ainda: só estávamos fazendo isso para garantir que o contrato se mantivesse com um adequado equilíbrio econômico-financeiro, cuja importância havia sido frisada no próprio texto do contrato proposto por eles mesmos há mais de um ano e meio, quando tínhamos fechado o negócio.

Quando terminei minha argumentação, o comprador simplesmente me pediu que lhe enviasse um e-mail com o que eu havia acabado de dizer para que ele o mantivesse em seus arquivos. Ao escrever aquela comunicação, tive o cuidado de demonstrar a variação de não apenas um índice econômico, mas de vários, para o caso de determinado índice ser refutado pelas pessoas daquela empresa. Isso, inclusive, abre mais um ponto importante na utilização de critérios lícitos para respaldar sua argumentação durante uma negociação: a necessidade de ter em mãos mais de uma justificativa.

De fato, para ser lícito, um critério deve ser aceito por todas as partes em uma negociação, o que obriga o profissional de vendas a pesquisar múltiplos critérios para escolher quais serão mais interessantes utilizar. Voltando a nosso exemplo, veja quantos critérios é possível usar para apoiar um aumento de preços.

- Os preços praticados com outros clientes.
- O preço do ano anterior mais a variação da inflação.
- O preço cobrado por um concorrente local.
- Os novos custos mais sua margem de lucro.
- O preço médio de mercado.
- Novos impostos que tenham surgido.
- O preço praticado por concorrentes internacionais em outros países.

- O preço praticado por concorrentes internacionais em seu país.

- Um percentual dos lucros adicionais que o cliente terá.

- O repasse de aumento nos preços que seu próprio cliente aplicou para os clientes dele.

Esse último critério nos leva a outra questão interessante: um critério utilizado pela outra parte tem, em geral, alta legitimidade. Certa vez, quando apresentei os custos dos serviços para um cliente, fui questionado em relação aos valores cobrados por hora. Como durante a fase de análise da situação daquela empresa tivemos acesso aos valores que ela cobrava de seus clientes, coloquei o seguinte argumento na mesa:

> — *Bem, o preço por hora que estamos cobrando de você é o mesmo que você cobra dos seus clientes, e seus profissionais têm um perfil até inferior ao dos profissionais que iremos alocar ao projeto!*

O contrato foi assinado sem mais nenhum tipo de questionamento, pois a legitimidade do que expus foi completamente aceita por aquele executivo.

Em suas negociações, insista sempre no uso de padrões amplamente aceitos quando estiver discutindo algum ponto, mostrando-se aberto para ouvir e compreender os critérios expostos pelas outras partes. Até mesmo porque, dessa forma, será fácil encontrar incoerências lógicas nas argumentações delas. É importante ter em mente que, para que o processo de negociação seja eficiente e consigamos obter acordos satisfatórios e relacionamentos duradouros, as partes devem concordar com os padrões a serem usados. Ou seja, não devemos utilizar determinado critério como forma de pressão, mas como direcionador.

Durante a etapa de análise e mapeamento da negociação para a qual você está se preparando, a questão da legitimidade deve ser usada como um filtro a fim de que você selecione – após o processo de *brainstorm* visando à criação de opções possíveis para o acordo – quais opções são factíveis, pois são legítimas para serem levadas à mesa. O que deve ser respondido nesse momento de sua preparação é quais serão as opções que maximizarão os ganhos mútuos, atendendo aos critérios de legitimidade e aos interesses reais das partes envolvidas na negociação.

ALTERNATIVAS

Chegamos a um ponto extremamente estratégico da preparação de sua negociação. Você deverá pensar agora no que fará caso não chegue a um acordo final com seu cliente. Embora as palavras "opção" e "alternativa" possam parecer sinônimas em nosso dia a dia, em uma negociação usamos esses dois termos como fundamentos técnicos, com sentidos diametralmente distintos, como mostrado a seguir.

- **Opções.** Como já foi esclarecido, opções são as formas como as partes podem chegar a um acordo dentro de uma mesa de negociação.
- **Alternativas.** São os caminhos que as partes tomarão, fora da mesa de negociação, caso não cheguem a um acordo.

Pensar em alternativas, no entanto, não é comum para o vendedor. Muitos nem querem imaginar a possibilidade de não fechar um negócio. E o fato de não raciocinarem adequadamente sobre essa verdade, entrando em uma negociação achando que devem aceitar qualquer oferta, ceder às pressões e fechar a todo custo, limita a probabilidade de sucesso. Logicamente, esse estado de espírito é percebido pelos clientes, que aproveitam para minar o estado emocional do vendedor. Mas o que o vendedor pode fazer para ter um correto controle emocional em uma negociação? Para começar, ele deve pensar no que pode fazer de melhor abandonando uma situação de negociação.

Certa vez fui contratado por uma empresa para conduzir um *workshop* em um local turístico do Nordeste do Brasil, com praias bastante interessantes. Resolvi aproveitar a situação e, junto com a minha esposa, dar uma esticada de alguns dias, tirando merecidas férias.

Alguns dias depois de ter acertado a viagem com minha esposa, entretanto, outra empresa convidou-me para participar de um evento em outra capital daquela região, logo após o primeiro trabalho com o outro cliente. Conversei com minha esposa e chegamos à conclusão de que seria melhor ela ficar, caso eu fechasse o novo serviço. Durante as negociações com esse segundo cliente, sofri intensas e sucessivas pressões para reduzir o preço proposto para minha participação em seu evento. Durante as quatro e exaustivas reuniões que tivemos, nas quais o assunto era basicamente o preço proposto, procurei manter em minha mente um único pensamento: "Se eu não fechar esse negócio, minha alternativa será passar alguns dias em uma praia paradisíaca com minha esposa". Embora simples, esse pensamento serviu de sustentação tanto do meu emocional como de minhas margens – e, infelizmente, eu e minha esposa tivemos que reagendar nossos planos de descanso.

O fato é o seguinte: pensar no que fará se não chegar ao sim não significa que você deseja que isso aconteça. Na verdade, será mais um passo em direção ao acordo. Ao pensar dessa maneira, levando em conta suas alternativas e também as de seu cliente, você terá condições de agir de forma mais racional, aumentando suas probabilidades de sucesso.

> **O fato é o seguinte: pensar no que fará se não chegar ao sim não significa que você deseja que isso aconteça. Na verdade, será mais um passo em direção ao acordo.**

Perceba que, dado o nosso livre-arbítrio, sempre teremos alternativas nas situações que enfrentamos. Mesmo sendo vendedores. Pense um pouco sobre esta questão: quais alternativas um profissional de vendas tem caso não feche um negócio? Vamos ver se chegamos aos mesmos exemplos.

- Você pode vender para outro cliente.

- Pode começar a prospectar um número maior de oportunidades para nunca mais depender de um único negócio para fechar sua cota.

- Pode encontrar outra área na mesma empresa para trabalhar.

- Pode trocar de emprego.

- Pode abrir seu próprio negócio.

- Pode negociar sua cota com seu gerente – afinal, pode ser mais fácil negociar com ele do que com seu cliente.

A questão é que devemos analisar os prós e os contras de cada alternativa que se apresenta em uma negociação, a fim de selecionar a melhor, caso não se chegue a um acordo. Quanto melhor for essa alternativa, maior será seu poder em uma negociação. Da mesma forma, antes de sua negociação, pense nas alternativas que seu cliente tem em não fechar com você, analisando também seus prós e contras e tentando supor qual será a melhor alternativa que ele terá.

Fazendo esse tipo de análise, você terá condições, mesmo antes de sua negociação, de verificar quais ações podem ser tomadas para aumentar a atratividade ou a viabilidade de sua melhor alternativa e, de forma similar, determinar quais ações podem ser levadas a cabo para, legitimamente, diminuir a atratividade das alternativas das outras partes presentes na negociação. Trata-se, pois, de uma postura altamente estratégica, que com certeza melhorará seu posicionamento em uma situação de negociação.

Mas entenda o seguinte: não utilize sua melhor alternativa para o acordo como forma de ameaça durante a negociação. Dizer para seu cliente que se você não fechar aquele negócio irá vender para outro cliente certamente não criará o melhor dos climas. Todavia, caso você sinta que a melhor coisa a fazer seja mesmo revelar sua melhor alternativa, deixe isso para o final da negociação, talvez para antes de você levantar e ir embora. E lembre-se: um vendedor não está completamente preparado para negociar se não estiver preparado também para levantar e ir embora em uma negociação.

COMUNICAÇÃO

Agora que você já analisou os interesses das partes, as opções que podem ser colocadas na mesa, as formas de legitimar os argumentos e as alternativas que existem caso o acordo não se feche, o próximo passo consiste em pensar na questão de como está e será a comunicação entre as partes. Nesse momento, você não precisará se preocupar com o modo como será a comunicação em termos de sua execução durante a negociação – pois isso será feito durante a etapa de estruturação de sua reunião –, mas em termos de sua concepção.

Podemos entender comunicação como a troca de pensamentos, mensagens ou informações pela fala, por sinais, escrita, linguagem corporal e outras ações que ocorrem entre você e os influenciadores do processo de decisão de sua venda. Estar preparado para se comunicar bem em uma negociação significa saber ouvir e falar de forma eficaz durante todo o processo.

No entanto, do ponto de vista da comunicação, vários erros ocorrem durante um processo de negociação. Primeiro, muitos vendedores não se preparam efetivamente para ouvir e, com isso, perdem a oportunidade de captar importantes percepções e intenções das mensagens transmitidas por seus interlocutores. Segundo, muitas vezes o vendedor se limita a um discurso ensaiado, que pode não estar adequado à situação específica. Terceiro, não raro o vendedor supõe que compreendeu e que foi compreendido, sem se preocupar em testar constantemente seu entendimento e o das outras partes durante as negociações.

É importante ter em mente que, se você entrar em uma negociação preparado apenas para falar, com certeza não estará preparado para ouvir. Isso porque nosso cérebro raciocina em uma velocidade superior à que nós falamos, e, por tal razão, se você ficar concentrado no que precisa ser dito, perderá grande parte da mensagem de seu cliente. Como regra geral, e conforme já foi dito no capítulo 3, no qual abordamos as habilidades essenciais de um vendedor profissional, quanto menos você falar, mais estará apto a ouvir e mais informações conseguirá capturar. E, como você já deve ter percebido, informação é a grande arma em vendas e negociações.

Em uma negociação de fechamento de uma venda da qual participei alguns anos atrás, o gerente de compras de uma grande empresa na área farmacêutica colocou na mesa que necessitava de um desconto para poder fechar o projeto que eu estava liderando. A razão apresentada por ele era uma velha conhecida de todos nós: não havia orçamento suficiente para o projeto. Durante toda a exposição de sua argumentação, procurei me manter totalmente calado.

Conforme comentado no capítulo 2, em que o ciclo de vida de uma venda complexa foi examinado, resistir às pressões de um cliente tem muito mais a ver com nossa postura do que com nossa capacidade de negociação, uma vez que ele terá a sensação de estar fazendo um bom negócio se escutar uns três ou quatro nãos estruturados em resposta a suas solicitações de concessões adicionais. Dessa forma, quando aquele gerente terminou sua explanação, comecei a dizer os mais variados nãos, tomando o cuidado para não perder a empatia e, até mesmo, para não dizer especificamente a palavra "não".

Lembrei-lhe que os preços já haviam sido informados há mais de quatro meses e que, durante todo o processo, nada havia sido comentado sobre eles. Mais à frente, depois de sua contra-argumentação, procurei ressaltar o retorno sobre o investimento que a empresa dele teria, as necessidades que estavam em jogo e assim por diante – sempre de uma forma pausada e procurando escutar a nova contra-argumentação antes de me posicionar com minha próxima negativa.

Em determinado momento, sugeri que o projeto não fosse executado todo de uma vez, mas que ele fizesse apenas a primeira fase e esperasse o retorno que teria. Dessa forma, ele teria duas fontes adicionais de recursos para o projeto: o retorno obtido dos resultados da primeira fase e os rendimentos financeiros dos recursos que não sairiam do caixa naquele momento e poderiam ser deixados em alguma aplicação financeira. A essa sugestão o gerente de compras respondeu que, embora o que eu estivesse dizendo fizesse sentido, não era dessa forma que eles gerenciavam os orçamentos naquela empresa e que apenas os valores contidos no orçamento originalmente liberado poderiam ser usados no projeto.

O fato de eu ter me preparado para ouvir, e não para falar, permitiu-me captar uma contradição no motivo por ele exposto. Alguns minutos mais tarde, nessa mesma reunião, ele fez a seguinte proposta:

> — *Bem, então por que vocês não propõem algum tipo de parcelamento para os valores que estão cobrando?*

Como aquela pessoa estava agora sugerindo um parcelamento se o orçamento disponível, conforme ela mesmo havia dito, era menor?

O fato de as saídas de caixa acontecerem em momentos distintos não mudaria os valores brutos cobrados! E, como ele tinha acabado de explicar, a forma como o dinheiro estaria saindo do caixa não afetaria o montante que havia sido orçado. Essa nova solicitação apenas me deu maior certeza de que aquela reunião não era mais do que uma manobra para conseguir alguma concessão adicional de nossa parte. Preferi não trazer a contradição à tona – uma das duas opções para tratar truques e manobras em negociação, que abordaremos mais à frente neste capítulo –, ficando apenas calado e empregando a técnica do silêncio de ouro abordada no capítulo 4. Embora o negócio não tenha sido fechado naquela reunião, dias mais tarde recebi o pedido de compra com as condições originalmente propostas para aquele cliente.

Geralmente, os profissionais de vendas sentem dificuldade para manter uma postura correta em uma negociação, evitando problemas de comunicação com o cliente, principalmente quando seu interlocutor decide empregar alguma manobra ou um truque para reduzir os preços ou obter qualquer outro tipo de concessão. É importante entender que manter um nível adequado de empatia, transmitindo segurança e credibilidade, é essencial em uma situação de pressão. Quando focamos nossa atenção no ato de ouvir e conseguimos ter um correto poder de análise e síntese, certamente corremos menos risco de cair nas armadilhas que nos são preparadas.

Além disso, quando o cliente colocar na mesa algum interesse oposto, lembre-se da técnica de reenquadramento citada no capítulo 4: concorde com a essência do que foi dito, e não com o que foi dito. Acostume-se também a parafrasear seu interlocutor, repetindo o que ele disse com um conjunto diferente de palavras. Como dissemos no capítulo 7, quando tratamos da elaboração de propostas mais eficazes, todo bom persuasor utiliza as palavras de quem ele deseja influenciar, para que aquela pessoa passe a acreditar mais nele.

Por último, procure sempre se distanciar emocionalmente da negociação. Diante de uma objeção, de um interesse oposto ou de uma argumentação ilógica, não censure ou discuta, apenas apresente suas contra-argumentações, expondo seus pontos de vista. Mesmo que sua argumentação seja mais sólida que a da outra parte, lembre-se de que, para que o acordo seja consolidado, seu interlocutor terá ainda que "voltar para a casa" e se justificar internamente. Você precisa ajudar essa pessoa nessa missão, e criar um clima emocionalmente hostil não contribuirá em nada para isso.

RELACIONAMENTO

Ao analisar a questão do relacionamento em suas negociações, é importante você ponderar sobre a qualidade das inter-relações que deseja manter com as partes. Isso porque o objetivo de um negociador com excelência vai além do resultado imediato de uma negociação. Um bom negociador tem como objetivo principalmente a utilização de um processo eficiente de negociação, pois ele sabe que o processo com o qual negocia determinará o grau de satisfação com o acordo das partes envolvidas e que isso certamente afetará o relacionamento entre elas no longo prazo. É importante entender que relacionamentos duradouros dependem do processo com o qual negociamos.

Podemos definir o relacionamento em uma negociação como o nível de cooperação, confiança e respeito entre as partes. Ter um bom relacionamento em vendas significa que ele seja "funcional". Não estamos falando de questões como amizade ou intimidade. Isso porque de nada adianta você sair para almoçar, jantar, fazer uma *happy hour* ou mesmo ir a churrascos e festas na casa de um cliente se ele não comprar de você, isto é, não for um relacionamento "funcionalmente efetivo". E é importante entender que isso vale para ambas as partes, pois seu cliente comprará de você apenas se obtiver bons resultados. Se você não acredita no que estamos falando, pergunte a seu superior na próxima vez em que você apresentar um reembolso de despesas feitas com um cliente que é um grande amigo seu sem demonstrar de forma clara qual resultado virá desse gasto. Ter um relacionamento que seja funcional nos ajuda a lidar eficientemente com as possíveis diferenças em uma negociação.

O fato é que o processo com o qual você negocia hoje com uma pessoa determinará sua habilidade em negociar com ela amanhã. E, em situações de pressão, geralmente ocorre um erro clássico em negociação: confundir as pessoas com os problemas.

Alguns negociadores são duros com os problemas e com as pessoas com as quais negociam. Eles olham as outras partes como adversários e pensam que seu único objetivo em uma negociação é ganhar. Em geral, esse tipo de negociador exige concessões como condição para a manutenção do relacionamento, fazendo pressões e ameaças em busca daquilo que deseja. A desconfiança reina em suas abordagens, e ele procura ser sempre o único a ganhar. Invariavelmente, insiste em suas posições, prendendo-se a seus pontos de vista e tentando vencer a qualquer custo as disputas de interesses que estão diante dele.

Outros negociadores procuram ser suaves, tanto com as pessoas como com os problemas. As pessoas com as quais eles negociam são sempre seus amigos. Seu objetivo é manter seus relacionamentos a qualquer custo, mudando facilmente seu posicionamento, fazendo concessões e aceitando quaisquer tipos de perdas. Esse tipo de negociador acredita piamente que, se não ceder, estará abalando para sempre o relacionamento com as outras partes. Seu objetivo é o acordo, mesmo que seja ruim para ele ou para sua organização.

Existe, contudo, uma forma diferente de negociar: podemos ser suaves com as pessoas e, se for preciso, duros com os problemas. Adotar essa filosofia de negociação significa ser incondicionalmente construtivo na melhoria de nossos relacionamentos, tratando-os como se fossem sempre de longo prazo. Isso implica não tratar as vendas como meramente transacionais, deixando de lado o bom e velho "toma lá, dá cá", mesmo se a negociação na qual estamos envolvidos parece apontar para isso em determinado momento. Além disso, o negociador que age de forma integrativa se coloca como um solucionador de problemas diante de seus clientes. Afinal, seu objetivo é obter um resultado que seja eficiente e proporcione ganhos para ambas as partes.

Separar as pessoas dos problemas significa focar os interesses, e não as posições assumidas. Implica sempre explorar os interesses das partes, com o intuito de criar e compartilhar opções de ganho mútuo. Implica também procurar sempre respaldar os acordos em critérios lícitos para todos os envolvidos. E lembre-se: assumir que relacionamentos apenas acontecem e não ser proativo em sua construção é um erro nos processos de negociação. Como também o é pensar que, para ter um bom relacionamento, devemos concordar sempre. Equilibrar emoção e razão, colocando-se sempre no lugar do outro, é a grande chave para cuidar desse importante aspecto da negociação.

COMPROMISSOS

A última fase de sua etapa de análise é pensar em termos de quais compromissos você e as demais partes envolvidas na negociação podem assumir.

Ao seguir o processo de análise que estamos sugerindo, você saberá quais informações detém e quais ainda precisam ser obtidas. Isso deve ser visto como um termômetro, que indicará se seu próximo encontro será realmente uma reunião de negociação ou apenas mais um contato com o objetivo de obter novos parâmetros para que, em um segundo momento, você tenha condição de realmente negociar.

Quais compromissos são possíveis de assumir ou perseguir nessa negociação? Que tipos de acordos você espera obter? É lógico que, quando falamos em termos de compromissos, precisamos ter claro em nossa mente que existem diferentes níveis de comprometimento. O resultado de sua reunião pode ser um contrato, um plano de ação, uma recomendação conjunta ou apenas um pré-acordo de intenções que balizará os passos seguintes de seu processo de negociação.

Qualquer que seja o grau de compromisso que você espera obter de uma negociação, é importante que ele seja claro, bem planejado, durável e realista. E isso dependerá do nível de poder das partes envolvidas na negociação. Como abordado no capítulo 5, o sucesso de sua estratégia dependerá de sua compreensão do nível de poder de cada influenciador presente na reunião e do desenvolvimento de uma abordagem que considere esse poder. Esperar algo que não seja factível apenas gerará enorme frustração pessoal.

De fato, não podemos pensar que uma decisão tomada em uma negociação implicará necessariamente uma ação. Quantas vezes você não viu ou mesmo vivenciou a seguinte situação: o cliente diz "Fechado" e, em seguida, o negócio desanda? Isso geralmente ocorre quando há falhas em determinar as ações necessárias para concretizar operacionalmente um acordo ou quando esperamos compromissos de quem não tem poder para assumi-los.

> **Quantas vezes você não viu ou mesmo vivenciou a seguinte situação: o cliente diz "Fechado" e, em seguida, o negócio desanda?**

Outro ponto importante com relação aos compromissos é atentar para o alinhamento e o nível de preparação de todos que participarão de sua reunião de negociação. Você precisa entender que existirão pessoas que terão sido simplesmente jogadas na reunião, sem intenção ou mesmo intencionalmente. E não estar alinhado com o nível de preparação das partes, ou não tirar vantagem disso, pode ter resultados pouco eficazes. Em resumo: nunca pressuponha que todos conhecem o objetivo da reunião na qual você se encontra!

Por fim, você deverá se preparar para os compromissos que poderão ser assumidos, pensando com antecedência em seus aspectos operacionais. Tenha em mente sempre essa questão: o compromisso que estou obtendo é melhor do que a alternativa que teria se não fechasse esse negócio? Uma boa prática é olhar o acordo como um todo antes de se comprometer de forma definitiva. Lembre-se: você pode se manter empático sem necessariamente concordar antes do momento certo. Dizer "Eu entendo" tem um significado diferente de "Eu concordo".

ESTRUTURAÇÃO DA REUNIÃO DE NEGOCIAÇÃO

A próxima etapa em seu processo de preparação para a negociação será estruturar sua reunião. Para ganhar mais eficiência, você deverá aqui também respeitar o processo mental de tomada de decisão discutido no capítulo 4. Caso tenha seguido o processo proposto para a etapa de análise da situação atual, você terá em mãos nesse momento uma série de perguntas, informações, opções e argumentações que deseja colocar na mesa. Partindo-se do entendimento sobre as fases de cognição, divergência e convergência, podemos estruturar a sequência da reunião de negociação em seis fases.

1. abertura;
2. compreensão;
3. geração;
4. seleção;
5. conclusão;
6. acompanhamento.

> **É importante ter em mente que o estado mental e a forma como conduziremos a reunião de negociação gerarão impactos nos resultados produzidos.**

Essa estrutura garantirá maior alinhamento e melhores resultados em sua negociação.

Nessa etapa, é importante ter em mente que o estado mental e a forma como conduziremos a reunião de negociação gerarão impactos nos resultados produzidos. Além disso, entenda que as novas informações obtidas nesse encontro podem validar ou modificar completamente as hipóteses formuladas na etapa anterior de preparação, obrigando-nos a mudar a rota planejada durante nossa reunião.

ABERTURA

Inicie sua reunião de maneira positiva, de forma a criar um clima favorável e de confiança. Faça as outras partes compreenderem quem você é e por que está lá, procurando se posicionar com a credibilidade e a autoridade necessárias. Busque entender também, nesse momento, a autoridade de cada um para assumir ou não os potenciais acordos gerados nesse encontro.

Nesta fase, procure esclarecer os objetivos do encontro, mas amarre-os com os interesses das outras partes, e não com os seus. Por exemplo, em vez de você dizer algo como:

> *— Bem, o objetivo desta nossa reunião é saber se vocês irão ou não fechar o contrato.*

Você poderá dizer:

> *— Bem, o objetivo desta nossa reunião é entender qual será a melhor forma de vocês conseguirem ampliar sua operação para a região Sul do país, capturando uma nova parcela de mercado para a sua organização.*

Em seguida, procure determinar os pontos relevantes a serem discutidos, separando sempre as pessoas dos problemas, por mais tensa que seja a situação. Por último, ressalte a importância de todos se manterem alinhados em termos do processo com o qual a reunião será conduzida, pois isso será importante para o relacionamento das partes no longo prazo. Você poderá dizer, por exemplo, algo como:

> *— Gostaria de ressaltar que, independentemente dos resultados a que cheguemos com esta reunião, espero que ela seja mais um passo para a construção de um relacionamento positivo entre as nossas empresas.*

Uma frase como essa, mesmo dita com outras palavras (que mais se adaptem a seu estilo e ao do seu cliente), tem enorme poder de desarmar ânimos e criar um clima favorável para as próximas fases de sua reunião de negociação.

COMPREENSÃO

Durante a etapa de análise da situação, você certamente estabeleceu uma série de coisas que precisam ser ditas em sua reunião. Porém você fará isso somente após colocar todas as perguntas necessárias para:

- identificar, explorar e esclarecer os interesses reais das pessoas;
- reduzir ao máximo as dúvidas que tenham surgido na etapa de análise;

- identificar quaisquer mudanças, novos problemas ou preocupações adicionais que tenham surgido.

Assim, pense em quais questões você proporá para eliminar ou minimizar a falta de informações ou as incertezas.

Nessa fase, é importante também pensar em como poderão ser reenquadrados os problemas e as preocupações identificados em sua análise. A técnica do reenquadramento poderá ser extremamente útil para alterar a percepção sobre determinado interesse ou problema. Imagine que seu cliente se coloque em uma posição que pareça, em um primeiro momento, oposta a seus interesses. Algo como:

> *— Olhe, os valores que vocês estão propondo são extremamente altos em relação ao mercado. Nós não concordamos com esses valores!*

Um possível enquadramento para essa questão poderia ser:

> *— Você está completamente correto no que está dizendo. Os preços que são cobrados por algo devem ser sempre compatíveis com o que é oferecido. Se são iguais ao mercado, devem ser cobrados dessa forma; se são inferiores, devem ter um preço condizente com isso, e, se são superiores, devem corresponder a esse fato. Hoje, como vocês estão analisando a qualidade e o valor do que esperam receber nesse projeto?*

Note que, nesse exemplo, uma posição aparentemente oposta foi reenquadrada para dois interesses comuns entre as partes: o valor a ser recebido pelo cliente e a qualidade do projeto. Mais ainda, como foi utilizada uma pergunta para estruturar o reenquadramento, abriu-se a possibilidade, tanto para você como para seu cliente, de compreender de forma mais adequada os resultados esperados com a venda. Isso sem nenhuma necessidade de entrar em um processo de barganha.

Por último, ao final dessa fase, lembre-se de confirmar sua compreensão sobre as novas informações e os entendimentos obtidos em relação à situação que você negociará.

GERAÇÃO

Para que você se prepare adequadamente para essa fase, deve considerar a utilização de um pouco de "jogo de cena". Isso porque esse será o momento em que você irá compartilhar as opções que já criou e selecionou anteriormente, na etapa de análise da situação da negociação. Contudo, você não será totalmente eficaz se disser:

> *— Olhe, aqui estão as opções sobre as quais eu refleti e considero serem mais adequadas para resolvermos toda essa situação.*

Provavelmente as pessoas rejeitarão suas ideias – afinal, as ideias são suas, e não delas.

Assim, use um jogo de cena para sugerir as opções que considerar mais adequadas como se fossem ideias que lhe estivessem ocorrendo naquele momento. E, em vez de simplesmente dizê-las, estruture as informações em termos de perguntas sugestivas:

> *— Olhe, acabei de pensar em uma possibilidade. E se houvesse uma forma de... O que vocês acham?*

Essa forma de compartilhar as opções que você levará para a mesa, explicando como elas atenderão aos interesses comuns e diferentes de todos, aumentará bastante seu poder de persuasão.

Além disso, escute o que as pessoas têm a dizer e convide-as a contribuírem com outras opções. Aqui, vale novamente a orientação de separar os momentos da criação e da seleção de opções. A diferença é que, como você já se preparou anteriormente, terá condições de oferecer contribuições mais produtivas para essa fase de geração conjunta – e diante da outra parte – de ideias que visam chegar a um acordo satisfatório para todos.

Nessa fase, é importante também expor suas argumentações e os critérios que tornarão as opções escolhidas legítimas. Mais uma vez, procure apresentar os critérios e padrões em que você pensou antes, novamente na forma de sugestões. Esse tipo de abordagem irá minimizar conflitos e facilitar a adoção de suas ideias – afinal, elas não são somente suas, mas de todos que participam do processo criativo de buscar opções e critérios para o acordo.

SELEÇÃO

Na fase anterior de sua reunião de negociação, você apresentou, na forma de sugestões, as possíveis soluções para todos chegarem a um acordo. Se você trabalhar corretamente e puser na mesa soluções criativas e factíveis, provavelmente a escolha de alguma delas será, de certa forma, natural. De qualquer maneira, é bom estruturar previamente suas argumentações para o caso de haver percepções diferentes sobre o que você propôs.

Esse é o objetivo dessa fase: fazer com que as pessoas consigam selecionar os padrões e critérios apresentados, confirmando sua legitimidade e, dessa forma, convertendo as opções com maior potencial em propostas aceitáveis para todos os envolvidos.

Assim, estruture sua argumentação de forma flexível, de modo que as soluções sejam percebidas como ganhos para todos os envolvidos. Prepare o que terá de dizer para demonstrar que as suas sugestões atendem aos interesses e à necessária legitimidade do processo. E, no final, confirme e resuma as concordâncias e discordâncias resultantes dessa fase.

CONCLUSÃO

Se tudo der certo na reunião, nesta fase ocorrerá o acordo entre as partes, seja ele o fechamento do negócio, seja a resolução de algum impasse, seja a concordância em relação a uma questão que será tratada daqui para frente ou o que quer que seja que você esteja se preparando para negociar.

Assim, nessa fase é importante ter em mente as alternativas que você terá se não chegar ao acordo e, da mesma forma, quais serão as alternativas das outras partes. Seu objetivo aqui é certificar-se de que o acordo assumido será melhor que as alternativas das partes, pois somente assim você terá segurança de que ele será duradouro.

Lembre-se de resumir e confirmar o acordo firmado, colocando-o por escrito, mesmo de modo informal. Identifique, esclareça e confirme os próximos passos e as responsabilidades de todos os envolvidos. E, finalmente, reforce a importância da manutenção de um bom relacionamento entre todos, independentemente das conclusões a que vocês chegaram.

ACOMPANHAMENTO

Um dos erros dos profissionais de vendas em suas negociações é não se preocupar em garantir que os acordos e os compromissos assumidos sejam realmente implementados. Para evitar incorrer nesse tipo de erro, após chegar à conclusão em sua negociação, lembre-se de não encerrar sua reunião por aí. Ficar eufórico com um sim é tão ruim quanto ficar em pânico com um não inesperado.

Dessa maneira, garanta que os compromissos assumidos serão monitorados, alinhando os controles e incentivos necessários para que o acordo seja realmente implementado. Em sua estruturação para essa fase, pense se existe algo a mais a ser feito após as partes dizerem "Sim". Quando você espera ver sinais de que esse acordo está sendo cumprido? Quais serão as responsabilidades das partes? Que tipo de informação, ferramentas, pessoas ou recursos serão necessários para executar esse acordo? Se você não pensar previamente nessas questões, mesmo tendo sucesso na mesa de negociação, existirá a probabilidade de fracassar fora dela.

TRUQUES E MANOBRAS EM NEGOCIAÇÕES

A dificuldade de manter o controle emocional durante uma negociação é frequente no dia a dia dos profissionais de vendas. E os clientes mais estruturados sabem disso.

Controlar a ansiedade e manter a racionalidade é necessário para que o vendedor saiba dizer "Não", como também saiba ouvi-lo. Vendedores lidam constantemente com a rejeição. No entanto, poucos compreendem que não se trata

> **A dificuldade de manter o controle emocional durante uma negociação é frequente no dia a dia dos profissionais de vendas. E os clientes mais estruturados sabem disso.**

de uma questão pessoal, mas de algo que faz parte das atividades de vendas e negociação.

Com frequência, técnicas e manobras de negociação são utilizadas por pessoas que querem obter uma vantagem extra no momento de sua decisão final. Entretanto, muitos vendedores não percebem um fato interessante: não existe novidade nas técnicas utilizadas por elas. São sempre as mesmas.

Quer fazer um teste? Pense por alguns instantes nas piores manobras e nos truques que já usaram contra você. Veja se elas se encaixam em algumas das categorias a seguir.

- **Autoridade.** Este tipo de manobra ocorre quando a pessoa com quem você está negociando declara ter um poder que realmente não tem ou afirma não ter o poder que realmente tem. Quem já não passou por um falso fechamento quando fez algum tipo de concessão e, mais tarde, teve que renegociar tudo de novo, em um novo patamar? Ou quem não esteve diante de alguém que disse algo como "Estou de mãos atadas. Veja, não sou eu que estou te pedindo isso, é meu sócio, que é muito chato e irredutível" e, se não fosse feito o que estava sendo pedido, o acordo não sairia? Nessa categoria entram também aquelas desculpas do tipo "O sistema que temos aqui não permite". Isso sem falar nas políticas e nos processos internos, que são excelentes desculpas para solicitar algo ou não fazer alguma coisa.

- **Envolvimento.** Quem usa este tipo de manobra geralmente faz você se comprometer com ações sem, entretanto, comprometer a si mesmo. Durante o ciclo da venda, eles pedem uma série de favores para o vendedor e, no final, solicitam uma concessão, esperando que o vendedor conclua que perderá menos ao ceder. Ou então dizem que, se o vendedor não aceitar o que está sendo proposto, terão que reiniciar todo o processo novamente. Outros ainda adotam a abordagem do "fato consumado", enviando, por exemplo, um pedido nas condições que desejam e esperando que o vendedor simplesmente as aceite. Uma versão dessa manobra é o cliente aceitar todas as suas condições para somente no final dizer que não concorda "apenas com alguns pontos".

- **Guerras psicológicas.** Quem já não teve que esperar horas para iniciar uma reunião de fechamento ou encontrou, de forma inesperada, seu interlocutor com um tremendo mau humor? Entram também nesta categoria aquelas reuniões em que há o comprador bonzinho e o mau – um mordendo e o outro assoprando – e a tática de colocar na negociação alguém que se irrita facilmente, demonstrando reações passionais e ataques pessoais ou refutando com frequência as informações e os pontos de vista colocados na mesa. O uso de ambientes estressantes e períodos limites, como horários de almoço, de volta para casa, ou mesmo de fechamento de cota, também é uma forma de abalar o estado psicológico de uma pessoa. Outro exemplo é o cliente acelerar e, repentinamente, desacelerar o processo de compra para verificar quanto o vendedor precisa daquela venda.

- **Informação.** Nesta categoria entra a utilização de informações falsas ou com intenções duvidosas. Muitas vezes, detalhes são colocados nas entrelinhas com o único objetivo de deliberadamente confundir o vendedor. Outras vezes, o cliente simplesmente se esquece, diz que não entendeu direito ou nega algum fato, voltando atrás em algum compromisso assumido. Outra manobra consiste em o cliente solicitar ou simplesmente dizer que tem propostas de outros fornecedores com o único intuito de pressionar o vendedor.

- **Iscas.** O cliente usa uma isca quando solicita grandes concessões, sugerindo potenciais negócios futuros. E, geralmente, esses negócios não são reais, pois, se fossem, já teriam sido colocados sob análise. Outra versão dessa tática é o cliente usar o peso do nome de sua organização, deixando claro para o vendedor que fazer negócios com sua empresa ou com seu grupo deve ser considerado um privilégio pelo potencial futuro de negócios. O vendedor deve estar sempre atento quando uma cenoura é colocada diante dele. Atrelar negócios diferentes em uma única negociação é extremamente difícil quando não se trata de uma abordagem de solução, como já foi dito no capítulo 5. O melhor é encarar cada oportunidade de maneira independente e trabalhar com a que está na mão, em vez de ficar pensando nos pássaros que ainda estão voando.

- **Orçamento.** Esta é uma velha manobra conhecida por praticamente todos os que trabalham em vendas. Entra nesta categoria qualquer abordagem do tipo "Apenas dê uma ideia do quanto vai custar", "Olha, eu quero fechar com vocês, mas eu só tenho esse orçamento" ou "Eu tenho esse orçamento, veja o que podemos fazer". Nesse caso, se o vendedor não perceber que orçamentos foram feitos para direcionar e não para engessar uma empresa, buscando criar – ou certificar-se de que realmente criou – uma imagem correta de solução na mente de seu cliente, fatalmente cairá nessa armadilha.

- **Pressão por posição.** Entram nesta categoria todos os tipos de barganha, incluindo a de ancorar o preço lá embaixo. Aqui também entram as táticas de impor solicitações extremas, mostrar-se inflexível ou elevar as exigências na última hora. Exemplos disso são frases do tipo "É pegar ou largar!", "Dê a sua melhor oferta!" ou outras mais sutis, como "Você pode fazer melhor que isso". Desconfie de certos comportamentos do cliente, por exemplo, abandonar a negociação ou dizer que algo é impossível de ser negociado.

- **Preço, quantidade e forma.** Um exemplo deste tipo de manobra é o cliente pedir o preço unitário, item por item, de propostas concorrentes para poder compará-las ou solicitar o preço de, por exemplo, mil unidades, para depois comprar somente dez ao preço unitário pelo qual você cotou as mil. Outro exemplo é o cliente querer negociar uma proposta item a item para obter vantagens de forma gradual ou, então, como comentado anteriormente, partir para a velha argumentação "Vamos dividir a diferença", apelando para a ideia de que essa atitude é justa e razoável. Uma prática muito em voga nos últimos anos é a utilização de leilões eletrônicos ou reversos.

Como pôde ser visto, várias artimanhas são utilizadas pelos compradores empresariais na tentativa de extraírem vantagens adicionais, principalmente no momento do fechamento de negócio. Mas, como também já dissemos, o lado bom de toda essa história é que não existe muita coisa nova na praça. São sempre as mesmas técnicas, usadas para tirar o equilíbrio emocional e gerar medo nos vendedores. Nós vamos explorar mais o tema fechamento no próximo capítulo, mas existe uma manobra que me diverte muito e, quando me deparo com ela, sorrio para mim mesmo. Ela é assim: o comprador liga e diz que você perdeu o negócio! Existem algumas variações, mas a essência é sempre a mesma. Ele pode até elogiar você, dizendo que a preferência dele era por sua empresa, mas houve outro fornecedor que entrou atropelando e concedeu um desconto irrecusável.

Quando se deparar com algo do tipo pela frente, raciocine um pouco. Talvez ajude se você se recordar da última compra significativa que fez. Pode ser uma geladeira, um carro, uma casa, não importa. Agora pense com calma: você perdeu tempo em voltar para todos os fornecedores dos quais não comprou para simplesmente dizer que eles tinham perdido? O comprador, quando faz isso, apenas está esperando que você lhe pergunte o que pode ser feito para reverter a situação. Caso você faça isso, pronto, a armadilha funcionou e ele provavelmente obterá desconto de quem ele já iria comprar de qualquer jeito.

A ética de muitos desses truques, táticas e manobras pode parecer questionável para uns e aceitável para outros, mesmo porque se trata de uma questão que muitas vezes depende mais de valores pessoais do que de restrições legais. Porém o que não pode ser negado é que seu uso é uma realidade no cotidiano de muitas situações de negociação que os vendedores enfrentam.

Apesar de que pareça existir certo *continuum* ético-moral – indo do eticamente aceitável ao totalmente inaceitável –, o fato é que, enquanto muitas táticas se encontram em uma zona intermediária e cinzenta, outras extrapolam a classificação de apenas inaceitáveis, atingindo o ponto da ilegalidade, como ameaças, chantagem, intimidação física e suborno, apenas para citar algumas. Resta ao profissional de vendas compreender que elas existem e lidar de forma mais apropriada quando essas táticas forem usadas contra ele. O que diferencia uma luta em um ringue de uma briga na rua, entre outras coisas, é o fato de as regras do jogo serem conhecidas e as partes terem liberdade para ir embora da situação por vontade própria.

Reconhecer a tática e ponderar sobre permanecer ou não em determinada situação melhorará muito sua eficácia em uma negociação. Agir corretamente será mais fácil quando conseguir antecipar potenciais situações de risco para você e para sua organização. Um vendedor que valoriza sua credibilidade e sua integridade profissional certamente agirá de maneira mais eficaz e consistente ao balizar suas ações em termos de seus valores éticos. E isso não é fácil, pois em uma situação de barganha dilemas éticos podem facilmente surgir e solapar a consistência profissional de um vendedor. Todavia, muitas vezes a diferença entre um negociador efetivo e outro, não efetivo, está em quão sério é levado em conta o aspecto da integridade ética em uma mesa de negociação. Vale notar que fazer julgamentos éticos, discernindo o que é certo ou errado, e ao mesmo tempo defender interesses pessoais e organizacionais não é uma tarefa fácil e dependerá da sua capacidade intelectual e emocional, bem como de sua preparação.

Após ter pensado nos momentos difíceis que você já enfrentou em sua carreira e ter comparado com as manobras apresentadas, espero que tenha percebido que realmente não existe muita novidade na praça. Em termos de contramedidas, a filosofia é bastante simples. Você se lembra de quando era criança e conseguia desvendar o truque do mágico? É a mesma coisa: quando descobrimos o truque, a mágica perde a graça!

Quando reconhecer que estão usando alguma tática, um truque ou uma manobra para obter alguma concessão de você, tenha em mente que existem duas possíveis posturas a adotar.

- **Reconhecer a tática e não fazer nada.** Entenda que o mágico está apenas tentando fazer o seu show e tenha em mente que, se você controlar corretamente suas emoções, logo o número acabará.

- **Trazer a tática à tona.** Você pode demonstrar para seu interlocutor, de forma sutil, que reconheceu a manobra, desmascarando-a. Faça isso com cuidado, para que o mágico não fique triste.

Por exemplo, "Olhe, estamos nessa sala há três horas, sem água, café ou comida. Essa cadeira quebrada que você me ofereceu está realmente acabando com as minhas varizes e este ar-condicionado desligado está fazendo com que eu me lembre da última vez que caí na piscina, durante um baile do Havaí. Não seria mais interessante arranjarmos outro local para negociar ou remarcarmos nosso encontro para outro dia?".

Qualquer que seja o caminho adotado, lembre-se de, como já dissemos, separar as pessoas dos problemas e ser empático, mesmo diante das mais duras pressões. Leve a conversa por um caminho integrativo, insistindo no uso de um processo legítimo. Lembre-se dos interesses reais da outra parte e de como sua proposta pode ajudá-la. Conduza a conversa para o uso efetivo do tempo na criação e na seleção de opções que possam trazer ganhos mútuos. Procure reduzir seu ritmo. Ser paciente e lento nesse tipo de situação é uma boa estratégia. Não se torne uma vítima da situação. Em último caso, use ou revele sua melhor alternativa ao acordo.

Tenha em mente o seguinte: em vendas complexas e altamente competitivas, não basta fechar um negócio – seu objetivo é sempre procurar construir bons e duradouros relacionamentos, independentemente das táticas usadas por aqueles que se julgam mestres na negociação somente por saberem barganhar.

"INTERESSE ILUMINADO"

Finalmente, gostaria de lhe fazer uma pergunta: você já ouviu falar de "interesse iluminado"? Esse conceito é vital para todo bom negociador e, por consequência, para todo profissional ou gestor de vendas. Veja, quando usamos o adjetivo "iluminado", não estamos nos referindo a algo idealista, liberal ou caridoso, mas a sermos práticos. Entendê-lo significa compreender que as pessoas são movidas por seus próprios interesses e que alguém somente fará algo por nós caso perceba que, ao fazê-lo, estará obtendo aquilo que deseja em troca. Ou seja, seu cliente somente aceitará o que você lhe oferece se perceber que estará obtendo aquilo que ele mesmo deseja.

Contudo, esse fundamento trabalha para ambos os lados. Ou seja, como ser humano, você colocará seus próprios interesses sempre em primeiro lugar. Porém, ao compreender que seus próprios interesses serão mais bem atendidos caso você leve em conta os interesses de seus clientes, estará desvendando um dos grandes segredos de qualquer boa argumentação. Entender, procurar compreender os interesses reais da outra parte e buscar satisfazê-los, ou seja, conectá-los com as capacidades de seus produtos, serviços e tudo o mais que você e sua empresa entregam, é mais do que simples cooperação ou mesmo altruísmo: trata-se da melhor forma de se manter alinhado com seu cliente e obter sucesso profissional.

Você pode até achar que o que acabou de ler tem algum ranço de egoísmo, controle ou manipulação. Mas não. É biológico. O impulso por preservar o próprio bem-estar e a própria existência é um dos mais antigos de qualquer ser vivo. Não tem como fugir dele, pois está até em nossas células. Na verdade, elas somente cooperam entre si para se manterem vivas – e, quando alguma não age assim, torna-se doença, por exemplo, os tumores. Podemos dizer que nossas células, assim como nós, são motivadas por interesses sociais.

Quando incorporamos esse conceito a nosso dia a dia, tornamo-nos iluminados, ou seja, esclarecidos sobre a importância de compreender melhor os desejos dos outros, para que possamos, assim, atender aos nossos próprios. Dessa forma, tornamo-nos profissionais melhores, capazes de conduzir de forma mais eficiente nossas vendas e nossas negociações.

VIVENDO FELIZES PARA SEMPRE

Paulo Nereu Alves é de São Francisco de Paula, Rio Grande do Sul. Hoje aposentado, Nereu marcou presença durante toda a sua vida como participante ativo na comunidade local: presidiu diferentes entidades de sua cidade, como a Associação Rural, o Lions Clube e o Centro de Tradições Gaúchas, além de ter sido vereador. Seu Nereu, como é costumeiramente chamado, também já foi proprietário de vários negócios, como uma distribuidora de veículos, uma imobiliária e um hotel fazenda.

Seu Nereu é um cidadão de uma integridade ímpar, sempre mantendo uma enorme preocupação com a preservação da natureza e do meio ambiente, em especial, das florestas de araucárias, nativas de sua região. Conheci Nereu em 2007, quando, ao terminar o manuscrito da edição anterior do *Vendas B2B*, decidi tirar férias com minha família, hospedando-me por várias semanas em sua aconchegante fazenda. Lá, conheci a hospitalidade do gaúcho serrano e a beleza das paisagens e das coxilhas dos Campos de Cima da Serra. Plantei ali minha primeira árvore, obviamente uma araucária. Foi por tudo que vivenciei naqueles dias que decidi me mudar com minha família da cidade grande, dando a meus filhos a oportunidade de crescerem no campo.

Ele nos conta que certa vez, quando era o proprietário de uma imobiliária, fez uma venda no mínimo peculiar. Havia um casal em litígio, separado de fato, mas que ainda não tinha formalizado legalmente sua condição. O marido, amigo de Nereu, tinha vindo até a imobiliária dizendo que desejava colocar umas terras à venda, mas que, para isso, o próprio Nereu teria que convencer primeiro a esposa dele, pois esta havia jurado que não venderia aquela propriedade de forma alguma.

Nereu, então, decidiu que o primeiro passo seria, realmente, conversar com a esposa de seu amigo e buscar entender melhor toda aquela situação. Ao visitá-la, a esposa reafirmou que não tinha interesse em vender a propriedade. Nereu, não se contentando com o que acabara de ouvir, buscou entender melhor os motivos daquela decisão. Após algum tempo de conversa, ele pôde compreender que, na verdade, ela também desejava vender o terreno, mas temia que o marido não repassasse a parte que caberia a ela por direito.

Ao finalmente compreender o que levava aquela mulher a adotar tal posição e lastreado por sua imagem de respeito e história com a comunidade local, Nereu sugeriu uma maneira de ela não ser lograda naquela venda. A esposa prontamente aceitou a estratégia proposta.

Com o consentimento de ambos, ele, então, conseguiu um cliente. Foi preparada toda a documentação pertinente à transação, e no dia marcado todos foram ao cartório da cidade para assinarem o contrato. Feitas as assinaturas, conforme já previamente combinado com o comprador, este entregou ao marido e à mulher cheques distintos e nominais que correspondiam à parte de cada um, tanto da entrada como das futuras parcelas da compra, já descontada a comissão de Nereu.

Diante daquilo, o marido protestou, dizendo que seria melhor entregar tudo junto, em cheques no nome dele, que depois ele mesmo acertaria com a mulher. O comprador, orientado por Nereu, lamentou, dizendo que não tinha mais folhas de cheque. A esposa saiu sorridente rua afora, e o marido, seu conhecido há anos, ficou ao lado de Nereu ainda por mais algum tempo, lastimando não ter combinado nada com ele antes.

PERGUNTAS PARA REFLEXÃO E DISCUSSÃO

1. Quantas partes existiram na negociação apresentada? Mapeie as posições e os interesses reais de cada uma delas. A estratégia usada pelo dono da imobiliária atendeu aos interesses de todas as partes envolvidas? Por quê?

2. Colocando-se no lugar dele, que outras opções você formularia para a negociação relatada? Balize suas respostas usando o conceito de legitimidade visto no presente capítulo. Quais alternativas cada parte tinha na negociação?

3. No caso apresentado, analise os seguintes aspectos: credibilidade, relacionamento e compromissos. Relacione esses pontos com as diversas decisões tomadas por todas as partes envolvidas, desde o contato inicial que o marido manteve com a imobiliária até o término da transação. Justifique ou censure cada uma dessas decisões.

CAPÍTULO 9

O FECHAMENTO

O tema "fechamento" parece mágico para qualquer vendedor. Toda vez que ele surge em algum de meus treinamentos, palestras ou consultorias, os olhos de meus interlocutores brilham. Costumo perguntar quem deles gosta de fechar negócios. Invariavelmente, todo mundo levanta a mão. Em seguida, pergunto "E quem, de vocês, gosta de participar de uma reunião de fechamento?". Nesse momento, vários olhares perdem um pouco do brilho e a grande maioria fica mais introspectiva, refletindo, provavelmente recordando situações pelas quais passou.

Alguns poucos, nitidamente mais acelerados e arrojados, rapidamente levantam a mão, instintivamente e sem pensar, indicando que sim, que gostam de participar de reuniões de fechamento. Nesse momento, costumo brincar, dizendo que 95% dos vendedores não gostam de participar desse tipo de reunião e que os outros 5% mentem quando são questionados sobre o assunto.

Brincadeiras à parte, o fato é que no mercado B2B o momento de fechar um negócio é, em quase sua totalidade, revestido de muita pressão por parte de quem está representando o cliente, que procura intencionalmente desestabilizar o vendedor na tentativa de obter alguma vantagem adicional, seja em termos de preço, prazo, ou qualquer outro tipo de concessão que, no final das contas, representa perda de margem ou lucratividade para a empresa que vende.

Existem formas de um profissional de vendas que atua nesse tipo de mercado se sair melhor em uma reunião de fechamento? Sim, existem. Mas a primeira coisa que precisamos ter em mente, antes de começarmos a analisar o assunto, é: esqueça qualquer técnica, tática, truque, dica ou lista do tipo "n técnicas imbatíveis de fechamento de vendas", em que "n" pode ser três, cinco, sete ou qualquer outro número de conselhos que a pessoa que organizou tais informações julgou bacana ou eficaz.

Acontece que, como você já deve ter percebido por tudo o que leu neste livro até aqui, ou mesmo por sua própria experiência de vida, vender para uma empresa é diferente de vender para um indivíduo ou consumidor final. E a maioria dessas dicas de fechamento advêm da venda tradicional para clientes finais. Surgiram quando se vendia de porta a porta, desde enciclopédias a seguros de vida. Tratam o cliente como inimigo, e o vendedor, como um sujeito malicioso e não merecedor de confiança. Podem até ser eficazes hoje em dia, mas apenas para produtos com baixo valor agregado ou carregados de componentes emocionais. Até arriscamos dizer que elas podem funcionar para aqueles que desejam vender para uma pessoa que nunca mais será vista pela frente, mas não para um profissional de vendas que necessita construir um relacionamento sólido e duradouro com outra organização. São tão eficazes para o mercado B2B como um dinossauro seria como cão de guarda para sua casa.

Conforme dito anteriormente, em vendas B2B, o foco deve estar sempre na compreensão do negócio do cliente; em auxiliar cada influenciador do processo de decisão na obtenção dos resultados das organizações e dos interesses pessoais que o motivam. Para um bom fechamento, a palavra-chave é "compreensão", e não "truque". O fechamento deve ser visto como a consequência natural de todo o trabalho e o controle realizados ao longo do ciclo de vida de uma oportunidade de vendas; deve ser um "não evento".

TORNAR O FECHAMENTO UM "NÃO EVENTO"

Fica claro que os vendedores que dizem gostar de participar de uma reunião de fechamento sentem certo prazer em pôr à prova suas habilidades de vendas, persuasão e negociação, visto ser necessária uma dose extra de audácia e sangue frio para enfrentar e suplantar uma situação em que pressões emocionais são exercidas. Além do mais, no final do dia, sempre haverá mais uma "história de guerra" para contar a outros vendedores, amigos e netos. Não é verdade?

No entanto, penso que um vendedor profissional pode testar sua eficácia de outras maneiras. Quanto tempo sobra para que ele fique com sua família? Em quanto ele supera suas cotas ou metas ao final de um período? Como estão seu nível de estresse e sua pressão arterial? Os gerentes ou diretores da empresa na qual ele trabalha abrem aquele sorriso verdadeiro quando o encontram no corredor? Creio que você entendeu o que quero dizer: aliar ótimos resultados a uma excelente qualidade de vida é o ato de maior audácia que um profissional de vendas pode ter em sua carreira.

Acredito que ninguém precisa se colocar desnecessariamente em situações de pressão apenas para buscar uma autoafirmação. Na verdade, quando falamos de vendas B2B com ciclos longos, o fechamento deve ser a consequência natural de tudo o que o vendedor planejou e fez desde o início de seu engajamento com aquela oportunidade. O fechamento deve ser um "não evento"! Deixe-me explicar melhor essa expressão.

Quando analisamos o uso do tempo de um vendedor que atua de forma tradicional com seus clientes, percebemos que ele é distribuído mais ou menos como mostra a figura 9.1. O vendedor procura rapidamente gerar algum tipo de *rapport* com seu cliente, tentando "quebrar o gelo" com gentilezas ou cordialidades exageradas, simulando interesses ou afinidades, com alguma piadinha ou mesmo com um já ultrapassado toque nos ombros, insinuando proximidade e amizade que ainda não existem de fato.

Ele não "perde" muito tempo com isso, passando rapidamente a "qualificar" aquele cliente. Contudo, essa pretensa qualificação é basicamente procurar saber se o cliente tem ou não tem dinheiro para gastar. Indo um pouco mais além, mesmo no mercado B2B é comum que muitos gerentes de vendas incentivem essa postura em seus vendedores, orientando-os a verificarem o mais cedo possível se o cliente tem o tal do orçamento para realizar a compra. Bem, depois de

> **Se o cliente já tem um orçamento, muita água já passou por debaixo da ponte.**

tudo o que comentamos ao longo deste livro, deve ser fácil para você perceber agora que, se o cliente já tem um orçamento, muita água já passou por debaixo da ponte. Isto é, para que já exista um orçamento preestabelecido, a fase da conscientização das necessidades e grande parte da fase de avaliação de potenciais soluções já aconteceram naquela empresa.

Dessa forma, estimular seus vendedores a buscarem clientes com orçamentos é o mesmo que dizer para que eles cheguem tarde a toda oportunidade de vendas, engajando-se com clientes que provavelmente já foram abordados pela concorrência. Uma orientação muito mais eficaz seria, em vez de perguntar se existe orçamento, incentivar o vendedor a pesquisar sobre o porte e a capacidade financeira do potencial cliente, tanto em termos de disponibilidade de caixa como de obtenção de crédito.

Seja como for, na abordagem tradicional, o vendedor também não gasta muito tempo na qualificação de seus clientes e passa, o mais rápido possível, a falar sobre seus produtos e serviços. É nesta etapa que ele realmente acaba investindo grande parte de seu tempo. Porém, como foi comentado no capítulo 3, quando tratamos das habilidades essenciais de um vendedor profissional, a abordagem focada em características invariavelmente abre margem a objeções e dificulta a venda. Quando o cliente começa a escutar a ladainha do vendedor, discorrendo sobre todas as características de seus produtos e serviços, em geral acaba concluindo que não precisa de tudo aquilo ou que o produto ou serviço é muito caro.

FIGURA 9.1

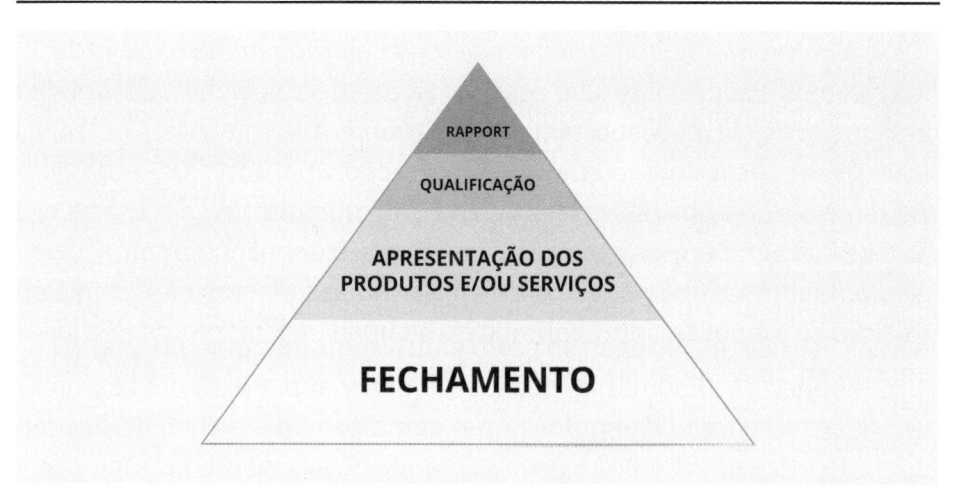

A distribuição do tempo do vendedor na abordagem tradicional

Nessa forma tradicional, típica de mercados B2C, após a realização da chamada "apresentação do produto ou serviço", o vendedor passa então a tentar fechar a venda. É neste momento que entram as tais técnicas de fechamento amplamente divulgadas e típicas das velhas escolas de vendas. Arrisco dizer que, na maioria das vezes, o vendedor de B2B que segue a abordagem tradicional investe quase a metade do tempo total destinado a essa oportunidade tentando fechá-la. São idas e vindas, tentativas frustradas de fechamento, objeções, novas propostas, reduções de preços, concessões, novas reuniões e toda uma série de esforços com o intuito de levar o pedido.

Mas não precisa ser assim. Em primeiro lugar, tenha em mente que os clientes do mercado B2B são mais estruturados que os consumidores finais. Em muitos casos, existem departamentos técnicos, de compras, financeiros e todo um modelo de atuação que foi criado para racionalizar o máximo possível uma decisão de compra. Dessa forma, como defendido ao longo de todos os capítulos anteriores, a abordagem que se mostra mais eficaz quando vendemos para outras empresas é a baseada no questionamento planejado e na busca por uma maior compreensão da situação vivenciada por cada influenciador do processo de aquisição. E isso requer muito mais do que apenas decorar aquilo a que serve seu produto ou serviço; requer a busca de uma compreensão mais ampla do ser humano, dos setores em que eles operam e das mudanças que ocorrem em seus ambientes de negócio.

Analise novamente a figura anterior e pense no seguinte: e se apenas invertêssemos o modo com que o tempo é usado na abordagem tradicional? Você perceberá que a ênfase não mais será no fechamento do negócio, como mostra a figura 9.2. Quando o vendedor dedica seu tempo à construção de um elo sólido de confiança e credibilidade com seus clientes, à compreensão das situações vivenciadas por eles e a ajudá-los a terem uma maior consciência de suas necessidades, ele não precisa mais gastar tanto tempo discursando sobre seus produtos e serviços. Como falamos no capítulo 4, em que abordamos a fase de divergência do processo mental de tomada de decisão, é apenas necessário demonstrar quais funcionalidades se conectam diretamente com a situação compreendida.

Por meio dessa nova abordagem, que podemos de forma simplificada chamar de abordagem consultiva, o fechamento é uma consequência natural de tudo o que foi captado e demonstrado ao longo do ciclo de venda, ou seja, um "não evento". A ideia é distribuir toda a pressão e os riscos que caracterizam um momento de fechamento ao longo do ciclo de venda, quebrando uma grande decisão em compromissos e decisões menores, porém incrementais, que movem a venda em direção ao fechamento.

FIGURA 9.2

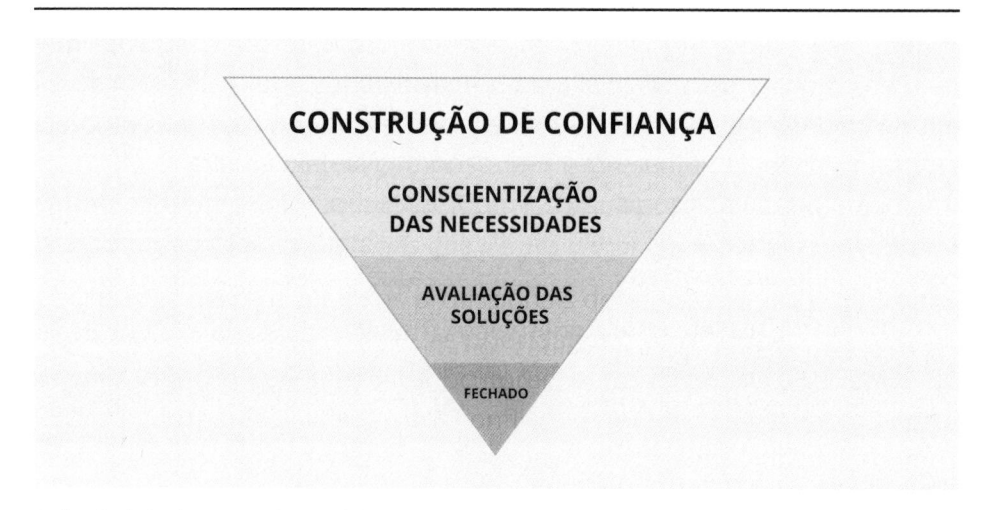

```
CONSTRUÇÃO DE CONFIANÇA
CONSCIENTIZAÇÃO
DAS NECESSIDADES
AVALIAÇÃO DAS
SOLUÇÕES
FECHADO
```

A distribuição do tempo do vendedor na abordagem consultiva

É importante notar que não estamos falando aqui de usar um tempo total maior do que se usa na abordagem tradicional, mas de uma utilização mais inteligente do tempo de vendas. Por outro lado, pense agora em um triângulo menor: por meio do uso de abordagem mais consultiva e lastreada na compreensão dos aspectos psicológicos relacionados ao processo de tomada de decisão, podemos também esperar a redução do tempo total investido em cada oportunidade. Estamos falando aqui de uma maior velocidade nas vendas.

Sempre gostei muito de filmes. Adoro ir a um cinema ou simplesmente assistir aos filmes em casa. Sabe aqueles norte-americanos com sequências de situações com reféns? Quando entra em cena o especialista em negociação da polícia local ou do FBI – caso o filme tenha uma boa direção, um bom roteiro e apoio técnico de ex-policiais como consultores –, você pode ver que a primeira pergunta feita pelo negociador para quem mantém os reféns é se ele deseja se entregar. Isso faz parte do protocolo real estabelecido para lidar com essas situações, por uma razão muito simples: muitas vezes o sequestrador quer pôr fim a tudo aquilo o mais rápido possível (mesmo porque, vamos e convenhamos, o que virá pela frente não será nada agradável para ele). Da mesma forma, caso nossa abordagem tenha sido a de sempre buscar a compreensão e o alinhamento, o fechamento pode ser um "não evento": ou o próprio cliente fecha, ou basta para isso o vendedor "pedir o pedido" usando uma pergunta simples de compromisso, como visto nos capítulos 3 e 4:

> — *Vamos fechar?*

Certa vez, quando fechava um treinamento com uma multinacional de serviços de informação, tive a oportunidade de participar de uma reunião com uma senhora norte-americana que parecia ter seus 60 ou 70 anos. Ela era responsável pela capacitação da força de vendas daquela empresa em vários países e comentou que achava estranho o fato de muitos vendedores terem medo de "pedir o pedido". Ela me disse que em uma ocasião, nos Estados Unidos, teve um exemplo magnífico de uma vendedora que sabia fechar. Ao ser questionada pela cliente sobre como a empresa poderia pagar o treinamento sendo negociado, a vendedora perguntou se ela possuía um cartão de crédito corporativo. Ao ouvir que sim, rapidamente retirou da bolsa uma maquininha portátil para passar o cartão daquela senhora. O cartão foi passado, e era uma compra de alguns milhares de dólares. A vida pode ser muito mais simples, não é verdade?

HABILIDADES DE NEGOCIAÇÃO OU DE POSICIONAMENTO?

Como dito no capítulo anterior, no qual falamos sobre negociação, quando o vendedor se mantém alinhado com os influenciadores do processo de venda, não há interesses conflitantes e, portanto, hipoteticamente, não ocorre negociação. O que se espera é que o fechamento tenda a ser algo natural, o já citado "não evento". Porém isso nem sempre é a regra quando negociamos com organizações mais estruturadas, pois elas mantêm mecanismos e processos próprios a fim de garantir que as decisões de compra tenham o menor risco e o menor preço possíveis. Isso, claro, dentro dos parâmetros legais, técnicos e administrativos aceitos pelas áreas participantes.

Contudo, caso você tenha encaminhado a oportunidade corretamente desde o início, em 90% das situações de fechamento o conjunto de competências que você necessitará não será o de negociação, mas o de posicionamento. O que quero dizer com isso? Nessas situações, criadas intencionalmente para gerar pressão nos vendedores e com isso tentar obter alguma vantagem adicional, na verdade não existem interesses opostos que precisam ser negociados, pois a organização deseja comprar. O que existe é todo um esquema montado para que o cliente obtenha o melhor negócio possível. Com esse objetivo, a principal tática utilizada é desequilibrar emocionalmente o profissional de vendas, incluindo aí todo tipo de truque ou manobra, como discutimos no capítulo anterior.

> **Caso você tenha encaminhado a oportunidade corretamente desde o início, em 90% das situações de fechamento o conjunto de competências que você necessitará não será o de negociação, mas o de posicionamento.**

No entanto, combater as pressões do cliente tem muito mais a ver com nossa capacidade de manter uma postura eficaz para esse tipo de situação do que com nossa capacidade de negociação. Postura, nesse caso, significa a capacidade de resistir aos ataques promovidos pelo cliente a nossos preços, pois ele anseia ter a certeza de fazer um bom negócio. Isso significa que a habilidade de sustentar seu preço e aguentar tais pressões é fundamental em termos de competências para um bom fechamento.

CERTEZA DE FAZER UM BOM NEGÓCIO

Pense nisto: quando um cliente pede um desconto para fechar um negócio, ele realmente deseja um desconto? Acredito que não, pois, invariavelmente, caso o vendedor conceda tal desconto, o cliente continuará a pedir mais, sejam descontos, sejam quaisquer outros tipos de concessões adicionais. Pare um pouco e reflita sobre qual é o momento em que o cliente deixa de fazer tais solicitações. Se a conclusão for quando ele tem a completa certeza de que não há mais nada para tirar daquela situação e que ele realmente está fazendo o melhor negócio possível, parabéns, você acertou!

Costumo fazer o seguinte experimento "científico" em meus treinamentos quando trato dessa questão: pegue um balde de água e mergulhe um pano seco. Não precisa ser um pano grande; pode ser algo como um pano de prato ou uma toalha de rosto. Chame alguns colegas e peça a um deles que torça o pano até tirar toda a água contida nele. Deixe claro que o pano não secará, pois não será colocado para secar no varal nem passado a ferro.

Após seu companheiro de experimento dar algumas torcidas, peça a ele que pare um pouco e estique o pano no ar. Pergunte aos demais participantes se ainda existe água no pano. Certamente dirão que sim, pois ele está visivelmente úmido. Neste momento, peça para que reflitam um pouco sobre a resposta dada: como não estão pegando no pano, como saber se realmente existe água nele? Só existe uma forma, certo? Temos que apertar o pano e ver se sai água dele. Se sair, é porque tinha água. Pois é assim que funciona a mente do cliente. Ele continuará a apertar o pano – no caso, o vendedor – até que tenha a certeza de que não sairá mais nada.

Continue o experimento com seu colega, indo agora até o fim. Peça a ele que realmente esprema toda a água do pano. Você notará o seguinte comportamento: quando o pano for apertado e não sair mais água alguma, ele ainda dará mais duas ou três apertadas adicionais – ou, então, chacoalhadas – para ter certeza absoluta de que o pano está, finalmente, seco.

O que quero dizer com tudo isso? Como o cliente deseja ter a sensação de estar fazendo um bom negócio e essa sensação vem apenas quando ele tem certeza de que não existe mais nada para tirar do vendedor, então o melhor a fazer é transmitir tal sensação logo no início. Ou seja, em vez de fazer qualquer tipo de concessão, como um desconto ou coisa que o valha, devemos negá-la. E teremos que negar não apenas uma vez, mas talvez três ou quatro, pois o cliente continuará a insistir, apertando, para ter certeza de que não existe mais água para tirar do pano.

Entenda que, caso você tenha se mantido alinhado e construído valor ao longo de todo o ciclo de venda, resistir às pressões no momento de um fechamento estará muito mais relacionado com a postura diante de solicitações indevidas do que com a capacidade de negociação propriamente dita. A sensação de estar fazendo um bom negócio acontecerá quando o vendedor souber se posicionar e conseguir dizer três ou quatro nãos estruturados como resposta a essas solicitações.

A INUTILIDADE DO DESCONTO

Você pode até pensar que ganhou muitos negócios na vida à custa de dar descontos, mas sinto informar-lhe, com um alto grau de certeza, que na maioria das vezes você apenas perdeu dinheiro em um negócio que já tinha ganhado – mas simplesmente ainda não sabia disso! Por que tenho tanta certeza assim? Basta analisar o cenário em que descontos são solicitados em uma venda B2B.

No capítulo 2, em que abordamos o ciclo de vida de uma venda complexa, ao discutirmos o ciclo de compra, procuramos deixar claro que durante a fase de avaliação de soluções o cliente executa uma série de comparações e avaliações em busca da melhor solução. Isso pode implicar ajustes de custos, mas estes são acompanhados das respectivas mudanças no escopo ou conjunto de benefícios a serem obtidos. Isto é, caso o cliente não tenha recursos, optará por soluções mais em conta. Caso deseje mais, terá que gastar mais.

É importante compreender que, ao final dessa etapa, o cliente terá em sua mente uma lista de preferências. Existirão o primeiro colocado, de quem ele realmente deseja comprar, o segundo, o terceiro e assim por diante. Você também faz isso ao comprar um carro, uma casa ou qualquer item significativo. Mais importante ainda é perceber que a posição do fornecedor nessa lista, após o cliente ter avaliado as soluções disponíveis, já contempla todos os requisitos analisados, ou seja, já foram levadas em conta questões como preço, qualidade, confiabilidade, características técnicas, aderência da solução e tudo o mais considerado pelos influenciadores da compra.

Por isso, o fornecedor que é o primeiro da lista está nessa posição por tudo aquilo que informou, incluindo o preço. Para os demais, aplica-se a mesma lógica. Porém, como já dissemos, mesmo você estando em primeiro lugar já considerando seu preço e mesmo o cliente tendo orçamento para finalizar a aquisição, ele tentará obter concessões extras no momento final da decisão da compra. Ele exercerá pressão para ter a certeza de estar fazendo o melhor negócio possível. Agora, pergunto: em quem ele exercerá pressão? No fornecedor de quem ele deseja comprar ou nos demais fornecedores, aqueles de quem ele não vai comprar?

> **Empresas com compradores mais estruturados farão pressão, simulando uma negociação, em todos os fornecedores considerados e na ordem inversa de sua preferência.**

Empresas com compradores mais estruturados farão pressão, simulando uma negociação, em todos os fornecedores considerados e na ordem inversa de sua preferência. Conversarão primeiro com aqueles de quem eles realmente não desejam comprar, para somente depois conversar com o primeiro da lista. Isso porque a ordem inversa de preferência é também a ordem do menor risco possível para quem está fazendo alguma aquisição. Assim, o cliente coletará informações como os níveis de descontos praticados e tudo o mais que ele puder colher dos fornecedores antes de falar com o primeiro da lista. Os fornecedores com pior colocação poderão até se iludir momentaneamente, cedendo às pressões impostas, mas infelizmente não levarão o negócio para casa, pois eles não são os eleitos. Assim, é importante entender que, para os fornecedores que não são a escolha principal do cliente, de nada adiantará qualquer concessão além de apenas suprir o comprador com informações.

E para o primeiro colocado, adiantará dar descontos? Lógico que não, pois, como foi dito, ele já é o primeiro colocado – considerando, inclusive, o preço informado. Acontece que você não sabe disso e, se não for um vendedor profissional, cairá facilmente nesse tipo de esquema. Por isso, torna-se vital conduzir todo o processo de venda de forma a se manter alinhado, construindo valor e controlando o ciclo de vida da oportunidade de venda. Entendeu agora por que é inútil vender descontos?

DIZER NÃO SEM DIZER "NÃO"

Imagine agora que você esteja em uma reunião de fechamento. Com um alto grau de certeza, a pessoa – ou as pessoas – que está representando o cliente em algum momento vai lhe dar um "apertão", como na experiência com o pano molhado, tentando extrair alguma vantagem adicional, indevida e não discutida na fase anterior de avaliação de soluções. Caso você tente encarar tal aperto usando força contrária e "empurrando" seu interlocutor, no mínimo gerará algum tipo de animosidade.

Deixe-me compartilhar com você algo que aprecio muito: pratiquei judô durante muitos anos em minha vida. Nesse esporte, como em outras artes marciais orientais, aprendemos que não devemos rebater uma força aplicada com força contrária. Dessa forma, caso seu oponente o empurre, você deve puxar; se ele puxar, você deve empurrar. Usando esse princípio, nossa força é sempre somada à força de nosso oponente.

Mas com o judô aprendi também que outra forma de lidar com algum ataque é simplesmente se esquivando dele. Os japoneses chamam isso de *tai sabaki*. Na verdade, *tai sabaki* é muito mais do que simplesmente uma esquiva. Trata-se de todo um método para que possamos nos posicionar de forma adequada diante de situações de enfrentamento, evitando o confronto direto e ficando em uma posição mais vantajosa em relação ao oponente. Dizer não sem dizer "não" é *tai sabaki*!

Como com o pano molhado, um cliente que faz solicitações indevidas somente terá a sensação de estar fazendo um bom negócio quando escutar uns três ou quatro nãos estruturados do vendedor. Isso não significa ser grosseiro ou mal-educado; significa não confundir as pessoas com os problemas e, mesmo tratando o cliente de forma suave, ser assertivo com os "apertões" dele. Ou seja, em vez de entrar em atrito com o cliente, rebatendo suas solicitações, devemos nos manter calmos, reduzindo nosso ritmo de fala e de gestos. Devemos dar as respostas mais curtas possíveis, focando não a solicitação, mas aspectos que são importantes para o cliente:

- as necessidades ou oportunidades que nossos produtos, serviços ou soluções ajudarão a eliminar ou capitalizar;
- as causas dessas necessidades, bem como seus impactos em outras áreas da empresa;
- a imagem de solução trabalhada desde o início do ciclo da venda;
- os retornos sobre os investimentos que poderão ser obtidos, sejam eles quantificáveis ou não quantificáveis;
- a legitimidade do processo percorrido durante todo o ciclo da venda, no qual foram conduzidas as avaliações dos produtos, serviços ou soluções. Há quanto tempo o cliente já tem conhecimento dos preços, condições comerciais e outros custos envolvidos?

Como você pode notar, existem muitos caminhos para dizer não ao cliente, redirecionando o foco da conversa para questões que importam para ele. Contudo, é importante ter em mente que não se devem usar todos os temas possíveis em uma única resposta. Devemos utilizar um tema para cada esquiva, curta e distinta.

O exemplo a seguir pode trazer algumas ideias de como podemos usar o *tai sabaki* em fechamentos. Imagine que já seja quase uma da tarde e o comprador da empresa-cliente abra a porta de uma sala minúscula, sem janelas ou ventilação, onde o vendedor está sentado desde as onze e meia da manhã:

> — *Olha, mil perdões por te fazer esperar, acabei sendo chamado pela diretoria para uma reunião de última hora!* — diz o comprador.

O vendedor repara na escova e no creme dental ainda na mão esquerda do comprador e responde:

> — Não se preocupe, sempre aproveito essas oportunidades para colocar a leitura em dia — responde calmamente o vendedor, fechando o livro que está segurando.
>
> — Me dá cinco minutos que eu já te atendo! — diz o comprador, fechando a porta e saindo da sala.

O vendedor abre então sua pasta e pega mais um pacotinho de biscoitos e outra caixinha de suco, que sempre leva nesse tipo de situação.

Como visto no capítulo anterior, é bem comum o cliente colocar o vendedor em ambientes estressantes, às vezes por horas a fio. Outro recurso é o uso de períodos limites – neste caso, a hora do almoço –, na tentativa de abalar o estado psicológico do vendedor. Por isso, sempre aconselho meus alunos e clientes a levarem um bom livro, ou algum trabalho para fazer, para tornar o tempo mais produtivo. Tenha em mãos também um pacotinho de biscoito, ou qualquer outra coisa leve para beliscar. Algum líquido para beber, como água ou suco, pode ser também uma boa pedida. Chamo isso de "kit de sobrevivência do vendedor profissional".

Passa-se mais meia hora, e o comprador entra novamente na minúscula sala. Após um novo pedido de desculpas, dispara em um tom sério:

> — Olha, eu tenho uma proposta concorrente 30% mais barata que a sua!
>
> — Você deve estar brincando... — responde o vendedor em um tom sereno e com um leve sorriso de Monalisa na boca.

Perceba que o primeiro aperto foi dado e o vendedor se esquivou, demonstrando apenas "surpresa" pelo assunto que foi colocado na mesa. Nenhum não foi dado, e a resposta foi a mais curta possível.

> — Você acha que eu estou aqui para brincar? Os seus preços estão 30% mais altos que os dos seus concorrentes! — diz o comprador, agora mais sério.

> — Mas vocês sabem de nossos preços há mais de três meses e somente agora estão dizendo isso? — responde o vendedor, em um ritmo cada vez mais lento e com um olhar de padre ouvindo confissão de fiel.

O segundo aperto foi dado, e a segunda esquiva, feita. Desta vez, o vendedor focou o processo de avaliação, lembrando ao comprador que a empresa já tinha conhecimento dos preços havia vários meses. Novamente, nenhum não foi dito.

> — Meu amigo, seu preço está muito alto! O senhor precisa reduzir algo, senão vou ter que fechar com outro fornecedor! — rebate o comprador, em um tom de voz mais alto e ligeiramente irritado.
>
> — Mas nós estamos reduzindo! Note que este projeto vai reduzir em aproximadamente 25% os custos atuais da etapa de montagem final dos produtos de sua empresa! — argumenta o vendedor de forma ainda mais serena.

Terceiro aperto e terceira esquiva. O foco foi dado nos benefícios que o cliente terá com o projeto. Você viu algum não sendo usado?

> — Acho que você não está me entendendo! Estamos todos em uma fase difícil da economia! O orçamento que temos para o projeto não é o mesmo de quando ele começou a ser discutido. Vocês têm que ser flexíveis também! Olhe sua planilha de custos e veja quanto vocês podem nos dar...
>
> — Mas eu sei quanto estamos dando para vocês! Sua empresa terá um retorno de mais de 450% sobre o investimento total sendo feito neste projeto. E isso somente nos primeiros doze meses! Aliás, o projeto se pagará em cinco meses! — responde o vendedor, agora com um tom entusiasta.

Quarta tentativa do comprador, quarta esquiva do vendedor, sem dizer "Não". O foco da resposta foi o retorno sobre os investimentos realizados que a empresa terá.

> — Você vai querer assumir o risco de perder esse negócio? Olha, vou ser franco com você, o meu "target" mínimo para a compra deste projeto é de 15%. E eu sei que você pode fazer melhor que isso... — tenta mais uma vez o comprador, agora com um sorriso amigo na boca.
>
> — Falando de risco — responde o vendedor —, das conversas anteriores que tive com sua empresa, se as mudanças que estamos propondo deixarem de ser implantadas logo, sua empresa poderá perder uma parcela considerável da participação de mercado para o seu principal concorrente.

Quinta esquiva. Desta vez, usando os impactos negativos que acontecerão caso a solução não seja implantada.

> — Amigo, a sua empresa está ganhando muito dinheiro nesse negócio. Vocês precisam reduzir os valores, senão eu não vou fechar com você... — aperta mais uma vez o comprador.
>
> — Nós estamos aqui para tentar fechar um negócio. Eu sou uma pessoa de negócios. Você é uma pessoa de negócios. Eu não fico olhando para o dinheiro que a sua empresa irá ganhar com esse projeto. Então, por favor, não olhe para quanto a minha empresa ganhará.

Sim, você viu direito! A palavra "não" foi citada duas vezes pelo vendedor nessa resposta. Mas a pergunta que deve ser feita é: o vendedor disse diretamente "Não" ao comprador? Perceba que o sexto aperto foi dado e o vendedor se esquivou pela sexta vez, usando a questão da relação negocial e colocando-se em um mesmo patamar de poder que o comprador.

A conversa se prolonga por mais algum tempo. O comprador, então, encerra a reunião pedindo para o vendedor reconsiderar e ver internamente qual desconto poderá ser dado. O vendedor se despede, reafirmando que aquela proposta realmente já reflete as melhores condições possíveis.

Nesse exemplo, tendo como hipótese que o vendedor se manteve alinhado e controlou corretamente seu ciclo de vendas, construindo imagens sólidas nos influenciadores com poder real de decisão, o comprador, um influenciador técnico, provavelmente voltará para sua mesa sabendo que terá que confirmar logo com aquele fornecedor – e certamente agradecendo aos céus por nem todos os vendedores serem tão preparados quanto aquele.

Deixe-me compartilhar uma história. Certa vez, quando abordava exatamente esse tema em um de meus treinamentos para uma multinacional norte-americana da área de TI, a gerente de desenvolvimento e aprendizagem organizacional começou a rir bem alto, chamando a atenção de todo mundo. Quando todos se viraram para o fundo da sala, onde aquela executiva estava sentada, ela levantou a mão pedindo licença para falar:

> *— Olha, vocês podem usar tudo isso aí, porque realmente funciona. Pelo menos, funcionou com a gente! O Romeo fez exatamente isso quando fechamos com ele.*

Acontece que, quando fechei negócio com aquela empresa, fiquei por quase uma hora em uma conferência telefônica com ela e com o gerente nacional de compras suportando todas as pressões que eles fizeram e sem dizer nenhuma vez a palavra "não".

QUID PRO QUO

Entenda que não estou dizendo aqui para você nunca ceder em um fechamento. Na verdade, a definição de limites do quanto será possível conceder em termos de descontos, prazos ou qualquer outro fator será sempre uma questão da política comercial definida por sua empresa. Agora, de um ponto de vista bem pessoal, acredito que, caso o vendedor perceba que é realmente necessário fazer alguma concessão, ele deve procurar sempre ceder em algo que não esteja relacionado ao preço. O risco de reduzir nossos preços para fechar um negócio é que os próximos clientes mais cedo ou mais tarde acabarão sabendo, produzindo mais e mais espirais mortais de descontos e outros tipos de concessão.

Seja como for, em um fechamento, um conceito interessante para usar ao fazer qualquer concessão é o *quid pro quo*. Essa expressão de origem latina significa algo como "trocar uma coisa por outra de mesmo valor".

> **Caso o vendedor perceba que é realmente necessário fazer alguma concessão, ele deve procurar sempre ceder em algo que não esteja relacionado ao preço.**

Sim, eu sei que você já deve ter ouvido a palavra "quiproquó" como sinônimo de confusão, bagunça ou engano. Esse outro significado tem origem mais provável com os farmacêuticos antigos, os chamados boticários. Quando eles tinham que aviar uma receita, ou seja, preparar um medicamento segundo uma prescrição médica e não dispunham de algum componente da fórmula, eles podiam fazer substituições por outros elementos de mesmo valor medicinal. As trocas possíveis eram registradas em um livro que existia nas farmácias chamado *Quid Pro Quo*. Seja pelo fato de que muitas vezes a substituição feita na formulação do remédio acabava causando erros, efeitos não previstos ou mesmo mortes, seja pela aparência do livro depois de anos manuseado no balcão da farmácia, a expressão também acabou sendo relacionada com confusões ou bagunças.

Pergunte a si mesmo: o que está sendo proposto ao cliente é algo equilibrado? Isto é, o que está sendo cobrado corresponde ao valor que será entregue? Se a resposta for sim, qualquer benefício adicional que for concedido ao cliente sem uma devida contrapartida tirará a proposta de seu equilíbrio. Esse assunto faz parte dos cursos de economia, quando é abordada a chamada Eficiência de Pareto, ou ponto de Pareto-Ótimo – sim, é o mesmo economista italiano citado no capítulo 1, da famosa curva 80/20. Segundo Pareto, qualquer situação econômica, como um contrato, por exemplo, está em seu ponto de ótimo quando não mais é possível melhorar a situação de uma parte sem prejudicar outra parte. Dessa forma, a fim de que a proposta continue equilibrada, para que você possa conceder algo, o cliente terá que conceder algo em troca, preservando assim o ponto de Pareto-Ótimo do acordo.

Imagine, então, que seu cliente já o apertou por diversas vezes e você, em contrapartida, já fez outros tantos *tai sabakis*. Mas o cliente insiste em continuar espremendo-o. Nesse tipo de situação, você pode armar um *quid pro quo*, dizendo algo como:

> — Eu só posso fazer algo por você, se você fizer algo por mim...

Tenha em mente que você deve planejar os possíveis *quid pro quos* antes de ir para o fechamento, levando opções apropriadas de trocas para colocar à mesa. Portanto, esteja preparado para ouvir de seu interlocutor algo como:

> — Como o quê, por exemplo? O que você está sugerindo?

Suas possíveis respostas variarão de situação para situação, de negócio para negócio. Mas, apenas para deixar alguns exemplos, você poderá propor algo como:

> — Caso você pague à vista, eu posso reduzir 3%.

Ou:

> — Posso conceder o que você me pede se juntarmos o Projeto A com o Projeto B, fechando os dois agora.

Ou:

> — Amplie o volume de compras 30% e eu consigo reduzir 5%.

E assim por diante.

O cliente poderá até não aceitar o *quid pro quo*, mas o emprego desse conceito terá sido uma oferta justa, visando manter o valor da troca sendo negociada. Mais do que isso, ao utilizar os conceitos discutidos até aqui, o vendedor e sua empresa estarão sendo muito mais profissionais, fugindo do lugar-comum de colocar "uma gordurinha para ser queimada na frente do cliente". Mesmo porque, à medida que os mercados se tornam cada vez mais complexos e competitivos, os espaços para esse estilo tradicional de vender e negociar se reduzem a cada dia.

PREPARE-SE PARA O FECHAMENTO

Antes de entrar para uma reunião de fechamento, seja ela presencial, por telefone ou por videoconferência, analise o poder dos participantes. Essas pessoas têm o poder de compra? É comum vendedores serem submetidos a falsos fechamentos, em que o que se espera é que qualquer concessão dada nesse momento sirva apenas como o patamar inicial de uma nova reunião. Caso você ceda nesse tipo de situação, concedendo, digamos, 5% de desconto ou qualquer outro tipo de benefício, esteja certo de que na próxima reunião as pressões iniciarão a partir dos 95% restantes. O que fazer nesse tipo de situação? Confira o poder de decisão dessas pessoas já no início do contato. Pergunte o que acontecerá como próximos passos após reunião terminar e, caso perceba que você não está em um fechamento real, proteja seu preço e suas condições comerciais.

Esteja certo, também, de que compradores e clientes experientes quase sempre tentarão jogar com seu emocional, armando os tais "teatrinhos" e empregando várias técnicas, como vimos no capítulo anterior, para que você perca o autocontrole. Se todo o trabalho foi executado corretamente desde o início do ciclo da venda, a única coisa a fazer em um fechamento é ter controle emocional e boa postura. Quando perdemos o ritmo ou aceleramos em um momento de fechamento, fatalmente ficamos mais predispostos a ceder a qualquer pressão. É muito importante que o vendedor se mantenha no pleno controle emocional, com uma postura reservada e controlada.

Durante esses anos todos em que trabalho com vendas, vi muitos vendedores acelerarem durante uma reunião de fechamento. É clássica aquela atitude de o vendedor tirar a caneta bonita do bolso e entregá-la ao cliente, pedindo a ele que assine. No mercado B2B isso não faz muito sentido. Mais do que isso, acredito que, em uma reunião como essa, quem "sacar" primeiro, tocando no tema "fechamento", acabará perdendo, pois demonstrará ansiedade.

Uma opção melhor é você reduzir seu ritmo, tanto em seus gestos como na velocidade com a qual fala. Aliás, fale pouco – se possível, nada. Dessa forma, o comprador terá que entrar primeiro no assunto e você ganhará a oportunidade de avaliar a ansiedade do outro. Tenha sempre em mente que o risco que você tem em não fechar o negócio é o mesmo da outra parte. Pense nas pressões que aquele profissional está sofrendo para fechar com o fornecedor eleito e, ao mesmo tempo, tentar espremê-lo para obter alguma vantagem adicional.

Independentemente da forma como seus interlocutores ajam nesse tipo de situação, procure demonstrar empatia, não misturando as pessoas com os problemas. Ser empático, é sempre bom lembrar, não é ser simpático, dizendo "Sim" a tudo. Significa, isso sim, colocar-se no lugar do outro, ou seja, perceber que aquela pessoa está apenas cumprindo um papel organizacional e utilizando as ferramentas que ela julga eficazes para alcançar seus objetivos. Separar as pessoas dos problemas implica entender que podemos ser gentis e suaves com os outros, ainda que eles não o estejam sendo conosco, e ser "duros" com os problemas. Você pode muito bem negar alguma solicitação de forma suave – ou se desviar dela com um *tai sabaki* – em um ritmo pausado e lento, mantendo o diálogo aberto.

Adicionalmente, habitue-se também a dispor os pontos colocados para discussão durante um fechamento em uma ordem mais vantajosa para você. Como vimos, é comum, quando se entra em uma reunião para fechar um negócio, que a pessoa que representa o cliente faça alguma solicitação. Na maioria dos casos, é algum tipo de desconto. Contudo, também é comum que essa não seja a única solicitação. Dessa forma, é um erro o vendedor iniciar discutindo o preço, pois virão outros pontos a serem colocados na mesa, e ao final... adivinhe? O tema preço voltará à baila, sendo demandadas novas concessões. Assim, o melhor a fazer é negociar sempre o preço por último.

Quando seu interlocutor lhe pedir algo, procure perguntar se existem outros pontos que ele gostaria de discutir nessa reunião. Extraia e ouça atentamente tudo o que ele deseja negociar. Ao perceber que todas as questões foram colocadas à mesa, comece avaliando-as e dando respostas àquelas que são mais simples para você resolver, seja fazendo uma concessão, seja tomando alguma providência. Por exemplo, pode ser mais vantajoso alterar alguma cláusula contratual, como a de multa, que abdicar de sua margem. Quando deixamos o preço para negociar por último, ganhamos a vantagem de podermos ser mais flexíveis e conceder em questões de menor importância do que simplesmente reduzirmos nossos preços.

Finalmente, lembre-se do que falamos no capítulo anterior: o vendedor que não está preparado para levantar e ir embora de uma mesa de negociação também não está preparado para negociar. Caso você perceba que seu interlocutor realmente está se mostrando inflexível, não aceitando suas esquivas, seus *tai sabakis*, seus *quid pro quos* ou mesmo as concessões já realizadas, talvez seja a hora de deixar a mesa de negociação. Contudo, tenha em mente que "levantar da mesa" faz parte de nosso "teatrinho".

> **O vendedor que não está preparado para levantar e ir embora de uma mesa de negociação também não está preparado para negociar.**

O cliente não arma "teatros" para desequilibrar o vendedor? Pois bem, nesse tipo de situação, sair da mesa é, agora, a nossa parte de todo esse jogo de cena. Dessa forma, entenda que não se deve sair de uma mesa de negociação de forma abrupta, demonstrando irritação ou raiva. Ao contrário, devemos ser ainda mais lentos e com nossa fala mais pausada ainda. Dê sinais de que você sairá da mesa recolhendo seus materiais que estavam sobre ela, bem devagarzinho. Você está com alguma caneta em mãos? Guarde-a de forma lenta em seu bolso. As mangas da sua camisa estavam dobradas e recolhidas acima do braço? Desdobre-as lentamente colocando-as novamente no pulso. Você está com alguma pasta, *notebook*, *tablet* ou *smartphone*? Feche-os e guarde-os devagar. O paletó estava na cadeira? Coloque-o novamente de forma lenta. Você não precisará dizer nada, talvez apenas balançar lentamente a cabeça de forma negativa. Mesmo antes de você se levantar ou sair da sala, seu interlocutor terá entendido o recado.

Como pôde ser visto ao longo deste capítulo, o fechamento de uma venda B2B pode ser algo totalmente diferente de fechar uma venda B2C. Porém, da mesma forma como na venda B2C, nenhuma técnica ou nenhum conselho aqui apresentados serão sempre 100% infalíveis. O bom senso do profissional de vendas será sempre o melhor guia para as múltiplas situações que ele vivencia em seu dia a dia.

CONSTRUINDO UM MURO

Sempre me perguntam se aquilo que ensino sobre fechamentos é o que realmente aplico ou se escondo algum "pulo do gato". Na verdade, confesso que não acredito em fórmulas mágicas para tratar esse tipo de situação, em geral envolta em muito estresse. Transmito aquilo em que realmente acredito e que procuro aplicar, principalmente quando me vejo diante de alguém que busca, por qualquer tipo de pressão, obter alguma concessão indevida. Todavia, dentro da linha mestra que exponho, pode haver certas variações. Uma delas é a que vou relatar agora.

Anos atrás, quando trabalhava uma oportunidade com uma grande construtora que mantinha presença em vários países da América do Sul, da América Central e da África, fui chamado por seu diretor administrativo-financeiro para uma reunião com o objetivo de discutir o fechamento do negócio. Não se tratava de uma grande oportunidade; era apenas um *workshop* de um dia, mas inserido no encontro anual de vendas daquela organização. Ao longo de algumas semanas de trabalho, eu e meu sócio na época havíamos discutido o *briefing* com a gerente de recursos humanos daquela empresa, proposto uma abordagem customizada e apresentado nossos valores.

No dia marcado para o encontro, antes de sair do escritório, veio a intuição de combinar algo específico com meu sócio. Disse a ele que poderia ser necessário discutir, ou mesmo brigar, com ele durante a reunião. Frisei que qualquer coisa que eu viesse a dizer, mesmo em tom alto ou de maneira intempestiva, seria apenas uma contramedida frente a algum tipo de pressão que pudéssemos sofrer. Ele sorriu e assentiu, perguntando se eu desconfiava de algo. Respondi que sim, com base no que havia percebido daquele diretor quando o conhecera no início do ciclo da venda.

Ao chegar ao prédio da construtora e entrar na sala de reunião na qual estavam a gerente de recursos humanos e o tal diretor, logo percebi um computador e um *data-show* ligados. Na parede havia um telão, no qual estava projetado, já aberto, um aplicativo de planilhas eletrônicas, indicando que haveria contas a serem feitas.

Iniciou-se, então, uma das conversas mais desfocadas de que já participei na vida em um fechamento. O diretor começou a contar toda a sua história naquela construtora. Falou do início de sua carreira, das importantes obras que ele já havia conduzido – fazendo questão de mostrar fotos – e até de como ele acabou se casando com a parenta de um dos acionistas. À medida que a conversa se estendia mais e mais, fui confirmando meus pressentimentos. Estava diante de uma pessoa que faria de tudo para tentar me abalar e tentar extrair algum benefício.

Até aí, nada de anormal. Porém aquilo me intrigava, visto que não estávamos lá para tratar de um negócio de vários milhões. Economicamente falando, não fazia sentido aquele alto executivo gastar tanto de seu tempo para preparar o terreno e obter algum desconto sobre um *workshop* de apenas um dia. O que ele, então, poderia querer com toda aquela delonga?

Fosse o que fosse, decidi embarcar na onda dele e ficamos jogando conversa fora por quase duas horas, sem, em nenhum momento, qualquer de nós sequer tocar no motivo da reunião. Eu sabia que quem mencionasse primeiro o fechamento do negócio mostraria ansiedade e estaria em desvantagem naquele jogo. Por fim, o diretor se cansou primeiro. Deu um leve sorriso, mas logo se recompôs, assumindo uma feição mais séria. Abriu um arquivo em que estavam planilhados os valores propostos e, apontando para os números projetados, disse:

> — *Eu não consigo fechar com vocês nesses preços!*

Imediatamente, com cara de espanto, olhei para meu sócio e disse:

> — *Que valores são esses?*

Ele apenas respondeu que eram os que havíamos combinado. Eu retruquei, dizendo que estavam errados. Fui até a planilha e coloquei novos valores, só que mais altos! O diretor, meio que chocado, soltou um:

— Como assim?

Naquele momento, estavam estabelecidas as condições para aplicar a variação que citei inicialmente. Ela consiste em criar um "muro" entre você e seus interlocutores, e você passa a não mais negociar com eles, mas com algum parceiro seu. Você continuará a falar não, mas agora para quem o acompanha e não mais para a outra parte – neste caso, o diretor da construtora.

Seguiram-se, então, longos minutos de discussão, mas apenas entre mim e meu sócio. Ele explicava que o preço estava certo. Eu retrucava que não. Ele dizia que quem havia dado o preço era eu. Eu respondia que ele não havia fornecido todas as informações. Ele falava que eu não havia prestado atenção. Eu dizia que ele não havia considerado toda a questão de customização. Ele pedia que eu ficasse calmo. Eu rebatia que ele ainda não tinha me visto nervoso. Ele dava as justificativas dele. Eu balançava a cabeça e dizia que teríamos prejuízo se fechássemos o negócio com os preços que ele propusera.

Diante da cena, o diretor e a gerente apenas olhavam. Em certos momentos, pareciam torcer para que meu sócio ganhasse o embate e o preço ficasse como anteriormente informado. O diretor chegou até a ir à planilha, voltando o preço para o original. Eu esperava algum tempo e voltava a aumentá-lo. Por fim, disse a meu sócio que, como se tratava de uma empresa importante, daria para aceitar fazer aquele tipo de investimento. Ele, então, virou-se para o diretor, questionando-o sobre o aceite. Ele disse que sim, mas que devia demitir a gerente de recursos humanos, por ter trazido tamanho mau negócio. Olhei para ele e, sorrindo, disse que ele deveria é dar um aumento para ela.

Quando saímos da sala e chegamos à porta do elevador, aquele executivo me olhou nos olhos e disse:

> — Sabe, tínhamos que ter filmado nossa reunião e, em vez do workshop, apenas mostrá-la para meus vendedores. Professor, obrigado pela aula!

Naquele momento, confirmei o que ele realmente queria: testar quem ele contrataria para treinar sua equipe.

PERGUNTAS PARA REFLEXÃO E DISCUSSÃO

1. O autor cita que a passagem relatada nos mostra uma variação do que pode ser usado em um fechamento. Liste e explique as diferenças e as similaridades entre o que foi usado e o que foi abordado no presente capítulo.

2. Qual a importância da leitura do ambiente e da linguagem corporal em um fechamento? Relacione sua resposta com o que foi relatado no caso.

3. No relato, o autor diz que teve uma intuição. Porém, neste e nos demais capítulos, ele defende a importância de ser racional. Há contradição entre esses dois aspectos? Eles são complementares? Explique seu ponto de vista.

CAPÍTULO 10
O *PIPELINE* E O BALANCEAMENTO DAS VENDAS

Bons vendedores compartilham diversas qualidades dos empreendedores bem-sucedidos, entre elas a de definir seus objetivos ou metas e controlar os esforços necessários para "chegarem lá".

Uma empresa que tenha excelentes produtos, serviços ou soluções não consegue sobreviver sem os vender. Por outro lado, o mercado e a história estão repletos de exemplos de empresas que, mesmo não tendo um nível de excelência em suas ofertas, tornaram-se líderes de seus segmentos graças a uma força de vendas excepcional. Indo além, os fluxos de receitas advindos de uma excelente força de vendas podem proporcionar os recursos necessários à melhoria do leque de ofertas de uma empresa.

Certa vez, um grupo de jovens estudantes que queria abrir um negócio e não tinha o capital necessário para o desenvolvimento de seu produto me perguntou o que deveria fazer. Minha resposta foi simples:

— Vendam primeiro, pois, quando vocês tiverem um cliente apostando em suas ideias, terão os recursos necessários para pô-las em prática.

Um bom empreendedor sabe que, se tiver um cliente fazendo a mesma aposta que ele, aí sim haverá uma empresa.

Uma das maiores missões de um bom gerente de vendas é construir uma equipe autossuficiente e com espírito empreendedor. A maioria do trabalho de vendas acontece por meio de interações entre o profissional de vendas e seus clientes. Comunicação, empatia, credibilidade e confiança são construídas entre pessoas. A iniciativa e o controle de uma oportunidade também são aspectos que dependem muito apenas do vendedor. Se o profissional de vendas não tiver capacidade de autogestão e comprometimento pessoal com o negócio, a venda não acontecerá. As pernas e as mãos de um gerente de vendas não são as suas, mas as de seus vendedores.

Excelentes vendedores se tornam gerentes medíocres por causa do impulso de sair a campo e vender, em vez de gerenciar corretamente sua equipe comercial e observar com grande atenção como é empregada a "força de trabalho" – o esforço de vendas – para a realização das metas de resultado. Executar, ou melhor, fazer acontecer, é parte essencial do sucesso de qualquer estratégia. Contudo, se o gestor de vendas preocupar-se em executar, vendendo, ele não terá tempo de gerenciar.

Neste capítulo, entenderemos o *pipeline*, ou funil, de vendas como ferramenta tanto gerencial como de autogerenciamento do vendedor. Abordaremos também a necessidade de balancear o trabalho de vendas e a carteira de oportunidades, com o objetivo de ter maior exatidão nas previsões de vendas e maior qualidade nas oportunidades comerciais.

OS ALTOS E BAIXOS NAS VENDAS

Quantas horas por semana você trabalha? Qual percentual desse tempo você passa vendendo? Como você prioriza suas atividades de vendas? O fato é que nunca existe tempo suficiente, e, quando o profissional de vendas não prioriza adequadamente suas atividades, o resultado final pode ser o que chamamos de efeito montanha-russa, conforme podemos observar na figura 10.1.

FIGURA 10.1

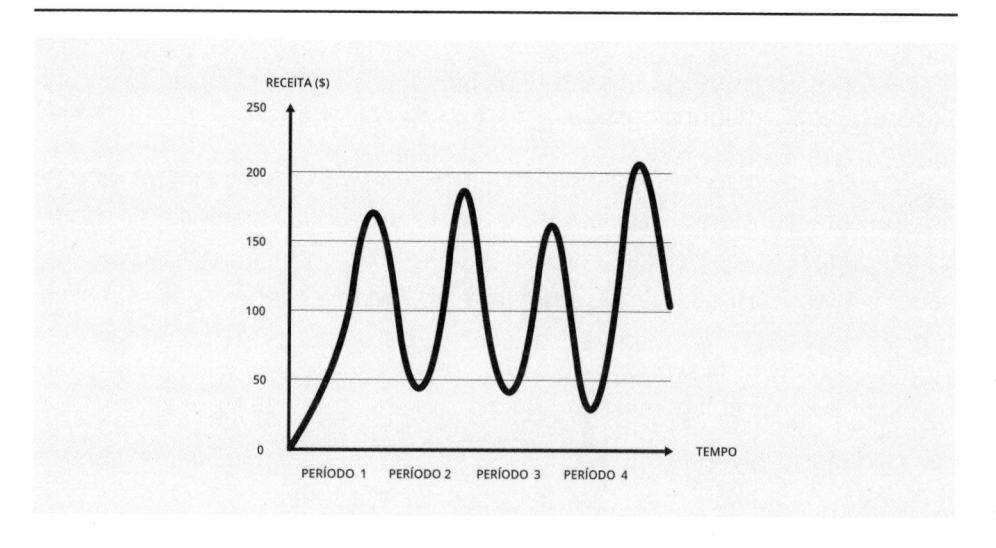

O efeito montanha-russa nas vendas

Esse problema é geralmente sentido no final do período de verificação das metas, ou cotas, seja ele mensal, trimestral ou anual. Por exemplo, em organizações que medem seus resultados por trimestre e o ano fiscal coincide com o ano calendário, esse efeito sempre aparece nos finais de março, junho, setembro e dezembro. Na busca pelo resultado do período, os vendedores investem toda a sua energia para fechar as oportunidades já abertas em sua carteira de negócios – *pipeline* ou funil de vendas – e bater sua meta. De fato, em empresas de todos os tipos e tamanhos, é normal os vendedores passarem madrugadas trabalhando para garantir que o faturamento aconteça dentro do período da cota. Afinal de contas, os acionistas têm que ficar satisfeitos, e os números devem ser cumpridos para que todos ganhem seus bônus, comissões ou salários variáveis. O pior de tudo é que os próprios clientes já sabem disso e, atentos à necessidade do vendedor de fechar sua cota, deixam para comprar na última hora e colher algumas vantagens adicionais com isso.

Entretanto, após a virada do período, invariavelmente o que se vê é uma carteira de oportunidades vazia e um vale estéril diante do vendedor. Nesse momento, a questão que não o deixa ficar em paz é como ele cumprirá a próxima cota, já que o ciclo normal de suas vendas é mais longo do que o tempo que ele tem para cumprir a meta seguinte. O que fazer, por exemplo, se a cobrança é a cada três meses e o ciclo da venda leva seis?

Em geral, o resultado disso é uma pressão descomunal sobre os vendedores que, em contrapartida, pressionam seus clientes potenciais para comprarem, mesmo na hora errada. A consequência natural desse processo é a perda de negócios ou descontos concedidos para antecipar decisões. Todos perdem: acionistas, gerentes, vendedores e clientes. O efeito montanha-russa acaba gerando o efeito roleta-russa dentro das empresas, comprometendo o fluxo de caixa, a logística e a disponibilidade de produtos, dentre outras coisas.

É importante entender que o efeito montanha-russa não está relacionado a épocas específicas do ano, pois, mesmo que a organização mude o momento de mensuração da cota, descolando o ano fiscal do ano calendário, esse efeito acaba surgindo novamente. Vale assinalar, também, que o efeito montanha-russa não é uma lei natural e intrínseca aos negócios. Quando pensamos em vendas corporativas, a sazonalidade no fechamento de oportunidades de vendas é, em grande parte, gerada pela forma como uma carteira de oportunidades é construída e gerenciada por um vendedor. A maneira como priorizamos nossas atividades é que acaba gerando os altos e baixos em nossas vendas. Processos podem ajudá-lo também a priorizar adequadamente suas atividades de prospecção, qualificação e fechamento de negócios, de forma que você alcance um melhor balanceamento em seu fluxo de receitas. Para isso, é necessário primeiro analisar como priorizar e alocar o tempo de vendas no dia a dia.

> **É importante entender que o efeito montanha-russa não está relacionado a épocas específicas do ano, pois, mesmo que a organização mude o momento de mensuração da cota, descolando o ano fiscal do ano calendário, esse efeito acaba surgindo novamente.**

UTILIZAÇÃO DO TEMPO

Como normalmente o vendedor distribui o tempo de que dispõe? Em geral, podemos dividir o tempo de um vendedor em quatro grandes grupos de atividades.

- **Vendas.** O tempo dedicado a discutir oportunidades, problemas, necessidades e soluções com um influenciador real de uma oportunidade que esteja sendo trabalhada.

- **Investimento em vendas.** O tempo gasto com pessoas que não estão diretamente relacionadas com uma oportunidade de vendas em andamento, mas que podem fortalecer seu relacionamento com essa empresa e garantir oportunidades futuras de vendas.

- **Administração e gerenciamento.** O tempo gasto com a preparação, o planejamento e a administração de nosso trabalho.

- **Outros.** Tudo o mais que consome nosso tempo, como viagens, translado, esperas e assim por diante.

Como você notou, pode-se classificar como tempo de vendas apenas o período que um profissional passa em contato com algum influenciador do processo de decisão de uma oportunidade atual, seja pessoalmente, por telefone ou por e-mail. Como o tempo de vendas é precioso, mas escasso, é essencial que o vendedor "priorize" e "aloque" esse tempo de forma apropriada.

Priorização e alocação de tempo são coisas diferentes. Priorização das atividades de vendas significa saber onde focar primeiro – o que é mais importante. Uma vez que a prioridade seja definida, é de responsabilidade do vendedor decidir quanto tempo gastará em cada atividade. Para muitos adultos, por exemplo, a coisa mais importante em suas vidas é a família. Apesar disso, quando perguntamos com que essas pessoas gastam a maior parte de seu tempo, a resposta mais comum não é "com a família", mas "com o trabalho". Ou seja, prioridade e alocação de tempo são coisas distintas.

Como dissemos no capítulo 2, quando abordamos o ciclo de vida de uma venda complexa, cada oportunidade comercial tem três fases de atividades distintas, importantes para a obtenção do resultado final da venda: a prospecção, a qualificação e o fechamento. O profissional de vendas deve, então, saber balancear esses três tipos de atividades de maneira eficiente, de modo a evitar o efeito montanha-russa. Como, em um mesmo momento, podem existir diversas oportunidades sendo trabalhadas pelo vendedor e em fases diferentes do ciclo de venda, é importante analisar o conjunto de oportunidades e priorizar o que se fará primeiro, para que a carteira não fique desbalanceada.

O senso comum diz que a primeira prioridade é sempre fechar um pedido. Assim, o desbalanceamento ocorre por causa da priorização que se dá às demais atividades. É normal o vendedor priorizar a qualificação e continuar a trabalhar primeiro com as oportunidades já abertas, em vez de ficar atento à tarefa de prospectar novos negócios. Isso é um erro, já que a prospecção de oportunidades deve ser sempre a segunda prioridade. Acontece que, quando deixamos por conta de nosso próprio instinto, acabamos postergando a prospecção de novas vendas, visto que essa atividade contém alto nível de incerteza e de desconforto – afinal, estamos diante do desconhecido. Todavia, se a prospecção não for feita cedo, nossa linha de produção de receitas, o *pipeline* de vendas, acabará secando e provocando, assim, o efeito montanha-russa.

A qualificação das oportunidades já abertas deve ser, então, a terceira prioridade do vendedor, conforme mostra a figura 10.2. É óbvio que cobrir todas as pessoas que influenciam uma compra em um cliente potencial é uma tarefa necessária e que demanda tempo, mas não à custa de não priorizar as tarefas de fechamento e prospecção.

FIGURA 10.2

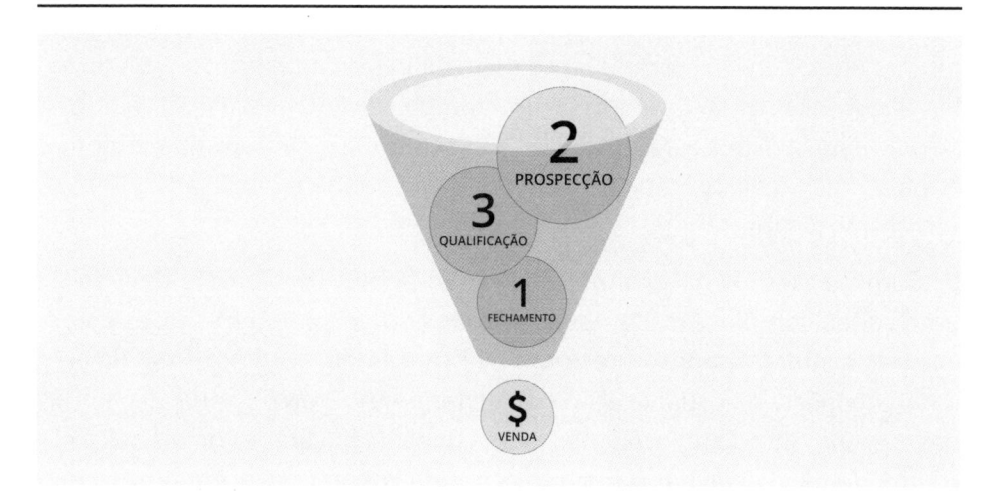

A priorização das atividades de venda

Entenda que as prioridades que acabamos de descrever não estão relacionadas à quantidade de tempo alocado para cada tarefa, pois isso dependerá de diversos fatores.

- **Tarefas a serem executadas.** O vendedor tem que ajustar seu tempo em resposta às mudanças ocorridas em suas oportunidades de vendas.

- **Grau de dificuldade e quantidade de trabalho exigido.** Oportunidades de vendas diferentes exigem quantidades de trabalho distintas. O vendedor precisa ajustar seu tempo a fim de acomodar aqueles objetivos de vendas que demandam mais trabalho do que o habitual.

- **Volume de receita envolvido.** Não importa onde a oportunidade está posicionada no ciclo de vendas – o vendedor provavelmente precisará alocar mais tempo às oportunidades que significam maior renda.

- **Potencial da conta.** Os grandes clientes são vistos como investimentos futuros. É perfeitamente aceitável distribuir algum tempo extra para essas contas, pois o retorno potencial é mais alto.

- **Linha de produtos e serviços.** O vendedor pode ter que ajustar seu tempo para atender às estratégias de vendas da sua empresa.

Aqui cabe um fato interessante: desde criança, sempre tive muito medo de montanha-russa, aquelas existentes nos diversos parques de diversão. Algumas vezes até tentei superar esse medo e arrisquei obter algum divertimento. Mas, devo confessar, não foram experiências propriamente agradáveis. Senti náuseas, frio na barriga e tonturas. Todos esses momentos desagradáveis, entretanto, não chegaram aos pés das sensações experimentadas ao abrir um período de cota com uma carteira de oportunidades vazia. A montanha-russa em vendas é muito mais perigosa.

GERENCIAMENTO POR RESULTADO

Existem "zilhões" de pessoas que adoram dizer que "gerenciam por resultado". Contudo, essa expressão necessita ser vista com mais carinho por aqueles que realmente querem ser mais eficientes em venda. Isso porque, quando falamos em resultados, falamos de algo que já aconteceu. Lembrando a terceira lei de Newton (de que para toda ação existe uma reação), toda consequência tem uma causa. E resultado, pela essência da palavra, é consequência e não causa.

Partindo desse princípio, podemos dizer que uma pessoa que gerencia vendas por resultado está tentando gerenciar a consequência e não a causa. E, dessa forma, está minimizando suas chances de fazer com que o futuro seja melhor. Quem olha apenas o resultado não leva em conta os recursos e os esforços necessários para produzi-lo.

Mas quais seriam, então, as causas das vendas? Onde o vendedor pode agir para potencializar vendas e otimizar resultados? Para começar a responder a essas perguntas, devemos ter em mente que resultados são consequências de haver objetivos claramente definidos e dos esforços a eles aplicados.

OBJETIVOS + ESFORÇO = RESULTADOS

Por essa expressão "matemática", podemos constatar que, para ter melhores resultados em vendas, as empresas, sua gerência e seus colaboradores devem ter dois focos básicos: a definição de cotas, ou metas, que devem ser os objetivos a serem alcançados pela sua força de vendas, e o gerenciamento cotidiano dos esforços de vendas, que devem ser empregados para se atingirem as cotas estabelecidas. Dessa forma, podemos definir a expressão a seguir.

COTAS + ESFORÇO DE VENDAS = RESULTADOS DE VENDAS

Quando analisamos essa "fórmula", constatamos vários erros básicos cometidos no gerenciamento dos resultados das equipes de vendas, como:

- a não definição de cotas para os vendedores. Sem uma linha mestra indicando os objetivos a serem perseguidos, não há como eles modularem seus esforços para alcançá-los;

- estabelecer como cota apenas o resultado global da empresa ou de um grupo. Embora essa seja uma boa opção para estimular o trabalho em equipe, deve ser uma cota secundária, e nunca a cota única ou a principal;

- definição de cotas sem a análise dos esforços de prospecção, qualificação e fechamento necessários para atingi-las;

- alocação de cotas sem ponderar o real potencial do mercado;

- a não verificação dos esforços que estão sendo realizados. Espera-se que a cota e o desejo do vendedor de ganhar dinheiro, por si só, gerem a alquimia necessária para o alcance dos objetivos;

- inexistência de uma cultura correta em vendas que leve ao compromisso formal e pessoal de cada vendedor para com as cotas.

Esses fatos, isolados ou em conjunto, geram incríveis desperdícios de tempo e dinheiro nas organizações. Muitas empresas gastam de 15% a 20% do tempo de vendas de seus vendedores com reuniões para discutir por que os números não estão sendo alcançados. Isso sem falar em viagens, alimentação e infraestrutura. Já pensou se esse tempo e esse dinheiro fossem gastos com os clientes?

Certamente, quem trabalha em vendas já se deparou com uma situação bem comum que retrata a ineficácia no gerenciamento dos esforços comerciais. Pense em quantas vezes você já não viu um gerente de vendas perguntar a um vendedor que retorna de uma primeira visita a um cliente potencial "E aí, quanto você vendeu?". Essa é uma frase típica da chamada gerência por resultados.

Mas o que está errado com essa pergunta? Primeiro, ela gera ansiedade, porque pressiona. E, quando o vendedor, como qualquer ser humano, sente-se ansioso e pressionado, tende a agir sem pensar. Ao tentar fechar fora do momento ideal, das duas, uma: ou não fecha, ou tem que dar algo em troca para fechar. Obviamente, no longo prazo, essa forma de gerência causa prejuízos. Além disso, esse tipo de abordagem é percebido pelo vendedor como apenas um fator de cobrança, que não agrega valor a seu trabalho. Por fim, essa atitude não alavanca resultados, pois o resultado é passado, isto é, já aconteceu!

Se quisermos ajudar nossos vendedores a vender, temos de focar nossa atenção nos esforços que estão sendo realizados, ou que precisam ser feitos, pois são eles que permitirão os resultados futuros. Essa é uma atitude muito mais eficaz, que nos leva a preocupar-nos com questões como as mostradas a seguir.

- As prospecções e as qualificações estão sendo feitas na quantidade e na qualidade necessárias, de forma a construir um *pipeline* mais balanceado, sem os altos e baixos típicos dos períodos de fim e início de cotas?

- Quantas visitas são feitas com o intuito de trazer novas oportunidades de negócios para a empresa?

- Como estão ocorrendo as reuniões de abertura, qualificação e fechamento das oportunidades comerciais?

- Em suas visitas, os vendedores estão conseguindo atrair a atenção e o interesse dos clientes, a fim de obterem o correto comprometimento deles com o processo de avaliação?

- Estão conseguindo conectar seus produtos e serviços às necessidades dos corretos influenciadores do processo de decisão da venda?

- Os vendedores estão conseguindo falar com pessoas com o nível adequado de decisão?

- Estão cobrindo corretamente todas as pessoas que influenciarão o processo de decisão?

- Conseguem demonstrar corretamente o valor de seus produtos, serviços e soluções, ajudando seus clientes a formularem as análises necessárias sobre o retorno dos investimentos que serão realizados?

- Estão controlando corretamente as oportunidades durante seu ciclo de vida?

Em vez de olhar e apenas cobrar vendas, é preciso estar atento aos esforços de vendas realizados em campo. Gerenciar vendas também é um processo. Construir uma

> Construir uma equipe comercial que mantenha uma linha de produção de receitas capaz de gerar resultados constantes exige que gerentes e vendedores saibam priorizar e balancear corretamente suas atividades.

equipe comercial que mantenha uma linha de produção de receitas capaz de gerar resultados constantes exige que gerentes e vendedores saibam priorizar e balancear corretamente suas atividades.

PIPELINE OU FUNIL DE VENDAS

Em vendas complexas, não basta controlar os clientes e o valor das oportunidades trabalhadas, ou seja, a receita potencial. Precisamos também controlar as atividades executadas em cada uma dessas oportunidades. Isso pode ser feito por meio de uma ferramenta chamada de *pipeline* de vendas – também conhecida como funil de vendas. Trata-se de uma forma de gerenciar os esforços realizados por uma empresa para a geração de receitas – forma esta que pode ser visualizada por meio de uma tabela na qual se relacionam a quantidade de oportunidades e seu valor monetário com o estágio em que elas se encontram no ciclo da venda. À medida que as atividades são executadas, as oportunidades "se movem" ao longo das colunas da tabela, ou seja, do *pipeline*.

No *pipeline*, cada estágio contém uma descrição das atividades que devem ser nele executadas, levando em conta tanto as tarefas do vendedor como as reações e os comprometimentos do cliente. Sob esse enfoque, não estamos lidamos com sorte, mas com o controle das atividades já realizadas ou a serem realizadas durante o ciclo da venda.

Outro ponto importante: cada estágio presente no *pipeline* recebe um nome ou *status*, para que a organização consiga rapidamente entender a quantas anda cada oportunidade. Assim, elas são classificadas de forma mais técnica, por meio de uma linguagem única, adotada por toda a força de vendas e usada em todas as oportunidades comerciais. Isso acaba oferecendo informações mais precisas sobre o que realmente está acontecendo em campo. Por fim, a cada estágio é associado um percentual, indicando a quantidade do esforço total de venda realizado até aquele momento. Um exemplo de estrutura para um *pipeline* pode ser visto na tabela 10.1.

TABELA 10.1

Status	%	Descrição	
A	0	Oportunidade identificada	☐ Ativar o cliente potencial ☐ Cliente potencial aceitou o contato
B	10	Interlocutor demonstrou interesse nas capacidades da empresa e das ofertas	☐ Qualificar a conta de acordo com os critérios da empresa ☐ Qualificar o comprometimento do interlocutor com a troca de informações ☐ Identificar acesso a um patrocinador ☐ Enviar comunicação resumindo o entendimento ☐ Interlocutor concordou com a comunicação de entendimento ☐ Interlocutor concordou em indicar quem possa patrocinar o acesso ao influenciador econômico
C	20	Cobertura do patrocinador ao influenciador econômico	☐ Necessidade do potencial patrocinador identificada ou ativada ☐ Motivos e impactos da necessidade declarados ☐ Imagem criada ou identificada e reconstruída ☐ Oportunidade de negócios estabelecida ☐ Acesso ao influenciador econômico negociado ☐ Enviar comunicação resumindo o entendimento ☐ Patrocinador concordou com a comunicação de entendimento

(cont.)

Status	%	Descrição	
D	50	Cobertura do influenciador econômico e execução do plano de ação	☐ Acesso ao influenciador econômico obtido ☐ Necessidade do influenciador econômico identificada ou ativada ☐ Motivos e impactos da necessidade declarados ☐ Imagem criada ou identificada e reconstruída ☐ Enviar comunicação resumindo o entendimento e plano de ação para coordenar esforços conjuntos ☐ Influenciador econômico concordou com a comunicação de entendimento e o plano de ação ☐ Plano de ação em execução ☐ Plano de ação finalizado ☐ Proposta final emitida
E	10	Proposta final entregue e não aceita	☐ Proposta final entregue, mas decisão postergada
F	90	Aprovação verbal recebida, mas falta assinatura formal	☐ Aprovação verbal recebida ☐ Elaboração de documentação ☐ Assinatura do contrato
G	100	Pedido de compra confirmado	☐ Pedido recebido ☐ Documentação aprovada ☐ Pedido aceito
H	0	Alternativa concorrente confirmada como vencedora	☐ Documentar histórico ☐ Atualizar base de informações

Exemplo da definição de um *pipeline* de vendas

É importante assinalar, no entanto, que diversos erros na implantação e na utilização do *pipeline* podem inviabilizar o correto controle e a inspeção das atividades realizadas nas oportunidades de vendas, bem como o uso desse instrumento para uma boa tomada de decisão pela gerência. Alguns dos erros mais comuns são os apresentados a seguir.

- Os estágios do *pipeline* são definidos com base na forma como a empresa quer vender, e não como o cliente se comporta no ciclo de vendas, o que faz com que os campos destinados ao *status* da oportunidade reflitam somente a burocracia interna da empresa, em vez de um processo eficiente de vendas. A implementação desse tipo de *pipeline* acaba por perpetuar erros cometidos pelos vendedores e pela organização.

- Os percentuais associados a cada um dos *status* são vistos como as probabilidades de fechar o negócio e não como o percentual realizado do esforço total para o fechamento da venda. A probabilidade de fechar um negócio deriva do esforço realizado, mas esses elementos não são, necessariamente, a mesma coisa e, portanto, não podem ser utilizados diretamente para cálculos de previsões de vendas.

- O *pipeline* é visto como uma espécie de projeção de vendas e não como um instrumento de controle da qualidade da carteira de oportunidades. Esse erro é derivado do anterior. As organizações multiplicam os valores das oportunidades de vendas pelos percentuais associados a cada uma delas e, então, o resultado final é lido como a projeção de vendas para o período. O *pipeline* é um excelente instrumento para que possamos montar nossa previsão de vendas, mas os dados devem ser primeiramente interpretados por vendedores e gerentes – e tal interpretação definitivamente não é a simples multiplicação da receita potencial de uma oportunidade pelo percentual associado ao *status* em que ela se encontra.

- Os estágios descritos no *pipeline* são considerados rigidamente sequenciais, de modo que não há espaço para o vendedor "saltar" estágios de acordo com as situações encontradas e sua habilidade de vender, tampouco voltar para estágios anteriores – o que é muito comum em um ciclo comercial, visto que acontecem mudanças no ambiente do cliente e na própria venda. De fato, o processo de vendas não é totalmente linear. Ao contrário dos processos que só dependem de variáveis internas para ser conduzidos, como um processo de montagem de vários componentes em um produto final, o processo de vendas depende de variáveis externas e não controláveis. Assim, decisões, ações e fatos ocorridos com o cliente e com a concorrência podem fazer com que o vendedor tenha que rever sua posição no ciclo da venda.

- Cada estágio leva em conta somente as atividades que o vendedor deve fazer, não havendo espaço para medir as reações mínimas dos interlocutores e os compromissos que estes devem assumir para que, assim, seja possível caracterizar que a oportunidade está realmente dentro de determinado estágio. Como resultado, temos um *pipeline* que, na verdade, reflete apenas as opiniões dos vendedores e não o que está acontecendo.

- O *pipeline* é visto pela força de vendas – e, muitas vezes, por seus próprios gerentes – como mais um relatório ou uma atividade burocrática a serem realizados. Se o valor do *pipeline* como instrumento de autogestão não é compreendido pela força de vendas ou, como já dito, não reflete as etapas reais de um processo de compra e venda, as informações nele contidas ou não são exatas, ou nem mesmo existem.

Controlar sua linha de produção de receitas é necessário para todo profissional de vendas que deseja ser proativo. Inspecionar o *pipeline* permite que o profissional e sua organização corrijam erros e desvios antes que seja tarde demais. De fato, muitas empresas têm ciclos de vendas que duram de quatro a seis meses ou até mais. Com o uso do *pipeline* para controlar a produção de vendas, a empresa consegue identificar com a antecedência necessária se ela conseguirá alcançar, por exemplo, as metas dos próximos seis meses, o que é uma grande vantagem competitiva.

Por fim, o uso do *pipeline* como ferramenta de controle e gerenciamento dará ao gestor e ao próprio vendedor a oportunidade de corrigir deficiências de habilidades e comportamentos. Isso porque o formato do *pipeline* indica como os vendedores estão agindo em campo.

FORMATOS DO *PIPELINE*

Um vendedor que fecha uma venda em quatro visitas, em vez de dez, está contribuindo diretamente para a lucratividade de uma operação. Uma venda que demora mais do que o previsto para ser concretizada acaba tendo um custo maior, inclusive emocional. Da mesma maneira, um vendedor que exerce uma série de atividades em uma oportunidade de vendas, mas não consegue movimentá-la ao longo do seu *pipeline* de vendas, não está realizando "trabalho" propriamente dito. Isso porque, pela física, trabalho (τ) é igual à força (F) multiplicada pelo deslocamento (Δs).

$$\tau = F \times \Delta s$$

Ou seja, só existe trabalho quando há deslocamento. Muitas vezes, os vendedores dizem que trabalham muito, mas, quando analisamos o seu *pipeline*, percebemos que eles estão, na verdade, andando em círculos e que as oportunidades não estão avançando. Conforme podemos ver na figura 10.3, como não há deslocamento, a força de vendas não está, propriamente dito, realizando trabalho.

Quando falamos de eficiência em vendas, é importante entender que ter um *pipeline* balanceado – que gera receitas constantes ao longo do tempo – não implica maiores ou menores esforços por parte do vendedor, mas a aplicação correta de suas habilidades e seus comportamentos para que sejam gerados melhores resultados de vendas.

Adotar um *pipeline* de vendas não apenas ajuda a organização a gerenciar de forma mais adequada suas oportunidades de negócio, a aplicar melhor seu tempo de vendas e a melhorar a qualidade de suas previsões, como também permite que ela identifique e corrija deficiências em habilidades e comportamentos de um vendedor ou de toda uma equipe de vendas. Isso é importante porque comportamentos e habilidades de venda diferentes geram funis com formatos diferentes, e funis com características diferentes produzem resultados distintos. Mas quais são esses formatos diferentes, esses funis inadequados?

FIGURA 10.3

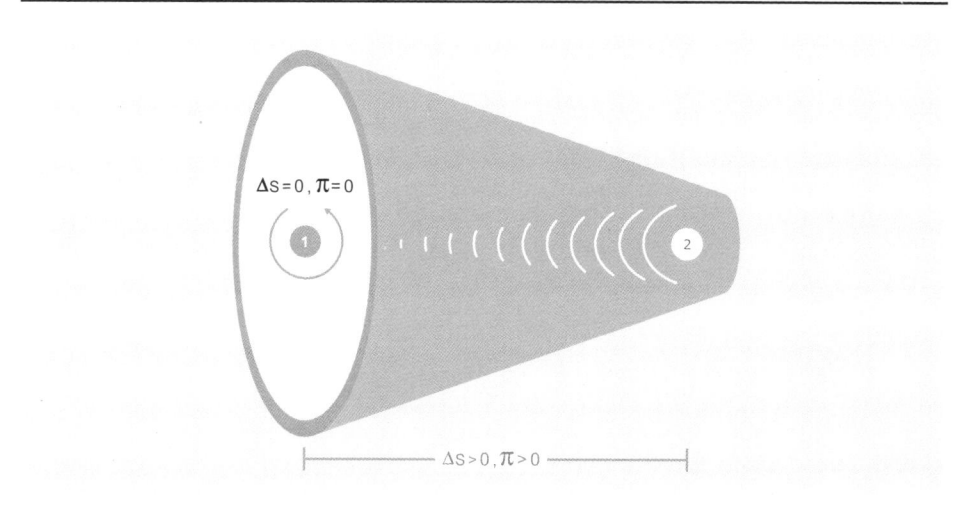

$\Delta s = 0, \pi = 0$

$\Delta s > 0, \pi > 0$

A relação entre trabalho e deslocamento das oportunidades pelo *pipeline*

Um primeiro exemplo é o *pipeline* com muitas oportunidades em seu estágio inicial, o qual indica que o vendedor ou a equipe está tendo pouco sucesso na qualificação de suas oportunidades. Nesse caso, ou eles estão percebendo todas as situações como oportunidades reais de vendas, ou estão tendo dificuldades em detectar ou ativar as necessidades dos reais influenciadores nessas vendas. Esse tipo de funil também indica que está havendo dificuldade para atingir o nível correto de poder de decisão nas vendas. Uma exceção óbvia dessa análise se dá quando o profissional é novo em determinado território e está apenas iniciando o trabalho de construção de seu *pipeline*.

Diante desse tipo de funil, o gerente de vendas – ou mesmo o próprio vendedor – tem que analisar com mais profundidade se os clientes potenciais prospectados realmente fazem parte do mercado-alvo da empresa ou se a pescaria pode estar em águas erradas. Outra possível ação é trabalhar as competências do vendedor a fim de que ele consiga qualificar de forma mais adequada suas oportunidades de vendas. Para que esse *pipeline* seja corrigido, devem ser determinadas quais serão as ações necessárias para mover adiante as oportunidades existentes, além de ser removidas aquelas que não representam potencial real de negócios.

Um segundo exemplo de funil inadequado é aquele em que o vendedor persegue apenas uma ou poucas oportunidades por vez, que envolvem, geralmente, grandes volumes de receitas. Os vendedores que trabalham dessa forma têm grandes picos e vales em seus ciclos de vendas. Isso gera um risco enorme para a organização e para o vendedor, uma vez que todas as oportunidades têm necessariamente que ser fechadas.

A orientação para esse tipo de *pipeline* é que o vendedor prospecte e qualifique mais oportunidades, independentemente da importância e dos valores envolvidos nos "elefantes brancos" com que ele esteja trabalhando. Por maior que seja a importância dessas oportunidades, dedicar, por exemplo, metade do tempo a esses negócios, e a outra metade, à identificação de novas oportunidades certamente diluirá os riscos envolvidos.

Um terceiro tipo de funil inadequado é aquele em que as oportunidades estão concentradas no meio do *pipeline*. Não se fecha nada, como também não se prospecta. O vendedor caminha em círculos dentro da conta e aloca todo o seu tempo de vendas na qualificação de negócios já abertos. Esse formato indica que o vendedor está tendo dificuldades em obter compromissos de seus interlocutores, o que resulta em negócios mal qualificados e sem controle. Como as atividades necessárias para o fechamento dessas oportunidades não são bem definidas, esse tipo de *pipeline* resulta em vendas sazonais.

Uma possível orientação, nesse caso, é o vendedor identificar as oportunidades com maior probabilidade de fechamento e remover do funil as que não estejam tão bem qualificadas. Além disso, deverão ser determinados os compromissos e as ações necessários para que as oportunidades que restarem se movam em direção ao fechamento.

Um quarto exemplo de *pipeline* de vendas inadequado se dá quando encontramos oportunidades que estão a toda hora se movendo para a frente e para trás em seus estágios. Isso indica que o vendedor está incerto quanto ao processo de compra do cliente e está tendo dificuldades em identificar todos os influenciadores da oportunidade. Ou seja, ele detém pouca compreensão do trabalho de vendas que precisa ser feito em suas oportunidades.

Diante desse tipo de deficiência, devemos focar poucas oportunidades, analisando cada uma delas para identificar o real *status* em que ela se encontra, a fim de determinar o trabalho de vendas que precisa ser realizado. O vaivém constante das oportunidades de um vendedor afeta diretamente a capacidade dele de fazer previsões de vendas corretas, abalando tanto sua credibilidade como a de seus gestores perante a organização.

Por último, podemos encontrar *pipelines* com grande concentração de oportunidades em seus estágios finais. As oportunidades sempre estão para ser fechadas, mas nunca fecham. Vendedores com esse tipo de funil são geralmente hesitantes em prever suas vendas, pois no final do período de sua cota acabarão sendo cobrados pelos resultados prometidos.

Nesse tipo de funil, o que em geral ocorre é que as pessoas que influenciam o processo de compra não se comprometeram com o processo de avaliação, bem como os passos para o fechamento não foram claramente definidos entre as partes. Outra possibilidade é que as oportunidades estejam simplesmente mal alocadas no *pipeline* por falha do vendedor ou pela necessidade dele de demonstrar para a organização que tem como entregar os resultados esperados naquele período.

A questão é que a alocação indevida de uma oportunidade nos estágios finais do *pipeline* de vendas apenas para escapar da cobrança imediata deve ser entendida pelo vendedor como uma bomba-relógio, que tem data e hora para explodir: o último dia do período de cota. Nesse tipo de situação, uma possível orientação é que o vendedor reveja – sozinho ou em conjunto com seu gerente – as etapas reais do processo de venda.

> **A alocação indevida de uma oportunidade nos estágios finais do *pipeline* de vendas apenas para escapar da cobrança imediata deve ser entendida pelo vendedor como uma bomba-relógio, que tem data e hora para explodir: o último dia do período de cota.**

Analisar o funil com maior frequência, a fim de garantir que as oportunidades estejam sempre alocadas corretamente, também é um bom caminho. Até porque a análise das oportunidades do *pipeline* de um vendedor pode dizer muito sobre seu dono e dar subsídios para que possam ser feitas melhorias em sua forma de vender.

Vamos analisar isso um pouco mais. Volte ao exemplo da estrutura de *pipeline* que mostramos na tabela 10.1. Observe o percentual alocado ao *status* E, que é de 10%. Ele é exatamente igual ao *status* B, também com 10%, indicando o percentual do esforço total realizado até aquele momento. Como o *status* E indica propostas que foram entregues, mas não aceitas, alocar um percentual de esforço de apenas 10% ajuda a retratar de forma mais adequada a qualidade do funil de vendedores que entregam propostas de forma prematura – fato que ocorre praticamente todo dia em todas as equipes de vendas.

Como dito anteriormente, uma proposta apenas confirma os entendimentos mantidos durante o ciclo comercial. E, por tal razão, seu trabalho de elaboração e entrega deve acontecer durante a execução de um conjunto de ações estabelecidas em comum acordo com o influenciador que detém o real poder de decisão. Quando isso é feito de forma correta, o fechamento da oportunidade acontece de maneira natural – como resultado do plano de ação estabelecido com tal decisor, que em nosso quadro é retratado pelo *status* D – isto é, a oportunidade sai do estágio D ("Cobertura do influenciador econômico e execução do plano de ação") e vai para o F ou o G, que indica, respectivamente, a aprovação verbal ou o fechamento do pedido.

É importante assinalar que o fato de a proposta não ter sido aceita pode indicar alguma deficiência de habilidade ou comportamento do vendedor ao longo do ciclo comercial da oportunidade. Alocar um percentual de apenas 10%, sinalizando a possibilidade de que muito trabalho ainda precisa ser realizado para obter o fechamento da proposta que derrapou, evidenciará de forma mais adequada a qualidade do funil de um vendedor.

De fato, a qualidade de um funil de vendas dependerá sempre da correta definição e do controle das atividades realizadas em uma oportunidade, sejam elas as ações que o vendedor deve executar ou, principalmente, as reações do cliente diante dessas ações. Quando definimos tais atividades como "eventos significativos e controláveis", retiramos as "opiniões pessoais" do vendedor do processo de alocação de suas oportunidades dentro do funil, garantindo, desse modo, uma melhor condição de controle sobre as vendas. E, é sempre bom lembrar, a exatidão de nossas projeções de vendas derivará da qualidade do nosso funil.

A IMPORTÂNCIA DO BALANCEAMENTO

Manter um *pipeline* balanceado é a chave do sucesso de qualquer organização que trabalhe com oportunidades que tenham ciclos longos de venda. Em um *pipeline* balanceado existem negócios suficientes para atingir as metas, as oportunidades se movem corretamente por seus estágios e as atividades de prospecção e qualificação são priorizadas de maneira adequada.

Mas como construir e manter um *pipeline*, ou funil, balanceado? Bem, *pipeline* é a palavra em inglês para encanamento ou tubulação. Trata-se de um canal pelo qual passam coisas – em nosso caso, oportunidades de venda. Manter um *pipeline* balanceado significa manter um fluxo de negócios constante e suficiente para atingir continuamente as metas. E, para conservar esse fluxo constante, você precisa analisar a vazão que seu *pipeline* precisa ter. Para isso, você tem que analisar algumas informações, como mostra o exemplo a seguir.

- **O valor de sua cota.** Digamos que você tenha recebido uma meta de R$ 1 milhão e que deve alcançá-la durante o período de um ano.

- **Número de meses para realizar a meta.** Em nosso exemplo, conforme dito acima, você tem doze meses para a realização da meta.

- **Venda média.** Você precisará saber qual o tamanho médio da venda ou, em outras palavras, o tamanho mais frequente das oportunidades de vendas. Digamos que o valor mais comum das oportunidades trabalhadas seja de R$ 100 mil.

- **Número médio de fechamentos.** Para que você faça R$ 1 milhão, com uma venda média de R$ 100 mil, você precisará, ao longo de um período de doze meses, fechar dez negócios.

- **Eficácia de fechamento.** Analise como está seu desempenho na conclusão de seus negócios. Pensando nas oportunidades que você trabalha e qualifica, de cada dez oportunidades que tenta fechar quantas realmente fecham? Digamos que seu percentual de eficácia seja de 50%, ou seja, de cada dez, você fecha cinco.

- **Número de oportunidades qualificadas.** Em nosso exemplo, dado que a eficácia de fechamento é de 50%, você precisará ter vinte negócios qualificados para que feche dez, cada um gerando, em média, R$ 100 mil e perfazendo o R$ 1 milhão de sua cota.

- **Eficácia de prospecção.** Não são todas as oportunidades que prospectamos que resultam em negócios qualificados dentro de nosso funil. Isso dependerá da forma como definimos nossos alvos, bem como de nossa eficácia em atrair a atenção e o interesse necessários para que uma oportunidade qualificada seja criada. Digamos que, de cada dez tentativas de criar uma nova oportunidade, você tenha êxito em oito. Isto é, sua eficácia de prospecção é de 80%.

- **Esforço de prospecção.** Com uma eficácia de 80%, para que você consiga gerar vinte oportunidades qualificadas, terá que prospectar 25 novas oportunidades. Com esse esforço, levando em conta os dados anteriores, "estatisticamente" você terá grande probabilidade de bater sua meta.

- **Ciclo da venda.** Porém, o esforço de prospectar 25 novas oportunidades tem que ocorrer até determinado momento do ano, visto que existe um período de tempo para as oportunidades se desenvolverem pelo seu ciclo. Digamos, por exemplo, que o ciclo médio de uma venda nessa organização, desde a fase de conscientização das necessidades, passando pela avaliação da solução e chegando até a decisão de compra, seja de seis meses.

- **Número de meses para a prospecção.** Isso significa que, durante o período de doze meses em que tem que realizar sua meta de R$ 1 milhão, você terá, no máximo, seis meses para prospectar as 25 novas oportunidades – doze meses menos os seis meses do ciclo da venda. Isso porque toda nova oportunidade prospectada a partir do sétimo mês será concluída apenas no próximo ano, dado que seu ciclo normal dura seis meses. Quando descontamos desses seis meses os períodos de férias, feriados, treinamentos, convenções de vendas, etc., percebemos que temos de fato uns cinco meses para plantar e gerar resultados de vendas ainda dentro do período da cota.

- **Velocidade média de prospecção.** Com todas essas informações em mãos, podemos concluir que você terá que prospectar cinco novas oportunidades ao mês: 25 novas oportunidades divididas por cinco meses de período útil de prospecção. Entretanto, essa velocidade de prospecção garantirá apenas que você bata a cota para esse período, mas não tornará seu funil balanceado de forma constante. E, lembrando, um funil balanceado deve gerar resultados satisfatórios "sempre" e não somente para determinado período.

A melhor forma de balancear nosso *pipeline* é garantir que existam oportunidades qualificadas em um estágio que contenha os elementos principais de uma venda complexa. Conforme dissemos no capítulo 2, temos que coordenar nossas atividades levando em conta cinco fatores básicos em nossas vendas:

- vender para a pessoa com o correto poder de decisão;

- detectar ou ativar uma necessidade nessa pessoa;

- criar uma imagem de solução balizada em nossos produtos e serviços;

- demonstrar o retorno sobre os investimentos a serem realizados;

- manter um correto controle sobre o ciclo da venda.

Ao analisar a tabela 10.1, você nota que esses cinco elementos estão presentes ao mesmo tempo, pela primeira vez, apenas no *status* D ("Cobertura do influenciador econômico e execução do plano de ação"), o que torna esse estágio um excelente ponto para verificar o balanceamento em nosso *pipeline*. Para entendermos como isso pode ser feito, veja o que é exposto a seguir.

- **Cota.** Vamos dizer, por exemplo, que sua cota de R$ 1 milhão não se altere significativamente nos próximos anos. Sabemos que isso é difícil de acontecer, mas vamos seguir por esse caminho para simplificar os cálculos e você compreender melhor o raciocínio empregado.

- **Ciclo de vendas.** Como dito anteriormente, o ciclo médio de venda em nosso exemplo é de seis meses.

- **Cota proporcional ao ciclo de venda.** Se a sua meta anual é de R$ 1 milhão, isso significa que, a cada período de seis meses – seu ciclo médio de venda –, você terá que fazer em média R$ 500 mil. Assim, se em cada ciclo de seis meses você fizer R$ 500 mil, em um ano baterá a meta de R$ 1 milhão.

- **Probabilidade de fechamento.** Digamos que, pelo seu histórico, 65% das oportunidades que se encontram nesse estágio sejam concluídas com sucesso. Repare que essa probabilidade não é o mesmo percentual de 50% relativo ao esforço total já realizado no *status* D, pois, como já comentado, trata-se de coisas distintas.

- **Quantidade de oportunidades no *status* D.** Se 65% das oportunidades que estão no *status* D são concluídas com sucesso e você precisa fazer R$ 500 mil a cada seis meses para completar seu R$ 1 milhão a cada ano, caso tenha oito oportunidades de R$ 100 mil nesse estágio (R$ 500 mil ÷ 0,65 = R$ 769 mil), baterá estatisticamente sua cota dos próximos seis meses.

Enquanto sua cota for de R$ 1 milhão ao ano, manter sempre oito oportunidades (equivalendo a um total de R$ 800 mil) no *status* D de seu funil fará com que você tenha sempre resultados balanceados. Da mesma forma, manter uma velocidade de prospecção de cinco novos negócios ao mês resultará em um fluxo constante de oportunidades em seu *pipeline*.

Por outro lado, caso o montante de oportunidades no *status* D seja inferior a R$ 800 mil, você terá que aumentar o volume de prospecção, visto que prospectar 5 negócios ao mês garantirá apenas a cota do ano, mas não o balanceamento do funil. Usando o mesmo raciocínio, se o valor no *status* D for maior que R$ 800 mil, você poderá reduzir o volume de prospecção, pois, nesse momento, haverá negócios suficientes para garantir a cota dos próximos seis meses.

Essa análise pode ser feita semanalmente, mensalmente, ou mesmo diariamente, e oferece a correta noção do ponto em que você deve priorizar seus esforços para produzir os resultados necessários para o próximo ciclo de venda. Isso dá uma previsibilidade incrível para o gerenciamento do *pipeline*. Em vendas complexas, conseguimos dizer se um vendedor baterá ou não sua cota com uma antecedência equivalente à duração média do ciclo de venda.

Um último ponto: quais as atividades que você deve realizar na próxima semana para tornar o seu *pipeline* mais bem balanceado? Se essa pergunta não puder ser respondida, provavelmente seu fluxo de receitas terá altos e baixos ao longo do próximo período.

PREVISÕES DE VENDAS

Por que as previsões de vendas raramente se confirmam? A principal razão é a falta de um processo para tal tarefa, que acaba fazendo com que as previsões sejam montadas basicamente em cima das especulações e opiniões dos vendedores.

Não é novidade para ninguém que a maioria dos vendedores não gosta de fazer estimativas de suas vendas futuras. Isso porque desempenhos inconsistentes e não previsíveis dos profissionais de vendas – sejam eles acima ou abaixo da média – acabam por abalar a credibilidade das projeções de vendas e, junto com elas, a do próprio gestor e de toda a sua equipe comercial.

Uma empresa pode até aceitar que um gerente ou vendedor não atinja uma cota em um período, mas errar uma projeção de vendas, seja para mais, seja para menos, é uma falha grave. Errar para mais é ruim porque passa a sensação de que a área de vendas não tem controle suficiente sobre o negócio. Errar para menos, além de também denotar falta de controle, é grave, porque quando se sabe que uma equipe de vendas não atingirá uma meta geralmente se colocam em curso alguns mecanismos para tentar uma rápida recuperação. Exemplos disso são promoções especiais, descontos e incentivos adicionais, que representam, no final das contas, custos extras para a organização.

Além disso, quando um incentivo extra é oferecido e um vendedor que projetou um resultado abaixo da meta consegue alcançá-la ou ultrapassá-la, sempre fica uma dúvida no ar. Será que a projeção subestimada não foi uma jogada para conquistar um pedaço maior da torta? Abalam-se credibilidades, orçamentos e expectativas.

Seja como for, existem diversas razões para uma previsão de vendas falhar. Informações incorretas, cortes nos orçamentos dos clientes, ação dos concorrentes, mudanças no mercado, inadequação das ofertas às necessidades do cliente, insuficiência de estoque, ausência de comprometimento e assim por diante. Qualquer um que trabalha em vendas pode dar uma boa explicação do porquê de uma previsão de vendas não ter se cumprido. De fato, como dar uma boa justificativa para esse tipo de falha é uma área do conhecimento na qual, com certeza, os vendedores não precisam de mais ajuda.

Justificativas, no entanto, não solucionam o fato de que uma previsão de vendas que não se cumpre abala todas as demais áreas de uma empresa, por exemplo, finanças, produção e logística, que dependem dela para planejar e organizar suas próprias funções e atividades. Nesse sentido, cotas e previsões têm diferentes papéis dentro de uma organização e devem ser gerenciadas de maneira diferente, ainda que comparadas periodicamente. Em termos gerais, as cotas, que são o objetivo do vendedor, devem motivar e ser excedidas, enquanto as projeções de vendas, que são a realidade projetada para o futuro, devem ser recompensadas por sua exatidão.

É importante salientar que uma previsão de vendas é uma predição da quantidade de receita que acontecerá e quando acontecerá. Para realizá-la, necessitamos, dentro das condições específicas de nosso negócio, das seguintes informações:

- o *status* do *pipeline* em que a oportunidade se encontra;

- as probabilidades de sucesso obtidas com base no histórico do vendedor ou de toda a equipe de vendas – que, conforme comentado anteriormente, não são os mesmos percentuais associados a cada *status*;

- o tempo histórico médio necessário para que uma oportunidade se mova de um *status* do *pipeline* para outro em direção ao fechamento.

Infelizmente, no entanto, muitos vendedores e também muitos gerentes de vendas fazem suas previsões sem levar em conta o grau de qualificação ou o tempo médio de duração do ciclo de vida de suas oportunidades. Olham para sua carteira e simplesmente aplicam um redutor percentual, para evitar o risco de não alcançar o número que suas oportunidades indicam. Existem muitos profissionais que, mesmo com o dobro do valor de sua cota em sua carteira, não sabem dizer se baterão sua meta ou não. Ou, pior, primeiro ficam eufóricos por pensar que fecharão sua cota com facilidade e depois entram em desespero quando a realidade se mostra diferente.

Quando usamos o *pipeline* para predizer nossas vendas, conseguimos ter um grau de assertividade maior. Por exemplo, um vendedor que diz para seu gerente que fechará determinada venda ainda "Até o final do mês, chefe", somente com a intenção de escapar de maiores cobranças imediatas (ou, então, porque é apenas mais um otimista), poderia ser facilmente dissuadido de fazê-lo se pudesse ser verificado que tal oportunidade está em um estágio prematuro do *pipeline* – digamos que a oportunidade esteja no *status* B em nossa tabela e que, portanto, demandará ainda muitas atividades e muito tempo para chegar a seu fechamento.

Em uma outra situação, digamos que um vendedor garanta que uma oportunidade está para ser concluída – suponhamos que ela esteja no *status* F de nossa tabela, por exemplo. Contudo, ele não coloca tal oportunidade em sua previsão por saber que ela está indevidamente classificada em seu *pipeline*. Em tal caso, ao comparar novamente a previsão com o *pipeline*, o gerente consegue facilmente perceber que a oportunidade está fora da programação normal e que necessita, portanto, de maior atenção.

Quando usamos um *pipeline* corretamente construído e alinhado com o ciclo de vida das oportunidades, conseguimos reduzir o erro de prever o fechamento de oportunidades que não estejam qualificadas de forma adequada. Outro exemplo: volte para o *status* E de nossa tabela. Ele indica propostas entregues que não foram ainda aceitas, o que pode ter acontecido por alguma circunstância específica do cliente ou porque o vendedor agiu prematuramente, entregando uma proposta fora do momento correto. Essa proposta pode, inclusive, ter sido usada para comparar os preços dos concorrentes ou para o cliente conseguir comprar melhor de outra empresa. Concluindo, lembre-se de que oportunidades no *status* E do *pipeline* devem ser analisadas com cuidado redobrado antes de serem incluídas em nossas previsões.

> **Quando usamos um *pipeline* corretamente construído e alinhado com o ciclo de vida das oportunidades, conseguimos reduzir o erro de prever o fechamento de oportunidades que não estejam qualificadas de forma adequada.**

De fato, somente a partir do momento em que uma oportunidade alcança certa fase dentro do funil de vendas, ela deve passar a constar de uma previsão, e essa fase deve ser aquela em que não há mais sorte envolvida no ciclo da venda. Assim, todo o trabalho de qualificação deve ter sido completado, e o vendedor deve conhecer o processo interno de decisão do cliente, suas necessidades individuais e o resultado organizacional esperado pelos membros do comitê de compra. Os próximos passos para que a oportunidade caminhe dessa fase para o fechamento devem estar claramente definidos por meio de um plano de ação tático. Em nosso exemplo de *pipeline*, essa etapa é representada pelo *status* D.

É interessante notar que, quando usamos essa abordagem, os vendedores tornam-se pessoalmente comprometidos com o sucesso da venda. Os negócios que não são fechados no momento previsto são revistos e verificados pela gerência e pela equipe responsável pelo cliente em reuniões de revisão. Essa abordagem de previsão pode levar algum tempo para ser assimilada pela organização de venda, mas, quando os vendedores se tornam firmemente comprometidos com ela, a exatidão das projeções aumenta exponencialmente.

É claro que previsões de vendas sempre terão componentes de julgamento pessoal. É impossível eliminar esse fator. Mas equilibrar o julgamento pessoal dos vendedores com um processo mais racional é a chave para a melhoria da eficácia da previsão de resultados em vendas. Basear nossas estimativas nas atividades que devem ser realizadas com o cliente, nas probabilidades determinadas pelo ambiente de negócios em que atuamos e nas informações históricas que temos de nosso desempenho resultará em informações mais confiáveis e decisões mais coerentes.

ANÁLISE DAS OPORTUNIDADES DE VENDAS

As pessoas fazem o que você inspeciona, e não o que você espera delas. Por mais compromissada e competente que seja uma equipe comercial, se almejamos uma cultura de alto desempenho em vendas temos que inspecionar as atividades feitas em cada negócio de maneira consistente. Somente após entender o nível de qualidade de uma oportunidade de vendas é que podemos decidir onde concentrar os esforços para aumentar a probabilidade de atingir as metas.

Esse monitoramento deve ser feito de modo contínuo durante todo o ciclo de vida de uma oportunidade. Entretanto, diante de agendas cada vez mais atribuladas, é incrível como organizações de todos os portes ainda não se deram conta de que essa tarefa é parte central da descrição funcional de todo gestor de vendas. Até mesmo empresas que já possuem um sistema de gerenciamento de oportunidades enganam-se ao pensar que possuir relatórios de controle lhes permitirá vender mais. É importante entender que, se os vendedores não direcionarem adequadamente seus esforços no dia a dia, implantar esse tipo de sistema não aumentará as vendas. Conseguir tal direcionamento exige inspeção e apoio gerencial.

Na verdade, inspecionar as oportunidades de vendas é visto como uma atividade que consome muito tempo, e por isso é postergada por muitos gerentes. Esse consumo excessivo de tempo, no entanto, deriva muito mais da forma como essa atividade é conduzida do que da tarefa em si. Quando um gerente pergunta para um vendedor como está uma venda ou como foi uma visita, geralmente o vendedor começa a mencionar fatos de menor relevância, pelo fato de ele não ser objetivo, por não possuir informações de qualidade ou mesmo por não desejar passar tais informações para seu gerente – quem já não presenciou uma sessão de "como enrolar seu gerente"? Muitas vezes, tal situação acontece porque nem o vendedor nem o gerente tem um processo para conduzir tais revisões.

Não é raro, por exemplo, um vendedor levar mais de meia hora para falar sobre uma visita que durou menos de dez minutos. Agora pense: se um gerente tiver dez vendedores, cada vendedor estiver conduzindo dez oportunidades de vendas e levar, digamos, quinze minutos para revisar cada oportunidade, seu gerente necessitará de, no mínimo, 1.500 minutos, ou 25 horas, para rever todas elas. Em uma semana de apenas 40 horas de trabalho, é óbvio que dedicar mais de 60% do tempo para tal atividade é motivo suficiente para não a realizar ou, pelo menos, convenientemente postergá-la. Como inspecionar a qualidade de uma oportunidade é vital para atingir os resultados organizacionais, fica fácil entender por que as empresas só percebem que não atingirão suas cotas quando já é tarde demais para qualquer recuperação.

A reunião de revisão das oportunidades de vendas deve ser abordada de forma metodológica. Não se trata de um momento de confraternização social: é um tempo destinado a uma quantidade enorme de trabalho, em que a análise de determinados fatores indicará a qualidade de produção da receita futura da organização. Cada vendedor deve levar informações específicas sobre suas principais oportunidades para a reunião, e tal procedimento exige que eles saibam de antemão as perguntas que lhes serão feitas. Isso significa que as perguntas devem ser padronizadas, para que não haja ineficiências no processo de revisão.

De fato, quando o gestor padroniza as perguntas, e seus vendedores entendem seu significado, existe enorme ganho na velocidade e profundidade de compreensão sobre as oportunidades de vendas. Tais perguntas devem estar baseadas nos cinco pontos já abordados anteriormente: acessar a pessoa com poder de decisão, identificar ou ativar uma necessidade nessa pessoa, criar ou reconstruir uma imagem de que seus produtos e serviços irão sanar tal necessidade, provar o valor dessa aquisição e controlar o processo de venda. Quando um desses fatores está ausente, a venda não se realiza.

A partir desses pontos, algumas perguntas podem ser formuladas.

- Qual o nome da empresa?
- Qual o nome do contato e seu cargo?
- Quem abriu primeiro a oportunidade, você ou a concorrência?
- Qual a necessidade ativada ou a questão essencial de negócio que está sendo discutida?
- Quais os motivos para essa necessidade?
- Quais os impactos organizacionais e pessoais dessa necessidade?
- Qual a imagem de solução de cada influenciador do processo de decisão?
- Qual o valor da solução para essas pessoas e para a organização?
- Onde está o poder de decisão e como você pretende chegar lá?
- Ela está classificada corretamente no funil de vendas?
- Quais são os próximos passos?

A conclusão a que o gestor e seus vendedores devem chegar ao final de uma reunião de revisão de oportunidades é se a cota será alcançada ou não. Para isso, eles necessitarão avaliar se existe algum déficit no número e na qualidade das oportunidades existentes no funil, como também precisarão apontar as ações necessárias para promover as devidas correções.

Vale assinalar que o gerente de vendas também deve estar atento ao comprometimento dos vendedores para com as informações fornecidas, procurando incutir neles a responsabilidade sobre a autogestão e o autocontrole dos negócios em andamento. Para que isso aconteça, uma boa técnica é obter o compromisso dos vendedores diante de seus pares. Quando as reuniões de inspeção das oportunidades são feitas com toda a equipe ou em grupos, consegue-se maior comprometimento pessoal nas ações acordadas para corrigir os desvios encontrados. Afinal de contas, ninguém gosta de se expor, e é extremamente desconfortável ser visto como uma pessoa que promete, mas não cumpre. Quantas vezes quebramos promessas que fazemos para nós mesmos, por exemplo, na época do ano-novo? E quando essas promessas são feitas diante das outras pessoas? Elas são fáceis de ser quebradas?

QUEM SABE FAZ E TAMBÉM ENSINA

Sueli Rodrigues é da cidade de Campinas, São Paulo, e atua como consultora em marketing estratégico. Sueli, além de jornalista, é pós-graduada em administração e marketing em instituições de prestígio e em seus mais de 25 anos de jornada profissional acumulou experiências como executiva de marketing e vendas, professora universitária e instrutora de treinamentos.

Em 2008, Sueli foi convidada para ajudar a ampliar a atuação de uma empresa sediada no Rio Grande do Sul e que pretendia fortalecer sua presença no estado de São Paulo. Essa empresa atuava na área de educação a distância, e Sueli, além de seus conhecimentos de marketing e vendas, tinha como grande atrativo sua vivência na capacitação de vendedores.

Sua missão seria prospectar clientes, além de atender às empresas que já faziam negócios com aquela organização em São Paulo.

Como executiva e consultora, ela tinha a correta noção do que precisaria ser feito para ter sucesso em sua missão. No entanto, em seus pensamentos, vinha um receio: voltar "às ruas" não seria um passo atrás na carreira? Após analisar os prós e os contras que aquela oportunidade lhe apresentava, Sueli decidiu aceitar o desafio. Para ela, essa experiência na linha de frente seria, no mínimo, uma forma de colher mais subsídios para sua atuação profissional. Após passar algum tempo na sede daquela empresa, onde pôde conhecer de maneira mais aprofundada sua cultura organizacional, suas estratégias e seus produtos, Sueli retornou para São Paulo, carregando consigo apenas o que chamamos de "lista fria", ou seja, uma coletânea desatualizada e incompleta com nomes de potenciais alvos.

A lista continha 120 grandes empresas de diversos setores, todas sediadas na capital e no interior paulista. A partir daí, iniciou-se um período de intenso trabalho. Dado o nível de investimentos necessários para a implantação da solução, Sueli julgou ser crucial mirar alto, buscando estabelecer o primeiro contato direto com os executivos que, ela acreditava, teriam o poder de decisão final para a aquisição de seus produtos e serviços.

Por meio de ligações telefônicas, dos 120 alvos recebidos, ela conseguiu agendar reuniões presenciais com cinquenta empresas. O trabalho de qualificação nessas reuniões gerou, então, 25 propostas, e destas, cinco foram aceitas, conquistando-se assim grandes clientes, como bancos, grandes marcas varejistas e empresas de serviços.

Todo esse trabalho foi levado a cabo em apenas seis meses de trabalho, o que levou Sueli a ser convidada, em seguida, a assumir a diretoria de negócios daquela empresa. Contudo, segundo ela, o principal ganho obtido de toda a experiência foi a reafirmação da importância de haver uma correta percepção de cada cliente, a fim de estabelecer a persuasão necessária para abrir portas e novos negócios.

PERGUNTAS PARA REFLEXÃO E DISCUSSÃO

1. Quais foram as taxas de conversões, em percentuais, obtidas por Sueli em termos de (a) ligações telefônicas *versus* primeiras reuniões agendadas; (b) primeiras reuniões *versus* oportunidades qualificadas e (c) propostas emitidas *versus* fechamentos de negócios? Em sua opinião, como você analisa e qualifica tais taxas de conversões obtidas por ela? Essas taxas são diferentes das de seu negócio ou de outros negócios que você e seus colegas conheçam? Colocando-se no lugar dela, o que você faria para aumentar essas taxas de conversão?

2. Imaginando que você tivesse recebido uma meta de gerar R$ 5 milhões em receitas e que sua venda média fosse de R$ 300 mil reais, usando as mesmas taxas de conversão obtidas na situação apresentada, quantas ligações telefônicas você teria de fazer a fim de prospectar negócios suficientes para bater sua meta?

3. No capítulo que você acabou de ler, o autor aborda o efeito montanha-russa que ocorre nas vendas de muitas organizações. Na situação vivenciada por Sueli, ela relata ter tido um receio inicial de voltar "às ruas", tendo de refletir antes de aceitar o desafio. Colocando-se no lugar dela, quais seriam, para você, tais receios? Quais prós e contras você listaria? Como você relacionaria suas conclusões com a tarefa de prospectar novos clientes e o efeito montanha-russa?

CAPÍTULO 11

GERENCIAMENTO DE CONTAS-CHAVE

No capítulo 1, em que abordamos a visão processual de vendas, foi demonstrado que a melhoria de nossa eficácia comercial pode ser trabalhada em três níveis distintos:

- nos contatos e visitas feitos pelos vendedores;
- nas estratégias elaboradas para cada oportunidade de vendas;
- no gerenciamento do relacionamento com o cliente.

Assim, no capítulo 4, vimos questões relacionadas com nossa preparação para um contato ou uma visita de vendas. No capítulo 5, detalhamos como podemos elaborar uma estratégia vencedora para determinada oportunidade. Agora, vamos ampliar ainda mais nossa visão, focando a melhoria do relacionamento com nossos principais clientes.

De fato, fazer uma boa venda para um novo cliente deve ser visto apenas como um primeiro passo. Isso porque, embora o sucesso de uma organização seja determinantemente influenciado pela correta construção de relacionamentos sustentáveis com os clientes, todos sabemos que manter um cliente não é fácil: exige foco e investimentos, sob pena de ele, em algum momento, passar a comprar de outras empresas.

Um dos principais fatores que podem nos levar a perder um cliente é a falta de um nível adequado de suporte ao relacionamento que mantemos com ele. As ondas de redução nos quadros de funcionários – que geraram sobrecarga de trabalho em todos os níveis hierárquicos das empresas – e de terceirização de funções, aliadas a um foco extremo nos resultados de curto prazo, acabaram minando a capacidade das empresas de se relacionarem adequadamente com seus clientes e retê-los. Um cliente passar a comprar de outra empresa é uma notícia ruim. Mas, quando esse cliente responde por boa parcela de nossos resultados atuais ou futuros, a notícia é desastrosa.

Em muitas operações, principalmente nos mercados *business-to-business*, a força de vendas sempre foi responsável por gerenciar o relacionamento da empresa com seus clientes. Organizadas de diversas formas – por território, produto, segmento de mercado, tipo de indústria e canais de distribuição, entre outras –, as equipes de vendas até pouco tempo atrás conseguiam, de certa forma, dar conta do recado sem um processo muito claro e estruturado. Entretanto, diante da complexidade e da competitividade crescentes dos negócios, tornou-se imprescindível gerenciar de forma mais adequada o relacionamento com os clientes, pelo menos com os mais importantes.

Neste capítulo, vamos tratar de um processo específico para o gerenciamento da relação que mantemos com nossos principais clientes, identificando nossa posição atual nesse relacionamento e determinando aonde queremos chegar. Com isso, teremos condições de desenvolver uma estratégia específica para cada conta, aplicando os recursos certos e adotando as ações necessárias para que nossa contribuição seja corretamente percebida pelos clientes. A palavra-chave para que possamos migrar para níveis de relacionamentos mais elevados e duradouros, obtendo maiores participação e retenção de nossos clientes, é "planejamento". O desafio é comunicar e implementar corretamente nossos planos, demonstrando valor e obtendo retorno de nossos investimentos nesse relacionamento. Logicamente, essa abordagem demanda altos investimentos, acima da média dos recebidos por outros clientes. Portanto, deve ser reservada a apenas um pequeno grupo de contas, consideradas "chave" para o sucesso de nossa organização.

ATIVOS EXTERNOS

A retenção de clientes é uma questão central para qualquer empresa. E é óbvio que, embora todo cliente seja importante, alguns são mais importantes que outros. Em geral, quando se analisa a concentração de receitas que cada cliente traz para uma organização em determinado período, encontra-se uma curva de distribuição que nos remete, novamente, à lei de Pareto: um pequeno número de clientes é responsável por grande parte dos resultados.

É claro que não necessariamente 20% dos clientes são responsáveis por 80% dos resultados, mas algum tipo de variação desse princípio geral pode ser certamente identificado. A conclusão lógica dessa análise é que tais clientes têm importância significativa no futuro da empresa, maior que a dos clientes "normais". Uma conta que representa grande parte de nossas receitas ou de nossa lucratividade, em termos atuais ou futuros, deve ser vista e tratada de modo diferente das demais. Ela deve ser encarada como um "ativo" organizacional, pois perdê-la será como perder uma fábrica – ou até pior.

Esses ativos, externos às nossas demonstrações contábeis, são essenciais para nosso futuro, mais até do que muitos dos ativos que aparecem em nossos balanços. Para sobrevivermos em um mercado complexo e de alta competitividade, temos que proteger e gerenciar adequadamente essas contas-chave, pois são elas que nos ajudarão a alcançar nossas metas financeiras e estratégicas.

Gerenciar uma conta-chave é diferente de conquistar uma grande oportunidade pontual de vendas. O fato de termos fechado um negócio considerado estratégico não qualifica automaticamente um cliente a ser tratado como chave, mesmo que o resultado gerado pela venda eleve o nome desse cliente para o topo da curva de análise da concentração de receitas. Quando convergimos nossos esforços no relacionamento com uma conta-chave, as oportunidades de vendas se tornam a consequência e não a causa da relação. Não estamos falando aqui de manter uma cooperação pura e ingênua com essas contas, mas de manter um "interesse iluminado" na relação, como abordado no capítulo 8, quando tratamos do tema negociação. Ou seja, olhar uma conta-chave em seu microcosmo, como um mercado independente, pensando "Se eu ajudar minha conta-chave a entregar valor para seus clientes e a crescer, ela perceberá valor em minhas ações, ajudando-me a crescer também".

Gerenciar uma conta-chave é diferente de conquistar uma grande oportunidade pontual de vendas.

Para preservar uma conta considerada chave são necessários altos investimentos e atenção gerencial. No entanto, classificar um cliente como chave e simplesmente alocar uma grande quantidade de recursos nesse relacionamento não nos permitirá galgar posições mais elevadas na percepção dessa empresa em relação a nossa contribuição. Em última análise, essa prerrogativa é da própria conta, que nos possibilitará ou não ocupar essa posição.

Tal permissão dependerá de atendermos ou não aos benefícios que essa conta pode esperar ao ser nomeada como chave, como serviços e atenção adicionais, sistema de informação e comunicação mais integrado, alocação de pessoas com os perfis corretos, dedicadas ao gerenciamento e à operacionalização da relação, possibilidade de participação conjunta e cooperação no desenvolvimento de novos produtos e tecnologias, maior agilidade nas ações, customizações e modificações específicas nos produtos e serviços ofertados e assim por diante. Se a conta não perceber que poderá obter vantagens competitivas sustentáveis por ser considerada chave, provavelmente apenas verá essa classificação como um ganho de poder para suas negociações, convertendo o relacionamento em um jogo de barganhas e reduções de preços, margens e lucratividade.

Quando lidamos com nossos principais ativos internos, adotamos uma série de medidas de proteção, como manutenções preventivas, controle da utilização e da localização desses ativos e correta capacitação das pessoas que os manejam. Da mesma forma, também devemos cuidar de nossos ativos externos de forma preventiva, "blindando" nossas contas-chave contra as incursões de nossos concorrentes. Quando gerenciamos corretamente o relacionamento com esses clientes estratégicos, criamos fortes barreiras de entrada e saída, tanto reais como emocionais, tornando difícil para a concorrência assumir posições dentro de nossas trincheiras.

CONTINUUM DE CONTRIBUIÇÃO

O grau do relacionamento com um cliente depende da maneira como a "contribuição" do vendedor e da organização que ele representa é percebida pelas pessoas que trabalham na empresa. Em geral, quando um vendedor se apresenta para um cliente potencial, ele é percebido inicialmente como um simples fornecedor, um dos muitos que batem à porta da empresa todos os dias tentando vender algum produto ou serviço.

E, caso não haja um cuidado específico com o posicionamento e com o relacionamento que se deseja construir, são grandes as chances de ele continuar sendo visto dessa forma.

A questão é que, independentemente de um cliente ser ou não classificado – e tratado – como uma conta-chave, a natureza do relacionamento entre a empresa fornecedora e a empresa-cliente pode variar dentro de um *continuum* amplo, que podemos chamar de *continuum* de contribuição, o qual determina o grau de proximidade entre elas. Conforme podemos ver na figura 11.1, esse *continuum* tem início com a contribuição do vendedor, sendo percebida apenas como a de um fornecedor de produtos e serviços comoditizados e termina com a contribuição dele sendo vista como a de um parceiro estratégico para o sucesso no longo prazo da organização. Uma mesma empresa fornecedora pode ser percebida, ao mesmo tempo, em diferentes estágios desse *continuum* por diferentes clientes, ou por diferentes pessoas dentro do mesmo cliente.

FIGURA 11.1

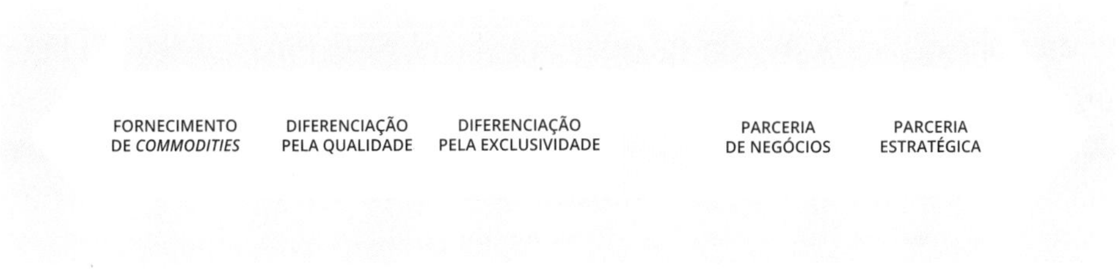

| FORNECIMENTO DE *COMMODITIES* | DIFERENCIAÇÃO PELA QUALIDADE | DIFERENCIAÇÃO PELA EXCLUSIVIDADE | PARCERIA DE NEGÓCIOS | PARCERIA ESTRATÉGICA |

O *continuum* de contribuição

Quanto mais um fornecedor caminhar ao longo desse *continuum*, galgando posições, menos importância terão os aspectos corriqueiros de uma relação puramente transacional, como o preço e as características dos produtos e serviços. Logicamente, essa movimentação demanda tempo – em geral, anos –, além de requerer dedicação e outros recursos organizacionais. No entanto, quanto mais alta for a percepção de um cliente em relação à contribuição de um fornecedor, mais este estará blindado contra ataques de seus concorrentes.

É lógico que nem sempre é possível um fornecedor ter sua contribuição percebida em um nível muito elevado por determinado cliente. Vários fatores podem agir contra isso, por exemplo, a limitação dos investimentos necessários, a própria natureza das ofertas, os aspectos políticos e culturais internos ao cliente, a influência de concorrentes mais bem posicionados ou até mesmo leis e regulamentações externas ou internas às empresas. Contudo, de todos os fatores, o mais comum é a organização vendedora não dar a devida importância ao processo de construção de um relacionamento mais estratégico com seus principais clientes.

FORNECIMENTO DE *COMMODITIES*

No primeiro estágio de nosso *continuum*, as empresas são vistas por seus clientes como meras fornecedoras de produtos comoditizados. Aqui, a diferenciação se dá pelo preço ou, simplesmente, pela disponibilidade do produto ou serviço no momento em que o cliente deseja. Nesse estágio, o valor que o fornecedor entrega reside apenas em atender aos requisitos mínimos especificados pelo cliente ou padronizados pelo mercado. É fácil entender que essa não é uma posição muito segura.

Quando somos vistos como um fornecedor de *commodity*, somos mais um entre muitos outros. O nível de relacionamento nesse estágio é anêmico, frequentemente restrito ao departamento de compras ou sustentado por fatores muito frágeis, como a "amizade" que o vendedor julga ter com seus contatos no cliente. Todavia, independentemente da existência ou não de laços reais de amizade, é sempre necessário competir por preço em cada oportunidade de venda ou proposta solicitada pelo cliente, ainda que tenham ocorrido várias transações de compra e venda dentro de um longo período de tempo. Não é raro perder uma venda por diferenças mínimas no preço, pequenas melhorias nas condições de pagamento do concorrente, ou por haver um prazo ligeiramente mais longo de entrega.

Nesse estágio, as partes se tratam como adversários em cada processo de compra e venda. O fornecedor não tem nem controle sobre as oportunidades colocadas diante dele nem grandes garantias de que aquela empresa continuará a comprar seus produtos ou serviços no futuro. O acesso às informações é restrito e visto como perda de poder de negociação por aqueles que conduzem cada transação. Na grande maioria das vezes, as informações fornecidas ou são de domínio público, ou são as mesmas transmitidas para os demais fornecedores que concorrem pela mesma oportunidade.

Quando se é visto como um fornecedor de *commodity*, é preciso seguir as regras impostas pelo departamento de compras e pelos demais influenciadores técnicos da oportunidade. A impressão que os executivos da sala C têm desses vendedores, caso já tenham "esbarrado" alguma vez com eles, é de que são, no máximo, bons especialistas naquilo que vendem. Qualquer tentativa de acessar esses executivos será vista, por eles próprios ou por seus guardiões, como uma interrupção em suas agendas. Como resultado, o vendedor será, inevitavelmente, de novo delegado aos escalões inferiores. Não existem exceções para um vendedor visto como um fornecedor de *commodity*.

Quando a contribuição de um vendedor é percebida nesse nível, é grande a importância das características de seus produtos ou serviços. Caso uma oferta seja nova para uma empresa, ele provavelmente terá que se esforçar muito para provar que aquilo que está tentando vender realmente funciona. Será submetido a infindáveis sabatinas e inúmeros testes com os influenciadores técnicos e os usuários, que frequentemente estarão lá apenas para bloquear o acesso a um nível mais alto da estrutura organizacional. Esse bloqueio certamente não permitirá ao vendedor alcançar níveis mais elevados no *continuum* de contribuição com esse cliente. Nesse estágio, o diálogo é travado com pessoas que, pela natureza de suas funções, são focadas apenas no dia a dia e no trabalho a ser realizado.

É claro que, em geral, esse nível de relacionamento existe como imposição do próprio cliente. Entretanto, muitas vezes o vendedor fica confinado nesse estágio por suas próprias ações, por se resignar com seu nível de conforto, e não porque o cliente não deseja um relacionamento mais forte. O medo de acessar, falar com e cobrir um nível mais alto de decisão na organização do cliente acaba levando à lateralização da questão, em que a culpa por um relacionamento pífio recai na inexistência de diferenciais nos produtos e serviços e na própria organização vendedora.

DIFERENCIAÇÃO PELA QUALIDADE

Na busca por diferenciação, algumas empresas tentam se posicionar como detentoras de produtos ou serviços de melhor qualidade que a de seus concorrentes. Essa qualidade, em geral, é obtida por uma tecnologia ou processos superiores ou inovadores, por características técnicas únicas em relação aos produtos ou serviços existentes no mercado ou por um serviço de apoio e suporte melhor que o geralmente disponível.

Nessa etapa do *continuum* de contribuição, questões como preço, condições comerciais e prazos de entrega começam a ser negociadas, em vez de simplesmente impostas pelo departamento de compras ou determinadas pelas práticas usuais do mercado. Pode existir algum tipo de planejamento conjunto de atividades, mas muito mais em um nível técnico ou tático do que exatamente estratégico. Além disso, enquanto uma empresa conseguir se manter nesse estágio, as ideias de seus vendedores poderão receber maior consideração de níveis um pouco mais altos na hierarquia organizacional, mais preocupados com a qualidade do trabalho a ser realizado. Diante das apresentações feitas pelos representantes de vendas, chega-se à conclusão de que as ideias criativas que são sugeridas merecem ser levadas em conta e mais bem exploradas.

De fato, quando uma empresa é percebida dessa forma por uma conta, começam a existir comprometimentos maiores entre as duas partes, pois o que se está entregando é visto realmente como de valor superior. Apesar disso, qualquer vantagem competitiva obtida por esse caminho infelizmente não é sustentável. Isso porque, em um mercado competitivo, é certo que as empresas concorrentes empregarão esforços rápidos a fim de igualar a qualidade de seus produtos ou serviços com a da empresa originalmente inovadora. Em um curto espaço de tempo, todo o mercado se nivelará em outro patamar, de maior qualidade, e a empresa fornecedora será novamente percebida como ofertante de *commodities*. Para que isso não ocorra, são necessários investimentos contínuos em pesquisa e desenvolvimento, além de melhorias constantes em seus processos, tanto internos como externos. Seja como for, o foco restrito na diferenciação pelas ofertas e pelos serviços a elas relacionados, aliado à pouca atenção dada à percepção do cliente sobre a contribuição feita a seu negócio, é o grande calcanhar de aquiles de uma empresa que se encontra neste estágio.

DIFERENCIAÇÃO PELA EXCLUSIVIDADE

Neste estágio, as empresas conquistam a diferenciação por meio de serviços especiais envolvidos nos processos de atendimento e apoio aos clientes. Não mais apenas fornecedoras de produtos ou serviços de qualidade superior, essas empresas começam a empreender esforços para oferecer suportes específicos para alguns de seus clientes. Um exemplo disso é a empresa que desenha um sistema de logística com entregas especiais e empacotamento customizado para atender às necessidades de armazenamento e distribuição de determinada conta.

Quando chega a esse nível, pelo fato de o cliente já consumir seus produtos, serviços e soluções, a empresa fornecedora se concentra em aumentar sua penetração, bem como em resolver problemas relacionados a questões específicas ligadas à utilização de suas ofertas pelo cliente. A empresa passa a ser vista como um fornecedor preferencial e a manter um relacionamento interessante com um maior número de pessoas-chave, que têm autoridade sobre projetos específicos, o que a ajuda a conquistar novas oportunidades de vendas. Uma consequência natural dessa exclusividade é conquistar a posição de única fornecedora para alguns projetos ou categorias específicas de produtos e serviços que são consumidos de forma contínua pelo cliente.

No entanto, é óbvio que, mesmo sendo o fornecedor preferencial, suas propostas ainda serão comparadas com as dos concorrentes, no intuito de racionalizar a decisão de compra. Mas neste estágio do *continuum* de contribuição o cliente já está disposto a pagar um prêmio adicional, pois valoriza o caráter de exclusividade daquilo que está recebendo.

Vale assinalar que neste estágio o relacionamento com as pessoas-chave da conta já permite o acesso a informações mais confidenciais e não disponíveis aos outros fornecedores, oferecendo certas vantagens táticas. Por exemplo, com determinadas informações é possível iniciar uma oportunidade antes dos competidores, podendo assim definir as regras pelas quais eles serão avaliados. Na verdade, a presença mais constante na casa do cliente e o tratamento diferenciado começam a construir barreiras – embora ainda frágeis – para a atuação dos concorrentes.

Enquanto o nível do suporte for julgado bem acima da média e o desempenho da empresa – bem como o de suas ofertas – for considerado eficiente, suas posições neste estágio estarão seguras. Todavia, mesmo existindo certa fidelidade à marca, caso um concorrente consiga penetrar suas trincheiras e se posicionar em um nível mais alto de diálogo, demonstrando o valor de sua contribuição para o negócio ou para a estratégia do cliente, de nada adiantará a exclusividade dada até esse momento para essa conta. Você será convidado a contribuir para outro cliente.

PARCERIA DE NEGÓCIOS

Embora estejamos usando a figura de um *continuum* para explicar os diversos estágios do relacionamento entre duas empresas, migrar de estágios anteriores para o de um parceiro de negócios exigirá do fornecedor que ele vença uma enorme barreira, tal qual houvesse 300 guerreiros espartanos impedindo a passagem dele pelo desfiladeiro das Termópilas.

Vencer essa barreira significa ter a contribuição vista como adicionadora de valor organizacional ao negócio do cliente. Neste estágio, os executivos da empresa veem o vendedor como um consultor, e seus encontros, mais como reuniões de negócio do que uma simples visita de vendas. Por enxergarem valor naquilo que está sendo dito e entregue, os acessos aos níveis hierárquicos superiores não são simplesmente concedidos. Na verdade, é possível permanecer lá de forma perene.

Como um consultor, as orientações e ações do vendedor se concentram em questões relacionadas com os resultados da empresa, como aumento das receitas, redução dos custos, aumento da produtividade, de margens e lucros. O que está em foco não é apenas vender produtos e serviços, visto neste estágio muito mais como uma consequência natural da resolução de problemas ou da capitalização de oportunidades. O vendedor, ao adotar uma postura consultiva, acaba integrando em suas soluções não somente os produtos ou serviços que estão em sua lista de preços, mas também outros componentes auxiliares, que, embora muitas vezes não estejam relacionados diretamente com suas ofertas, ajudam a compor uma opção para a conta.

Em vários casos, a barreira que impede uma empresa de atingir este estágio é a postura do vendedor, que "empurra" seus produtos e serviços em um modo transacional com o intuito de simplesmente bater suas metas no curto prazo. Além disso, fatores como o estilo e o nível de comunicação mantidos com seus interlocutores, os investimentos necessários para construir o relacionamento ou mesmo a postura dos interlocutores ou a cultura empresarial na qual eles estão inseridos podem impedir um vendedor de conquistar esse nível de relacionamento.

Vencer tais barreiras, obviamente, não permitirá ao fornecedor colocar seus preços acima do valor percebido pelos clientes, mas sem dúvida o habilitará a manter um diálogo muito menos focado em preços ou nas características de suas ofertas. Neste estágio, podemos dizer que a presença de concorrentes é menos percebida no horizonte daqueles que usufruem dessas paisagens.

PARCERIA ESTRATÉGICA

> Quando a empresa fornecedora chega ao nível de ser considerada uma parceira estratégica por um cliente, é ela que se torna um ativo externo para ele.

Quando a empresa fornecedora chega ao nível de ser considerada uma parceira estratégica por um cliente, é ela que se torna um ativo externo para ele. Neste estágio, o relacionamento vai além dos resultados no curto ou no médio prazo, e o fornecedor passa a contribuir para a arquitetura das futuras estratégias da empresa-cliente. Tornar-se um conselheiro de confiança para um cliente dependerá da habilidade do vendedor em compreender o negócio dele e seus direcionadores estratégicos, bem como do fato de ele assumir um alto grau de comprometimento e responsabilidade para com as ações pactuadas. Trocando em miúdos, a habilidade do vendedor em amealhar e direcionar os recursos necessários para o sucesso de seu cliente e do relacionamento mantido entre as partes será fundamental para gerenciar de modo adequado essa conta.

Neste nível, o diálogo se trava nos mais altos escalões organizacionais, e as contribuições são percebidas como valiosas para a lucratividade e a sobrevivência organizacional. Aqui, as decisões de compra são tomadas levando em conta apenas o valor, e não o preço. A base do relacionamento é ajudar o cliente a atingir seus objetivos empresariais, e em muitos casos a empresa conquista o direito de ser a única fornecedora de um produto ou serviço.

Novamente, muitas vezes, quem determinará se um fornecedor alcançará ou não este estágio é a própria empresa-cliente. Contudo, para os poucos eleitos para esse tipo de relacionamento, os dias de simples fornecedor que compete com outras empresas, tendo que fazer concessões a toda hora e provar incessantemente a excelência de seus produtos e serviços, terão finalmente ficado para trás. Ele agora é um conselheiro que detém plena confiança de seu cliente, e não mais um mero vendedor que busca a duras penas sua cota. Não é raro pedidos serem feitos sem mesmo passarem pelo processo formal de compras, pois vender agora é apenas uma consequência ou, melhor dizendo, uma retribuição aos bons conselhos prestados.

Neste estágio do *continuum*, existem múltiplos contatos-chave em diversos níveis de ambas as organizações e um natural acoplamento hierárquico entre elas. É comum haver reuniões conjuntas de planejamento e compartilhamento de ideias, objetivos e visões. Equipes formadas por colaboradores das duas organizações podem trabalhar dividindo ou complementando funções. Acordos, formais ou informais, são estabelecidos de forma a prestar o devido apoio ao cliente. A contribuição do fornecedor que chega a esse ponto é percebida não somente pelos altos escalões do cliente, mas por todas as pessoas da estrutura organizacional, já que o valor entregue os ajuda em sua produtividade e traz o retorno esperado pelos acionistas.

É lógico que chegar a esse nível exige considerável investimento por parte da empresa fornecedora. Na verdade, poucas conseguem sustentar esse tipo de aliança com muitos clientes ao mesmo tempo. Receber a atenção necessária para permanecer neste estágio, oferecendo em troca as devidas contrapartidas em termos de receita e lucratividade, requer o estabelecimento de um processo específico para o gerenciamento de uma conta-chave. Entretanto, o fornecedor que atinge esse ponto, o ápice no *continuum* de contribuição, consegue criar barreiras extraordinárias, blindando a conta contra os ataques dos concorrentes.

SELEÇÃO DE UMA CONTA-CHAVE

Para ser considerada chave, uma conta deve ser relevante para que uma empresa atinja seus objetivos organizacionais de médio e longo prazos. Além disso, perdê-la deve acarretar impactos profundos nos negócios, difíceis de recuperar no curto prazo. Adicionalmente, para que uma conta seja trabalhada como chave, necessita-se de informação de qualidade, o que implica que a conta já seja cliente e já se tenha algum tipo de relacionamento com ela. Não podemos confundir o gerenciamento de uma conta-chave com o planejamento tático para a aquisição de um importante, mas ainda potencial, cliente.

Os critérios a seguir devem ser analisados para selecionarmos corretamente nossas contas-chave.

- **Receita e lucratividade potenciais.** É importante que o critério usado vá além da receita gerada. Mais do que simplesmente verificar os resultados atuais ou históricos advindos desse relacionamento, uma vez que a seleção de uma conta-chave implicará substanciais investimentos, ela deve significar retornos adequados para sua empresa. Muitas organizações que movimentam altos volumes de negócios não são exatamente lucrativas. Ao analisar com cuidado as vendas realizadas, podemos perceber que fatores como níveis excessivos de descontos, alto custo de suporte e excessos de privilégios acabam jogando a lucratividade da operação com essas empresas na lona. Como estamos falando do sucesso de nossa empresa no longo prazo, denominar uma conta como chave não pode ser considerado uma "premiação pela amizade e pelos serviços prestados".

- **Potencial de crescimento.** Devemos estar atentos ao futuro dessas contas. Esse cliente e o mercado em que opera estão crescendo? Podemos ajudá-lo a crescer ainda mais? Nossos negócios futuros com uma conta-chave também estarão ligados a sua capacidade de crescimento.

- **Representatividade.** A visibilidade ou o cacife que esse cliente tem no setor em que opera podem indicar que, mesmo que a conta não traga o retorno dos investimentos a serem feitos, obteremos um "efeito dominó", conquistando outras empresas no mercado e obtendo maior reconhecimento de nossas marcas.

- **Segurança financeira.** Em razão da tendência de fusões e aquisições nos mercados atuais, com a consequente concentração dos negócios nas mãos de poucos, pode acontecer de selecionarmos uma conta-chave, fazermos uma série de investimentos e depois depararmos com a notícia de que ela foi adquirida por outra. Essa notícia é péssima, principalmente se a empresa que assumiu o controle acionário jogar no time de nosso concorrente. Assim, vale a pena checar a saúde financeira de uma empresa antes de considerá-la uma conta-chave.

- **Aderência cultural.** Independentemente dos outros fatores, alguns clientes podem ter uma cultura dominante tão difícil de lidar que os selecionar como conta-chave pode simplesmente não valer a pena. Isso porque os investimentos que essa nomeação acarretará não trarão os retornos esperados. Uma conta, para ser considerada chave, deve apresentar bom potencial para um inter-relacionamento organizacional, necessário para o desenvolvimento conjunto de estratégias e objetivos. Somente assim teremos condição de alcançar posições mais seguras no *continuum* de contribuição com essa empresa. Para que uma empresa mereça um tratamento de primeira classe, ela também deve tratá-lo como um fornecedor de primeira classe.

Predizer se uma conta, por ser classificada como chave, trará a sua empresa o retorno adequado é uma tarefa difícil. Determinar se esse tratamento diferenciado beneficiará essa conta é mais difícil ainda, porque somente a conta poderá decidir isso. A menos que o cliente acredite que ser uma conta-chave para a sua organização lhe trará benefícios concretos – ou possa ser convencido disso –, é mais aconselhável que os recursos necessários para a construção de uma melhor relação sejam alocados em outra conta.

Outro ponto interessante a ser considerado é que uma conta-chave não necessita ser sempre um cliente final de nossa empresa. Diversas organizações que operam com modelos indiretos de vendas, utilizando distribuidores e revendedores, podem aplicar os mesmos conceitos aqui abordados para o gerenciamento do relacionamento com os canais que representem grande parcela de seus resultados, atuais ou potenciais.

> **Uma conta-chave não necessita ser sempre um cliente final de nossa empresa. Diversas organizações que operam com modelos indiretos de vendas, utilizando distribuidores e revendedores, podem aplicar os mesmos conceitos aqui abordados para o gerenciamento do relacionamento com os canais que representem grande parcela de seus resultados.**

Finalmente, ao selecionar sua conta-chave, tenha em mente que uma das grandes armadilhas é definir uma lista longa demais, contendo todos os nomes de empresas de nossa carteira que queríamos que fossem tratadas de forma diferenciada. Não podemos tratar todos os nossos clientes como chave, pois é impossível ter todos os recursos necessários para esse fim. Em algumas organizações, o conceito de tratar uma parte dos clientes como chave – especiais, estratégicos ou qualquer outro nome que o programa receba – é implementado de forma equivocada. Alguns gerentes de relacionamento chegam a cuidar de vinte clientes ditos como chave, ou até mais. É fácil perceber que é impossível uma pessoa dar o foco especial necessário para tantos clientes ao mesmo tempo. Aplique o bom senso gerencial e analise que tipo de tratamento sua estratégia realmente determina que suas contas-chave devem receber.

ARENAS ESTRATÉGICAS

Um ponto importante que deve ser percebido por aqueles que desejam iniciar um processo de planejamento de sua relação com uma conta-chave é que o foco de nossa análise pode não ser aplicado à conta como um todo. Isso porque, quando falamos de uma conta-chave, em geral estamos falando de grandes empresas.

Uma organização com várias divisões, linhas de negócio, fábricas, filiais ou escritórios é uma entidade única ou são diversas entidades? É importante ter em mente que o planejamento de uma conta-chave deve ser desenvolvido de forma segmentada, facilitando seu gerenciamento e refletindo a autonomia de decisão de compra contida em cada uma das entidades. Apenas assim será possível traçar uma boa estratégia de relacionamento. Podemos chamar esses segmentos de "arenas estratégicas", pois é lá que se desenrolarão todas as nossas ações.

Uma arena deve ser definida em sincronia com a própria definição estrutural do cliente. Se uma divisão tem autonomia, podemos defini-la como uma arena; se a autonomia estiver em uma filial, essa entidade será nossa melhor segmentação; se em um mesmo prédio houver duas unidades de negócio independentes, poderemos ter duas arenas e assim por diante. Para cada arena, teremos que desenvolver uma estratégia de relacionamento diferente, porque, provavelmente, o comportamento delas também será diferente.

Ao selecionar nossa conta-chave, devemos definir quais arenas devem ser escolhidas, sempre analisando os pontos em que podemos proporcionar maiores contribuições e, logicamente, receber maiores retornos em troca disso. Onde estão os maiores problemas ou oportunidades para os quais nossas ofertas e nossa empresa podem fazer as melhores contribuições? Qual segmento da conta é mais importante para nós? Ao escolher uma conta-chave, devemos identificar as arenas que nos proporcionarão maior potencial de negócio e analisar se temos informações suficientes para iniciar nossa análise estratégica. Como já dissemos, de nada adiantará aplicar conceitos focados na percepção de nossa contribuição para um cliente se ainda não tivermos um relacionamento com ele. Planejar o gerenciamento de uma conta-chave é diferente de tentar vender para um cliente que desejamos ter em nossa carteira.

TIME DE CONTA

Desenvolver e manter o relacionamento com uma conta-chave é um esforço de toda uma equipe, e não de uma só pessoa. O risco de manter uma única pessoa detendo todas as informações sobre um cliente estratégico para os resultados futuros de uma empresa é muito alto. Caso essa pessoa seja transferida de função ou, pior, passe a trabalhar para a concorrência, a empresa terá que, praticamente, iniciar a construção do relacionamento com essa conta da estaca zero.

Para formar um bom time de conta, temos que analisar todos os pontos de contato que esse cliente mantém com nossa empresa, além de verificar todas as competências que precisamos reunir para atendê-lo de forma diferenciada. O time de conta pode reunir colaboradores de áreas ou funções distintas de nossa empresa, como marketing, serviços, atendimento ao cliente, produção, engenharia, pré-vendas, instalação, manutenção, pesquisa e desenvolvimento, jurídico, recursos humanos e finanças.

A ideia é formar um grupo interdependente e não muito grande de pessoas que detenham habilidades complementares, com o intuito de manter conexões interfuncionais com as áreas correspondentes ou de contato na conta-chave. Com isso, teremos melhor alinhamento e maior compreensão dos diversos desafios das pessoas que operam com esse cliente, bem como condições de construir a percepção correta sobre nossa contribuição.

Por esse conceito, os componentes do time se reportam de forma matricial – ou, pelo menos, virtual – ao gerente da conta, que deve liderar e sincronizar as atividades de planejamento, execução e comunicação dessa equipe, de modo que se chegue aos objetivos estratégicos definidos para o cliente. Torna-se evidente que as habilidades de um gerente de conta-chave são diferentes das de um profissional de vendas, que tem como único objetivo identificar oportunidades de vendas existentes em clientes atuais ou potenciais.

Ao abordar uma conta-chave por meio de um time de conta, ganhamos uma incrível habilidade de captar informações sobre o cliente. Adicionalmente, conseguimos trazer para a realidade de vendas diversas pessoas de nossa organização que trabalham em funções não diretamente relacionadas com essa missão. Por meio do conceito de times de contas, é possível implementar de forma concreta o velho adágio "nessa empresa, todo mundo vende".

E é por isso mesmo que, ao formar seu time de conta, é interessante verificar as questões a seguir.

- **Cobertura.** Os funcionários designados para relacionar-se com o cliente deverão manter uma frequência de contato satisfatória – mensal, semanal ou até mesmo diária, dependendo de cada situação – com as pessoas-chave. Como o time de conta pode ser uma estrutura virtual, muitas vezes essa função será adicionada às já realizadas por esses funcionários.

- **Conhecimento.** As pessoas selecionadas devem ter o conhecimento necessário sobre os produtos, os serviços e suas formas de aplicação, bem como sobre o setor no qual o cliente opera, para poderem dar as corretas contribuições aos indivíduos da conta-chave.

- **Relacionamento.** Devemos estar atentos às relações interpessoais já existentes com nossa conta-chave, bem como às respectivas afinidades e preferências, alocando as pessoas certas, que poderão construir ou manter mais facilmente os relacionamentos com os indivíduos da conta-chave.

- **Geografia.** A localização física das pessoas designadas para atender à conta-chave deve permitir que elas mantenham uma cobertura adequada. De nada adianta designar uma pessoa que trabalha perto da matriz de uma conta-chave se o foco do relacionamento é uma divisão situada a milhares de quilômetros de distância desse local.

- **Disponibilidade.** As pessoas do time de conta devem estar disponíveis quando necessário. Os cortes de custos promovidos nas últimas décadas levaram a uma sobrecarga de trabalho para todos. Não adianta colocar uma excelente pessoa como contato se ela não tiver tempo para dar atenção à conta. O melhor contato pode ser aquele que esteja mais disponível, independentemente de suas habilidades e seus conhecimentos.

É importante notar que, quando implementamos o conceito de time de conta, não estamos distribuindo a responsabilidade do relacionamento com a conta, mas oferecendo recursos adicionais para o trabalho a ser executado, interna ou externamente. No trato com uma conta-chave, é importante deixar claro para os altos executivos desse cliente quem é seu principal contato. Em muitas empresas organizadas por linhas de produto, é comum diversos vendedores visitarem as mesmas pessoas em uma empresa com mensagens distintas, muitas vezes contraditórias. Isso geralmente gera ruídos e conflitos.

> **Quando implementamos o conceito de time de conta, não estamos distribuindo a responsabilidade do relacionamento com a conta, mas oferecendo recursos adicionais para o trabalho a ser executado, interna ou externamente.**

Outro ponto importante é a autoridade necessária sobre o time de conta e sobre a conta em si, pois o gerenciamento dela envolverá, como já dito anteriormente, a alocação de investimentos substanciais. Acontece que esse tipo de arranjo certamente afetará a estrutura de poder da organização fornecedora, o que nos leva a um outro ponto relevante da implantação correta desse processo dentro das empresas: ele deve ser fortemente respaldado pelos altos executivos.

Isso pode ser feito de duas maneiras complementares. Primeiro, é possível designar um alto executivo como patrocinador do processo de todas as contas-chaves. Ele terá a missão de tornar tangível com ações, e não apenas com palavras, seu endosso à nova filosofia de gerenciamento dessas contas e deve estar preparado para tomar decisões difíceis, como preterir alguma verba para um cliente ou outra ação da empresa em favor de uma conta-chave.

Como esse processo implicará a alocação de recursos, muitas vezes não previstos nos orçamentos, e também a delegação de autoridade aos gerentes das contas-chave, o total comprometimento de um executivo pertencente ao alto escalão da organização vendedora é vital. De fato, a menos que o apoio ao gerenciamento de uma conta-chave venha de cima, será muito difícil implementar um processo desse tipo, principalmente quando estamos falando de empresas em que a cultura de vendas não é priorizada e outras áreas, como marketing e produção, detêm maior nível de poder organizacional.

Uma segunda forma, complementar ao patrocínio executivo do programa como um todo, é a designação de um executivo para cada conta-chave, o qual fará parte do time de conta. Desde que esteja firmemente comprometido com o processo e a conta, esse executivo poderá vir de qualquer área da empresa, como produção, recursos humanos e finanças. Com essa medida, a empresa vendedora poderá demonstrar, tanto internamente para seus funcionários como externamente para a conta, seu compromisso real para a construção de um forte relacionamento de longo prazo com ela.

Conceitualmente, o alto executivo alocado a cada conta trabalhará sob as ordens e o direcionamento do gerente da conta-chave, o que exigirá alto grau de inteligência emocional desse executivo. Exemplo disso é saber enfrentar a situação de "ser despedido" do time pelo gerente da conta em razão de qualquer tipo de incompatibilidade com o cliente ou de não comprometimento com ações estabelecidas para serem implementadas.

Finalmente, outro ponto a ser considerado é o modo como os participantes do time de conta, que vêm de áreas distintas, serão recompensados. Como as atribuições advindas do processo de planejamento da conta-chave serão adicionais às já realizadas por essas pessoas, não as motivar adequadamente poderá fazer com que o plano da conta acabe ficando apenas "no papel". De fato, se as pessoas arregimentadas para participar diretamente do time de conta não tiverem as devidas contrapartidas, o programa acabará fracassando ou, pelo menos, não atingirá todo o seu potencial.

SITUAÇÃO ATUAL NA ARENA

A fim de que você e seu time de conta possam planejar sua estratégia para uma arena específica, terão que transformar informação em inteligência. E, para isso, será necessário primeiro coletar informação e, em seguida, analisá-la, verificando todas as implicações que possa indicar. Somente assim vocês terão condição de determinar onde estão e aonde poderão chegar em termos da percepção do cliente sobre sua contribuição.

A informação coletada nessa fase servirá como base para todo o desenvolvimento da estratégia e do plano de ação com a conta. Nossa missão nesta fase é ter um entendimento mais profundo sobre o negócio do cliente, bem como sobre as necessidades de cada pessoa-chave da arena de negócios.

A EMPRESA

Como já discutimos anteriormente, vendedores em geral não gostam de investir muito tempo coletando informação sobre um cliente. No entanto, apesar de essa tarefa consumir grande quantidade de tempo e esforço, é preciso ter em mente que toda boa estratégia requer o uso correto das informações certas. Por isso, quanto melhor forem as informações que você coletar nessa fase, mais bem capacitado estará para arquitetar sua estratégia. E, como estamos falando de uma conta que responde por uma significativa parcela de seu negócio, é fácil entender que coletar informações é uma maneira extremamente inteligente de usar seu tempo.

Esta fase provavelmente consumirá algumas semanas e exigirá também esforços dos demais componentes do time de conta, bem como de todas as pessoas que mantêm algum tipo de contato com o cliente. As seguintes fontes, entre outras, poderão ser usadas para a captura das informações:

- balanços, relatórios anuais, resumos e análises setoriais;

- artigos, matérias e estudos feitos sobre sua conta e a indústria da qual ela participa;

- histórico e informações sobre os negócios anteriores entre sua empresa e essa conta;

- organogramas, material técnico, material de marketing e outros materiais coletados na própria conta;

- entrevistas com as pessoas da arena estratégica;

- entrevistas com clientes dessa conta;

- opiniões de especialistas do setor e de investidores.

A ideia desta fase de coleta de dados é ter um nível de compreensão profundo sobre o cliente e a indústria em que ele opera: quais são as estruturas existentes, os concorrentes dele, as estratégias usadas, o perfil e estilo das pessoas, seus valores e assim por diante. Entender esses pontos nos ajuda a compreender as deficiências e as forças, bem como as oportunidades e as ameaças existentes na arena estratégica. O resultado de sua análise será entender como potenciais mudanças no mercado e na indústria poderão impactar o modo como seus produtos e serviços serão percebidos pela conta, ou melhor, se eles poderão ou não trazer para ela vantagens competitivas.

Procure consolidar as informações obtidas nesta fase nos pontos detalhados a seguir.

- **Mudanças e tendências.** Liste as mudanças mais significativas que vêm ocorrendo para a conta em termos de mercado, economia, demografia, natureza, tecnologia, política, leis e regulamentações, sociedade, cultura, clientes, linhas de produtos ou serviços, estratégias e estruturas organizacionais. Em muitos casos, a análise do ambiente externo em que a conta e os clientes da conta operam é fundamental para a correta compreensão das principais tendências de mercado.

- **Situação econômico-financeira.** Levante os principais indicativos da conta nos últimos anos. Como estão as receitas e os lucros? Existe alguma tendência nesses números? Eles estão crescendo ou enfrentando problemas? Quais são as opiniões das pessoas de dentro e de fora da conta sobre o desempenho da arena estratégica?

- **Concorrentes da arena.** Colete informações relevantes sobre os concorrentes da arena. Note, não estamos falando dos "seus" concorrentes, mas dos concorrentes "da arena" no mercado em que ela atua.

- **Forças, oportunidades, deficiências e ameaças.** Forças e deficiências são fatores internos à arena estratégica que a tornam forte ou frágil. Oportunidades e ameaças são fatores externos, favoráveis ou desfavoráveis a ela. Sob o ponto de vista dessa arena, tente coletar informações e distribuí-las em cada uma dessas classes.

- **Planos, preocupações, desafios e opiniões.** Ao realizar as entrevistas pessoais com os funcionários da arena, liste os principais pontos nos níveis operacional, de negócio e estratégico. Qual é a visão dessas pessoas sobre o setor do qual elas participam e qual é a situação vivenciada? Que iniciativas são tomadas para tirar proveito de oportunidades e eliminar ou minimizar deficiências e ameaças? Quais são as principais iniciativas de negócio colocadas em ação nesse momento por essas pessoas?

- **Vendas.** Levante seu histórico de oportunidades ganhas e perdidas nessa arena, bem como as oportunidades atualmente trabalhadas. Existe algum padrão para o sucesso e o fracasso nas oportunidades? Qual é o comportamento de compra dessa arena? Liste suas principais preocupações em relação ao sucesso com a conta – tanto o sucesso passado como o futuro.

- **Relacionamento.** Consolide a visão da conta sobre a atuação de sua empresa. Com quais pessoas da arena é mantido algum tipo de relacionamento? Como esses relacionamentos são percebidos por elas? Qual é a opinião dessas pessoas sobre sua empresa e sua indústria? Quais são as expectativas e opiniões sobre sua atuação e sobre o valor de seus produtos e serviços? Como elas julgam você e os demais pontos de contato com sua empresa em relação a fatores como competência, acessibilidade, comunicação, agilidade nas respostas, cumprimento do que é combinado, compreensão do negócio e facilidade para fazer negócios? Quem são as pessoas mais importantes para seu sucesso na arena estratégica?

Como você já deve ter percebido, montar um quadro completo com essas informações demandará muito esforço e trabalho em equipe. Mas qualquer trabalho de planejamento e preparação feito sem informação de qualidade é sempre perda de tempo. Por outro lado, é lógico que o nível de detalhamento das informações que sugerimos que sejam coletadas pode não ser adequado a todos os relacionamentos mantidos entre fornecedores e contas-chave. Isso poderá variar caso a caso e também dependerá do nível em que você está e pretende chegar dentro do continuum de contribuição com essa arena estratégica.

OS CONCORRENTES

O próximo passo será colocar-se na posição das pessoas da arena estratégica e analisar as percepções delas sobre os principais concorrentes da sua empresa. Isso pode ser identificado durante as entrevistas, de forma direta ou indireta, ou inferido com base nas comunicações e ações que seus concorrentes promovem no mercado.

Uma estratégia sólida para uma conta-chave não pode deixar de conter uma boa análise de como essa conta percebe os pontos fracos e fortes dos concorrentes de um fornecedor. Por tal motivo, temos que desenvolver um correto senso da percepção dessa conta sobre as alternativas que ela tem disponível no lugar de comprar de nossa empresa.

Nesta etapa, procure colher informações sobre as atividades de seus concorrentes na conta e suas estratégias com relação a ela. Procure também saber quais recursos e capacidades estão sendo oferecidos por eles.

CONSOLIDAÇÃO DA ANÁLISE ESTRATÉGICA

Nosso próximo passo consiste em consolidar todas as informações até agora obtidas em uma única análise estratégica. Para tal consolidação, será útil adotarmos novamente os mesmos conceitos de forças, oportunidades, deficiências e ameaças que, vale a pena lembrar, foram abordados no capítulo 5, quando realizamos uma análise estratégica para uma oportunidade de vendas.

Contudo, como a ótica que vamos adotar agora é a nossa, é importante entender o que significa cada um desses pontos para nós.

OPORTUNIDADES

Devem ser considerados como oportunidades quaisquer problemas, necessidades, ameaças, deficiências e oportunidades de negócios vivenciados pela arena estratégica e sobre os quais temos alto nível de controle. Ter controle, nesse caso, significa que os pontos fortes de nossos produtos, serviços e soluções, bem como os de nossa organização, podem ajudar a arena a resolver – ou, pelo menos, a minimizar – determinada questão. Para o correto gerenciamento de uma conta-chave, devemos ter em mente que nosso foco é ajudá-la em seu negócio, e não simplesmente vender nossos produtos e serviços. Devemos olhar toda a cadeia de valor da conta e entender onde podemos contribuir mais. Ao ajudar a arena estratégica a equacionar situações positivas e negativas, que valor levaremos para ela? Devemos analisar a atratividade de cada oportunidade de contribuição identificada, bem como a duração dos impactos positivos que serão obtidos. Tenha em mente que o foco de nosso planejamento deve ser de um a três anos.

AMEAÇAS

A contrapartida do conceito de oportunidade é que devemos analisar quaisquer problemas, necessidades, ameaças, deficiências e oportunidades de negócio existentes no contexto da arena estratégica sobre os quais temos baixo ou nenhum nível de controle. Se verificarmos que não podemos ajudar nossa arena nessas questões, mas nossos concorrentes podem, teremos então uma ameaça, pois existe um risco real de perdermos espaço para eles. Novamente, os impactos dessas ameaças devem ser considerados em relação ao tempo.

FORÇAS

Você deverá considerar forças apenas os pontos que, sob a ótica das pessoas pertencentes à arena estratégica, são suas principais competências e diferenciações em relação a

> Independentemente do que seu pessoal de marketing fale, força é o que traz valor para o cliente.

seus concorrentes. Independentemente do que seu pessoal de marketing fale, força é o que traz valor para o cliente. Volte à análise de seus concorrentes e verifique quais foram os pontos fracos percebidos neles pela arena estratégica. Pergunte-se se alguns desses pontos podem ser considerados forças suas. Adicionalmente, verifique se seu histórico e os benefícios já entregues à conta, bem como sua posição atual na arena, trazem-lhe alguma vantagem específica. São as suas forças que irão ajudá-lo a enfrentar mudanças significativas no mercado e a manter ou melhorar sua posição estratégica na arena, maximizando suas oportunidades e eliminando ou minimizando suas ameaças.

DEFICIÊNCIAS

Deficiências são as percepções atuais da arena estratégica que prejudicam sua posição. Elas podem estar relacionadas às capacidades que seus produtos, serviços ou soluções entregam, à forma como são entregues ou a outros fatores relacionados com a sua organização. Quando uma pessoa-chave em sua conta não percebe valor em algum aspecto do seu relacionamento com ela, você está diante de uma deficiência. Volte novamente à análise de seus concorrentes e considere deficiências suas os pontos fortes percebidos neles pela arena. Além disso, deverão ser consideradas deficiências quaisquer outras informações que, caso as pessoas-chave da conta conheçam, irão prejudicar sua posição na arena no curto ou no médio prazo.

MAPA DO RELACIONAMENTO

No capítulo 2, quando tratamos do ciclo de vida de uma venda complexa, foram explicados os diversos papéis de influência sobre a decisão de compra de uma oportunidade de vendas. No capítulo 5, analisamos com mais profundidade esses influenciadores, entendendo seu nível de poder, suas percepções diante das realidades vivenciadas e suas posturas perante os fornecedores da compra em questão.

Agora, nosso foco não está mais sobre a oportunidade de vendas em si, mas sobre o relacionamento com a arena como um todo e as percepções de nossa contribuição. Assim, teremos que fazer um novo mapeamento de pessoas-chave, que podem não ser as mesmas em todas as oportunidades de vendas existentes. Isso porque, quando falamos de toda uma arena de negócios que representa boa parcela de nossos resultados (atuais e futuros), presumimos que existam diversas oportunidades de vendas acontecendo de forma contínua, cada uma com seus respectivos influenciadores de decisão, que podem ser diferentes pessoas. Quando pensamos nas pessoas-chave de uma arena, temos que verificar se essas pessoas não se encontram em um nível hierárquico mais elevado do que o dos influenciadores de uma única oportunidade de venda.

É por isso que o próximo passo em nossa análise consiste em identificar e mapear quem são as pessoas importantes na arena, que têm poder de influenciar o relacionamento como um todo. Precisamos entender seu nível de poder e sua postura para conosco, bem como seus elementos motivadores, suas metas e prioridades pessoais e organizacionais. Quem são as pessoas que possuem autoridade formal sobre a arena estratégica, além de influência sobre as demais pessoas-chave? Quem são os defensores e os antagonistas de nossa posição ali? Quem pode nos dar um bom direcionamento pelo fato de seu cargo elevado na estrutura organizacional permitir uma visão mais ampla e de longo prazo? Quem tem poder de influência – ou autoridade informal – e pode nos ajudar nesse direcionamento, mesmo não trabalhando diretamente na arena estratégica? Quem tem poder suficiente para conduzir o relacionamento em prol de nossos concorrentes? Existem lutas internas de poder na arena que fazem com que o fato de você ou sua empresa serem vistos com bons olhos por uma pessoa automaticamente o classifiquem como inimigo natural de outras?

Sua missão agora é analisar todos os pontos de contato que possam ser essenciais para seu sucesso na arena, verificando quais pessoas-chave ainda não estão sendo cobertas. Além de se familiarizar com os papéis dessas pessoas, o time de conta deve coletar e armazenar informações históricas sobre elas: carreira, futuro organizacional, estilo pessoal e assim por diante. Isso porque as estruturas organizacionais estão sempre em mudança, e é bom perceber quem poderá ter mais – ou menos – poder no futuro. Lembre-se de que, novamente, nosso horizonte de planejamento é de um a três anos. Nossa capacidade de prever quem estará no "topo da cadeia alimentar" daqui a algum tempo talvez seja mais importante para o planejamento de nosso relacionamento com a arena do que saber quem está no comando neste instante.

ELABORAÇÃO DA ESTRATÉGIA

Para uma conta-chave, a estratégia deve ser pensada no longo prazo, independentemente se isso significa dois, três ou cinco anos. Manter esse direcionamento em mente implica deixar de ter um foco restrito apenas na venda de produtos e serviços ou na cota a ser cumprida. Implica ter foco no negócio da empresa-cliente e pensar como podemos elaborar uma estratégia que fará com que essa conta chegue aos objetivos de negócio "dela".

Após obter e analisar todas as informações necessárias sobre a arena, seu mercado, nossos concorrentes e as pessoas-chave com quem o time de conta deve manter um correto acoplamento, teremos condições de entender de forma mais concreta nossa posição na arena e, assim, determinar aonde queremos chegar e como chegar. Ao elaborar sua estratégia para uma arena específica de uma conta-chave, você precisará seguir alguns passos.

1. Estabelecer claramente aonde você quer chegar no *continuum* de contribuição: sua visão de contribuição.

2. Definir os objetivos a alcançar: seus objetivos qualitativos.

3. Identificar as ações que devem ser implementadas para conquistar esses objetivos: seu plano de investimentos.

4. Verificar quais resultados serão necessários em contrapartida aos investimentos a serem feitos: seus objetivos quantitativos.

VISÃO DE CONTRIBUIÇÃO

Estabelecer claramente aonde você quer chegar no *continuum* de contribuição implica criar uma visão da percepção futura da arena sobre sua contribuição para o negócio dela. Ter visão significa conceber previamente em nossa mente o que se tornará real no futuro. A habilidade de visualizar o futuro é uma das características das pessoas e empresas bem-sucedidas.

Criar e estabelecer formalmente uma visão, no entanto, é bem diferente de apenas desejar algo. A visão de contribuição deve ser entendida como a essência de nossa estratégia de relacionamento para com uma arena de negócios. É o que alinhará e guiará todos os nossos esforços e nossas comunicações, tanto interna como externamente.

Como já observado, as informações obtidas e analisadas na fase anterior lhe permitirão identificar o ponto em que você está no *continuum* de contribuição com a arena. De que forma sua organização é vista: como uma fornecedora de *commodities*, uma fornecedora de qualidade, uma empresa que trata a arena de forma diferenciada, um parceiro de negócios ou um contribuidor estratégico para o sucesso da organização? Antes de iniciar a formulação de sua estratégia, é importante que você e seu time de conta cheguem a uma conclusão sobre essa questão.

O próximo passo consiste em determinar qual é a visão desejada para o relacionamento com a arena no futuro. Mesmo que o foco de seu plano seja para o próximo ano e as ações e os objetivos possam mudar de tempos em tempos, o horizonte de sua visão deve ser, por definição, de mais longa duração. Em sua visão, procure definir qual a contribuição que deseja dar para o negócio da arena analisada, como mostram os exemplos a seguir.

- "Ser reconhecido pela área de canais da empresa SUMMIT como um fornecedor estratégico que ajudou a aumentar a lucratividade de sua operação por meio da implantação de metodologias de vendas."

- "A divisão de caminhões da ABC nos reconhecerá como o parceiro que a ajudou a conquistar maior participação de mercado, graças às melhorias proporcionadas em sua linha de montagem por meio de nossos equipamentos de testes e controle de qualidade."

- "Ser vista como a empresa que ajudou a unidade de produtos pessoais da ACME S.A. a otimizar sua logística de distribuição por meio de nossos serviços de transporte fracionado."

Ao idealizar sua visão, você e sua equipe devem se perguntar se, ao concretizá-la, terão alcançado a posição desejada no *continuum* de contribuição com a arena. Mais ainda, o cliente permitirá que você chegue lá? É importante assinalar que, quaisquer que sejam a visão e o estágio do *continuum* a que ela pertença, os próximos passos de sua estratégia dependerão de sua correta definição.

OBJETIVOS QUALITATIVOS

Sair de onde você está e chegar aonde você gostaria de estar no *continuum* de contribuição com a arena significa conquistar certos passos intermediários com o intuito de mudar alguns pontos que afetam a condição de você ser percebido em um nível superior de valor. Esses passos podem ser definidos como seus objetivos.

Quando falamos de objetivos relacionados à área comercial de uma empresa, é natural irmos logo pensando em vendas, receitas e lucros. Todavia, como o foco de nossa estratégia é alterar a percepção de nossa conta-chave, os objetivos dos quais tratamos neste momento são qualitativos, e não quantitativos.

Os objetivos qualitativos servem para chegarmos mais próximos de nossa visão, fortalecendo o relacionamento com as pessoas-chave da arena estratégica. As possíveis funções de nossos objetivos qualitativos podem ser:

- auxiliar a arena a capturar alguma oportunidade importante;

- ajudar as pessoas da arena a eliminar ou reduzir alguma deficiência em sua operação;

- defendê-las de alguma ameaça séria;

- remover as barreiras, fraquezas ou vulnerabilidades que impeçam a arena de ver sua organização como valiosa ao negócio dela;

- contribuir para que uma pessoa-chave atinja uma meta ou uma prioridade pessoal ou organizacional;

- construir um relacionamento mais forte com uma pessoa-chave;

- desenvolver uma solução criativa, uma nova tecnologia ou customizar uma solução.

É importante perceber que seus objetivos qualitativos, quaisquer que sejam eles, devem ter uma relação com o estágio em que você está no *continuum* de contribuição e a posição em que você deseja estar, segundo sua visão de contribuição. Além disso, para que sua estratégia seja implementável, ela não deverá conter muitos objetivos qualitativos. Como já exposto em outros capítulos, o intervalo de 7±2 é um excelente parâmetro em termos do que nossa mente pode gerenciar ao mesmo tempo.

Para definir seus objetivos, você deve se concentrar nos pontos mais relevantes identificados na etapa de consolidação de sua análise estratégica. Assim, use seus principais pontos fortes para capitalizar suas principais oportunidades, suavize suas principais deficiências ou se defenda de suas principais ameaças. Alguns exemplos de objetivos qualitativos são mostrados a seguir.

- "Ser percebido pelo diretor de canais como a empresa que o ajudou a tornar seus parceiros mais competitivos pelo uso de um processo estruturado de vendas."

- "Nosso objetivo é ser reconhecido pela equipe financeira da divisão de agronegócio da LPTO como o parceiro que a ajudou a conquistar as melhores margens com os contratos governamentais ao oferecer nossa nova tecnologia de cultivo."

- "Nosso objetivo é ser reconhecido como o fornecedor que ajudou o diretor de marketing da ABC a resolver seu grande problema de satisfação dos clientes, reduzindo em 50% o tempo de espera em sua central de atendimentos por meio do uso de nosso novo sistema de gerenciamento automático de chamadas."

- "Ser visto, ainda neste ano, como o fornecedor que mais rápido se adequou aos novos padrões de responsabilidade social, saúde previdenciária e uso consciente de recursos naturais fixados pela divisão Y da empresa X."

Seus objetivos devem ser sempre factíveis e realistas. Além disso, precisam estar conectados com a percepção das pessoas da arena estratégica em relação a sua contribuição.

PLANO DE INVESTIMENTOS

Gerenciar uma conta-chave implica investimentos diferenciados de recursos. Afinal, é necessário cuidar estrategicamente desse importante ativo. É impressionante, entretanto, como muitas empresas simplesmente não dão atenção a isso, colocando em vala comum o relacionamento com essas contas. Quando questionadas sobre o que é feito de especial com seus maiores clientes, elas dão uma triste resposta: "Nada". É lastimável.

Usufruir a quantidade desproporcional de receitas e lucros que uma conta-chave traz sem, em contrapartida, aplicar uma quantia diferenciada de investimentos em seu relacionamento é "queimar mobília para se aquecer no inverno". Infelizmente, só quando já é tarde demais e a concorrência roubou sua "galinha de ovos de ouro" é que muitas empresas começam a pensar no que poderiam ter feito para evitar esse desastre.

> **Usufruir a quantidade desproporcional de receitas e lucros que uma conta-chave traz sem, em contrapartida, aplicar uma quantia diferenciada de investimentos em seu relacionamento é "queimar mobília para se aquecer no inverno".**

Por outro lado, as organizações também não dispõem de quantidades infinitas de recursos, sejam eles financeiros, de tempo ou de pessoas. Diante disso, o objetivo do correto gerenciamento de uma conta-chave é usar da melhor forma os investimentos que podem e devem ser alocados no processo. Assim, nosso próximo passo na formulação de nossa estratégia para a arena estratégica consiste em analisar onde devemos focar nossos investimentos.

Para começar, você e seu time de conta devem analisar quais investimentos serão necessários para que sua empresa possa ajudar a arena a capitalizar oportunidades e eliminar ou minimizar deficiências e ameaças. Olhem os objetivos qualitativos definidos e analisem quais recursos serão necessários para que eles sejam efetivamente alcançados. Observem também o que pode ser feito para melhorar o relacionamento, a forma como a arena está sendo coberta, a infraestrutura colocada à disposição dela e assim por diante.

Adicionalmente, vale a pena analisar, caso investimentos já estejam sendo feitos na arena, se existe a possibilidade de interromper algo que não esteja gerando os frutos desejados. Interromper investimentos que não geram impactos significativos pode ser uma boa forma de liberar recursos para aplicar em ações mais estratégicas. Muitas vezes, as empresas agem por inércia, isto é, alguma ação que fazia sentido há algum tempo, mas não faz mais agora pode ainda estar em curso, desperdiçando recursos. Se o cliente não estiver vendo valor em alguma iniciativa, aja rápido e pare de jogar dinheiro fora.

Ao definir os investimentos necessários a fim de que os objetivos estabelecidos para a arena estratégica sejam alcançados, três tipos de programas deverão ser levados em consideração:

- programas atrelados diretamente à geração de vendas;

- programas focados na melhoria do relacionamento interpessoal com as pessoas-chave da arena;

- programas focados no suporte da operação com a arena. O time de conta terá que sugerir, desenvolver ou executar ações ligadas a diversas áreas organizacionais, como marketing, logística, recursos humanos, comunicação, vendas, produção e finanças, para que a estratégia da conta-chave seja plenamente desenvolvida.

Alguns exemplos desses tipos de programas podem ser:

- programas de visitas executivas entre as empresas;
- programas de manutenção e prevenção de equipamentos;
- disponibilização de uma área para demonstração de produtos e soluções;
- estruturação de um centro de contato com técnicos e especialistas;
- programas de treinamento;
- programas de atualização de equipamentos;
- programas de garantia estendida;
- implementação de serviços de atendimento ao cliente.

O gerente da conta deverá garantir o apoio de várias áreas internas da empresa, a fim de obter os recursos adequados no momento em que forem necessários. Novamente, o patrocínio executivo é vital para que barreiras internas sejam superadas e os investimentos necessários, liberados. Caso contrário, a estratégia não sairá do papel.

OBJETIVOS QUANTITATIVOS

É lógico que todo esse esforço de análise, planejamento e investimento deve ter sua devida contrapartida em termos de resultados. Assim, em seu processo para a melhoria do relacionamento com sua conta-chave, você e seu time de conta deverão levar em consideração se os esforços a empreender trarão o correto retorno para sua empresa. Isso implica que um passo necessário da elaboração de sua estratégia deve ser, necessariamente, avaliar também objetivos quantitativos em termos de receitas e lucros que possam advir da relação mais sofisticada com a arena estratégica.

Como a estratégia de relacionamento formulada é de médio e longo prazos, torna-se importante que a análise dos objetivos quantitativos também seja feita para esse período, não se restringindo somente ao próximo ano fiscal. Dependendo da complexidade de sua organização, esses objetivos podem incluir não somente a receita total, mas também a margem, as devidas quebras por linhas de produtos ou serviços, geografias e assim por diante.

Os objetivos quantitativos, mais do que simplesmente dizerem quanto será vendido para aquela empresa, servirão como balizadores do sucesso de sua estratégia e dos investimentos a serem alocados no cliente e também como um instrumento de comunicação e alinhamento com as demais áreas de sua empresa. Isso porque parte do seu trabalho será convencer a alta gerência dos investimentos necessários e preparar sua organização para atender adequadamente ao cliente.

Em geral, as organizações estabelecem suas metas "de cima para baixo". O vendedor – ou, no nosso caso, o gerente da conta-chave – recebe sua meta para o próximo período, seja ele o mês, seja o trimestre, seja o ano, porque "os deuses quiseram assim". Não existe muita discussão sobre a factibilidade ou não do número colocado à mesa. Entretanto, uma vez que, como dissemos, os objetivos quantitativos são também um instrumento de comunicação do time de conta, eles podem servir para trazer realidade às metas de vendas estabelecidas.

Outro ponto importante: muitas vezes, para a definição do quanto precisa ser vendido para uma conta-chave, as empresas usam dois métodos. O primeiro é pegar o que foi vendido no ano anterior e aplicar algum multiplicador – digamos, 10%, 20% ou 30%, para projetar o número do próximo ano. Outro método, muito comum, é utilizar intrincadas fórmulas com diversas variáveis, como crescimento do PIB, aumento da população e investimentos em marketing, para dar um tratamento mais "científico" ao número projetado. No entanto, esses dois métodos carregam o mesmo problema quando falamos de contas-chave: ninguém pergunta ao cliente quanto ele acredita que comprará de nossa organização no próximo período. Ao racionalizarmos e levarmos em conta a opinião da conta-chave sobre quanto a arena comprará, em vez de nos concentrarmos em quanto precisamos vender para ela, levamos um número mais realista para dentro da empresa. Nesse aspecto, nosso plano pode ser uma eficaz ferramenta de comunicação do gerente da conta-chave com sua organização.

Nesta etapa, é importante que o time de conta racionalize quanto de receita pode vir de uma arena. Uma excelente técnica para isso é promover uma análise de sensibilidade sobre as receitas futuras. Pense primeiro quanto essa empresa geraria de resultados caso você e seu time tivessem recursos ilimitados para aplicar na construção de um relacionamento melhor com ela. Em seguida, empreenda outro raciocínio: qual o mínimo de retorno que essa empresa deve dar para que você continue a tratá-la como um cliente-chave. Discuta os resultados obtidos e apresente sua percepção para a arena estratégica. O número previsto deve ser algo entre esses dois extremos. Certamente, esse método é mais seguro para prever o retorno que a conta dará para a organização. Os melhores gerentes de conta sempre têm uma visão realista sobre o potencial de negócios de uma conta-chave.

PLANO DE AÇÃO

Tudo que pensamos até agora não fará sentido se não for convertido em ações. E, para isso, você e seu time terão que estabelecer claramente as atividades a executar e as pessoas que serão encarregadas disso, bem como as datas para sua conclusão.

Um plano é algo dinâmico. Isso implica que ele terá que ser revisto periodicamente, bem como integrado às atividades diárias de cada um dos componentes do time de conta. A visão de contribuição que você definiu para sua conta determinou os objetivos qualitativos a alcançar. Os objetivos qualitativos, por sua vez, determinaram os investimentos e as ações que devem ser colocadas em prática. E as ações produziram seus resultados, ou seja, seus objetivos quantitativos. À medida que suas ações forem evoluindo e os resultados forem alcançados, novas oportunidades, ameaças, deficiências e forças surgirão. Assim, da mesma maneira que a estratégia determina as ações, estas determinam sua próxima estratégia. É o que podemos chamar de círculo virtuoso.

As ações contidas em seu plano poderão estar relacionadas à obtenção de novas informações para esclarecer algum ponto ainda obscuro de sua análise, aos programas de suporte, vendas ou relacionamento a serem lançados e ao próprio processo de revisão contínua do gerenciamento da conta-chave. Como você provavelmente já deve ter percebido, o processo de gerenciamento de uma conta-chave não é algo simples. Mas, se essa empresa responde por parte significativa do futuro de sua organização, certamente é vital e com um retorno altamente atrativo para todos, cliente e fornecedor.

A ORIGEM DE TODOS OS MEDOS

Marcel Sampaio Magalhães é de Blumenau, em Santa Catarina, e atualmente é coordenador de vendas e marketing em uma empresa de tecnologia da informação. Com mais de dez anos de experiência na área de TI, Marcel possui um MBA em gestão empresarial e é formado em sistemas de informação. Ele participou de um de meus treinamentos em 2014 e comenta que algo que ouviu lá o marcou bastante: o medo e a insegurança nos levam a cometer erros.

Tempos atrás, quando Marcel ainda trabalhava como especialista em soluções na equipe de pré-vendas de uma das maiores desenvolvedoras de sistemas para gestão empresarial do Brasil, ele foi escalado para passar uma semana em Porto Alegre, a fim de realizar uma série de apresentações para clientes potenciais. Como Marcel é forte adepto de uma abordagem consultiva, além de deter sólidos conhecimentos de processos empresariais, incluindo aí o de vendas, ele costuma se preparar muito antes de cada encontro.

Marcel diz que sempre procurava levantar o máximo de dados de cada *prospect*. O que eles faziam, quais eram suas dificuldades e seus sonhos. Colhia informações no *site* da empresa e buscava artigos relacionados ao mercado de cada um. Segundo Marcel, ele praticamente montava uma base de dados com diversas informações que ele inseria no contexto de cada apresentação para cada cliente diferente. Para ele, isso sempre fez – e continuará a fazer – grande diferença em sua atuação profissional.

Entretanto, naquela viagem, não foi bem assim que as coisas aconteceram. Como ele havia chegado muito tarde em Porto Alegre na noite anterior, vencido pelo cansaço, acabou não tendo tempo para se preparar adequadamente para a apresentação que teria logo na primeira hora da manhã seguinte. Quando o dia raiou, Marcel abriu os olhos na cama do hotel sentindo uma enorme insegurança. O que fazer, já que, apesar de dominar o assunto, ele não tinha nenhuma informação qualificada sobre o cliente?

Ele, então, decidiu ligar para o executivo de contas que era responsável por aquele *prospect*. O que Marcel ouviu dele acabou por deixá-lo ainda mais inseguro. O vendedor lhe disse que não se preocupasse muito, pois o cliente não queria comprar. Na verdade, o cliente nem tinha interesse: havia aceitado assistir à apresentação somente porque ele havia insistindo muito. O vendedor, mesmo assim, compartilhou algumas informações com Marcel e encerrou a conversa lembrando que o cliente tinha dado somente vinte minutos do tempo dele e que, ainda, a apresentação seria remota e não presencial.

Marcel tomou o café da manhã se lamentando por que o destino havia lhe reservado tamanha sorte. Fazer uma apresentação sem preparo para um cliente sem interesse realmente seria o "ápice" de sua carreira. Mas ele respirou fundo e foi em frente. No horário marcado, 9 horas, a apresentação começou.

Nos dez primeiros minutos, ele apenas fez perguntas relacionadas ao negócio do cliente, prendendo a atenção deste. Em seguida, deixou de lado a apresentação em PowerPoint que sempre usava, passando a construir exemplos de como o cliente poderia usar a solução que ele estava defendendo e quais benefícios eles poderiam colher dela. Quando se deu conta, percebeu que já era meio-dia e eles estavam discutindo os custos envolvidos com o licenciamento dos *softwares* e os serviços de implantação. Os vinte minutos inicialmente concedidos haviam se transformado em três horas de boa conversa.

Encerrada a apresentação, uma proposta foi rapidamente feita, e às 16 horas daquele mesmo dia ela voltou assinada pelo cliente.

Marcel credita essa venda, que saiu do nada e se transformou em negócio em apenas sete horas, ao fato de ter, mesmo diante de percalços, insistido em buscar conhecer mais sobre o negócio daquele cliente e ter conseguido atrelar o que vendia ao que realmente interessava para aquela empresa. Em sua visão, isso sempre será a chave do sucesso para o fechamento de qualquer venda.

PERGUNTAS PARA REFLEXÃO E DISCUSSÃO

1. Muitas "histórias de guerra" e de superação, contadas a todo momento por diversos profissionais de venda, são, na verdade, reflexos de falhas que ocorrem ao longo dos ciclos de vendas. Qual era a causa primordial da insegurança deste profissional de pré-vendas? Em sua opinião, houve falhas na situação relatada? Em caso positivo, liste essas falhas, bem como o que poderia ter sido feito preventivamente para que elas não tivessem ocorrido.

2. No caso apresentado, o pré-vendas relata que sempre teve o costume de pesquisar e coletar dados sobre os clientes aos quais ele era engajado. Você acredita que isso era uma função dele? Em caso negativo, de quem seria tal função? O que isso acaba gerando para as organizações? O que você faria se fosse o gerente daquela equipe de vendas?

3. Com base no que foi visto neste capítulo, que medidas poderiam ser tomadas para que situações como a relatada aqui fossem mais bem trabalhadas em uma conta considerada como chave?

CAPÍTULO 12

SUCESSO NA IMPLEMENTAÇÃO DE PROCESSOS DE VENDAS

Para que a implantação de processos de vendas seja bem-sucedida, é importante dar especial atenção a alguns fatores que abalam esse tipo de iniciativa. Dentre esses fatores, os mais frequentes são:

- busca de uma solução única e imediatista;

- planejamento incorreto dos recursos necessários;

- não envolvimento de todas as áreas inter-relacionadas a vendas, sejam elas internas ou externas, como os canais indiretos de distribuição;

- implementação de uma solução tecnológica antes de alinhar pessoas e processos;

- adoção de soluções que não transmitam, passo a passo, o "como fazer";

- falta de um adequado suporte gerencial;

- presunção de que "no meu negócio" é diferente.

Neste capítulo teceremos alguns comentários finais abordando esses fatores para aqueles que desejam ter sucesso na implantação de processos de vendas em suas empresas, dedicando especial atenção à oportunidade do processo de *coaching* como ferramenta gerencial. Segui-los certamente potencializará o retorno sobre os investimentos nesse tipo de empreendimento.

NÃO EXISTE PÍLULA MÁGICA

Algumas empresas ou alguns profissionais de vendas têm o costume de procurar uma única ação de capacitação – seja um treinamento ou mesmo uma simples palestra –, achando que ela vai resolver todos os seus problemas de vendas de uma hora para outra. Infelizmente, é preciso entender que não existe uma pílula mágica. Desenvolver a função de vendas de uma organização deve ser visto como o resultado de uma abordagem modular e evolutiva, que requer tempo para ser inteiramente implementada.

De fato, implantar com sucesso a abordagem processual de vendas implica promover melhorias sucessivas em cada subprocesso da função comercial. Como vimos ao longo destas páginas, quando se analisa sistematicamente o trabalho de um vendedor, percebe-se que existem núcleos distintos de atividades que, quando aperfeiçoados, geram impactos enormes nos resultados de um profissional e de sua organização. Esses núcleos de atividades podem ser descritos como a seguir.

> É preciso entender que não existe uma pílula mágica. Desenvolver a função de vendas de uma organização deve ser visto como o resultado de uma abordagem modular e evolutiva, que requer tempo para ser inteiramente implementada.

- Um profissional de vendas de qualidade superior deve saber prospectar, qualificar e fechar novas oportunidades de vendas, entendendo e controlando cada passo de seu ciclo.

- Ele também deve saber fazer a análise estratégica de suas oportunidades de vendas, estudando a concorrência, verificando informações que faltam e assinalando seus pontos fortes e fracos, oportunidades e ameaças. Com isso, o vendedor pode determinar as ações necessárias para ter maior probabilidade de sucesso na venda.

- O vendedor profissional deve saber planejar e preparar cuidadosamente as reuniões e os contatos com seus clientes, a fim de colocar em prática suas estratégias e táticas. No mercado competitivo atual, não existe mais espaço para improvisações.

- Mais do que simplesmente falar em valor, o vendedor precisa saber ajudar seu cliente a construir sua justificativa de valor. Como o processo de compra dentro das empresas necessita ser racionalizado por seus integrantes, um vendedor de alto nível precisa saber desenvolver, em conjunto com os clientes, uma análise lógica e racional do retorno sobre os investimentos a serem feitos em seus produtos, serviços e soluções.

- Elaborar uma proposta comercial é outro componente extremamente importante do processo de vendas. Em muitos casos, a primeira demonstração concreta que o cliente recebe da qualidade de uma empresa é exatamente sua proposta. Entretanto, a atividade de elaboração de proposta é relegada a segundo plano por muitos vendedores, pois é vista como uma tarefa meramente burocrática. Como resultado disso, perde-se muito dinheiro simplesmente porque o cliente não entendeu ou não percebeu corretamente o valor da proposta, que não estava customizada a sua situação em particular.

- Um bom vendedor também deve ser um negociador profissional. É impressionante como um sem-número de vendedores deixa quantias enormes na mesa de negociação por não saber negociar diante de compradores e clientes que utilizam táticas de barganhas, manobras e truques para reduzir o preço a ser pago. Na verdade, muitos profissionais de vendas ainda não compreenderam que vender e negociar são processos distintos na atividade comercial.

- Um profissional de vendas eficiente deve saber balancear seus esforços de vendas de forma a gerar fluxos de receitas constantes ao longo do tempo. Muito da correria que existe no final dos meses, dos trimestres ou dos anos fiscais deriva da falta de controle e de priorização das atividades do vendedor em relação a sua carteira de oportunidades.

- Grandes clientes e parceiros comerciais devem ser tratados como ativos externos da empresa. O profissional de vendas que lida com esses tipos de clientes deve ter um processo de gerenciamento e melhoria do relacionamento com eles. Afinal, a perda de um cliente que é responsável por uma fatia significativa do resultado da organização – ou mesmo a saída ou troca do vendedor que cuidava desse relacionamento – pode significar prejuízos enormes para a empresa.

Muitas empresas até iniciam algum tipo de processo de capacitação de sua equipe, mas ficam restritas a uma única etapa ou foco. Isso ocorre porque elas obtêm alguns resultados interessantes e não percebem que o horizonte de melhorias pode ser maior, ou não alcançam tais resultados e a frustração leva ao ceticismo ou, então, elas não se programam corretamente, deixando de prever os recursos necessários para esse tipo de investimento.

Como já observado, formar uma equipe de bons vendedores exige um processo de capacitação modular e evolutivo. E, quando feito da forma correta, esse processo é um dos investimentos com retornos mais altos e rápidos para o resultado final da organização.

> **Formar uma equipe de bons vendedores exige um processo de capacitação modular e evolutivo. E, quando feito da forma correta, esse processo é um dos investimentos com retornos mais altos e rápidos para o resultado final da organização.**

PLANEJE SEU INVESTIMENTO

Fazer da venda um processo ainda é um conceito novo para diversas empresas e profissionais. Muitos vendedores, ao perderem um negócio, não aceitam que o erro possa ter sido deles, colocando a culpa em fatores como preço, concorrência, pouca aderência das ofertas às necessidades do cliente ou decisões políticas, entre tantas outras desculpas. É difícil admitir que a venda poderia ter sido ganha caso o vendedor tivesse o respaldo de processos lógicos e robustos para guiá-lo durante seu ciclo.

Por outro lado, cabe às empresas investirem na capacitação de sua força de vendas, fato que, infelizmente, não ocorre de forma ou frequência adequada. Muitas empresas ainda não perceberam que capacitar sua força de vendas deve ser visto como um investimento e, portanto, deve ser previsto em sua estratégia e em seus orçamentos.

Pense no seguinte: quanto os vendedores concedem de desconto em uma negociação? Chegam a 5%, 10%, 15%? Compare esses percentuais com os que são alocados para investimentos em marketing, melhoria das estruturas internas, aumento de salários ou contratação de pessoas. É comum deixar nas mesas de negociações o equivalente a esses investimentos. A questão é que poucas empresas percebem essas perdas, pois as histórias levadas para dentro delas sempre dizem respeito ao que se fechou, e não ao que se deixou na mesa.

Infelizmente, ainda é comum gestores da área comercial pensarem que, ao tirar seus vendedores de campo, deixarão de efetivar vendas. É importante compreender que promover a atualização dos vendedores é um investimento e, da mesma forma que uma máquina quebra se não houver um correto programa de manutenção preventiva, a falta de planejamento para a elevação das competências da equipe comercial gera prejuízos para a empresa.

Certa vez, no final de um programa de capacitação que conduzimos para uma empresa, um diretor de vendas, que havia se mostrado a princípio bastante contrário à ideia de parar sua equipe por alguns dias, agradeceu-me dizendo "Olha, foi ótimo eles terem ficado em sala de aula todos esses dias. Assim, não cometeram um monte de erros na frente dos clientes. Tenho certeza de que deixamos de perder um dinheirão!".

Incrementar resultados fazendo melhor, em vez de fazer mais, significa, no final das contas, mais qualidade de vida para todos.

Incluir de forma estruturada em seu plano orçamentário os investimentos necessários para transformar uma equipe de vendas meramente transacional em uma equipe com excelência em vendas trará benefícios para sua empresa, para seus vendedores e também para seus clientes, que serão mais bem atendidos e compreendidos. Incrementar resultados fazendo melhor, em vez de fazer mais, significa, no final das contas, mais qualidade de vida para todos.

ENVOLVA INTERNAMENTE TODA A ORGANIZAÇÃO

Ao implantar processos de vendas, lembre-se de que todos devem estar cientes de sua importância e integrados em sua execução. Criar uma cultura de resultados implica homogeneizar a linguagem de vendas de todos os colaboradores da empresa, e não somente de seus vendedores. Isso quer dizer que, para obter um correto retorno sobre o investimento a ser feito, a empresa deverá envolver as demais áreas no processo.

Nesse sentido, os profissionais de marketing, consultores, técnicos, pessoal do pós-venda e demais colaboradores que mantêm contato com os clientes ou participam da estratégia de ida ao mercado devem ser chamados a participar da implementação dos processos e estar sincronizados com eles. Se todos falam a mesma língua, a comunicação torna-se mais ágil e as informações ficam mais precisas, reduzindo erros e otimizando recursos.

Por exemplo, em muitas empresas, a área de marketing consome tempo e recursos produzindo sofisticados e dispendiosos materiais promocionais sobre as características e os pretensos benefícios dos produtos e serviços. E, é bom frisar, em muitos casos isso é feito para atender às solicitações da própria equipe de vendas, que julga "imprescindível" levar um folheto, catálogo ou qualquer outra coisa do gênero em suas visitas de vendas. Entretanto, na grande maioria das vezes, como não foram construídos corretamente a atenção e o interesse necessários para despertar no cliente o desejo por informações mais detalhadas, estes aceitam os materiais apenas por educação, deixando-os guardados por algum tempo, até se lembrarem de que precisam jogá-los fora para limpar suas mesas e gavetas.

Assim, por que não colocar a área de marketing para desenvolver instrumentos realmente úteis para os vendedores durante o processo de vendas? Por exemplo, o marketing poderia elaborar cenários de uso dos produtos e serviços da empresa, juntamente com "perguntas" que seriam usadas pela força de vendas na compreensão das necessidades dos clientes, de seus motivos e impactos, bem como na formulação de sugestões do que poderia ser feito para solucionar as situações identificadas. Dessa maneira, a área de marketing proporcionaria ferramentas valiosas para que os vendedores tivessem maior facilidade na construção de imagens de compra na mente de seus clientes, ajudando-os a manter diálogos mais fluentes com os reais influenciadores das oportunidades trabalhadas e apoiando de forma mais concreta o processo de vendas.

Outro exemplo da importância de integrar as diversas áreas da empresa com os processos que serão implementados se dá quando o profissional de vendas faz uma visita em conjunto com um profissional de outra área. Quando um vendedor sai a campo com outro colaborador – por exemplo, um técnico ou especialista, um consultor, um funcionário da área de serviços –, é comum ocorrerem desastres na frente do cliente pelo fato de essas pessoas não estarem sincronizadas nem falarem a mesma língua. Provavelmente, você deve conhecer diversas histórias de técnicos que atrapalharam a negociação de um vendedor ou de um vendedor que entrou em discordância com seu colega na frente do cliente. Quando todos estão integrados e entendem o processo de vendas, torna-se bem mais fácil sincronizar as atividades de áreas distintas, o que gera um entendimento mais adequado da realidade de cada cliente, otimiza recursos e produz melhores resultados para todos.

INTEGRE TAMBÉM SEUS PARCEIROS EXTERNOS

Assim como acontece com profissionais da mesma empresa, um vendedor que faça uma visita em conjunto com um parceiro de seu canal indireto – seja ele um distribuidor, um revendedor, um agente ou qualquer outro tipo de representante externo – sem que ambos estejam sincronizados por meio de uma linguagem comum e pela mesma abordagem processual de vendas pode gerar enormes problemas. É vital que o canal fale a mesma língua da empresa que representa e que também esteja envolvido na implantação dos processos a serem adotados.

Na verdade, em organizações que utilizam canais indiretos de distribuição – os quais são independentes e, portanto, não respondem à relação típica de empregador e empregado –, os impactos de não ter um processo de vendas alinhando o modo como o canal vende e o necessário gerenciamento das oportunidades por ele conduzidas são ainda mais fortes. Melhorar o relacionamento com seu canal e otimizar a eficiência dos negócios por ele trabalhados são preocupações constantes das empresas que utilizam esse tipo de modelo de vendas. Ter um processo de vendas único utilizado por fabricantes e canais pode minimizar em muito tais preocupações.

O fato é que, em muitos casos, os canais indiretos não possuem as corretas capacidades de vendas para conduzirem todo o processo comercial e dar um atendimento de alto nível aos clientes finais de um fabricante. Como resultado dessa falta de capacitação, esses canais acabam tendo pouca credibilidade perante os clientes-alvo da empresa fabricante, que relutam em serem atendidos por eles. Para corrigir tal desvio, as empresas que adotam um modelo indireto de vendas, além de terem estruturas de gerência, controle e apoio dos negócios conduzidos por seus canais, acabam tendo que manter, em duplicado, estruturas diretas de vendas ou pré-vendas, a fim de garantir a qualidade de atendimento desejada a seus principais clientes ou às oportunidades de venda mais relevantes. Essa situação acaba aumentando os custos operacionais de vendas, o que causa um impacto direto na lucratividade total da operação.

É comum também o canal ser avesso a situações de vendas mais complexas pelo fato de demandarem mais recursos, ainda que possam ser estratégicas para a empresa fabricante. Essa isenção de corresponsabilidade também é evidenciada pela falta de iniciativa do canal em investir em sua própria equipe de vendas. Como, geralmente, o canal indireto não possui o volume de recursos necessários para investir por conta própria em sua força de vendas, fica aguardando que seus fabricantes paternalmente o apoiem na capacitação de seus vendedores.

Muitas empresas, entretanto, relutam em investir no aprimoramento das capacidades de vendas de seus canais indiretos. Em muitos casos, isso ocorre porque, como geralmente esses distribuidores, revendedores ou agentes representam também outras empresas – que podem ser até concorrentes diretas do próprio fabricante –, os benefícios advindos desse tipo de ação seriam compartilhados.

Pensar em não investir em um canal porque ele não é exclusivo não faz muito sentido, já que dependemos dele para atingir nossas metas. Quando analisamos com mais atenção a "infidelidade" natural de um parceiro indireto, percebemos que, além de muitas vezes não ser possível um canal sobreviver apenas com produtos e serviços de um único fabricante, a maioria dessas empresas mantém um portfólio amplo e coordenado de ofertas, buscando em cada fabricante itens que possam ser harmonizados e não concorrentes. Por outro lado, em muitas situações, não ser "fiel" é uma estratégia de sobrevivência do canal, o qual, por não ser capacitado a fazer uma boa venda e ter que se diferenciar apenas pelo preço praticado, acaba se apoiando em produtos similares de outros fabricantes, com preços mais competitivos.

Há também empresas que capacitam, sim, seus canais indiretos, mas restringem seus investimentos ao treinamento de seus parceiros apenas no que se refere a seus produtos e serviços. Diante dos ciclos de vida cada vez mais curtos de desenvolvimento e atualização do portfólio das empresas, tais ações de capacitação acabam sendo voláteis, depreciando-se rapidamente. Além disso, não atacam a base do problema: saber vender com eficiência depende mais da compreensão do ciclo de uma venda e do processo mental de tomada de decisão de um cliente do que compreender a fundo as características e os potenciais benefícios de um produto ou serviço.

Seja como for, a baixa eficiência de vendas do canal é constatada pela alta rotatividade e pela falência desse tipo de empresa. Quando isso acontece, o fabricante perde todos os investimentos realizados no desenvolvimento e no relacionamento com seus parceiros de negócios. Perceber que processos de vendas podem ajudar a preservar os recursos aplicados no canal é fundamental para que os fabricantes preservem seus orçamentos e os usem de forma mais segura.

PRIMEIRO OS PROCESSOS; DEPOIS, A TECNOLOGIA

Com o surgimento de sistemas voltados ao CRM e à automação das atividades da força de vendas (SFA, de *sales force automation*), diversas empresas passaram a adotar essas tecnologias buscando a melhoria da produtividade de seus vendedores e o aumento de seus resultados. Todavia, para a grande maioria dos vendedores dessas organizações, tais sistemas são vistos mais como uma "papelada virtual" imposta pela alta gerência do que como instrumentos de melhoria de sua produtividade pessoal.

De fato, muitas empresas adotam um caminho incorreto para a adoção desses sistemas, implantando a tecnologia antes de alinhar corretamente as pessoas e os processos de vendas. Sem um trabalho anterior para os colaboradores perceberem o valor da automação de seus procedimentos, as informações que muitas vezes são colocadas nesses sistemas não passam de "lixo eletrônico", posto ali apenas para cumprir tabela e evitar punições. Embora um dos apelos para a utilização desses tipos de aplicativos seja ter informações melhores para a tomada de decisão, na prática isso não ocorre, e as decisões são tomadas com base em chutes, opiniões ou mera "embromação".

> **Muitas empresas adotam um caminho incorreto para a adoção desses sistemas, implantando a tecnologia antes de alinhar corretamente as pessoas e os processos de vendas.**

Em muitos casos, como a implantação desses sistemas acaba ficando a cargo de profissionais que conhecem bem os aplicativos, mas não têm um profundo conhecimento dos processos de vendas, os procedimentos impostos são incoerentes do ponto de vista do ciclo comercial, bem como do necessário alinhamento com o processo de decisão do cliente. Em decorrência disso, eles não geram as melhorias desejadas no trabalho e no resultado de vendas.

De qualquer maneira, implementar algum tipo de ferramenta antes que todas as pessoas da organização entendam corretamente como a abordagem processual de vendas funciona na prática é um grande risco, que pode abalar o retorno esperado dos investimentos em *software*, *hardware* e serviços inerentes a esse tipo de projeto. Por outro lado, ao alinhar primeiramente as pessoas e os processos, a próxima pergunta natural que os profissionais farão é: como posso fazer essa atividade de forma mais rápida e automática? A partir desse instante, o valor de sistemas de CRM e SFA estará claro na cabeça de seus usuários, ficando fácil sua aceitação e seu uso no dia a dia. Somente assim as empresas assegurarão o retorno na aquisição desses sistemas.

RESULTADO É O PRINCIPAL MOTIVADOR

Você já se imaginou sendo operado por um leigo motivado? Pois é isso o que está implícito em muitas ações de capacitação de equipes comerciais de várias empresas. Faça um teste e pergunte a seus vendedores ou colegas de equipe quantos livros sobre o tema vendas eles já leram. A média será dois e o número máximo chegará a uma meia dúzia. Já faz algum tempo que faço essa pergunta em praticamente todos os *workshops* que conduzo, e esses números, infelizmente, sempre se confirmam.

Quando entramos na sala de um médico ou de um advogado, por exemplo, o que vemos? Além dos diplomas, na maioria das vezes vemos uma estante cheia de livros. Pois é, imagine-se sendo operado ou defendido nos tribunais por um profissional que leu apenas dois livros... Não seria uma situação muito confortável, não é mesmo? Da mesma forma, não faz muito sentido esperar que um cliente entregue os problemas e as oportunidades de sua empresa a uma pessoa que leu no máximo meia dúzia de livros sobre sua profissão.

Os mitos de vendas que mencionamos no capítulo 1 contribuíram muito para essa falta de especialização do profissional de vendas. Para que se aperfeiçoar quando vender é apenas uma arte inata ou fruto da experiência, da ginga e da improvisação? E é essa visão ultrapassada que continua levando para o buraco uma série de carreiras e empresas que poderiam ter sido muito bem-sucedidas caso tivessem o correto suporte processual em suas vendas.

Na verdade, por não saberem que existe um caminho lógico e comprovado para chegar à excelência em vendas, muitos profissionais e empresas acabam buscando soluções paliativas. Quanto dinheiro é jogado fora com palestrantes contratados só porque aparecem na mídia e estão na moda. Algumas vezes, quem está no palco se limita a contar suas histórias de guerra e experiências pessoais ou a mostrar algumas mágicas ou alegorias. Outras vezes, a inventividade fala mais alto. E dá-lhe vendedores tendo que cantar, bradar hinos, vestir fantasias, dançar em roda, chorar, abraçar árvores, jogar *paintball*, pisar em brasas e daí para pior. Realmente, muita criatividade, mas poucos resultados.

O interessante é que essas ações meramente motivacionais podem até fazer certo sucesso com a plateia. Se vierem acompanhadas de um bom *coffee break* ou almoço, então, nem se fale. "O evento foi es-pe-ta-cu-lar!", todos comentarão altamente motivados no dia seguinte. Entretanto, como não existe um processo que os guie no "como fazer" para obterem melhores resultados, certamente cometerão os mesmos erros de sempre, só que de forma mais intensa, pois estarão motivados! Diante dos velhos problemas, da ineficácia dos resultados e da cobrança gerencial, apenas alguns dias serão suficientes para o torpor motivacional passar e tudo voltar ao que era antes.

> **Como não existe um processo que os guie no "como fazer" para obterem melhores resultados, certamente cometerão os mesmos erros de sempre, só que de forma mais intensa, pois estarão motivados!**

E o pior é que muitas empresas agem por inércia. Quando a notícia dos baixos resultados bate novamente na porta da diretoria ou da área de recursos humanos e alguma coisa precisa ser feita rapidamente, mesmo sabendo que a abordagem motivacional não resolverá o problema pelo simples fato de não transmitir aos vendedores o que deve ser feito diante de seus clientes e concorrentes, a velha fórmula da motivação volta a ser novamente pensada. Um bom exemplo de círculo vicioso.

O que precisa ficar claro é que, diante da pouca iniciativa do profissional de vendas em buscar especialização em sua profissão, o que fará você e sua empresa terem mais resultados é "conteúdo". E processos de vendas podem trazer esse conteúdo para seu dia a dia. Tenha em mente que ter sucesso e alcançar resultados é o que realmente motiva um vendedor. Para que nos tornemos profissionais em nossas atividades, temos que buscar as técnicas, as habilidades e os comportamentos que nos ajudarão a produzir mais resultados para nós, nossas empresas e nossos clientes.

Certa vez, ministrei um treinamento perto de uma faculdade em São Paulo. Na frente, havia um bar frequentado pelos estudantes. No caixa, onde se vendiam cigarros, havia uma placa com a seguinte frase, escrita em português, inglês e espanhol: "Não vendemos Marlboro". Fico imaginando quantas pessoas solicitaram essa marca antes de o proprietário do estabelecimento decidir colocar a placa no caixa. Penso nela toda vez que alguém me liga perguntando se dou palestras motivacionais.

SUPORTE GERENCIAL É IMPRESCINDÍVEL

Uma das grandes vantagens de olhar vendas como processos é que estes são repetíveis. Com a constante repetição, as atividades acabam sendo internalizadas pelos indivíduos, tornando-se instintivas. Por meio de processos, cai por terra a velha noção de que vender é um dom, uma arte, uma função da experiência ou uma questão de ginga. Mesmo que um vendedor não tenha os comportamentos e as habilidades necessários ao correto alinhamento com os clientes, eles podem ser adquiridos pela repetição e aprendizagem processual.

> **Por meio de processos, cai por terra a velha noção de que vender é um dom, uma arte, uma função da experiência ou uma questão de ginga.**

Contudo, para que isso aconteça, é importante ter em mente a importância do correto acompanhamento e do esforço gerencial para que a utilização dos métodos preconizados no dia a dia aconteça de fato. Somente com o reforço e a cobrança gerencial eles serão corretamente internalizados. Infelizmente, como já foi dito, as pessoas fazem o que se inspeciona, e não o que se espera delas.

Caso não haja um constante e diligente compromisso dos gerentes para com a necessária mudança comportamental e cultural, após qualquer atividade de capacitação e transmissão desses conhecimentos os vendedores rapidamente voltarão para seu dia a dia, seguindo a mesma rotina de sempre. Nada mudará, e sua empresa terá jogado dinheiro fora.

O apoio e a participação da alta gerência da empresa na implantação de processos de vendas são fatores essenciais para o sucesso desse tipo de empreitada. Esse apoio deve ser comunicado internamente e constatado na prática. De fato, não bastam meras palavras. Exemplos devem ser dados para que possam ser seguidos, como a participação ativa da alta gerência na sala de aula, demonstrando a importância do processo de capacitação. Caso isso não ocorra, qualquer ação não passará de um simples evento, tal qual um *show* ou um ato meramente motivacional.

> **O apoio e a participação da alta gerência da empresa na implantação de processos de vendas são fatores essenciais para o sucesso desse tipo de empreitada.**

Caso você seja um gestor comercial ou o proprietário de uma empresa, faça a seguinte pesquisa durante algum tempo com sua equipe comercial: toda vez que um de seus vendedores perder uma venda, entregue um questionário simples, de múltipla escolha, perguntando a razão pela qual ele não fechou o negócio. Coloque as seguintes alternativas e peça para que ele escolha uma delas.

a) Preço alto.

b) Concorrência estava mais bem posicionada.

c) Decisões políticas do cliente.

d) Inadequação dos nossos produtos ou serviços.

e) Falta de apoio interno.

f) Erro do vendedor.

Quantas vezes você acredita que os vendedores assinalarão que a venda foi perdida por erro deles? Pois é, como seres humanos, todos nós temos o costume de lateralizar nossos problemas, jogando a responsabilidade para o lado. Como comentado no capítulo 1, quando apresentamos o tema vendas como um processo, temos a mania de terceirizar nossas próprias responsabilidades, e, embora seja importante compreender que a aceitação da responsabilidade sobre nossos próprios problemas é o primeiro passo para resolvê-los, é muito difícil que um vendedor de baixo desempenho venha a fazê-lo por conta própria. Será necessário apoio gerencial nesta mudança de percepção.

Quando comparamos o foco que vendedores de alto desempenho dão em suas atividades diárias com o de outros profissionais que apresentam desempenho mediano, em geral, constatamos que a ênfase nas atividades de pré-venda – planejamento e preparação – permite aos profissionais com alto desempenho abordarem suas oportunidades de vendas mais bem municiados que a média. Geralmente, os vendedores com alto desempenho procuram dedicar o tempo gasto diante de seus clientes na construção de relacionamentos, não em logísticas ou em detalhes que não adicionam valor. Por outro lado, vendedores com médio desempenho acabam gastando seu tempo na resolução de problemas internos em vez de focar o desenvolvimento de suas oportunidades de vendas. O fato é que tais vendedores ainda não aprenderam formas de reduzir o tempo desperdiçado em atividades administrativas, uma verdadeira praga na vida de todo vendedor.

No entanto, é importante também perceber que, embora o papel da gerência seja crucial nessa mudança de percepção, quando passamos a analisar o próprio foco de atenção desses gestores em suas atividades acabamos novamente encontrando discrepâncias que afetam seu desempenho. Em geral, gerentes com médio desempenho ficam "atolados" com atividades administrativas, de acompanhamento e relatórios de despesas. Tendem a ter o péssimo costume de microgerenciar as atividades de seus vendedores, dedicando um tempo desproporcional na revisão de propostas ou análises.

Por outro lado, gerentes com alto desempenho observam e apoiam seus vendedores nas fases mais importantes da venda – o início e o fechamento de seu ciclo. Mais ainda, gerentes de vendas com alto desempenho enfatizam o planejamento e a estratégia no sentido de desenvolver suas equipes da melhor forma possível, colocando ênfase no *coaching* de seus subordinados.

COACHING EM VENDAS

Quais são as razões para que profissionais que recebem treinamentos metodológicos em vendas ou negociação não os utilizem em seu dia a dia? Entre tantos pontos, acredito que três são os principais.

- A metodologia foi imposta e não houve a promoção de seu real valor; assim, não ocorreu a "compra interna" pelo vendedor.

- Não houve apoio e acompanhamento executivo ou gerencial adequados para que o vendedor se acostumasse a aplicar os conceitos nas oportunidades trabalhadas.

- A transmissão do conhecimento metodológico foi, simplesmente, mal executada.

Na verdade, existe uma grande discussão do ponto de vista pedagógico e de desenvolvimento organizacional sobre a eficácia de treinamentos. Muitos defendem a tese de que a principal razão para a pouca efetividade dos modelos de desenvolvimento profissional calcados no treinamento convencional está no fato de esse tipo de treinamento, em geral, levar para um lugar diferente do local de trabalho – por exemplo, um hotel – um grupo de profissionais que ali ficam por um a três dias recebendo quantidades significativas de informações concentradas e raramente de cunho muito prático. O fato é que a maioria desses participantes não está muito interessada nas informações, muitas vezes jogadas e sem uma relação forte com sua realidade e que serão esquecidas antes de haver oportunidade de aplicá-las (se forem de fato aplicáveis).

O *coaching* poderia corrigir as lacunas existentes no processo inicial de capacitação, trazendo um conjunto de características hoje consideradas essenciais para os programas de desenvolvimento profissional que realmente desejam ser efetivos. Com o *coaching*, a formação ou a capacitação se daria sem remover o profissional de seu ambiente de trabalho, enquanto ele está "com a mão na massa", isto é, envolvido em seu trabalho normal, no momento em que ele tem necessidade dessa formação ou capacitação, e na dosagem exata. Nesse sentido, o gestor comercial torna-se peça-chave para o sucesso na mudança cultural pretendida.

O *coaching* tem como finalidade liberar o potencial de uma pessoa para maximizar seu desempenho. Na verdade, o *coaching* apoia as pessoas nos comportamentos envolvidos em diversas atividades dentro de uma organização:

- resolução de problemas;
- tomada de decisões;
- desenvolvimento pessoal;
- criatividade;
- automotivação.

A consciência e a responsabilidade são os grandes produtos do processo de *coaching*.

Quando falamos de consciência, estamos falando do resultado de uma atenção mais direcionada, da concentração e da clareza nas atividades realizadas. Isso implica ter conhecimento de alguma coisa por meio de uma observação atenta ou de uma interpretação do que se vê, ouve e sente. É importante levar em conta que o ser humano é capaz de controlar apenas aquilo de que tem consciência. Aquilo do que não se tem consciência pode nos controlar. Ou seja, a consciência leva à habilidade e ao resultado, que são os grandes objetivos de tudo que expusemos neste livro.

Quando falamos de responsabilidade, todos devem compreender que se sentir de fato responsável envolve invariavelmente uma escolha. O poder de escolha interfere no desempenho. Quando se aceita, escolhe-se ou se assume responsabilidade por ideias e ações, o compromisso e, consequentemente, o desempenho aumentam. Fazer algo para cumprir uma ordem ou evitar uma ameaça do gerente de vendas não aperfeiçoa o desempenho de um vendedor. O gestor de vendas que deseja utilizar o *coaching* com seus colaboradores deve ter em mente que nunca deve trocar a responsabilidade por um conselho.

Contudo, com a popularização da técnica de *coaching*, é comum vê-la sendo aplicada erroneamente. É importante entender que quem exerce o papel de *coach* não está lá para dar ordens, aconselhamentos ou mesmo *feedbacks* – que é uma técnica válida, mas completamente diferente. O termo *coach*, quando traduzido literalmente do inglês, significa "técnico" – como aquele dos esportes, que comanda uma equipe ou um esportista.

Acontece que, da mesma forma que os técnicos de esportes evoluíram em sua técnica – ou, pelo menos, deveriam evoluir –, a técnica de *coaching* também evoluiu. Deixe-me explicar melhor, usando ainda nosso paralelismo esportivo: se décadas atrás víamos um técnico gritando e dando ordens para um atleta que acabou de cometer um erro, hoje, com o avanço das técnicas esportivas e de gerenciamento comportamental, o esforço desse técnico teria outro foco. Corrigir e melhorar o desempenho de seu atleta se daria pelo incentivo à auto-observação, à consciência e à compreensão sobre as causas de seu próprio erro, bem como à criatividade em sugerir melhorias e assumir responsabilidade em adotar e executar as mudanças necessárias.

A relação entre o *coach* e aquele a quem ele orienta – chamado *coachee* – precisa ser de esforço conjunto, confiança, segurança e de pressão mínima. O *coachee* – no nosso caso, o profissional de vendas – não obtém os fatos do *coach*, seja gerente, seja um especialista externo ou interno com esta função, mas sempre de si mesmo.

Nesse sentido, o papel do gestor de vendas, como *coach* de seus vendedores, é desenvolver a consciência, a responsabilidade e a autoconfiança deles, ajudando-os a aprenderem em vez de ensiná-los. O objetivo maior da pessoa que exerce esse papel é

> **O papel do gestor de vendas, como *coach* de seus vendedores, é desenvolver a consciência, a responsabilidade e a autoconfiança deles, ajudando-os a aprenderem em vez de ensiná-los.**

ajudá-los a se desenvolverem, em vez de simplesmente entregar conteúdo ou cobrar resultados.

O GESTOR DE VENDAS COMO *COACH*

No entanto, caso o gerente de vendas pretenda realizar o *coaching* com seus funcionários, é importante ter em mente que qualquer bom *coach* precisa dominar o conhecimento sobre as atitudes relativas ao relacionamento humano e as habilidades relativas ao processo de *coaching* em si.

Mais do que apenas um bom relacionamento entre *coaches* e *coachees*, ambos devem compartilhar de um entendimento mínimo dos conceitos e princípios sendo discutidos – no nosso caso, métodos, processos, conceitos e técnicas de vendas e negociações B2B. Ou seja, é importante haver algum tipo de capacitação técnica – seja via treinamento ou outra forma de aquisição de conhecimentos, por exemplo, via leituras dirigidas – antes do (ou em paralelo ao) processo de *coaching*.

O perfil ideal que um gestor de vendas deve ter para atuar como um *coach* de seus colaboradores, portanto, deve envolver:

- ter o maior conhecimento possível na área em que estará atuando como *coach*, a fim de maximizar possíveis opções que não venham a ser visualizadas por seus vendedores;

- ser capaz de contar com a confiança de seus vendedores, demonstrando seu comprometimento ao se mostrar abordável e encorajador;

- ser flexível e estar aberto a aprender, sendo bom comunicador e bom ouvinte;

- ser capaz de mostrar a seus vendedores como fazer melhor aquilo que eles vêm fazendo;

- ser capaz de, em vez de dizer a seus vendedores o que fazer, incentivá-los a criar opções, deixando que eles escolham a preferível;

- ser organizado e planejar com antecedência, tendo sempre à mão um plano de reserva.

Por outro lado, como a responsabilidade final de execução é do vendedor, este também deve apresentar algumas características facilitadoras do trabalho, consideradas pré-requisitos para o sucesso desse tipo de processo:

- perceber a necessidade e o propósito do *coaching*, estando disposto a investir o tempo, o trabalho e a energia emocional necessários para que a relação com o *coach* produza os resultados esperados;

- sentir-se bem em admitir que seu trabalho precisa melhorar, em reconhecer seus erros e em fazer perguntas que outros possam considerar pouco adequadas, estando sempre aberto a aprender.

O fato é que a técnica de *coaching* tem atualmente papel fundamental para os gestores de vendas que desejam ser, verdadeiramente, líderes de seus colaboradores.

A SESSÃO DE *COACHING*

Uma sessão de *coaching* bem aplicada pode ser dividida em quatro grandes etapas.

1. **Metas.** Nesta etapa inicial, ocorrem o entendimento da questão que é trazida para a sessão e a definição das metas para o trabalho a ser realizado.

2. **Realidade.** Nesta segunda etapa, o *coachee* é encorajado a pensar, sentir, examinar e observar a realidade na qual a situação sendo vivenciada está inserida.

3. **Opções.** Trata-se da etapa em que a criatividade do *coachee* é estimulada. A ideia é extrair o máximo de opções possíveis do próprio *coachee* para melhorar, corrigir ou evitar aquilo que foi trazido para a sessão.

4. **Decisão.** Nesta etapa final, o objetivo é selecionar, entre as possíveis opções criadas na etapa anterior, o que pode ser convertido em uma decisão.

A ETAPA DE DEFINIÇÃO DE METAS

Como dito anteriormente, esta etapa inicial compreende o entendimento da questão trazida pelo vendedor para a sessão e a definição das metas para o trabalho que será realizado. Nesse sentido, é importante diferenciar a meta final das metas de desempenho.

Imagine, por exemplo, que seu vendedor queira melhorar a quantidade de oportunidades prospectadas, a fim de aumentar seu *pipeline* de vendas e ter uma maior probabilidade de bater a cota. Digamos também que ele deseje fixar uma meta de prospecção de 100 oportunidades dentro de trinta dias. Não basta chegar ao final desse período e verificar se a meta foi cumprida ou não. É importante que sejam fixadas metas parciais para que o desempenho do vendedor possa ser verificado periodicamente. Neste exemplo, transformar a meta de 100 prospecções no mês em 25 prospecções semanais pode ser um bom caminho. Com isso, o controle sobre a meta principal será mais fácil de ser exercido e teremos maiores chances de que o *coachee* a cumpra. Lembre-se de que uma boa meta deve ser sempre específica, mensurável, acordada e realista e ter um tempo, ou data, associada a ela.

Como já comentei anteriormente, o papel de um *coach* é desenvolver a consciência, a responsabilidade e a autoconfiança de seus *coachees*, ajudando-os a aprenderem em vez de ensiná-los. E a principal ferramenta do gestor de vendas dentro desse papel é a utilização de perguntas, e não de conselhos. Assim, novamente utilizaremos o método socrático, citado no capítulo 3, quando abordamos as habilidades essenciais de um vendedor profissional, base para qualquer processo de análise usado por psicólogos, psiquiatras e terapeutas.

> **A principal ferramenta do gestor de vendas dentro do papel de *coach* é a utilização de perguntas, e não de conselhos.**

Veja algumas perguntas que você poderá usar na etapa de definição de metas com seus vendedores.

> — Qual é o assunto ou a questão em que você gostaria de trabalhar?
>
> — O que você deseja alcançar por meio dessa meta?
>
> — E no longo prazo?
>
> — Que resultado você espera deste encontro?
>
> — Quão profunda e detalhada você espera que esta sessão seja?
>
> — Que passos intermediários você pode identificar e quais são seus cronogramas?
>
> — Como você saberá que atingiu essa meta?

Obviamente, você poderá desenvolver suas próprias perguntas, mas estas que mencionei certamente darão um bom caminho para que você chegue a seu próprio estilo de questionamento.

A ETAPA DE CONSCIENTIZAÇÃO DA REALIDADE

Na segunda etapa da sessão de *coaching*, é importante entender que a exigência de respostas às perguntas elaboradas pelo *coach* encorajará o orientado a pensar, examinar, observar, sentir e se engajar. O objetivo principal aqui é verificar se a realidade vivenciada ou planejada pelo *coachee* realmente corresponde aos fatos e é coerentemente percebida por ele.

Vamos imaginar duas situações distintas. No exemplo anterior, o vendedor precisava fazer 25 prospecções por semana a fim de alimentar seu *pipeline* de vendas. Imagine que ele não tenha cumprido essa meta fixada. Ou, ainda, que em vez de cem prospecções no próximo mês ele desejasse fixar uma meta de mil prospecções, não compatível com seu mercado de atuação. É na etapa de conscientização da realidade da sessão de *coaching* que o gerente de vendas deve procurar fazer com que seu vendedor perceba o que causou o não cumprimento da meta parcial de desempenho, ou, então, a não factibilidade das mil prospecções mensais.

Nesta etapa, o *coach* deve encorajar o orientado a descrever, e não a avaliar, evitando generalizações vagas e buscando sempre detalhes específicos. A ideia é seguir a cadeia de pensamentos do orientado, monitorando desvios e trazendo-o de volta aos pontos principais que estão sendo discutidos ou foram definidos anteriormente na etapa de metas.

Algumas perguntas que você poderá usar durante esta etapa são as mostradas a seguir.

— *Qual é o contexto da situação atual?*

— **Descreva-me o que está acontecendo de maneira bem detalhada.**

— *Fale-me mais sobre isso.*

— *Qual é a sua preocupação em relação a essa situação?*

— *Como você se sente?*

— *Quem mais é afetado por essa questão além de você?*

— *Quem mais sabe sobre o seu desejo de fazer algo em relação a isso?*

— *Que controle você tem sobre o resultado?*

— *Quem mais poderia ter controle?*

— *Quais atitudes você tomou até o momento em relação a isso?*

— *O que o impediu de fazer mais?*

— *Que obstáculos você precisará superar para fazer isso?*

— *Existem barreiras internas ou resistências pessoais?*

— *Que recursos você possui (habilidade, tempo, entusiasmo, dinheiro, apoio, etc.)?*

— *De que outros recursos você irá precisar?*

> — *Onde você obterá esses recursos?*
>
> — *Que consequências você vê para o futuro?*

Novamente, essas são apenas sugestões de perguntas. Com um pouco de prática você logo, logo encontrará suas próprias perguntas.

A ETAPA DE GERAÇÃO DE OPÇÕES

Neste momento, quem exerce o papel de *coach* deve estimular a criatividade de seu *coachee*, ajudando-o a extrair o máximo de opções possíveis que possam resolver o problema ou a questão colocados na fase inicial da sessão.

Tome muito cuidado para que o *coachee* não assuma posições negativas ou lateralize seus problemas, usando barreiras defensivas como falta de tempo, dinheiro, estruturas ou outros tipos de recursos. Lembre-se também de que as possíveis soluções devem sempre vir do próprio *coachee*. No entanto, caso o *coach* possua domínio técnico, ou *expertise*, sobre o assunto em questão, poderá também adicionar ou sugerir algumas opções, quando o orientado esgotar as dele. Caso o *coach* seja o líder ou gestor, poderá também vetar opções impraticáveis ou ajudar seu liderado a selecionar as melhores opções.

> **As possíveis soluções devem sempre vir do próprio *coachee*. No entanto, caso o *coach* possua domínio técnico, ou *expertise*, sobre o assunto em questão, poderá também adicionar ou sugerir algumas opções, quando o orientado esgotar as dele.**

Mas lembre que o vendedor, como *coachee*, deverá sempre ter a sensação de que a escolha, em último caso, é dele. Isso fortalecerá seu comprometimento com as ações necessárias. Algumas perguntas que você poderá usar durante a etapa de opções são as apresentadas a seguir.

> — *Quais são as maneiras que você tem para abordar essa questão? Faça uma lista de todas as opções ou soluções para resolver essa questão.*

— O que mais você poderia fazer?

— O que você faria se tivesse mais tempo, mais dinheiro ou carta branca?

— Se você trocasse de posição... Se você fosse "fulano"... Se estivesse do lado de fora... O que faria?

— O que você faria se pudesse começar de novo do zero?

— Você gostaria de ouvir alguma sugestão minha?

— Quais são as vantagens e desvantagens de cada uma dessas opções?

— Qual solução daria o melhor resultado?

— Qual dessas soluções mais lhe agrada ou faz com que você se sinta melhor?

— Qual lhe daria maior satisfação?

Sendo repetitivo, lembre-se de que essas são apenas sugestões. Com a prática você logo encontrará suas próprias perguntas!

A ETAPA DE DECISÃO

Nesta etapa, você deverá ajudar seu vendedor a converter a discussão de sua sessão em uma decisão. Considere que é responsabilidade sua, como um *coach*, limitar seu vendedor a prazos. Ofereça apoio a seu orientado, caso perceba que ele está indeciso ou inseguro em tomar alguma decisão. Além disso, mantenha sempre registros dos acordos assumidos por ele nesta etapa. Isso servirá como ponto de partida para a próxima sessão com esse colaborador!

Veja algumas perguntas que você poderá usar durante esta etapa final.

— Qual opção ou quais opções você escolhe?

— Até que ponto isso faz você atingir todos os seus objetivos?

— Quais passos você precisa dar?

— Quando você irá iniciar e terminar cada passo?

— Quais são os seus critérios e medidas para o sucesso?

— O que pode surgir que impeça você a dar esses passos ou atingir as suas metas?

— Você tem alguma resistência pessoal em dar esses passos?

— O que você fará para eliminar esses fatores externos e internos?

— Quem mais precisa estar informado sobre os seus planos?

— Que apoio você precisa e de quem?

— O que você fará para obter esse apoio e quando você fará isso?

— O que eu poderia fazer para apoiar você?

— Que comprometimento você tem, em uma escala de 1 a 10, para executar as ações acordadas?

— O que impede de ser um 10?

— O que você poderia fazer ou alterar para levar o seu comprometimento mais perto de 10?

— Existe outra coisa que você queira conversar agora ou terminamos?

Comece a praticar com essas sugestões, procurando sempre encontrar suas próprias perguntas e sua própria forma de falar.

Algumas pessoas me perguntam "A função do *coach* não é direcionar e aconselhar? Sendo assim, por que fazer perguntas e não dar logo o 'caminho das pedras?'". Como dito anteriormente, o objetivo principal da técnica de *coaching* é ajudar a aprender. Para que o vendedor se sinta, de fato, responsável, ele precisa ter propriedade sobre sua escolha. O poder de escolha interfere no desempenho.

A forma de interação verbal primária do *coaching* é a interrogativa. E, enquanto elabora suas perguntas, o gestor de vendas que atua como *coach* deve estar atento às respostas, vendo, ouvindo e acompanhando o interesse e a corrente de pensamentos de seu *coachee*. Somente assim ele terá certeza de que "as fichas caíram" em seu orientado.

MEU NEGÓCIO É DIFERENTE

Entender novas ideias é fácil. O difícil é abandonar velhos hábitos. Qualquer mudança que se pretenda provocar em uma pessoa, ou na cultura de uma organização, encontrará paradigmas e resistências. E, em se tratando de vendas, não será diferente.

O escudo mais usado por aqueles que não desejam mudar sua forma de vender é dizer "Meu negócio é diferente!". Mas, se os negócios são tão diferentes, o que permite que na SaleSolution ministremos cursos para empresas de tecnologia, telecomunicações, bancos, indústrias farmacêuticas, químicas, de agronegócios, seguradoras, empresas de saúde, logística, transporte e manufatura? Na verdade, o que possibilita a implementação da abordagem processual para empresas que atuam em diferentes setores é o denominador comum a todas elas: o cliente. Como o foco de tudo o que foi dito neste livro é a melhoria do entendimento das necessidades e do processo de decisão de compra do cliente, independentemente da indústria em que você atue, o alinhamento com o cliente proporcionará melhores resultado para seu negócio.

> **O que possibilita a implementação da abordagem processual para empresas que atuam em diferentes setores é o denominador comum a todas elas: o cliente.**

Competências em vendas, como quaisquer outras competências, são formadas de comportamentos (fazer), habilidades (saber fazer) e atitudes (querer fazer). Comportamentos e habilidades são mais fáceis de mudar do que as atitudes, visto que as últimas estão ligadas à maneira como as pessoas veem o mundo e são determinadas pelos valores internos e pela história de cada um.

Ao decidir implementar a abordagem processual em sua forma de vender, entenda que qualquer processo de mudança cultural, na fase inicial de sua implantação, encontrará a curva "normal" em termos de sua adoção, como mostra a figura 12.1.

FIGURA 12.1

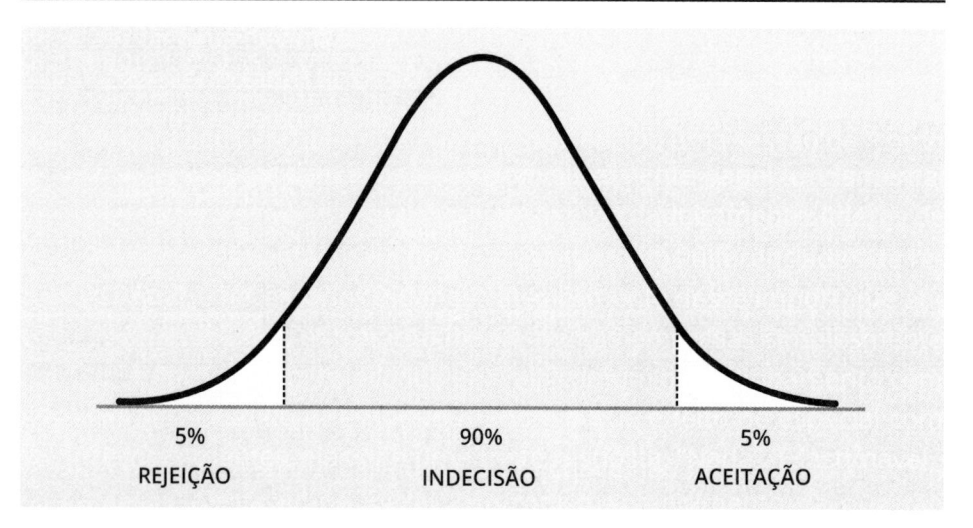

5%	90%	5%
REJEIÇÃO	INDECISÃO	ACEITAÇÃO

Curva normal de adoção

Como a figura deixa claro, 5% das pessoas expostas aos novos conceitos irão adotá-los imediatamente, 90% ficarão indecisas e 5% rejeitarão a proposta de mudança. É função da alta e da média gerências fazer com que essa curva se desloque para a direita. E isso demandará apoio, acompanhamento e ênfase constante nos motivos e objetivos da mudança, como mostra a figura 12.2. Além disso, muitas vezes, para que os indecisos adotem as novas diretrizes, será preciso convidar aqueles que ainda se mostram refratários às mudanças, apesar de todo o reforço gerencial, a contribuírem em outras organizações.

FIGURA 12.2

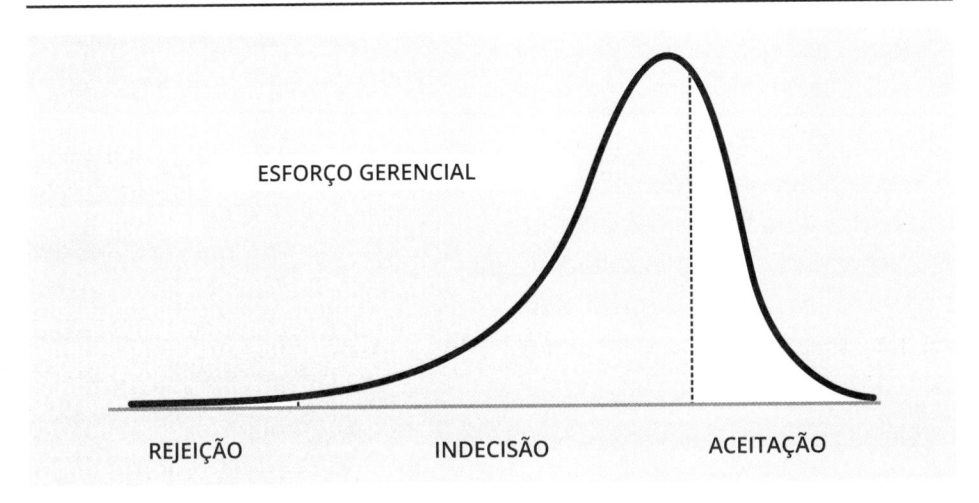

Esforço gerencial e curva de adoção

- ESFORÇO GERENCIAL
- REJEIÇÃO
- INDECISÃO
- ACEITAÇÃO

Embora o foco adotado para a apresentação de todos os subprocessos descritos neste livro tenha sido o da venda de uma empresa para outra empresa, espero que tenha ficado claro ao longo de todas as explanações que os conceitos trabalhados são universais e aplicam-se também, com as devidas adaptações ou simplificações, às situações em que uma empresa vende para um cliente final ou um indivíduo venda para outro.

Quando colocamos o foco de nossa venda no ser humano que está a nossa frente, entendendo que, no mercado cada vez mais complexo e competitivo de hoje, tudo o que o cliente deseja é ser mais bem compreendido, percebemos que o profissional que quer ter alto desempenho em vendas deve cada vez mais entender a psicologia da compra, no lugar de seus produtos ou serviços. E, nesse sentido, nenhum negócio é diferente.

O SUCESSO EXIGE ATENÇÃO

Rodrigo Perdigão é de Brasília. Tecnólogo em processamento de dados e administrador de empresas, construiu sua carreira na área de vendas de produtos e serviços do setor de TI. Em quase duas décadas de jornada profissional, Rodrigo, além de já ter tido seu próprio negócio, ocupou posições em várias empresas como executivo de contas, gerente de vendas e superintendente comercial. Tive a oportunidade de conhecer Perdigão em 2004, quando ele participou de um de meus treinamentos, patrocinado por uma multinacional norte-americana, líder no segmento de tecnologia corporativa.

Perdigão conhece de perto as dificuldades de implantar um processo de vendas dentro de uma organização. Segundo ele, a parte mais fácil é escrever o processo e ajustá-lo a uma ferramenta de *software*, como por exemplo, um CRM. Por outro lado, conseguir o apoio da diretoria, envolver pessoas, treiná-las e conscientizá-las a utilizarem o processo já são outros quinhentos.

Ele relata que, quando exercia a gerência de vendas de uma empresa, aceitou esse desafio. Sua missão seria, além de comandar a equipe comercial, desenhar o processo de vendas para aquela empresa. Seu primeiro passo foi obter o aval e o envolvimento da alta gerência daquela organização, a fim de ter forças para engajar todos os colaboradores da empresa em sua empreitada. O próximo passo foi o desenho do processo propriamente dito. Foram definidas sete fases ao longo do ciclo de venda que deveriam ser observadas, seguidas e controladas em todas as oportunidades sendo trabalhadas. Em seguida, selecionou-se um *software* aplicativo baseado em "nuvem" – ou seja, na internet –, que ele julgou ser fantástico para as necessidades que tinha naquele momento. Essa ferramenta facilitaria a validação e a aprovação de cada fase pela qual os vendedores fossem passando ao longo do ciclo de vida de cada oportunidade, à medida que o trabalho fosse executado. Com isso, independentemente do local no qual os vendedores estivessem, o *pipeline* de vendas poderia ser facilmente atualizado.

Para facilitar o engajamento no novo processo, a equipe de pré-vendas, que atuava em conjunto com os vendedores e era corresponsável tanto na qualificação como no desenvolvimento e na classificação de cada oportunidade reportada no *pipeline*, também receberia comissões sobre os negócios fechados. À medida que as oportunidades caminhavam dentro do *pipeline*, todos eram notificados do aumento da probabilidade de êxito no fechamento daqueles negócios, bem como do percentual das comissões que já haviam "conquistado" caso a venda fosse fechada com sucesso e margem mínima.

Outras iniciativas também foram lançadas para respaldar o processo de vendas. Foram construídos e disponibilizados casos de sucesso para serem usados como exemplo, atraindo a atenção e o interesse na prospecção de novos projetos. Os funcionários foram treinados tanto no processo como na utilização do *software*. Perdigão também instituiu reuniões quinzenais com a participação da diretoria da empresa, nas quais as oportunidades mais relevantes eram apresentadas e analisadas.

Além disso, a todo momento eram reforçadas diversas mensagens, como a importância de haver oportunidades bem qualificadas; como isso economizaria tempo e dinheiro para todos; que a equipe de pré-vendas deveria ser engajada somente na hora certa; que todos os funcionários da empresa, independentemente da função, eram responsáveis por vendas e que deviam estar atentos para trazer oportunidades para a empresa.

Como resultado de todo esse esforço, no final do primeiro ano a empresa conseguiu chegar aos números planejados e praticamente todos os vendedores bateram ou extrapolaram suas metas, levando um bom dinheiro para casa.

A história que Perdigão nos traz poderia terminar assim, como em um conto de fadas. Mas não foi isso que aconteceu. Empolgada com o sucesso, a diretoria, então, decidiu praticamente dobrar a meta para o ano seguinte. No entanto, não foram levadas em conta algumas questões importantes. Por exemplo, a duração dos ciclos de venda do tipo de oportunidades que deveria ser trabalhado para que o objetivo fosse alcançado. Além disso, nos negócios mais relevantes, fundamentais para a nova meta, o envolvimento direto dos próprios diretores era essencial, visto que tais relacionamentos estratégicos eram mantidos somente com eles, não sendo repassados à equipe de vendas. Isso dificultou a distribuição de esforços, e o tempo que a diretoria antes tinha para se reunir com Perdigão e sua equipe foi pouco a pouco se extinguindo.

Para dobrar o desempenho de sua equipe, Perdigão sabia que também precisaria investir mais no treinamento dessa equipe, tornando-a mais consultiva e estratégica. Ele sabia que conhecer e respeitar o processo de vendas que tinha definido era bem diferente de executá-lo com maestria. No entanto, tais recursos não vieram. Naquele ano, à medida que os dias passavam, foi ficando mais claro para ele que trabalhar grandes oportunidades apenas no nível operacional, seja por falta de uma correta capacitação de seus vendedores, seja pela ausência de apoio de seus diretores, resultaria apenas em negócios empacados no meio de seu *pipeline*. A consequência de tudo isso foi um grande fiasco ao final do ano.

Para Perdigão, o grande aprendizado que tirou de toda essa experiência foi a certeza de que nada adianta ter um excelente processo de vendas sem a devida atenção à capacitação e ao desenvolvimento das pessoas, bem como o apoio, o alinhamento e o engajamento constante da alta gerência de uma empresa.

PERGUNTAS PARA REFLEXÃO E DISCUSSÃO

1. Com base em sua compreensão do capítulo que acabou de ler, liste as medidas que foram tomadas e as que não foram tomadas para que houvesse um sucesso mais duradouro para aquela empresa.

2. Colocando-se na posição desse gerente de vendas, o que você teria feito de diferente?

3. Colocando-se na posição dos diretores daquela empresa, o que pode tê-los levado a adotar as ações e os comportamentos relatados? Caso você fosse um desses diretores, o que faria de diferente?

PALAVRAS FINAIS

Chegamos ao fim do livro. Mas, na verdade, espero que esse seja um novo começo. O começo de uma nova fase em sua vida profissional, com cada vez mais sucesso em suas vendas. Minha proposta foi colocar a sua disposição um conteúdo especializado e abrangente sobre vendas, mostrando como processos podem ajudá-lo em diversos aspectos de seu cotidiano profissional. Espero ter atingido meu objetivo.

Contudo, não basta conhecer o conteúdo aqui abordado. Para obter resultados em seu dia a dia, você ainda terá que os integrar a sua forma de vender. E essa tarefa exigirá diligência de sua parte, pois apenas com a repetição contínua os processos aqui abordados serão internalizados. Use este livro. Não o deixe simplesmente parado em sua estante. Sublinhe trechos e faça anotações. Releia-o de tempos em tempos. Discuta o que foi exposto com seus colegas de profissão e outros profissionais. Ouça outras opiniões e compare-as. Concordando ou não com as ideias aqui expostas, o mais importante é você refletir sobre elas e chegar a suas próprias conclusões.

Além disso, não se limite ao que foi exposto aqui. Busque novas fontes de informação e conhecimento sobre vendas. Tenha em mente que raciocinar sobre as causas e as consequências do que ocorre ao seu redor é uma das ferramentas básicas do aprimoramento humano. Meu desejo é que você tenha sucesso em sua vida profissional e pessoal. Que suas atividades sejam feitas de maneira mais fácil e que gerem melhores resultados. Lembre-se de que somente com o uso eficiente de nossos recursos e capacidades poderemos alcançar melhor qualidade de vida. Espero sinceramente ter contribuído de alguma forma para isso. Sorte, saúde, riqueza e vida longa é o que desejo a você. Talvez nos encontremos pela vida.

Na edição original deste livro, havia colocado como frase final as seguintes palavras: "Bem, agora vou pedir licença a você, pois tenho que plantar uma árvore...". Desde a primeira publicação, tive que passar vários anos explicando-a para muitos alunos, leitores e amigos. Acontece que ela foi, na verdade, a primeira frase que escrevi quando comecei a compilar o *Vendas B2B*, lá atrás, em 2006. Como eu sabia que seria uma jornada longa e de muito trabalho, precisava criar uma imagem em minha mente, um objetivo firme que me ajudasse a ter forças para acordar e escrever muito antes de o sol nascer e depois ir para o escritório trabalhar. Precisava ter forças para me abdicar de fins de semana, feriados ou mesmo férias com a família.

Logicamente, tal frase era apenas uma alusão ao antigo ditado popular (que diz que para um homem ter uma vida plena ele tem que ter filhos, escrever um livro e plantar uma árvore). E, mesmo que tal ditado possa ser contestado de várias maneiras nos dias de hoje, visualizar-me plantando uma árvore depois de finalizar o livro me dava forças. Por que estou contando tudo isso? Acontece que, por causa dessa simples frase, tive novamente a prova de que, quando você coloca algum objetivo na vida e se esforça para alcançá-lo, realmente as Energias do Universo agem a seu favor

Logo após a conclusão e o envio do manuscrito para a editora, resolvi tirar férias com a família. Queria um lugar tranquilo e rural. Acabamos recebendo uma indicação de uma fazenda na região serrana do Rio Grande do Sul. Quando minha esposa ligou para o dono daquela fazenda e comentou que estava à procura de um lugar calmo para passar as férias com a família, porque seu marido estava cansado já que tinha acabado de escrever um livro, aquele fazendeiro, que depois se tornou um amigo de coração, disse "Seu marido escreveu um livro? Pois venham, que agora ele irá plantar uma árvore!".

Naquelas férias, plantei uma araucária. Foi minha primeira árvore. Depois dela e por ter me identificado tanto com o campo naquela viagem, acabei me mudando da cidade de São Paulo e indo me refugiar em uma cidade pequena, também no estado de São Paulo. Moro agora no meio do mato e entre montanhas, mas ainda perto da capital e de aeroportos, de onde saio apenas para ir aos meus clientes. Aqui, plantei muitas árvores. Na verdade, plantei um pomar!

Salve a todas Energias do Bem, que elas possam ajudar você em seus caminhos, pensamentos, sentimentos e ações. Que elas o ajudem a encontrar seu pomar, da mesma forma que ajudaram a mim!

BIBLIOGRAFIA

BACON, T. R. *Selling to Major Accounts: Tools, Techniques and Practical Solutions for the Sales Manager*. Nova York: Amacom, 1999.

BARBOSA, L. *Igualdade e meritocracia: a ética do desempenho nas sociedades modernas*. Rio de Janeiro: Editora FGV, 2003.

_____. Rio de Janeiro: Elsevier, 1992.

BAZERMAN, M. H. & NEALE, M. A. *Negotiating Rationally*. Nova York: Free Press, 1994.

BETTGER, F. *How I Raised Myself from Failure to Success in Selling*. S/l.: Prentice Hall, 1949.

BOSWORTH, M. T. *Solution Selling: Creating Buyers in Difficult Selling Markets*. Chicago: Irwin, 1995.

_____ & HOLLAND, J. R. *Customer Centric Selling*. Nova York: McGraw-Hill, 2004.

BRESLIN, J. W. & RUBIN, J. Z. *Negotiating Theory and Practice*. Cambridge: Program on Negotiation Books, 1999.

CAPON, N. *Key Account Management and Planning: the Comprehensive Handbook for Managing your Company's Most Important Strategic Asset*. Nova York: The Free Press, 2001.

CORNFORD, F. M. *Before and After Socrates*. Cambridge: Cambridge University Press, 1993.

CUDICIO, C. *Como vender mejor con la PNL*. Buenos Aires: Granica, 1993.

DALEY, K. & WOLFE, E. *Socratic Selling: How to Ask the Questions that Get the Sale*. Chicago: McGraw-Hill, 1996.

DAWSON, R. *Secrets of Power Negotiating for Salespeople: Inside Secrets from a Master Negotiator*. Franklin Lakes: The Career Press, 1999.

EADES, K. M. *The New Solution Selling*. Nova York: McGraw-Hill Books, 2004.

FISHER, R. & ERTEL, D. *Getting Ready to Negotiate: the Getting to Yes Workbook*. Nova York: Penguin Books, 1995.

_____; URY, W.; PATTON, B. *Getting to Yes: Negotiating Agreement without Giving in*. Nova York: Penguin Books, 1991.

FREED, R. C.; FREED, S.; ROMANO, J. *Writing Winning Business Proposals: Your Guide to Landing the Client, Making the Sale, Persuading the Boss*. Nova York: McGraw-Hill Book, 1995.

FRIEDLOB, G. T. & PLEWA JR., F. J. *Understanding Return On Investment*. Nova York: John Wiley & Sons, 1996.

FRIEDMAN, W. A. *Birth of a Salesman: the Transformation of Selling in America*. Cambridge: Harvard University Press, 2004.

GERSTNER JR., L. V. *Who Says Elephants Can't Dance? Inside IBM's Historic Turnaround*. Nova York: Harper Business, 2002.

GUILFORD, J. P. *The Nature of Human Intelligence*. Nova York: McGraw-Hill, 1967.

HANAN, M. *Consultative Selling*. Nova York: Amacom, 1995.

_____. *Key Account Selling*. Nova York: Amacom, 1993.

HEIMAN, S. E.; SANCHES, D.; TULEJA, T. *Selling Machine: How to Focus Every Member of your Company on the Vital Business of Selling*. Nova York: Times Books, 1997.

_____. *The New Conceptual Selling: the Most Effective and Proven Method for Face-to-face Sales Planning*. Nova York: Warner Books, 1999.

_____. *The New Strategic Selling: the Unique Sales System Proven Successful by the World's Best Companies, Revised and Updated for the 21st Century*. Nova York: Warner Books, 1998.

HOGAN, K. *The Psychology of Persuasion: How to Persuade Others to your Way of Thinking*. S/l.: Pelican, 1996.

KARRASS, C. L. *Effective Negotiating: Workbook and Discussion Guide*. Beverly Hills: Karrass, 2000.

_____. *In Business as in Life: You Don't Get what You Deserve, You Get what You Negotiate*. Beverly Hills: Stanford St. Press, 1996.

_____. *The Negotiating Game: How to Get what You want*. Nova York: Harper Business, 1992.

KIRKPATRICK, D. L. *Evaluating Training Programs: the Four Levels*. São Francisco: Berrett-Koehler, 1998.

KOTLER, P. & ARMSTRONG, G. *Principles of Marketing*. Englewood Cliffs: Prentice Hall, 2005.

LANGDON, K. *Key Accounts are Different: Sales Solutions for Key Account Managers*. Londres: Financial Times, 1995.

LEWICKI, R. J.; SAUNDERS, D. M.; MINTON, J. W. *Negotiation: Readings, Exercises and Cases*. S/l.: Mc-Graw Hill, 1999.

LUM, G.; TYLER-WOOD, I.; JOHN, A. W. *Expand the Pie: How to Create More Value in Any Negotiation*. Seattle: Castle Pacific Publishing, 2003.

MEADOW, C. & WHEELER, M. *What's Fair: Ethics for Negotiators.* São Francisco: Jossey-Bass, 2004.

MILLER, G. A. *The Psychology of Communication: Seven Essays*. Baltimore: Pelican Books, 1969.

MILLER, R. B.; HEIMAN, S. E.; TULEJA, T. *Successful Large Account Management*. Nova York: Warner Books, 1991.

_____. *The New Successful Large Account Management: Maintaining and Growing your Most Important Assets – your Customers*. Nova York: Warner Business Books, 2005.

MINTO, B. *The Pyramid Principle*. Londres: Prentice Hall, 2002.

NICK, M. J. & KOENIG, K. M. *ROI Selling: Increasing Revenue, Profit + Customer Loyalty through the 360 Degree Sales Cycle*. Chicago: Dearborn Trade Publishing, 2004.

PARINELLO, A. *Selling to VITO: Top-drawer Advice for Selling to the Top Floor*. Holbrook: Adams Media Corporation, 1994.

PELTON, L. E.; STRUTTON, D.; LUMPKIN, J. R. *Marketing Channels: a Relationship Management Approach*. S/l.: Irwin/Mc-Graw Hill, 2001.

PETRONE, J. *Building the High-performance Sales Force*. Nova York: Amacom, 1994.

PHILLIPS, J. J. *Return on Investment in Training and Performance Improvement Programs: a Step-by-step Manual for Calculating the Financial Return*. Houston: Butterworth Heinemann, 1997.

PORTER, M. *Competitive Strategy*. Nova York: The Free Press, 1980.

POTER-ROTH, B. *Proposal Development: How to Respond to a Bid*. Central Point: Oasis Press, 1998.

RACKHAM, N. *SPIN Selling*. Nova York: McGraw-Hill, 1998.

ROSENBLOOM, B. *Marketing Channels: a Management View*. Orlando: Harcourt Brace College Publishers, 1998.

SANT, T. *Persuasive Business Proposals: Writing to Win Customers, Clients, and Contracts*. Nova York: Amacom, 1992.

SHERMAN, S.; SPERRY, J.; REESE, S. *The Seven Keys to Managing Strategic Accounts*. Nova York: McGraw-Hill, 2003.

STRATHERN, P. *Socrates in 90 Minutes*. Chicago: Ivan R. Dee, 1997.

TEDLOW, R. S. *New and Improved: the Story of Mass Marketing in America*. Boston: Harvard Business School Press, 1996.

TRACY, B. *Advanced Selling Strategies: the Proven System Practiced by Top Salespeople*. Nova York: Fireside, 1996.

TZU, S. *A arte da guerra*. São Paulo: Martins Fontes, 2002.

WATERHOUSE, S. *The Team Selling Solution: Creating and Managing Teams that Win the Complex Sale*. Nova York: McGraw-Hill, 2004.

WHITMORE, J. *Coaching for Performance: Growing Human Potential and Purpose: the Principles and Practice of Coaching and Leadership*. Londres: Nicholas Brealey, 2009.

ÍNDICE GERAL

A estratégia de uma oportunidade de venda • 141
    Ambiente externo • 149
    Caso: nas ameaças, oportunidades • 171
        Perguntas para reflexão e discussão • 174
    Concorrência • 166
    Influenciadores do processo de decisão • 153
        Acesso e cobertura • 154
        Imagens • 164
        Nível de poder • 158
        Percepções pessoais • 160
        Posturas dos influenciadores • 163
    O plano tático de ação • 169
    Objetivo da estratégia • 144
Agradecimentos • 11
Apresentação • 13
As habilidades essenciais de um vendedor profissional • 75
    Caso: um grande futuro • 99
        Perguntas para reflexão e discussão • 100
    Conhecer o negócio do cliente • 80
    Conhecer suas ofertas • 75
    Fazer perguntas • 87
        Perguntas abertas • 90
        Perguntas de compromisso • 95
        Perguntas de confirmação • 93
        Perguntas de exploração • 91
        Perguntas de percepção • 96
        Perguntas de sentimentos • 95
        Perguntas situacionais • 94
    Saber vender • 97
    Ter boa comunicação • 86
Bibliografia • 445
Elaboração de propostas eficazes • 233

A formatação da proposta • 258
A lógica da proposta • 237
A preparação da proposta • 248
    Benefícios • 257
    Custos • 256
    Metodologia • 252
    Objetivos • 250
    Qualificação • 254
    Situação atual • 248
A psicologia da proposta • 241
    Conceitos temáticos • 244
    Relações de causa e efeito • 242
Aspectos adicionais • 261
Caso: tamanho importa? • 264
    Perguntas para reflexão e discussão • 265
Realidade ineficaz • 234
Gerenciamento de contas-chave • 371
    Arenas estratégicas • 385
    Ativos externos • 372
    Caso: a origem de todos os medos • 407
        Perguntas para reflexão e discussão • 409
    Consolidação da análise estratégica • 394
        Ameaças • 395
        Deficiências • 396
        Forças • 396
        Oportunidades • 395
    Continuum de contribuição • 374
        Diferenciação pela exclusividade • 379
        Diferenciação pela qualidade • 378
        Fornecimento de *commodities* • 376
        Parceria de negócios • 380
        Parceria estratégica • 381
    Elaboração da estratégia • 398
        Objetivos qualitativos • 400
        Objetivos quantitativos • 404
        Plano de investimentos • 402

     Visão de contribuição • 399
   Mapa do relacionamento • 396
   Plano de ação • 406
   Seleção de uma conta-chave • 383
   Situação atual na arena • 391
     A empresa • 391
     Os concorrentes • 394
   Time de conta • 387
Nota do editor • 7
O ciclo de vida de uma venda complexa • 43
   Alinhamento entre os ciclos da venda e da compra • 63
     Alinhamento na fase de avaliação das soluções • 67
     Alinhamento na fase de conscientização das necessidades • 64
     Alinhamento na fase de tomada da decisão • 69
   Caso: grandes negócios, ciclos grandes • 72
     Perguntas para reflexão e discussão • 73
   Como as organizações compram • 45
   Evolução mental das necessidades • 49
     Ausência de necessidades • 49
     Necessidades latentes • 50
   Interdependência organizacional • 54
   Necessidades ativas • 52
     Imagem de solução • 53
   O ciclo da compra • 57
     A fase de avaliação das soluções • 59
     A fase de conscientização das necessidades • 58
     A fase de tomada da decisão • 61
   O ciclo da venda • 55
     A fase de fechamento • 57
     A fase de prospecção • 56
     A fase de qualificação • 56
O fechamento • 311
   A inutilidade do desconto • 320
   Caso: construindo um muro • 333
     Perguntas para reflexão e discussão • 336
   Certeza de fazer um bom negócio • 318

Dizer não sem dizer "Não" • 322
Habilidades de negociação ou de posicionamento? • 317
Prepare-se para o fechamento • 330
Quid pro quo • 327
Tornar o fechamento um "não evento" • 312
O *pipeline* e o balanceamento das vendas • 337
   A importância do balanceamento • 357
   Análise das oportunidades de vendas • 365
   Caso: quem sabe faz e também ensina • 368
     Perguntas para reflexão e discussão • 370
   Gerenciamento por resultado • 343
   Os altos e baixos nas vendas • 338
   Pipeline ou funil de vendas •347
     Formatos do *pipeline* • 352
   Previsões de vendas • 361
   Utilização do tempo • 340
O processo de negociação • 267
   "Interesse iluminado" • 306
   Caso: vivendo felizes para sempre • 307
     Perguntas para reflexão e discussão • 309
   O grande erro em negociações • 270
   Preparação para negociações • 272
     Análise da situação atual • 272
     Estruturação da reunião de negociação • 294
   Truques e manobras em negociações • 300
Palavras finais • 443
Preparação de contatos e visitas de vendas • 101
   Caso: em campo minado • 136
     Perguntas para reflexão e discussão • 138
   Fase de cognição • 117
   Fase de convergência • 123
     Diferenças de percepções • 126
     Objeções • 128
     Possíveis reenquadramentos para objeções comuns • 129
   Fase de divergência • 120
   Fase introdutória da visita • 107

      Credibilidade • 112
      Primeiras visitas • 109
      Referências • 114
   O processo pessoal de tomada de decisão • 102
Prova de retorno sobre o investimento • 175
   Caso: um caminhão de dinheiro • 229
      Perguntas para reflexão e discussão • 231
   O custo de não decidir • 226
   Retorno sobre o investimento • 180
      Análise dos dados • 219
      Cálculo das melhorias potenciais • 199
      Capacidades oferecidas • 188
      Coleta de dados • 196
      Custos do projeto • 211
      Distribuição dos benefícios no tempo • 208
      Fontes de informações • 194
      Levantamento das necessidades • 185
   Sucesso do projeto • 228
   Vendendo valor • 176
Sucesso na implementação de processos de vendas • 411
   Caso: o sucesso exige atenção • 439
      Perguntas para reflexão e discussão • 442
   Envolva internamente toda a organização • 416
   Integre também seus parceiros externos • 417
   Meu negócio é diferente • 437
   Não existe pílula mágica • 412
   Planeje seu investimento • 414
   Primeiro os processos; depois, a tecnologia • 420
   Resultado é o principal motivador • 421
   Suporte gerencial é imprescindível • 423
      A sessão de *coaching* • 430
      Coaching em vendas • 426
      O gestor de vendas como *coach* • 429
Sumário • 5
Vender é um processo • 21
   Benefícios de processos estruturados de vendas • 35

Caso: maior valor para os acionistas • 39
    Perguntas para reflexão e discussão • 40
Impactos organizacionais • 32
Melhoria modular e evolutiva • 37
Mitos em vendas • 26
    O mito da experiência • 30
    O mito da improvisação • 28
    O mito do dom natural • 27
Processos de vendas • 22
Razões históricas • 24